管 理 者 终 身 学 习

博学之，审问之，慎思之，明辨之，笃行之。

——《礼记·中庸》

管理者终身学习
且学·且思·且行

管理百年

方振邦　韩　宁◎著

THE MANAGEMENT CENTURY

中国人民大学出版社
·北京·

前　言

1911年，弗雷德里克·温斯洛·泰勒出版的《科学管理原理》奠定了管理学理论的基石，标志着管理从经验管理步入了科学管理阶段。此后百余年来，管理学领域大师辈出，流派纷呈，管理智慧和思想火花形成一幅光彩夺目、意蕴深远的管理思想历史画卷，并对整个世界的发展进程产生了深远影响。

沿着百年管理思想史的长河溯源而上，其源头是19世纪末20世纪初以美国管理学家泰勒等为代表的科学管理理论。科学管理理论拉开了管理学的历史帷幕，完成了管理思想史上一次质的飞跃，有力地促进了社会生产力的发展。与此同时，管理思想在欧洲大陆也开始逐渐兴起。以亨利·法约尔、马克斯·韦伯为代表的古典组织理论等作为现代管理理论的基础，在管理思想史上具有不可替代的重要地位，对当今的管理研究和实践仍然起着非常重要的指导作用。

20世纪30年代，人际关系学派诞生，管理过程学派继续发展。以乔治·埃尔顿·梅奥和弗里茨·朱尔斯·罗特利斯伯格等为代表的人际关系学派、以切斯特·艾文·巴纳德等为代表的社会协作系统学派陆续指出要关注人本身这一因素。人际关系学说的出现，弥补了科学管理理论的不足，为管理学科的进一步发展注入了强大动力。这一时期的管理大师仁者见仁，智者见智，詹姆斯·穆尼、拉尔夫·戴维斯等管理过程学派的代表人物也提出了许多深刻的见解，推动了管理科学的研究进程。

20世纪50年代，行为科学开始盛行，领导行为理论闪耀登场，经验主义学派崭露头角。这些新旧学派在历史渊源和理论观点上相互影响、争相竞荣，由此初步形成了现代管理理论的丛林。其中，比较有代表性的有以亚伯拉罕·哈罗德·马斯洛、弗雷德里克·欧文·赫茨伯格、戴维·麦克利兰等为代表的内容型激励理论，以道格拉斯·默里·麦格雷戈等为代表的人性假设理论，以伯尔霍斯·弗雷德里克·斯金纳为代表的强化型激励理论，以罗伯特·坦南鲍姆和沃伦·施密特等为代表的领导行为理论，以及以赫伯特·亚历山大·西蒙等为代表的决策理论等。经验主义学派的管理学大师彼得·德鲁克提出了目标管理，将科学管理理论与行为科学理论的思想精髓巧妙地结合在一起，结束了科学管理理论一家独大的局面，具有划时代的重要意义。

20世纪60年代，各派理论异彩纷呈、百家争鸣。随着科学技术、生产力和人类社会的进一步发展，各种管理理论和管理思想如雨后春笋相继涌现，形成百家争鸣之势。出现了以伊戈尔·安索夫、阿尔弗雷德·杜邦·钱德勒、肯尼斯·里士满·安德鲁斯等为代表的战略管理学派，以特德·列维特和菲利普·科特勒为代表的营销管理学派，以杰伊·威廉·洛希和保罗·罗杰·劳伦斯为代表的权变理论学派，以弗里蒙特·卡斯特和詹姆斯·罗森茨韦克为代表的系统管理学派和以埃尔伍德·斯潘塞·伯法为代表的管理科学学派。同时，组织理论、行为科学、管理思想史、经验主义学派等也在原有基础上获得了长足发展。这一时期的管理思想日趋"丛林化"，共同推动着管理思想不断向前发展。

20世纪70年代，以亨利·明茨伯格为代表的经理角色学派应运而生，可谓一枝独秀。组织理论、行为科学、战略管理学派、管理过程学派、营销管理学派、权变理论学派、经验主义学派、管理思想史等既有理论和学派也在原有基础上继续发展。班杜拉提出了社会学习理论和自我强化理论，豪斯和米切尔提出并完善了路径—目标理论，布鲁斯·亨德森提出了波士顿矩阵、经验曲线等战略管理理念及工具，卡兹和雷恩对管理思想和人物进行了全面梳理，这些管理学家的不断求索为管理学的发展和应用做出了重要贡献。

20世纪80年代，企业文化研究风生水起，战略管理研究深入推进。在制造业发展进入鼎盛时期，日本经济增长在全球独占鳌头，日本企业的管理思想也受到了人们的广泛关注。理查德·坦纳·帕斯卡尔和威廉·奥奇将目光聚焦到了在美国本土投资经营的日本企业上，通过与美国企业的比较研究，揭示出日本企业成功的奥秘。埃德加·沙因以及特伦斯·迪尔、阿伦·肯尼迪等对企业文化问题进行了深入探讨，吉尔特·霍夫斯泰德开始了跨文化研究。而威廉·爱德华兹·戴明和约瑟夫·摩西·朱兰则潜心研究产品质量管理问题，最终成为品质管理大师。这一时期，约翰·邓宁开创了跨国公司研究的先河，而迈克尔·尤金·波特和大前研一将战略管理研究大大地向前推进了一步，研究视角逐渐由公司战略转向竞争战略。

20世纪90年代以来，随着客户经济和知识经济时代的来临，管理思想在创新和整合中继续向前发展，众多新的管理思想和理念不断涌现。其中，比较有代表性的有野中郁次郎、安妮·布罗金以及托马斯·达文波特和劳伦斯·普鲁萨克的知识管理理论，克雷顿·克里斯特森等的创新理论，迈克尔·哈默和詹姆斯·钱皮的业务流程再造理论，吉姆·柯林斯对优秀公司走向卓越的探索以及彼得·圣吉的学习型组织研究等。罗伯特·塞缪尔·卡普兰和戴维·诺顿在吸收他人研究成果的基础上，开创性地提出了平衡计分卡这一绩效评价工具，并在不断探索与完善中将其发展成为卓有成效的战略管理工具。

为了帮助读者准确地把握管理思想的百年演变脉络，快速、全面、系统地梳理现代管理理论、学派及其主要代表人物，笔者在多年教学研究的基础上，出版了《管理思想百年脉络》（2003年初版；2007年、2012年修订），力求更准确科学地介绍管理思想的百年发展历程。此书的推出广受学术界和商业界的厚爱，读者纷纷来信、来电与笔者进行交流与探讨，并提出了许多宝贵意见，令笔者深受鼓舞。现在，我们在第三版的基础上，精选了影响世界管理进程的80位（对）大师，其中凡是合作提出理论观点的管理大师，我们将其合并在一起进行介绍，重新编写而成《管理百年》。

时至今日，距离泰勒开创科学管理理论已逾百年，站在管理思想的百年高地，体会管理思想的更迭演变，学习管理大师的思想精髓，提炼管理思想的发展规律，是总结过去的终点亦是展望未来的新起点。本书突破了以往仅从时间或者学派角度进行单一维度研究的做法，整合纵、横两条脉络阐述管理思想的发展与演变，在生动呈现不同学术流派在各个历史时期的代表人物的基础上，叙述了各典型代表人物及其重要观点和历史贡献，以帮助人们构建百年管理思想的知识体系。本书采用人物介绍的方式，对每位（对）管理大师的介绍分为以下三个部分：第一部分是简要介绍管理大师的生平及事迹；第二部分是精选并浓缩大师管理思想之精华，重点阐述其思想观点和贡献；第三部分是总结并评述大师的主要观点及其贡献，方便读者在相对较短时间能够熟悉和掌握其主要管理思想的内容。相信通过认真研读本书，读者将对管理大师其人、其思想、其贡献、其关联等形成一个较为全面的了解，同时将学习到的先进管理思想和管理方法自觉地运用到管理实践当中，能够在一定程度上提升管理实践水平。

本书适于高等院校从事管理学教学的老师以及相关专业的本科生与研究生、MBA 与 MPA 学员学习管理思想史之用，也可供各类组织中从事管理实践的人士、科研机构中从事管理研究的学者作为了解管理思想史的参考书籍。感谢中国人民大学公共管理学院组织与人力资源研究所的研究生姜颖雁、唐健、蔡媛青、侯纯辉、徐相锋、邬定国、冉景亮、陈曦、黄玉玲、杨丹、张琼心、张薇、杜洋、聂磊、刘青林等同学为本书的编写和出版所做的各项工作。

结集成书是遗憾的艺术，尽管我们已尽很大努力，但限于水平，书中的纰漏和不足在所难免，敬请各位同仁、专家、学者批评指正。

方振邦
经营学博士
中国人民大学公共管理学院教授、博士生导师
中国人民大学公共组织绩效管理研究中心主任

管理百年

目　录
CONTENTS

19世纪末20世纪初管理思想

以美国管理学家弗雷德里克·泰勒等为代表的科学管理拉开了管理学的历史帷幕，完成了管理思想史上一次质的飞跃。与此同时，在欧洲大陆，以亨利·法约尔、马克斯·韦伯为代表的古典组织理论为现代管理理论奠定了坚实的基础。来自美欧大陆的探索者们共同开启了管理科学的大门。

1. 弗雷德里克·温斯洛·泰勒　　　　　　　　　　　　6
2. 亨利·劳伦斯·甘特　　　　　　　　　　　　　　11
3. 弗兰克·邦克·吉尔布雷思、莉莲·莫勒·吉尔布雷思　15
4. 哈林顿·埃默森　　　　　　　　　　　　　　　　20
5. 亨利·法约尔　　　　　　　　　　　　　　　　　25
6. 马克斯·韦伯　　　　　　　　　　　　　　　　　30
7. 亨利·福特　　　　　　　　　　　　　　　　　　35
8. 雨果·孟斯特伯格　　　　　　　　　　　　　　　40
9. 玛丽·帕克·福莱特　　　　　　　　　　　　　　44

20世纪30—40年代管理思想

20世纪30年代，科学管理开始受到质疑。以乔治·梅奥和弗里茨·罗特利斯伯格为代表的人际关系学派发现了人际关系在提高劳动生产率中的重要性，以切斯特·巴纳德为代表的社会协作系统学派则重视组织中人的作用，他们强调管理中人的要素的重要性，弥补了科学管理的不足，拉开了管理中重视人的因素的序幕。

10. 乔治·埃尔顿·梅奥、弗里茨·朱尔斯·罗特利斯伯格	54
11. 切斯特·艾文·巴纳德	59
12. 詹姆斯·大卫·穆尼	64
13. 林德尔·福恩斯·厄威克	69
14. 卢瑟·哈尔西·古利克	74
15. 库尔特·扎德克·勒温	79

20世纪50年代管理思想

第二次世界大战结束后，行为科学开始盛行，亚伯拉罕·马斯洛、弗雷德里克·赫茨伯格、戴维·麦克利兰等人的激励理论，罗伯特·坦南鲍姆和沃伦·施密特的领导行为理论相继登上历史舞台，从而结束了科学管理一家独大的局面。彼得·德鲁克则以其目标管理思想终结了科学管理与行为科学之争。

16. 亚伯拉罕·哈罗德·马斯洛	90
17. 弗雷德里克·欧文·赫茨伯格	95
18. 戴维·克拉伦斯·麦克利兰	100
19. 道格拉斯·默里·麦格雷戈	105
20. 伯尔霍斯·弗雷德里克·斯金纳	110
21. 罗伯特·坦南鲍姆、沃伦·H·施密特	115
22. 彼得·德鲁克	120

23. 赫伯特·亚历山大·西蒙、詹姆斯·加德纳·马奇　　126
24. 哈罗德·孔茨　　131
25. 克里斯·阿吉里斯　　136

20世纪60年代管理思想

20世纪60年代，战略管理、系统管理、权变理论等新生学派雨后春笋般破土而出。受其影响，既有学派及时推陈出新，领导理论实现了从领导行为向领导权变的过渡，激励理论也完成了从内容型向过程型及综合型的转变。管理思想界出现了前所未有的百花齐放、百家争鸣的局面。

26. 伊戈尔·安索夫　　147
27. 肯尼斯·里士满·安德鲁斯　　153
28. 阿尔弗雷德·杜邦·钱德勒　　158
29. 菲利普·科特勒　　163
30. 杰伊·威廉·洛希、保罗·罗杰·劳伦斯　　168
31. 埃尔伍德·斯潘塞·伯法　　173
32. 伦西斯·利克特　　178
33. 罗伯特·罗杰斯·布莱克、简·思莱格雷·默顿　　183
34. 弗雷德·爱德华·菲德勒　　188
35. 保罗·赫塞、肯尼斯·布兰查德　　193
36. 维克多·哈罗德·弗鲁姆　　197
37. 约翰·斯塔西·亚当斯　　203
38. 沃伦·甘梅利尔·本尼斯　　208
39. 阿尔弗雷德·普里查德·斯隆　　213
40. 斯坦利·西肖尔　　218
41. 欧内斯特·戴尔　　222
42. 劳伦斯·约翰斯顿·彼得　　226
43. 哈罗德·哈丁·凯利　　231

20世纪70年代管理思想

与60年代的喧嚣相比，70年代的管理世界波澜不惊。以亨利·明茨伯格为代表的经理角色学派成为新生学派中的一枝独秀，归纳总结出管理者在组织中扮演的十大角色。亚伯拉罕·扎莱兹尼克则从多重视角比较了领导者与管理者的差异。丹尼尔·雷恩的《管理思想的演变》成为管理思想研究领域新的里程碑。

44. 亨利·明茨伯格	242
45. 杰克·特劳特	248
46. 布鲁斯·杜林·亨德森	253
47. 丹尼尔·雷恩	259
48. 罗伯特·豪斯、特伦斯·米切尔	263
49. 詹姆斯·麦格雷戈·伯恩斯	268
50. 亚伯拉罕·扎莱兹尼克	273
51. 阿尔伯特·班杜拉	277

20世纪80年代管理思想

战后日本经济的奇迹引发了学习日本的浪潮，组织文化、品质管理的价值备受全球关注。伴随着国际化的主旋律，跨国公司、跨文化研究亦成为管理学的焦点。汤姆·彼得斯对美国卓越公司的研究发现了卓越公司的八大特质，并帮助美国人找回了他们那颗失落的心。迈克尔·波特则开启了竞争战略的先河。

52. 埃德加·亨利·沙因	289
53. 特伦斯·迪尔、阿伦·肯尼迪	295
54. 吉尔特·霍夫斯泰德	300
55. 威廉·奥奇	305

56. 威廉·爱德华兹·戴明　　　　　　　　　310

57. 约瑟夫·摩西·朱兰　　　　　　　　　316

58. 约翰·哈里·邓宁　　　　　　　　　　321

59. 迈克尔·尤金·波特　　　　　　　　　326

60. 大前研一　　　　　　　　　　　　　　333

61. 约翰·保罗·科特　　　　　　　　　　338

62. 斯蒂芬·罗宾斯　　　　　　　　　　　344

63. 汤姆·彼得斯、罗伯特·沃特曼　　　　350

64. 伊查克·卡德隆·爱迪斯　　　　　　　355

65. 查尔斯·汉迪　　　　　　　　　　　　361

66. 松下幸之助　　　　　　　　　　　　　366

20世纪90年代以来的管理思想

伴随着知识经济、信息时代的到来，知识管理、业务流程再造应运而生。经济全球化、变革与创新的时代主旋律引发了核心竞争力、蓝海战略、学习型组织、基业长青以及团队建设的研究。平衡计分卡作为集管理学之大成的战略谋划与执行工具，引领管理学界踏上了化战略为行动的伟大之旅。管理世界再度呈现出百花齐放、百家争鸣的繁荣景象。

67. 苏曼特拉·戈沙尔、克里斯托弗·巴特利特　　377

68. 野中郁次郎　　　　　　　　　　　　　383

69. 托马斯·海耶斯·达文波特、劳伦斯·普鲁萨克　　388

70. 克莱顿·克里斯坦森　　　　　　　　　393

71. 迈克尔·马丁·哈默、詹姆斯·钱皮　　398

72. 冯斯·琼潘纳斯、查尔斯·汉普顿-特纳　　405

73. 尼尔·雷克汉姆　　　　　　　　　　　409

74. 加里·哈默尔、C.K. 普拉哈拉德　　　414

75. 金伟灿、勒妮·莫博涅 419
76. 罗伯特·塞缪尔·卡普兰、戴维·诺顿 424
77. 彼得·迈克尔·圣吉 432
78. 梅雷迪思·贝尔宾 437
79. 戴夫·尤里奇 442
80. 吉姆·柯林斯、杰里·波拉斯 448

19世纪末20世纪初管理思想

管理百年

The Management Century

科学管理理论
The Scientific Management Theory

弗雷德里克·泰勒
Frederick W. Taylor

卡尔·巴思
Carl G. Barth

亨利·甘特
Henry L. Gantt

弗兰克·吉尔布雷思
Frank B. Gilbreth

莉莲·吉尔布雷思
Lillian M. Gilbreth

哈林顿·埃默森
Harrington Emerson

莫里斯·库克
Morris Cooke

古典组织理论
Classical Organization Theory

马克斯·韦伯
Max Weber

组织理论
Organization Theory

亨利·法约尔
Henri Fayol

管理过程学派
The Management Process School

亨利·法约尔
Henri Fayol

19世纪末20世纪初

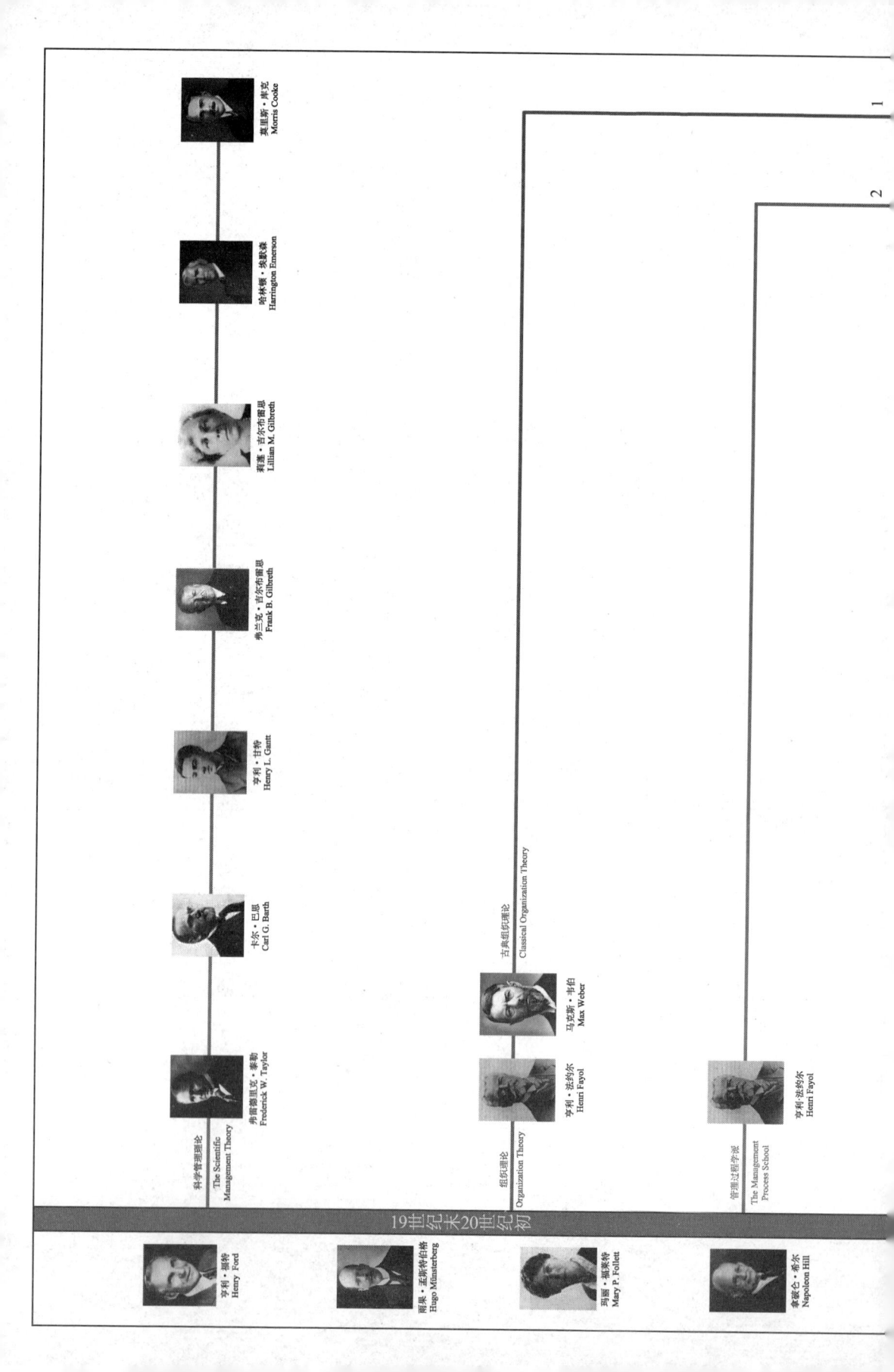

亨利·福特
Henry Ford

雨果·孟斯特伯格
Hugo Münsterberg

玛丽·福莱特
Mary P. Follett

拿破仑·希尔
Napoleon Hill

19世纪末20世纪初，垄断资本主义逐步占据社会主导地位，企业的生产、资本、市场规模逐渐扩大，经验式的传统管理已不能适应社会化大生产的需求，难以满足日益复杂的企业组织的需要，客观上对管理方式、组织形式提出了全新的要求。为适应时代变化，企业所有者与管理者加速分离，专门的管理阶层出现了，人们开始对管理进行系统的研究。在美国、法国、德国等西方国家产生了一系列各具特色的古典管理理论，主要包括科学管理理论、管理过程理论、古典组织理论和工业心理学。由此，人类正式步入了管理的科学殿堂，踏上了管理思想百年发展与演变的历史进程。

科学管理学派致力于传播效率主义，其理论的核心思想是指导人们用科学理性的思维来进行管理，主张用科学的管理原理和方法提高劳动生产率，并要求劳资双方实行重大的精神变革以达到共赢的目的。被后人誉为"科学管理之父"的弗雷德里克·温斯洛·泰勒是科学管理理论的创始人，其主要贡献在于使管理走向科学化。他提出了谋求最高生产率的科学管理四项原则；主张标准化管理和激励性工资制度；推崇计划职能与执行职能相分离；认为雇佣双方要通过合作提高生产率，从而实现雇主低成本和雇员高工资的双重目标。他还通过工时研究和动作研究建立了科学化、规范化、制度化的标准条例，以促成由低效率管理向高效率管理的转变，由旧的、传统的、经验的方法向科学方法的转变，由重视盈余的分配向重视更多盈余增加的转变，进而实现管理者和工人的共同利益。

科学管理思想得到管理实践者和研究者的普遍接受，并拥有了众多的拥护者、追随者和继承者，包括卡尔·巴思、亨利·劳伦斯·甘特、弗兰克·邦克·吉尔布雷思夫妇、哈林顿·埃默森和莫里斯·库克等。其中，卡尔·巴思忠实地实践了泰勒的科学管理方法，发明了以他名字命名的"巴思计算尺"，解决了工具标准化问题；亨利·劳伦斯·甘特发展了泰勒思想，制定了用于生产控制的多种图标，而以他名字命名的"甘特图"更是成为当时计划和控制生产的有效工具；泥瓦工出身的弗兰克·邦克·吉尔布雷思和夫人一起通过对动作的研究，提出了"动作经济原则"与建筑业的"现场制度"等；哈林顿·埃默森提出了效率的12项原则以及配套的奖励工资制度，并认为组织架构与效率息息相关，主张建立并行的直线组织和参谋组织；泰勒的亲密战友莫里斯·库克把科学管理理念应用于高等教育和市政管理，这是科学管理理论在非工业部门应用的全新尝试。而亨利·福特则是科学管理的典型实践者，他在汽车工业中创立的流水线作业和标准化生产方式对后来的生产管理活动产生了深远影响。科学管理理论提出的一系列科学管理原理和实用工具不仅奠定了管理学的理论基础，而且在实践中发挥出巨大的威力，有力地促进了社会生产力的发展。尽管科学管理学派对组织较高层次的研究相对较少，理论深度略显不足，但科学管理理论首次突破了管理研究的经验途径这一局限性视野，并率先提出要以效率、效益更高的科学化管理来取代传统小作坊式的经验管理，使人们认识到在管理上引进科学研究方法的重要性和必要性，因而成为管理思想史上的一座里程碑。

在科学管理思想被人们广泛接受的同时，还有管理学家在思考组织的管理问题，形成了组织理论学派，亨利·法约尔和马克斯·韦伯是当时的主要代表人物。被誉为"管理过程之父"的亨利·法约尔以整个企业经营活动为对象，概括和阐述了一般管理理论。该理论认为管理有别于经营，管理活动只是经营活动的一部分，有自身的职能体系；管理活动包括五项职能，即计划、组织、指挥、协调、控制；管理活动要遵循劳动分工、统一领导和统一指挥等在内的14条管理原则。彼得·德鲁克曾高度评价法约尔对组织理论的重要贡献："如果职能结构在使用中超出法约尔模式的界限，职能结构就会在时间和精力上付出巨额代价。"管理过程学派对现代经营管理影响深远，然而其理论也有不尽如人意之处，即侧重于研究组织内部的管理要素和过程，而忽视了组织的外部环境。马克斯·韦伯的研究主要集中在古典组织理论方面，被誉为"组织理论之父"，他提出的理想官僚制和权力类型划分推进了组织理论的发展。理想官僚制是以理性——法律权力为基础的行政管理体制，包含上层、中层和基层三个层次的组织架构，其核心思想是通过职务或者职位取代个人或者世袭地位来管理。韦伯理论的创新之处在于他没有陷入官僚制效率争论之中，而把目光投向官僚制的准确性、连续性、纪律性与可靠性。韦伯强调规则、能力、知识的行政组织理论，为社会发展提供了一种高效率、合乎理性的管理体制。由于古典组织理论受当时的生产力发展水平、社会条件及研究者自身局限性等方面的影响，不可避免地会存在缺陷，如更着重于生产过程、组织控制等方面的研究而对人的因素关注较少；把研究范围局限于组织内部的管理而忽视了企业发展的外部环境等。尽管如此，作为现代管理理论的基础，古典组织理论在管理思想史上仍具有不可替代的重要地位，对当今的管理研究和实践仍然起着非常重要的指导作用。

作为工业心理学的先驱，雨果·孟斯特伯格首次将心理学的研究方法应用于工业生产领域。工业心理学通过心理学的方法提高工人的适应性与工作效率，追求个人在工业中的最高效率和最适宜的环境条件，力求提高企业经济效益。孟斯特伯格的研究领域主要涉及如何根据个体的素质以及心理特点把工人安置到最合适的工作岗位上；在什么样的心理条件下可以让工人发挥最大的干劲和积极性；工人处于什么情绪状态能产生最佳工作效果。他的研究成果被广泛地应用到职业选择、劳动合理化，以及改进工作方法、建立最佳工作条件等方面。尽管孟斯特伯格的研究仅限于个体心理，且缺乏社会心理学和人类学的观点和论据的支持，但是他所开创的工业心理学对后来的人际关系运动产生了深远的影响，为管理思想的发展开辟了新的途径。

成功学大师拿破仑·希尔在20世纪20年代推出了他的成功定律，阐释了他十年来在采访研究中得出的17条成功准则。千千万万人受益于这些定律，在自我意识、自我暗示、情境控制和开发潜能方面得到了提高。他的成功学、创造学、人际学涵盖了人们成功的主要因素，使"成功"这种看似玄秘的抽象概念变成具体的、可操作的、可实现的定律，也被誉为"铸造富豪"的法则。而有着"管理学先知"美誉的巾帼管理学大师玛丽·帕克·福莱特通过对群体合作和责任问题的研究，提出了群体性原则。福莱特有关利益结合、情境规律的论述同泰勒的精神革命、职能管理的思想一脉相承，她关于协作、领导的相互影响理论又同乔治·埃尔顿·梅奥以及切斯特·艾文·巴纳德的论点十分相近，因此客观上为科学管理理论和人际关系学派、社会协作系统学派成功地搭起了一座过渡的桥梁。

1 弗雷德里克·温斯洛·泰勒

弗雷德里克·温斯洛·泰勒（Frederick Winslow Taylor，1856—1915），科学管理理论创始人，西方古典管理理论开创者。泰勒出生于费城的一个富裕家庭，他通过了哈佛大学法律系入学考试，但由于视力太差未能就学，从最底层开始他的职业生涯。1875年他开始在费城的恩特普利斯液压机厂做学徒工，1878年进入米德维尔钢铁公司。在米德维尔的6年中，泰勒从底层文员、工长、机修长一步步成为总工程师，并不断地在工厂进行各种实验。在此期间他还在史蒂文斯理工学院（Sevens Institute of Technology）拿到了机械工程学士学位（1880—1883年）。这段时期的工作与学习经历为泰勒以后提出科学管理理论奠定了良好的基础。泰勒在管理学方面的代表作为1895年的《计件工资制》（A Piece-rate System）、1903年的《工厂管理》（Shop Management）和1911年的《科学管理原理》（The Principles of Scientific Management），其中《科学管理原理》的出版标志着西方管理学的诞生。1915年泰勒因患肺炎逝世，鉴于他在科学管理方面所做的特殊贡献，人们在他的墓碑上镌刻"科学管理之父F. W. 泰勒"以示纪念。

关键词▶ 科学管理（scientific management）
　　　　　作业管理（activity-based management）
　　　　　差别计件工资制（differential piece-rate system）
　　　　　精神革命（spirit revolution）

泰勒是科学管理理论的创始人，其主要贡献在于使管理走向科学化。他提出了谋求最高生产率的科学管理四项原则，主张标准化管理和激励性工资制度，推崇计划职能与执行职能相分离的制度，并提倡劳资双方实行重大的精神变革以达到共赢的目的。

一、科学管理原则

随着美国内战结束后北方工业的快速发展，许多企业经营人员与学者都注意到了工厂中生产率低下的问题：绝大多数工厂的生产量都未达到其可完成定额的 60%。1898 年，宾夕法尼亚大学沃顿商学院的创办人约瑟夫·沃顿（Joseph Wharton）邀请泰勒加入其担任大股东的伯利恒钢铁公司。在伯利恒的几年里，泰勒与助手卡尔·巴思、亨利·甘特等人进行了大量全面的管理实验与研究。他们发现，车间中普遍存在着"磨洋工"现象，工人与雇主的敌对情绪以及不科学的生产动作均是造成生产率低下的原因。针对不同原因，泰勒提出了科学管理给出了不同的解决办法。

科学管理包括四项基本原则：一是管理者要积极进行研究，对每一项工作提出一种科学的操作方法；二是管理者要科学地挑选工人，并放在合适的岗位上加以培训；三是管理者要与工人衷心地合作，保证工作都能按制定好的原则实行；四是管理者与工人要各司其职，各尽其责。

二、作业管理

1. 标准化管理

在美国历史上，工业化的过程同时也是城市化的过程。在泰勒所处的时代，工厂中的绝大多数工人都是在乡村长大的农民，而他们在开始工作时所学知识都是由有经验的老工人手把手传授，这就造成了一个问题：传授的人不一样，教授的方法与动作也不一样。在实际生产中，这种差别有时甚至会使同一个人在相同时间内完成的任务量相差 300% 以上。对于这种生产操作方法中的差异，泰勒首先通过大量的实验，研究测定每一个操作所需要的动作以及时间（精确到秒），除去动作中多余的和不合理的部分，从而确定标准规范的作业方法，用科学的作业管理代替过去单凭经验从事的方法。

泰勒由此提出了标准化管理，即针对每一项操作都确定出一种最有效的操作方法，然后为所有工人提供标准的工具、专业指导以及工作环境，来保证所有的工人都可以在最节省体力的情况下完成工作。例如，在铲铁实验中，泰勒通过实验确定出每铲21磅时生产效率最高，因为过重或过轻都不利于总工效。然后根据所铲原料的不同让工厂提供了10种不同规格的铁锹，使工人在铲每一种原料时都可以达到每铲21磅的重量，极大地提高了生产效率。工厂在全面应用泰勒的科学管理方法3年后，每人每天完成的平均长吨数从16长吨提高到了59长吨，每人每天平均所得从1.15美元提高到了1.88美元，而搬运或铲运一长吨的平均费用从0.072美元下降到了0.033美元。

此外，为了提高劳动效率，泰勒认为必须为各项工作挑选"第一流的工人"。因为人有不同的禀赋和才能，一个人对于完成某项工作可能是最好的人选，但对于另一项工作可能不合适。管理者应该有意识地发现每一名工人的长处和局限性，为每项工作找到最合适的人选，并对他们加以训练，改变以往由工人自行选择工作、凭经验操作以及靠师傅带徒弟的落后办法。

2. 计件工资制度

按照标准的作业方法和合理的组织安排，管理者可以确定工人每天必须完成的标准工作量，并规定每个标准动作或操作的标准时间，制定出劳动时间定额。如果工人当天所完成工作超过了定额，则全部工资按高工资率付给（正常工资的125%）；如果没有完成定额，全部工资均按低工资率付给（正常工资的80%），以此来鼓励工人完成及超额完成，这就是著名的差别计件工资制。在差别计件工资制度下，工资支付的对象是工人而不是职位，即根据实际工作表现支付工资，而不是根据工作类别支付工资。

泰勒认为这种计件工资制度能够促使工人大大地提高劳动生产率，企业的工资支出尽管增加了，但是劳动生产率的提高大于工资的增长，所以对管理者而言还是有利的。

三、精神革命

科学管理不仅将科学化与标准化引入管理，更重要的是倡导"精神革命"，这是实施科学管理的核心。科学管理的实质是在一切企业或机构的工人中，实行彻底的思想变革，也是这些工人对待他们的工作责任、同事、雇主的一次完全的思想革命。

泰勒认为企业管理者与工人双方的根本利益是一致的。管理人员要认识到他们与工人之间不是对立关系而是合作关系，没有双方同心协力的合作，也就没有科学管理。通过科学管理，两者的职责有了新的分工，工人和管理者之间和睦相处，在对待各自职责与精神面貌等方面均有了彻底的改变。正是科学、协调、合作、最大化的产出、实现每个人的劳动生产率最大化等各个要素的集成，构成了科学管理。

科学管理的目的是谋求提高工作效率。泰勒认为，最高的工作效率是业主和工人共同达到富裕的基础。在精神革命中，管理者与工人不再把盈余分配看做最重要的事情，而是将注意力转向增加盈余的数量上，使利润总量增加到没有必要争论的地步。当管理者与工人用友谊、合作、互相帮助来代替敌对情绪时，他们就能创造出比过去大得多的盈余。其实质相当于今天所说的"将蛋糕做大，然后大家都能多分一点"。而只有在生产率提高的前提下，管理者所需要的低成本与工人所需要的高工资才都可以实现，实现双赢。

思想评论

泰勒的科学管理理论，首次突破了管理研究的经验途径这一局限性视野，并首次提出要以效率、效益更高的科学管理来取代传统小作坊式的经验管理，使人们认识到在管理上引进科学研究方法的重要性和必要性，由此开辟了管理学的新纪元。在制度方面，他的科学管理思想强调制度的作用：用制度规范人、约束人和激励人。这对于组织的构建、制度规范的设定等都具有重大意义，是科学管理理论的核心所在。在劳资关系方面，泰勒所强调的精神革命使经营者从之前关注分配转为关注生产，使工人从关注与雇主的对抗转为关注共同的合作。这为营造和谐生产气氛，进而提高生产率做了重要铺垫。在管理方法方面，泰勒将成本会计法应用在科学管理之中，使成本核算摆脱了单纯的财务收支，成为计划与控制的依据，进而使其成为一种管理手段。在科学管理广泛推广的20世纪初，美国工人年平均增长率达到1.6%，工作时间由1890年的每周60小时下降到1920年的每周50小时，劳动生产率从1899年到1919年提高了一倍多，使美国的发展进入了一个全新的时代。

2　亨利·劳伦斯·甘特

亨利·劳伦斯·甘特（Henry Laurence Gantt，1861—1919），美国管理学家，机械工程师。1880年，甘特以优异的成绩从约翰·霍普金斯大学本科毕业，并在4年后从史蒂文斯理工学院取得机械工程硕士学位，成为Pool and Hunt公司的制图员。1887年，甘特来到米德维尔钢铁公司任助理工程师，在那里遇到了对他未来事业产生巨大影响的泰勒。1901年，在与泰勒共事10多年后，甘特成为一名独立的咨询工程师，先后在史蒂文斯理工学院、哥伦比亚大学、哈佛大学与耶鲁大学等高校任教，随后在1914年成为美国机械工程师协会副会长。第一次世界大战期间，甘特为政府及军队充当顾问，对造船厂与兵工厂的管理进行了深入研究，获得了美国政府的服务优异奖章。

甘特深受泰勒的科学管理思想的影响，并在此基础上发明了独特的甘特图与计件奖励工资制。其代表作有1910年出版的《工作、工资和利润》（Work, Wages and Profits），1916年出版的《工业领导》（Leaders in the Industry）与1918年出版的《效率和民主》（Efficiency and Democracy）。1929年，美国机械工程师协会和美国管理协会设立甘特金质奖章，授予"在工业管理方面作出杰出贡献的人"，并把第一枚金质奖章追授给已故10年的甘特本人，理由是"其在工业管理方面的人道主义影响与甘特图的发明"。

关键词▶ 甘特图（the Gantt chart）
　　　　　计件奖励工资制（piece-rate incentive schemes）

甘特是泰勒创立和推广科学管理制度的亲密合作者，是科学管理运动的先驱者之一。他制定了用于计划和控制生产的多种图示方法，其中最为著名的就是以其名字命名的甘特图。甘特很重视管理中人的因素，并提出了比差别计件工资制更为人性化的计件奖励工资制度，进一步促进了生产率的提高。

一、甘特图

甘特早年任过教员，习惯用图表的方式对需要阐述的材料作出生动的说明。1903年，他就提出了一种"日平衡图"来说明工人完成任务的情况，即每天将每个工人是否达到标准和获得奖金的情况记录下来，达到标准的用黑色标明，没有达到的用红色标明。由于图表上记载了工人的工作完成度与获得奖金数，管理部门可以直接判断工作的整体进度与工人的个体效率。第一次世界大战期间，甘特在美国陆军部担任顾问，对如何准确把握和有效处理各个部门庞杂的工作进行了反复的思考。对当时的陆军部来说，时间安排非常重要，然而因缺乏有效的管理工具与方法，其工作安排显得非常混乱。甘特指出：工作控制与安排的关键因素是时间，时间应当是制定任何计划的基础；而解决时间安排问题的办法，是绘出一张标明计划和控制工作的线条图。1917年，基于上述描述的甘特图被正式发明，此图又称"线条式进度表"，其实质就是表明如何通过各种活动的不同性质来恰当安排工作的程序和时间，以完成该项工作。

在甘特图中，有类似于坐标系的横轴与纵轴两个部分。横轴代表着时间，管理者可以根据需求按比例将其划分成小时数、天数、周数等；纵轴代表着需要监控的不同项目。在操作中，管理者需要先将工作任务的计划完成时间用横线或者横条画出，再把工作中的实际进展情况用横条或者横线画在计划完成情况的横条或横线上，这样就可以一目了然地看出哪一项工程或产品的进度落后于预定计划，然后采取行动加以纠正，使计划按时完成；即使出现某些不可控因素使计划无法按时完成，管理者也可以根据已有进度与经验相对准确地估计出延迟完成的时间或预计完成日期，并提前通知客户。甘特图简单实用，影响广泛，并在日后的发展中根据不同行业与工作的特点出现了多种形式。后世所有控制生产的图表几乎都从甘特的工作中受到启发，即使是在现代网络技术中非常先进的关键线路法与计划评审技术，也都是以计划和控制时间的原则为基础，本质思想还是来源于甘特图。

二、计件奖励工资制

在企业管理方面，甘特提出了另外一种奖励工资制，通常称"任务加奖金制"。与泰勒的差别计件工资制不同，甘特的任务加奖金制着眼于工人工作的集体性，更加具有集体激励的性质。他提出的这一制度建立在如下假设上："如果世界上财富的数量是固定的，那么争夺占有财富的斗争必然会引起对抗；但是，由于财富的数量并不固定，而是逐渐增加的，因此一个人富起来并不意味着另一个人就要必然穷下去。只有一方企图获得所有的新财富而不顾另外一方的权利时，冲突才会发生。"甘特认为，泰勒的办法促进了管理者与工人之间的合作，促使工人提高自身效率，但忽略了工人身上所具有的社会性，没有很好地促进工人之间的相互合作。

在其代表作《工作、工资和利润》一书中，甘特详细论述了"任务加奖金制"：对于工人来说，在规定的时间内完成定额，则可以拿到规定报酬，外加一定奖金；反之，在规定的时间完不成定额，还是可以拿到规定报酬，但不能拿到奖金；如果工人少于规定时间完成定额，则按节省时间的比例另加奖金。对于工长来说，如果其领导的每一个工人完成定额标准，其也可以拿到一定比例的奖金；而且在其领导下完成定额工人的数量越多，其奖金比例也越高。在定额的制定方面，如果工人感到无法在规定的时间内完成定额，就应该及时向工长报告，由工长亲自示范完成；如果工长在规定的时间内也无法完成，则应马上向工程师报告，由工程师尽快修改定额。

这种奖金制度，对于工人来说有了基本的工资保证，对于工长来说矫正了他们的管理方式。在过去，工长与工人处于完全对立状态，而甘特的办法第一次把管理者培训工人的职责和工长的利益结合到了一起，使工长由原先的监工变为了工人的老师，从关心生产变为关心工人。按照甘特自己的说法，工长奖金的目的就是"使能力差的工人达到标准，并使工长把精力放在最需要的地方和人的身上"。而且，即使由于身体、技术等原因无法完成定额，工人也可以得到保障生活的日工资。如果达到或超过了定额，则可以拿到相当于日工资20%~50%的奖金，这种工作上的安全感本身就是一种对于提高工人生产率与满意度的强有力的刺激。在广泛应用后，事实证明了这种工资制度可以将原有的产量提高200%~300%，而且非常有利于推广新的操作方法。

对于甘特的任务加奖金制，泰勒曾给予很高评价，他认为甘特的方法在实际应用中更加灵活，尤其在许多差别计件工资制不适用的情况下也能适用。像许多其他的变革一样，在科学管理的推进过程中，从旧有的计日工资制下的缓慢工作过渡到科学化的高速工作，存在一个困难而且微妙的转变时期。而甘特的这种制度，正是在原先的计日工资制与新的计件工资制中间搭起了一座桥梁，使工人们从缓慢的步伐中平稳地加速过渡到新制度下。

思想评论

甘特图在问世后很快成为当时计划和控制生产的有效工具。与泰勒相比，甘特处理问题的方式要温和得多，他强调金钱刺激只是影响人们动机的一种方式，所以人们称他为"工业和平的使徒"。除赞同泰勒思想中雇主与工人利益一致性外，甘特还在科学管理的基础上提出了企业目标要与员工心理需求相一致，这也是关系到工人的积极性与工作效率的一个重要方面。不仅如此，他还注意到了"工业民主"与管理科学人性化的问题，并提出在工业社会中给予个人的机会要均等的建议。与后文提到的埃默森一样，甘特号召企业管理者不仅应该从工商企业，同时也应该从历史悠久的军队与政府中学习管理知识，以便改进领导方式。

3 弗兰克·邦克·吉尔布雷思、莉莲·莫勒·吉尔布雷思

弗兰克·邦克·吉尔布雷思（Frank Bunker Gilbreth，1868—1924），科学管理运动创始人之一，出生在美国缅因州费尔菲尔德。1885年，已经通过麻省理工学院入学考试的吉尔布雷思并未入学，而是选择进入建筑行业，并以砌砖学徒工开始自己的职业生涯。在之后的10年，他设计出了一种全新的可以提高工人效率与安全性的脚手架，并被任命为公司总监。1895年，吉尔布雷思独立注册成立了一家建筑承包公司，并提供建筑咨询服务。1912年他开始接触科学管理，成为泰勒的合作者之一。他在动作研究方面有出色的成果，被尊称为"动作研究之父"。1924年因心脏病突发去世，年仅56岁。

莉莲·莫勒·吉尔布雷思（Lillian Moller Gilbreth，1878—1972），弗兰克·邦克·吉尔布雷思的夫人，于1900年和1902年先后在加利福尼亚大学伯克利分校取得文学学士与硕士学位。1914年，她出版了《管理心理学》（The Psychology of Management）一书，并在一年后获得布朗大学的心理学博士学位。由于莉莲·莫勒·吉尔布雷思是美国第一位获得心理学博士学位的女性，人们称她为"管理学第一夫人"。在丈夫去世之后，她接替了剩下的工作，继续从事心理学与管理学方面的研究、咨询与教学工作，于1921年成为美国机械工程师协会的第一位女性会员，1935年成为普渡大学的第一位女性管理学教授。

吉尔布雷思夫妇曾先后荣获甘特金质奖章（1943年）与国际

科学管理委员会金质奖章（1954 年），而莉莲也是至今世界上同时获得这两个奖项的唯一女性。

关键词 ▶ 动作研究（motion study）
疲劳研究（fatigue study）
制度化管理（institutionalized management）

吉尔布雷思夫妇认为动作研究是提高操作者工作效率的主要方法。通过对工人动作的研究，他们提出了"动作经济原则"，并在此基础上开展了疲劳研究。此外，他们强调人的因素以及管理人员的培训与发展，具体体现在他们的制度研究当中。吉尔布雷思夫妇的研究不仅推进了科学管理理论的发展，还影响了后来行为科学理论的发展。

一、动作研究

在刚刚进入建筑公司当砌砖学徒工时，弗兰克就发现工人在砌砖时常常会用到好几种方法：一种方法可以快速完成砌砖任务，一种方法是以很慢的速度完成任务，还有一种方法是教学徒们用的。这种现象的存在有一定的合理性，但却大大降低了完成任务的效率。他认为，在这三种方法中应该有一种或把三种中的一些动作综合起来最有效的方法。这就是动作研究的目的：消除不必要、无效的动作，从而找出一种最好的操作方法来提高工作效率。

在动作研究中，吉尔布雷思夫妇主要采用观察、记录和分析的方法。研究的第一步是将一个传统的动作分解为动素（动素不可再分，弗兰克将他的姓"Gilbreth"中的字母次序倒过来组成了新词"Therblig"，称为动素）。例如，"拿工具"这一动作可以分解为"寻找""找到""选择""抓取""夹持""移动"等基本动素。由于人用肉眼观察与记录动作过程存在很大的难度与主观性，所以弗兰克用当时刚刚出现的电影摄影技术进行动作摄影，并设计出一种新的、可以拍摄到极细动作的"微动计算器"来捕捉工人最基本的动素，进而获得客观、准确的研究资料。在记录下每一种动素以及工作所需时间长短后,再根据实际情况找出不必要的动作加以消除,把各种最有效的动作基本元素归纳为一种最经济的动作(现代竞技体育中的动作研究也基本源于此)。这样,以最少的劳力达到最大经济效用的法则被称为"动作经济原则"。

吉尔布雷思夫妇将动作经济原则分为三大类:第一类是关于人体部位运用的原则,如手、臂、腿在做不同动作时应先后还是对称;第二类是关于操作场所布置的原则,如不同的工具物料应放置在不同的固定场所,操作台或座椅的高度应与工人要工作的动作相协调等(这一原则后来得到了相当广泛的应用,现代冰箱门上的货架也是由此产生);第三类是关于工具设备的原则,如有些可以用手做的工作改用脚踏工具来节省时间或将工作用料预先放在工作位置上等。总之,对于动作经济原则来说,有四项基本的指导要求:第一,动作要尽量协调;第二,动作单元要尽量减少;第三,动作距离要尽量缩短;第四,尽量使工作舒适化。在将动作经济原则推广到工人中后,工效有了很大提高。就拿砌砖来说,其动作由原来的18个下降到5个,一个砌砖工每小时的砌砖数由过去的120块提高到350块,工效总体提高了191%。

二、疲劳研究

疲劳研究与动作研究紧密相连,从某种程度上说,疲劳研究是动作研究的继续。因为在规范标准动作时,减少疲劳程度才能最大提高工效。1961年出版的《疲劳研究》一书中,吉尔布雷思夫妇对其进行了详细的阐述与探讨。

首先,疲劳的类型需要加以区分。在大多数情况下,普遍存在的疲劳可分为两种,一种是必要动作产生的疲劳,另一种是不必要动作产生的疲劳。前者可以通过改善工作环境与工作条件来降低,但是由于其存在的必要性,不可能完全根除;而后者可以通过动作研究后消除不必要的动作来减少。其次,对于不同类型的疲劳,需要用不同类型的方法,概括起来也有两种:一是要运用基础性、常识性的方法,如提供带搁脚凳的靠背椅等符合生产环境特点的福利设施,以及投入资金保证工作的安全性;二是运用科学实验方法，一方面通过动作研究找出最佳操作方法，并使之标准化；另一方面在标准化的基础上，通过不断重复找出每一种动作最佳的工作与休息时间组合，使长期持续的高效工作成为可能。除此之外，他们还着重介绍了如何研究不同类型的疲劳，以及骨骼、肌肉、健康状况、体格大小、照明程度、材料质量等因素对日常工作中工人疲劳所造成的影响。

三、制度研究

制度研究是吉尔布雷思夫妇对于管理学的另一项重要贡献。类似提出动作研究时的思路，他们认为做任何工作都存在一种最好的管理方法，并且这套方法可以被系统化为一套制度来使工人遵照执行。如果制度不合理的话，工人可以向管理者反映以便修改，但一旦决定后，必须严格按照制度来执行。由于弗兰克以建筑业为经营主业，而大多数建筑工地又远离公司办公室，所以定出一种规范、有效的制度对于这种无法进行实时监督的行业有着非常重要的意义。他们在《现场制度》一书中提出了一种新的管理制度，即现场制度，包含34条规则，其主要特点有：

（1）与工人签订类似于合同的责任书，强调制度的正式性；

（2）把项目分成若干份，分别分给不同的小组，并鼓励各个小组开展竞赛，强调在保证质量的前提下尽快完成工作；

（3）对所有的事物都作出规定，保证工人在所有不同情况下都有指导方案，这样就不用经常向上级询问以及等待答复；

（4）鼓励工人们对其观察到的一切可改进事项进行建议，如建议被采纳，工人将会得到奖励；

（5）对于在生产中比较重要的事项，需要用照片而不是签名来作为永久记录；

（6）为所有工人设立属于其个人的独有卡片，记载其取得的成绩，在升迁或者调动时，成绩优异的工人享有优先权。

制度管理反映出了吉尔布雷思夫妇在进行研究时对人性的重视，他们将已经掌握的经济学、管理学、社会学、生理学、教育学等学科的所有相关知识都用来提高工人的能力，对日后的行为科学也产生了很大影响。

思想评论

在泰勒提出的工作研究方法基础之上，吉尔布雷思夫妇进行了更为科学精确的动作研究。他们提出的动作经济原则与疲劳研究不仅使工人本身的工作效率更高，而且还通过改变生产工作环境进一步提高了企业生产率，使企业可以用最少的劳力投入达到最大的经济效用。此外，吉尔布雷思夫妇强调管理中重视人的因素，其关于制度研究的思想更是充分考虑了人性的弱点，为许多工业企业生产制度的设立提供了参照。

4 哈林顿·埃默森

哈林顿·埃默森（Harrington Emerson，1853—1931），科学管理理论的奠基人之一。曾在英国、法国、德国、意大利和希腊等国接受教育。1876 年，埃默森就任内布拉斯加大学现代语言系系主任。1882 年离开内布拉斯加大学后，先后从事银行、房地产、矿产及制造业等工作。1907 年，在纽约任埃默森公司总经理、效率工程师。1910 年，埃默森在美国州际商务委员会的听证会上宣称"铁路公司每年在劳动力和材料方面花费达 3 亿美元，如果使用泰勒的科学管理方法每天可节省 100 万美元"的言论震惊了美国工商业界，对科学管理的推广起到了非常积极的作用。1912 年，埃默森的经典著作《效率的 12 项原则》（The Twelve Principles of Efficiency）出版，同年，他的另一本著作《工资和奖金制度比较研究》（Comparative Study of Wage and Bonus Systems）中提出了不同于泰勒与甘特的奖励工资制。

关键词▶ 直线—参谋制（line and staff system）
奖励工资制（a bonus pay system）
效率的 12 项原则（the twelve principles of efficiency）

埃默森认为，效率与组织架构息息相关，他主张建立并行的直线组织和参谋组织，并提出了效率的 12 项原则以及配套的奖励工资制度。管理史学家雷恩曾称："埃默森是为发展中的美国找到节省时间和开支方法的效率工程师的代表人物。"

一、直线—参谋组织形式

在职业生涯中，埃默森先后在多个行业与公司中工作，对组织结构与效率的关系有着切身的体会。他认为，这两者有着直接的联系，许多企业效率不高不是因为技术上的原因，而是因为组织结构不合理，导致管理层容易忽略自己所不了解的方面，做出不成熟的决定。作为泰勒的亲密伙伴，埃默森非常赞同泰勒关于企业应该重视职能工长专业知识的建议，但不赞同泰勒提出的职能工长制（即设立8个职能工长，每一个都有自己的专业领域，都有权力直接向工人发号施令），因为这种制度会造成多头指挥、结构混乱等问题。所以他提出了自己所认为更加理想的制度：直线—参谋组织形式。

直线—参谋制来源于19世纪中叶时的普鲁士军队，由当时的冯·莫尔特克将军提出。他认为，自上而下的、单一的直线组织在现实中存在相当大的缺陷，因为有权力作出决定的将军们不可能在所有的情况下都全知全能，所以军事活动中必不可少的问题都应当有单独的专业参谋来进行研究。这些参谋都应当是各个领域内的专家，他们研究过后的意见会反馈到最高的总参谋长那里，并由总参谋长整合后向司令员提出建议。这种独特的体制使得普鲁士军队先后打败了当时的欧洲强国奥地利与法国，迅速成为欧洲大陆上最强大的军事力量，就连后来以严谨顽强、训练有素著称的德国陆军也脱胎于当时的普鲁士军。

由于有早年在德国游学的经历，埃默森对直线—参谋的组织形式有着更为直接的体会，在回到美国后，他将这种体制运用到了工业实践中，从而建立了并行的直线组织与参谋组织。具体形式为：每一个企业都设立一位"总参谋长"与4个参谋小组，小组各有分工，第一组负责研究与员工人事和福利有关的问题；第二组负责研究与机器、工具、生产设备有关的问题；第三组负责研究与材料采购、贮存、分发及搬运有关的问题；第四组负责研究与生产标准、生产记录、会计记账方法有关的问题。各个小组中的专业人员在对自身所研究的各项问题做好详尽研究的基础上，向直线管理人员与总参谋长提交研究成果与建议,但是参谋小组的成员本身并不承担执行与完成具体作业的任务,而是由直线管理人员在参考其研究建议后进行统一指挥与发布指示。如此一来,既能发挥参谋人员专业知识的长处,实现管理的专业化,组织内部又能保持统一指挥的原则,保证命令的执行。直线—参谋制使直线组织中的指挥统一与参谋组织中的职能明确完美地结合起来,成为日后直线—职能制的原型。

二、提高效率的 12 项原则

在埃默森的一生当中,效率问题是他最有成效的研究。在圣泰菲铁路公司担任顾问期间,他力挽狂澜,推动了一系列的改革,涉及管理方法的调整、设备的更新、报酬体系的变革等。在他实行变革两年后,这家濒临破产的公司产量提高了 57%,成本下降了 36%,工人的平均报酬上涨了 14.5%。这一改革,是科学管理用于铁路经营成功的经典范例。1912 年,他将自己多年的心得集结成《效率的 12 项原则》一书,积极宣传效率观念,为管理者在实际工作中遇到的困难给予清晰的指导,这 12 项原则如下:

(1) 明确目标。明确目标的意义就在于把组织内那些模糊的、不确定的目标都去除。目标不明会导致组织内部对事物的看法出现混乱,意向不清,这是组织付出无谓代价的根源。帮助组织成员理解其所承担的共同目标,可以首先从根本上减少组织内部冲突,避免模糊不清、变化无常等问题。

(2) 掌握技能。管理者除了应该具备所处行业的基本知识外,还应从更广阔的角度看待问题,要根据不断变化的形势不断学习,保持自身的职业追求与敬业精神。

(3) 虚心请教。组织平日里要建立起一支专业性的参谋队伍,以便管理者在遇到超出自身认知范围的问题时,可以虚心向这些参谋或者顾问请教;对于复杂的问题,可以用集体协商的方法来制定出有效的决策。

(4) 决策公平。对待工人时,管理者必须建立起公正、平等的决策制度,而不能偏向于利己或者利他,否则组织在经营时会失去平衡,无法持续保持竞争力。

（5）记录准确。组织内的各项工作，都要有可靠、及时、准确和持久的原始记录。管理者要尽可能利用文件与档案中的客观信息来帮助自己决策。

（6）调度有效。管理者在各项工作中都应当事前制定好恰当的程序，使部门的工作服从整体的要求，这样就可以对生产进行统一的安排与控制，并利用尽可能快的时间完成工作任务。

（7）制定标准。对工作中可能引起争议的一切问题，如工作时间、工作方法、工作日程与工作程序等进行标准的制定，防止推卸责任或含糊不清的现象出现。

（8）环境一致。在同一组织内保持工作环境的一致性，以减少人力、金钱的浪费。

（9）作业标准。对同一项作业，都要制定标准，来提高工作效率。

（10）书面指导。尽量利用书面形式对工人进行作业指导，这样更加清晰、直观，可以迅速有效地达到培训目标。

（11）效率奖励。对提出可以帮助组织降低成本、改善质量、增加产量、节约时间等一切提高效率方法的员工给予奖励，鼓励组织提高生产率。

（12）纪律严明。一个严明、有效的纪律体系不仅是上述11条原则可以被良好执行的基础，而且还可使组织成为一个更好的系统整体。

这些原则都是埃默森在多年职业生涯中针对具体问题、以直线—参谋组织形式为基础做出的高度提炼，不仅有关于管理员工的，也有关于管理方法与制度的。它们相辅相成，互相配合，共同形成了组织管理体系的基础。

思想评论

作为科学管理的另外一位先驱，埃默森的研究工作不可避免地与泰勒的某些研究相重叠。但可贵的是，他在向泰勒学习的同时，发展出了属于自己的独特思想。在效率改进方面，他关于直线—参谋的组织思想比泰勒的职能工长制更为完善与富有特色；在激励制度方面，他提出了自己独特的、更加关注工人奖金的奖励工资制，由于计算奖金的起点更低，这种制度可以保障自身能力较差和工作效率较低的工人根据工作的进行不断加强学习的欲望；在宣传科学管理理论方面，他在美国东部铁路公司运费率的听证会上使科学管理运动得到了全国性的承认。除此之外，他在1912年和1933年分别创建了效率协会与咨询管理工程师协会，而且还创办了至今仍在运营的埃默森咨询公司。

5 亨利·法约尔

亨利·法约尔（Henry Fayol，1841—1925），欧洲杰出的经营管理思想家，西方古典管理理论的三位先驱者之一，管理过程学派的"开山鼻祖"。1860年毕业于法国圣艾迪安国立矿业学院，成为一名采矿工程师，同年进入科芒特里-富香博采矿冶金公司工作，并在此公司度过了整个职业生涯。1888年，法约尔被任命为公司的总经理，此后其管理才能逐渐显现出来。1916年，法约尔在75岁高龄时出版了其划时代名著《工业管理与一般管理》（General and Industrial Management），这本书的出版标志着一般管理理论的形成。从1918年退休后到1925年去世前，他一直致力于宣传一般管理理论的思想，而且积极帮助法国的邮政机构、烟草专卖机构等进行内部管理的调查研究，为这些机构的改进作出了巨大贡献。在职业生涯中，法约尔曾先后获得过法国科学院德雷塞奖章、全国工业促进会金质奖、矿业学会金质奖与荣誉奖等。此外，他还被授予法国勋级会荣誉军团骑士称号，并于1925年被授予罗马尼亚皇家荣誉团司令称号。

关键词▶ 一般管理（general management）
　　　　　管理的5项职能（the five functions of management）
　　　　　管理的14项原则（fourteen principles of management）

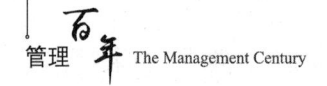

法约尔被称为"一般管理理论之父",他认为管理理论是指"有关管理的、得到普遍承认的理论,是经过普遍经验检验并得到论证的一套有关原则、标准、方法、程序等内容的完整体系"。法约尔对管理的 5 项职能进行了较详尽的论述,并提出了 14 项管理原则。这些理论不仅适用于公私企业,也适用于军政机关和社会团体。

一、管理的 5 项职能

法约尔认为"经营"与"管理"是两个不同的概念,前者的含义要广于后者。他将管理活动从经营活动(包括技术活动、商业活动、财务活动、安全活动、会计活动)中提炼出来,成为企业经营活动的第 6 项内容。在《工业管理与一般管理》的第 5 章中,法约尔对管理的 5 项要素进行了详细的阐述,这 5 项要素现在被认为是管理的 5 项最基本职能。

1. 计划

计划是管理中最先需要考虑的职能,在一项管理活动尚未开始前,行动计划就需要考虑到这项活动所要达到的效果,所要遵循的行动路线,所要经历的必需阶段以及所要使用的手段。对于一个优秀的管理者而言,制定出一个相对完美的计划不仅需要对人事结构、专业知识、市场需求等因素了如指掌,还要怀着长期的积极性与勇气去推动其实施。而这样的计划常常具备以下几个特征:

(1) 统一性,指财务计划、生产计划、技术计划等部门计划与总计划之间相统一;

(2) 持续性,指多个计划之间不应出现断层,而应完美衔接,持续不断地对生产予以指导;

(3) 灵活性,指制定出的计划在实施时可根据形势变化及时作出必要的调整;

(4) 准确性,指在可控的范围内计划应当具有最大的准确性,避免人们对其进行误解。

2. 组织

组织就是管理者为保证组织的正常运营,为组织提供所有必要的原料、设备、资本、人员的过程。法约尔认为，组织分为物质上的组织与社会上的组织，即企业的经营不只需要物质原料，还要有必备的社会资源。而且，与物质组织相比，在社会组织过程中人员的构成更加重要，两个形式结构完全相同的组织常常因为组成人员的不一样而出现截然不同的组织效果。所以，不论对于管理者、参谋，还是车间主任、技术员工，每一个岗位都需要尽量寻找最适合的人进行承担。

3. 指挥

在组织建立后，就需要运用指挥职能来保证其正常运作。要想达到良好的指挥效果，管理者需要做到以下 8 点：

(1) 深入了解自己的员工，尤其是自己的直接下属；

(2) 淘汰没有工作能力的人，来保证组织的整体利益；

(3) 充分重视与员工签订的合约，当其与时下经济条件或社会条件不相符时，及时对其进行修改；

(4) 亲自为员工作出良好榜样，尤其是在出勤或加班时，使员工真正服从；

(5) 对组织进行定期检查，通过对组织工作的检查，分析决定组织形式是否应进行变化；

(6) 利用好会议与报告，尽可能以短的时间、清晰的语言使同僚或下级正确理解自己的决定，提高组织的效率；

(7) 将精力用在组织的重大事项上，而不是将其耗费在工作细节中；

(8) 保持员工的团结、创新与忠诚精神，防止双重指挥、权责不明等情况降低员工士气。

4. 协调

协调是指企业所有的一切工作与部门都需要互相配合，来保证企业经营的顺利进行。在工作中，各部门每一项单独的工作都有可能为其他部门带来其他后果，所以各部门管理者不能仅注意到自己所属部门的工作，还要与其他部门的管理者充分沟通，及时了解信息，在需要时上报总经理来调整自己部门的计划，这也是部门领导人例会需要按周召开的原因。

5. 控制

控制是指在工作进行时，管理者应让实各项工作是否都已与计划相符合，找出存在的缺点与错误，及时对其进行纠正以避免损失的过程。为了使控制工作变得更加有效，应当对其进行适当的奖励和惩罚。由于工作性质与对象存在的差异，管理者还可以聘请专门的检察员或监督员。

这 5 项职能紧密联系、相互作用，形成了一个完整的管理过程，为管理者与整个组织成员提供了一套完整的指导体系，也为日后管理理论的研究提供了重要框架。

二、管理的 14 项原则

法约尔认为，原则一词并不像字面上显示的那样死板；相反，在实际运用过程中，原则可以适应于一切需要，这就为管理者在把握原则的尺度上提出了挑战。他对经常使用的原则作出了归纳，共有 14 条：

(1) 劳动分工。管理者要合理地使用个人力量与集体力量，对劳动进行分工，促使职能的专业化。

(2) 权力与责任。权力和责任之间存在一种因果关系，也就是说，责任是权力的孪生物，是权力的当然结果和必要补充，凡是在权力行使的地方，就必然存在责任。

(3) 纪律。组织中的奖惩标准必须被严格执行，以使组织成员服从命令、积极工作、相互尊敬，保持良好的纪律。

(4) 统一指挥。在组织中，要确保一个下属只接受一位领导者的命令，以避免多头指挥等情况引起内部冲突。

(5) 统一领导。对于力求达到同一目的的全部活动，要保证"统一领导"，即只能有一个计划与一个领导人，这是统一行动与协调力量的重要条件。

(6) 个人利益服从组织利益。在一个组织中，不能使个人利益置于集体利益之上。领导者应该在作出规定的同时，为下属树立良好的榜样，确保组织成员的个人利益服从组织整体利益。

(7) 人员报酬。考察组织所在地生活费用的高低、劳动力市场中可雇人员的多少、业务的一般状况等情况，从而制定出使雇主与员工双方都满意的合理报酬，激发员工的工作热情。

（8）集中。从组织规模、环境特点等方面考虑，找到适合该组织集权或分权程度的尺度。

（9）等级制度。对于不同性质或行业的组织，需要制定不同的等级来保证命令迅速、有效地被执行（为了使等级序列与行动迅速得到有机结合，他还设计了"法约尔桥"，即使不同等级中相同层次的人员在得到上级允许后直接联系，减少信息迂回传递所导致的效率低下与损失）。

（10）秩序。组织的秩序意味着组织中的每一个人与每一件事必须有相应的位置，而且应该通过事先选择，来使所有的工作程序尽可能便利。

（11）公平。管理者做决策时要非常理性，保证总体利益的取得，不能根据自己的喜好随意排斥或偏重某一类人或某一类事情。

（12）人员稳定。对于组织来讲，人员稳定非常重要，因为一个人需要一段时间熟悉和适应新工作，如果人员流动频繁，必将导致组织效率的低下。

（13）首创精神。员工在工作中的主动性与创造性，是组织保持生机与富有活力的重要保证，因此管理者需要找到办法来鼓励与发展创新精神。

（14）团结精神。在工作中，面对面的口头交流比书面联系更有助于团结，所以法约尔提倡将工人分成各个小组与团队，以保持其凝聚力。

值得注意的是，在实际运用中，管理者可以根据自己的需要来选择原则，并灵活地对其进行改进与发展。

思想评论

法约尔的作品在很长一段时间内并没有得到推广，因而未能引起人们的充分重视。当同时代的其他人集中研究工人与机械的性能时，法约尔将重点放在管理者所需要的主要技能上。他第一次系统、全面地概括了管理的基本原理、主要职能和一般原则，尤其是对管理5项职能的概括，使管理理论得以作为可以基准化的普遍理论，在企业经营及社会生活的各个方面发挥重要作用。彼得·德鲁克曾高度评价法约尔对组织理论的重要贡献："如果职能结构在使用中超出法约尔模式的界限，那么就会在时间和精力上付出巨额代价。"

6 马克斯·韦伯

马克斯·韦伯（Max Weber，1864—1920），德国著名社会学家、政治经济学家和公共行政学最重要的创始人之一，与泰勒、法约尔并称为西方古典管理理论的三位先驱，被尊称为"组织理论之父"。韦伯出生于德国埃尔福特，1882年考入海德堡大学的法律系，随后又转学到柏林大学，并在读书期间到军队服役，对德国的军事生活及组织制度有相当深入的了解。1891年，韦伯获得柏林大学的博士学位，并在此开始自己的执教生涯。1903年，韦伯与德国著名的社会学家沃纳·桑巴特（Werner Sombart）等人一同创办了《社会科学与社会政策文库杂志》（*Archives for Social Science and Social Welfare*）。1904年，他的名著《新教伦理和资本主义精神》（*The Protestant Ethic and the Spirit of Capitalism*）出版。

韦伯的研究兴趣十分广泛，涉及社会学、政治学、经济学、历史、宗教、哲学、音乐等多个领域，他还代表德国前往凡尔赛会议进行谈判，并参与了魏玛共和国的宪法起草设计。后人把他与卡尔·马克思（Karl Marx）与爱弥儿·杜尔凯姆（Émile Durkheim）并列为现代社会学的三大奠基人。

关键词 ▶ 传统的官僚模式（bureaucratic model of organization）
传统型权力（traditional authority）
魅力型权力（charismatic authority）
法理型权力（rational-legal authority）

韦伯是现代社会学的奠基人，他明确地提出了理想的组织应该以合理、合法的权力为基础，这样才能有效地维持组织的运转与目标的达成，这一观点对其后的社会学家、政治学家与管理学家都有着深远的影响。他所提出的理想官僚制和权力类型的划分也推进了组织理论的发展。

一、理想的官僚制

19世纪后期的德国，尽管工业化过程相当迅速，但由于封建势力的强大与制度的落后，发展还是受到严重束缚。韦伯注意到，在这个过程中，不论是在政府、军队，还是教会、企业都产生了越来越多的大型组织，这就迫切需要新的严密、高效、稳定的管理办法与组织制度与之相适应。在经过广泛的调研与系统思考后，韦伯建立了一种新的管理体制——官僚制（与汉语中带有贬义的官僚制不同）。

这种新的制度要求组织通过职务或者职位，而不是通过个人或者世袭地位来进行管理。其具体结构分为三层：上层是最高领导层，相当于现在许多组织中的高级管理层，主要职能是有关整个组织的重大决策；中间层是行政官员，相当于现在许多组织中的中级管理阶层，主要职能是贯彻上级领导层的重大决策及拟定实施方案，并将下层的意见和建议反馈给上层领导；最下层是一般工作人员，相当于现在组织中的基层管理层，主要职能是根据上级的指示从事实际工作。在理想的官僚制中，存在一种正式的管辖范围，这种范围一般由规则（即行政规定或法律）来确定，而不是由传统力量、神授的权力或根据某种具有神秘启示的信仰而建立的。这种以理性——法律权力作为基础的官僚制的特点有：

（1）明确的目标。组织中有着非常明确的目标，人员的一切活动，都遵守着一种程序，来帮助组织实现这一目标。

（2）明确的职能分工。组织的全部活动都具有专业化的职能分工，并依据这种职能分工确定管理职位以及规定权责范围。除了某些必须由选举产生的职位以外，其他管理人员都由任命的方式产生，而且随时可以撤换。

（3）明确的等级制度。在官僚制的组织中，组织职位均按等级原则自上而下依序排列，形成一个严密的行政管理等级体系，并且要共同服从于一个决策中心。在这个等级体系中，每一位成员都要在受到上级控制与监督的同时为自己的决定与行动负责，而领导者为了使下属完成自身的任务，必须给予其相应的权力。

（4）非人格化的人员关系。组织成员之间是一种指挥和服从的关系，这种关系是由职位的高低来决定的，是组织通过正式规定来明确的。个人之间的关系不能影响到员工关系。

（5）明确有关职权和职责的法规与规章。在组织日常活动中，各项业务都要遵照这些法规与规章来运行，组织内的每一位成员也都必须按照这些法规与规章从事职务活动，受其约束，确保一切人员的职务行为规范化。

（6）实行委任制。所有的管理人员都是任命的，而不是选举的（某些特殊职位除外）。

（7）明确公私之间的区别。组织管理应明确划分公事和私事的界限，公务活动不得掺杂个人感情等非理性因素的影响，保证合理性、合法性和客观性。管理人员在管理组织时，也只是负责管理日常活动，而没有组织财产的所有权。

（8）明确的雇佣与解聘标准。在聘用人员时，一定要存在明确的薪酬标准，组织要保障员工的生活，也要有随时解雇他们的权力。用这种方式来促使员工们全心全意地为公司工作，培养他们的集体精神，为组织发展做出贡献。

（9）遵守纪律。管理人员必须严格遵守组织中的法规和纪律，这些规则不受个人感情的影响，适用于一切情况。组织对每个成员的职权和协作范围都有明文规定，使其能正确地行使职权，从而减少内部的冲突和矛盾。

韦伯认为，由于理想的行政官僚管理体制具有上述特点，这就能够适应一切现代、大规模社会组织的需要。而且实际经验也表明，这种制度确实能够获得最大效率，能够保证对人实行最合理的控制。在很长一段时间，尤其是20世纪初，其对经济发展的推动起到了不可低估的作用。

二、权力的分类

韦伯在其著作《经济与社会》中对权力划分进行了深入研究。他提出,任何社会组织都必须以某种形式的权力作为其存在的基础,在他看来,社会与其组成部分,更多的不是通过契约关系或者道德一致连接在一起,而是通过权力的行使聚在一起。在和谐、完美的秩序背后,其实都存在权力的权威性运用。可以说,人类的一切社会活动都有权力的影子,没有一定形式的权力,所有的组织都不可能正常运行。真正意义上的权力并不应该以统治者的命令为准则,并要求被统治者服从,而应以一种正当的形式被服从者所接受。从这个意义上说,权力可划分为以下三种类型:

1. 传统型权力

这种类型的权力是以不可侵犯的古老传统和行使这种权力者的正统地位为依据的,对这种权力的服从实际上是对拥有这种正统权力的个人的服从。例如,部落的酋长制与封建的世袭制,人们对领导者的服从不是建立在某种成文规范或者既定程序的基础上,而是建立在对其个人盲目忠诚的基础上。不过,由于人们对传统权力的服从来源于领导者的地位,而其地位又受传统的制约,如果有谁想要改正或者违反传统规定,将有失去权力的危险。

2. 魅力型权力

这种类型的权力是以对某个具有超凡魅力的人的崇拜和热爱为依据,而对于其权力的服从是基于对其的信仰。在这种情况下,领导者必须将自己在某种程度上神化,使追随者们心甘情愿地为之付出与牺牲,来维护其统治的稳定。所以,这种类型的权力绝对不能作为稳固政治统治的基础,因为一旦民众失去了对领导者的信仰,这种权力下的制度体系就会马上坍塌。

3. 法理型权力

这种类型的权力是以合理、合法的规定程序为依据,其最大的特点就是权力归于法规,而不是某个人。对这种权力的服从,事实上是对合法建立起来的客观秩序的服从。即使对某个人服从，也是因为在当前状况下这个人所任职位赋予了他这项权力。而他在运用自己的权力时，也是在执行法规，而不是执行自己的意愿。

韦伯认为，在这三种权力类型中，只有法理型权力才可以作为他提出的理想的官僚制的基础，因为在这种权力制度下官员是不允许带有偏见和私人感情行事的。而且，每一个职位上的官僚在任职之前都经过了挑选与考察，使其可以充分胜任，来保证管理的连续性与稳定性。

思想评论

韦伯在理论方面的创新之处在于他将视角从组织制度效率的争论转移到官僚制的准确性、连续性、纪律性与可靠性。他提出了强调规则、能力和知识的行政组织理论，为社会发展提供了一种合乎理性的管理体制。其对组织中三种合法权力的精辟划分与分析，为当时的许多家族式企业提供了发展与改革方向。除对社会学、政治学与经济学的研究之外，他还对包括中国在内的多国宗教学与在宗教教义中体现的资本主义精神进行了深入研究。鉴于韦伯在政治社会学方面做出的突出贡献，他被人尊称为"组织理论之父"。

7 亨利·福特

亨利·福特（Henry Ford，1863—1947），世界著名的汽车大王，美国汽车工程师与企业家，福特汽车公司创立者，出生在密歇根州格林菲尔德。1879年，由于学习成绩不理想而辍学后，福特进入底特律一家名叫詹姆斯兄弟的修理厂当学徒。1882年，他进入著名的西屋公司，进行蒸汽机的研究。1891年，他进入爱迪生照明公司，并在两年后被提拔为首席工程师。在试制出多辆汽车后，福特在1903年创建了福特汽车公司，自任董事长兼总经理。1908年，福特公司研制出史上最为畅销的T型车，被称为"世界汽车工业史上具有划时代意义的伟大创举"。1913年，福特公司建立了汽车工业史上第一条流水线，开启了大批量生产汽车的时代。1927年，T型车的年销量达到1 500万辆，市场占有率近70%。1936年，福特创办了美国福特基金会，并很快发展成为影响力颇大的一个国际性组织。1947年，福特因突发脑溢血去逝。《纽约时报》评论道，"福特不仅仅是福特汽车公司的创始人，同时也极大地带动了整个汽车行业的发展"。2005年，福特在《福布斯》杂志公布的"有史以来最有影响力的20位企业家"榜单中名列榜首。

关键词▶ T型车（the model T）

　　　　装配流水线（assembly lines）

　　　　大批量生产（mass production）

　　　　标准化生产（standard production）

福特是世界汽车史上占有重要地位的先驱者，被誉为"给世界装上车轮子的人"。他是世界上第一位使用装配流水线大批量生产汽车的人，使福特汽车公司成为当时世界上第一大汽车公司。福特在公司中实行的生产制度和福利制度显著提高了生产效益和经济效益，也使得福特公司成为汽车工业发展史上的重要里程碑。

一、汽车装配流水线

自汽车被发明以来，价格一直是阻碍其变为生活必需品的最大因素。福特认为，价格合理的汽车需要大规模的生产方式，只有提高效率和实行标准化生产，才能大幅降低生产成本，增加销量。为了达到这样的效果，他在1908年研制出了福特公司的经典车型T型车，并决定只生产这一种车来减少生产不同车型所耗费的管理资源与维修成本。到1910年，福特汽车公司已经在过去的两年里生产了12 000辆T型车，并将成本降到了850美元（同期与之竞争的车型大多售价为2 000~3 000美元）。

一次在芝加哥参观屠宰场，福特发现那里的流水线作业方式效率极高：将一头牛放进去，出来时各个部位的肉与骨头都依规则有序存放，而且整个工作过程与程序极富连贯性。得到启发的福特，于1913年春天在自己的工厂里建成了世界上第一条大规模装配流水线。这条流水线在制造时就已经考虑到了产品的因素、技术的因素以及制造过程的因素等所有可能出现的问题与解决方案，一经投入使用，马上带来了生产方式上的革命，将组装T型车的时间缩短了50%。1920年2月，这条流水线一分钟就可以生产一辆汽车；到1925年10月，流水线每10秒就能生产出一辆汽车，一天总共可以造出9 109辆，并将一辆车的成本降到了300美元，创造了世界汽车生产史上的奇迹。至此，福特公司成为世界上最大的汽车公司。这种以装配流水线生产方法与管理方式为核心的福特制，为后来汽车工业的发展树立了楷模，掀起了具有历史进步性的"大批量生产"的产业革命。

二、生产制度

福特公司奉行的生产制度就是实行生产方式的标准化与简单化,即从各种方式中选出最好的方法,并把它们结合起来,最后形成标准加以推广。在研发车型的过程中,福特就要求汽车构造必须简单化,因为只有简单才可以使汽车变得轻便,才会容易修理,一旦哪个部件出现了问题,只要换个标准零件就可以使汽车继续工作。而且,简单的设计更易于大批量生产,并在产量变大的同时降低生产成本。具体如下:

1. 工作专门化

工作专门化包括两项内容,一是人员专门化。福特通过调查发现,工厂中总共有7 882项不同的工作。其中,949项是重体力工作,需要健全、强壮的人来干;有3 338项只需要一般身体状况和体力的人来干;而剩下的3 595项则根本不需要什么体力,即使没有力气的妇女和儿童也可以轻易完成。在了解了工作结构与人员需求后,公司就可以用最少的钱雇到最理想的人员。二是生产专门化,即公司下属的每一个工厂只生产一种单一部件,这样就使不同的部件可以在适当的场所被大批量生产,进一步提高生产效率。

2. 部件互换化

部件可以互换的前提是生产的规格化与制造的精确化。在生产中,绝大多数部件都是用机器制造的,而其所使用的90%的机械都是单一目的的,都只专门用于进行某一种作业。在制造过程中,有专业的技工来检测生产出的部件是否合乎标准。除此之外,福特还带来了一次汽车技术上的革命。他对不方便进行互换的零件,如发动机缸体和曲轴箱等,将其合并成为一个零件,并且使得气缸盖可独立拆卸,以及制造出换挡更为方便的行星齿轮变速器等。对于部件的数量问题,福特曾有一句经典描述:如果一辆车火花塞的数目多于奶牛奶头的数目,这样的车我就不用。所以,开发车型时工程师就要尽可能地把使用的部件数量降到最低,以方便互换。

三、福利制度

在福特汽车公司里，有两项在当时非常具有创新的福利制度。一是工资制：福特非常注重工人的生活，他曾说："如果我们的工人连自己造的汽车都买不起，那么生产这些车还有什么意义呢？我必须让我的员工首先可以买得起我所造的车，这样才能使公司往好的方向发展。"在当时，美国工人的平均工资很低，每天只有1~1.5美元，即使一个月不休息，月薪也只有几十美元，而这样的低工资对于刺激整个汽车行业的发展并没有好处。1914年，福特召集媒体，宣布从此以后所有在福特公司一线工作的工人日薪涨到5美元，并把工作时间由原来的9小时变为8小时，这一"8小时5美元工作制"的决定震惊了在场所有人，并在全美引起了暴风骤雨般的热烈反响。如此具有开创性的福利制度不仅提高了汽车行业工人工作的积极性，更创造了一个巨大的市场。

另一项非常人性化的福利制度是残疾工人制度。在对待残疾人时，福特认为人们不应该一味地用同情与施舍对待他们，而应让他们像正常人一样通过工作挣钱，这样才能使他们摆脱被歧视的目光。在对工厂中的工作进行调查分类后，他发现有近一半的工作可以让残疾人完成，而且产量并不会减少。此后，福特公司积极雇用具有乐观精神的残疾人，并鼓励他们，健康地工作与生活的办法就是在同等时间下比正常人完成更多的工作。在当时的磁石电机部车间，残疾工人车间的产量比普通车间的产量要高出20%，这些工人的睡眠与饮食不仅变得更好，而且康复得更快。

思想评论

福特留给后人最宝贵的遗产，就是他的"使人人都可以买得起车"的理念：汽车不应该属于少数富人，而应该让每个人都买得起。这种精神理念更是帮助福特公司从当时的1 000多家汽车公司中脱颖而出，成为汽车业的霸主。福特的经营与管理之法同泰勒的科学管理有许多相似之处，但也存在一定的差异。例如，他提出的工人的高工资和产品的低价格与泰勒科学管理的高工资低成本的生产制度如出一辙。然而，福特提出这一目标是着眼于扩大市场的需要，创造出更多的消费者；而泰勒提出这一目标则是着眼于调和企业内部的管理矛盾。又如，泰勒通过动作研究与时间研究，制定了动作标准，提高了作业效率，同时也大大强化了工人的劳动与工作量；而福特实行装配流水线的大规模生产方式，也显著提高了生产效益，但是这种作业的劳动强度是由传送带决定的，更多取决于技术的进步。1947年福特去世时，《纽约时报》评价说："当他未到人世时，这个世界还是马车时代。当他离开人间时，这里已变成汽车的世界。"福特与他研制出的共计1500万辆T型车一起，永远成为汽车工业史上的传奇。

8 雨果·孟斯特伯格

雨果·孟斯特伯格（Hugo Münsterberg，1863—1916），德国著名心理学家，美学家，被尊称为"工业心理学之父"。他出生于德国东部的但泽，1883年进入莱比锡大学，师从德国著名心理学家威廉·冯特（Wilhelm Wundt），并于1885年获得莱比锡大学的心理学博士学位，同年加入名声日隆的莱比锡实验室，接受正规的实验心理学训练。鉴于心理学与医学存在紧密联系，他又去海德堡大学继续医学专业的学习。1887年拿到医学博士学位后，到弗赖堡大学任教，主讲医学和哲学。1889年，应哈佛大学心理学教授威廉·詹姆斯（William James）之邀，他又到哈佛大学担任了3年实验心理学客座教授，此后又接管了詹姆斯创立的心理实验室，并使之成为工业心理学活动的基地。1898年，他当选为美国心理学会主席，1908年，当选为美国哲学学会主席。1910年，被哈佛大学作为交换教授派往柏林，他在柏林参与建立了"美国—德国协会"。1914年，由于支持引发第一次世界大战的德国，受到人们排斥，进而患上抑郁症，并于1916年去世。

关键词▶ 工业心理学（industrial psychology）
司法心理学（forensic psychology）

孟斯特伯格开创了工业心理学和司法心理学，并在理论心理学与社会心理学等领域都有独到的观点，他的研究涉及哲学、心理治疗、实验心理学和教育心理学等方面。他的许多研究成果被广泛应用到职业选择、劳动合理化、工作条件与方法改进等诸多领域。

一、工业心理学

第二次工业革命开始后，工业企业的规模不断扩大，产量不断上升，生产效率有了进一步的提高。在技术与设备不断更新的同时，一部分人开始将目光转向如何有效地利用人的生理与心理资源问题，以提高其积极性，进一步提高生产率。尽管心理学在泰勒制出现前的1879年就已经成为一门独立的学科，但对于当时工人在工作时所产生的疲劳、工作单调、满意度、工作报酬标准等可能会对工人生产率有影响的问题还是缺乏科学的理解。20世纪初，许多人开始研究如何将心理学直接应用到工业领域，如何科学地适应和转变工人的心理，来激发工人的干劲，孟斯特伯格的工业心理学思想正是产生于当时特定的历史背景下。1910年，他提出了根据工作成绩确定职业性向的概念；1912年，他关于工业心理学的经典著作《心理学与经济生活》（1913年被译为《心理学与工业效率》）出版，此书介绍了他关于人员甄选、职业伦理、工作绩效、广告宣传等心理因素对企业生产率影响问题的思考，也是历史上首次将心理学的观念应用于工业组织中的著作，其主要探讨的问题有以下三个：

（1）什么是最合适的人。对于相同的工作，不同的人干起来效果可能截然不同，因为不同人群天生的心理属性与心理特点不同。孟斯特伯格主张用实验的方法，研究出什么样的工作应配备什么样的人员。然后在人员选拔、职业指导与工作安排中根据每一名员工的具体的心理特点来加以引导，从而帮助组织达到最优的生产效率。

（2）什么是最满意的工作。尽管不同个体之间在生理与心理上都存在差异，但作为人类来讲，还是有很多共性的特征。孟斯特伯格主张研究人们工作的方法、手段与环境，然后对这三者进行合理设计。他发现，经过科学的学习与训练之后，人们之间的工作效率相差不会太大，所以在工作中创造一种普遍适宜的"心理环境"极为重要。

（3）什么是最理想的效果。在企业进行生产经营中，雇主与工人出现矛盾常常是因为二者的目标与需要不同。孟斯特伯格研究了组织对员工施加符合组织利益的影响的必要性。他认为，企业经营者一定要做好宣传工作，使工人意识到二者在利益方面的一致性，以确保组织资源的最佳利用。

为了详细阐述以上三个问题，孟斯特伯格运用了大量的心理学实验来证明，其中最著名的一个实验是探明安全驾驶的无轨电车司机应具备的特征。他首先研究了这项工作的各个方面，并且亲自设计了模拟电车的实验室实验，然后发现可以"一心多用"的人才能够被称做优秀的电车司机，因为在电车行驶的过程中，司机需要同时关注所有影响电车行驶的因素，而最后电车安全、准时地到达就是工作与人结合的最理想的效果。类似的大量研究为工业心理学开辟了新的领域，并为后续的研究奠定了基础。基于这些实验所发现的结果，孟斯特伯格总结了心理学家在工业中的三点作用：一是帮助工业组织发现最适合从事某项工作的人；二是通过实验归纳出在什么样的心理状态下，单个个体可以达到自身的最高产量；三是在人的思想中形成有利于提高管理效率的影响。日后，这些成果被广泛地应用到了职业选择、劳动合理化、改进工作方法、建立最佳工作条件等方面，不仅帮助工业组织提高了生产率，同时也大大减少了企业主与员工的矛盾冲突。

二、司法心理学

除将心理学应用到工业组织外，孟斯特伯格也是第一位将心理学观念引入司法体系的学者。早在19世纪90年代，他就谈到过血压与说谎之间的关系，在1908年的著作《论证人席》中，他进一步提出了"测谎器"的概念，并将分析心理学创始人卡尔·古塔斯夫·荣格（Carl Gustav Jung）发明的语词联想测验引进司法领域作为确定犯罪的手段。他认为，要想真正将犯罪问题研究透彻，犯罪嫌疑人的心理因素绝对不可忽视。在研究中，可以通过以下几点着手：

（1）有没有一类人天生就喜欢犯罪，如果有，这些人的特征是什么样的？

（2）在已经发生过的许多案件中，这些嫌疑人犯罪背后的真实动机到底是什么？

（3）每个人的心里都有阴暗面，到底什么因素使得犯罪者真正地将自己的想法付诸行动？

根据多年对司法体系与案件审判的观察得来的经验，孟斯特伯格发现以上三个问题是解释证人提供伪证词，犯罪嫌疑人进行假坦白，以及陪审团态度急剧变化等现象时极为有效的工具。通过对这三个问题的思考，不仅能使法官真正从纷繁复杂的案件中理清头绪，从而进行正直的宣判，而且还可以为专家证人、审判顾问、能力评估员与犯罪研究学者等专业人士提供一个新的视角来对案件进行审视。在对司法体系中法官、犯罪者、证人等单独个体进行研究后，孟斯特伯格还对陪审团的团体动力进行了实验研究，并指出女性非常容易受到其天生存在的非理性思维的特征影响，从而不能成为陪审团成员。

早在19世纪末，孟斯特伯格就提出了心理学应该被运用到司法体系中的思想。2001年，美国心理学会承认了司法心理学作为心理学的二级学科所具有的研究价值与独立地位，并认为孟斯特伯格是司法心理学之父。

思想评论

孟斯特伯格深入研究了个人在何种工作条件下可以达到最高工作效率的问题，这一问题不仅是当时影响企业发展的重要因素，也是减少劳资双方冲突的重要条件。在他之后，企业主从增加自身利润的角度出发，开始在企业中雇用心理学家来帮助他们分析与制定政策，心理学家也得以进入企业中开展应用性研究。在第一次世界大战中，孟斯特伯格关于工业心理学方面的理论被美国应用到了战场当中。参战后，有大约200万名美国士兵接受了大规模的心理测验，这是心理学在管理学领域的首次大规模应用。这一应用使得工业心理学在社会中有了稳固的地位，对促进工业心理学理论的发展产生了重要影响。

9 玛丽·帕克·福莱特

玛丽·帕克·福莱特（Mary Parker Follett，1868—1933），人际关系研究的先驱，架起古典管理理论和行为科学理论之间"桥梁"的管理学大师，出生于马萨诸塞州昆西。1898年，她以优异的成绩从哈佛大学安内克斯学院（后更名为拉德克利夫学院）毕业，获得荣誉文学学士学位。此后，她游学于英国和法国，并在剑桥大学纽汉姆学院求学。福莱特幼时家境贫寒，因继承了祖父的遗产而进入波士顿上流社会。这些经历使得她对社会与人生有了深刻的理解，从而将其在政治学、经济学、法学及哲学中所学到的理论融会贯通，在管理学界提出了新型的管理理论。福莱特于1918年出版代表作《新国家》（The New State: Group Organization the Solution of Popular Government），1924年出版《创造性经验》（Creative Experience）。

关键词 ▶ 情境规律（law of situation）
融合统一（integration unity）
集体意志（collective will）

福莱特生活在科学管理时期，但她的政治哲学与管理哲学的倾向则明显带有日后"社会人"时期的特征。她提出了群体性原则，即只有在群体中才能发现真正的人，个人的潜能只有在群体中才能被发现，从而获得真正的自由。为实现群体原则，福莱特提倡用共享的权利来代替统治的权利,用共同行动来代替强制和顺从,变服从个人权力为遵循情境规律。她主张通过协作和控制来达到目标,认为领导的基础不是权力,而是领导者和被领导者的相互影响。此外,她还提出了通过利益整合解决冲突的方法。

一、群体原则

由于早年在欧洲求学,福莱特深受德国著名哲学家约翰·戈特利布·费希特(Johann Gottlieb Fichte)的影响。费希特认为,每一个单独的个人其实并没有完全的自由意志,而是被束缚在一个所有人都参与的人际网络之中,所以个人自由应该服从于集体的民族主义。而在服从之后,原先的自我便成为一种社会性的"大自我",又渐渐变为所有人生活的一部分。这一思想,成为福莱特的经典著作《新国家》中的基本思想来源。在这本书中,福莱特提出了一种"群体原则",以挑战当时流行的政治假设,具体包含以下三个内容:

(1) 个人存在于相互的社会交往当中。美国早期行为心理学家埃德温·比塞尔·霍尔特(Edwin Bissel Holt)提出的环形反应理论表明:行为过程中普遍存在着联系,当互相博弈时,每一个人作出决定之前都要考虑其他人可能作出的反应。从环形反应中得到启发的福莱特认为,行为不仅由个人决定,更由外在因素决定,在相互影响当中,个体与群体都在发生新的变化,因为生活是一个多种因素相互交织、共同发挥作用的过程,所以研究个人时要把其放到所处大背景下的变化过程中。而在环境与个人不断发生变化的同时,才涌现出了创新理念,带来了更多的社会价值,这一点对工商业组织的管理与发展有着重要的意义。

(2) 民主是一种社会意识。传统意义上认为,政府存在的目的是保障个人的权力与自由,所以民主是个人主义的一种发展。但福莱特指出,民主事实上不是个人主义的发展,而是一种社会意识。因为真正的民主并不仅仅是拿一个投票箱摆在那里计算投票数量,而是从小范围开始,通过宣传一种被当地社会所认同的共同意识(这种意识从婴儿出生,之后去学校学习,直到其日后长大生活的各项活动),逐渐扩展到成为地区群体甚至国家群体的共同意志。

（3）群体目标。在《新国家》一书中，福莱特未能对团体冲突问题提出新的假设，她在1924年的著作《创造性经验》中对这一问题作出了解释。她认为，人们可以通过会议、讨论和协作来启迪彼此的思想，要着眼于个人与组织共同的目标，并在追求这种共同目标的同时找到群体与个人之间利益的一致点，从而通过群体经验来使个人的创造力得到更大的发挥。

二、通过利益整合解决冲突

福莱特非常重视日常工作与生活中出现的矛盾和问题。她特别研究了冲突现象，强调因为冲突是生活中的一种现实状况，应该让其为我所用。她提出了四种解决利益冲突的途径：（1）一方自愿退让；（2）斗争，一方战胜另一方；（3）妥协；（4）整合。前两者显然不足取，妥协也不利于辨明是非曲直；最佳途径为第四种，即通过整合找出一种使双方都满意的解决办法。人们在运用利益整合解决冲突时，经常可以得到意外的收获，这一类分歧被福莱特称为进步性的分歧。她认为，整合包含发明，要承认这一点，而不要把自己的思路停留在两种相互排斥的解决方案上。福莱特在这里提出了一个与泰勒的所谓"精神革命"十分近似的观点。她提出的通过整合解决冲突方法的前提，是力图使工人和管理当局双方真正感到是为一个共同目标而努力，所有成员都在各级承担一定的责任从而为整体作出贡献，使社会和经济达到整合的统一。

三、情境原则

基于自己独特的民主政治观与思考视角，福莱特对马克斯·韦伯提出的追求效率优先的官僚制作出了改进。她认为，领导者不应总是用"统治权力"来命令与强制员工工作，因为专断的命令忽视了人类天性中最基本的元素之一，那就是主宰自己生活的愿望；相反，应该用一种具有利益共同性的"共享的权力"来激发员工工作的热情，这也是融合原则的一种延伸，即实现自治与命令、心理和利益上的融合统一。

为了实现这一点，领导者在发号施令时需要使用情境原则，即解除命令中包含的人身支配关系，尽量使用客观化与非人称化的语言，使下属意识到并不是领导者希望他把事情做成什么样，而是在当前情境下必须这样做。如此一来，命令就不是来自领导者的意志，而是来自工作中存在的事实与环境。对下属来说，由于知道命令的来源，他就会对这项工作提出自己的意见与思考，并想办法去解决问题；对于上级来说，这样做可以充分调动下属的积极性与创新精神，同时也可以完成工作。福莱特运用这一原则将韦伯官僚制里的单项命令变成以情境为纽带的双向互动，用更和谐的方式达到了与韦伯想要达到的相同的目标。

后来，福莱特进一步对这一原则进行发展，即权威从属于工作、职责，并与其相互作用。而且，这三者在相互影响的过程中逐渐成为一个整体，并存在不可分割性，每一个决定的形成都是以之前三者影响过程中出现的变化为基础的。只有理解了这一规律，人们才能获得真正意义上的自由。

思想评论

福莱特被人们称为"管理学先知"，她用哲学的观点来思考问题，并试图创造出一种协调和合作的精神；她关心人，但并不是关心作为个体的人本身，而是关心在团体中努力实现自己的个人；她试图改造以前的权威概念，认为只有专职、有道德的领导才能真正提高组织的效率与员工的福利。她的有关利益融合、情境规律的论述同泰勒提出的精神革命、职能管理等思想一致，而有关协作、领导的相互影响理论又与人际关系学派创始人梅奥、罗特利斯伯格等人的观点一致，可以说，她的理论成为两者之间过渡的桥梁。福莱特所提出的融合统一原则，改变了许多人的思维方式。在政治学领域出现的"第三次道路"与经济学领域摆脱亚当·斯密与凯恩斯的两极对立的研究思想，都在一定程度上受到这一原则的影响。除此之外，她提出的权威的非对称化和服从情境规律的思想也对改变专制主义的管理方式起到了一定的作用。

20世纪30—40年代管理思想

林德尔·厄威克
Lyndall F. Urwick

詹姆斯·曼尼
James D. Mooney

拉尔夫·戴维斯
Ralph C. Davis

人际关系学派

卢瑟·古利克
Luther H. Gulick

卢瑟·古利克
Luther H. Gulick

戴尔·卡耐基
Dale Carnegie

人际关系学派
The Interpersonal Behavior Approach

乔治·梅奥
George E. Mayo

弗里茨·罗特利斯伯格
Fritz J. Roethlisberger

社会协作系统学派
The Cooperative Social System Approach

切斯特·巴纳德
Chester I. Barnard

20世纪30—40年代

库尔特·勒温
Kurt Lewin

1

2

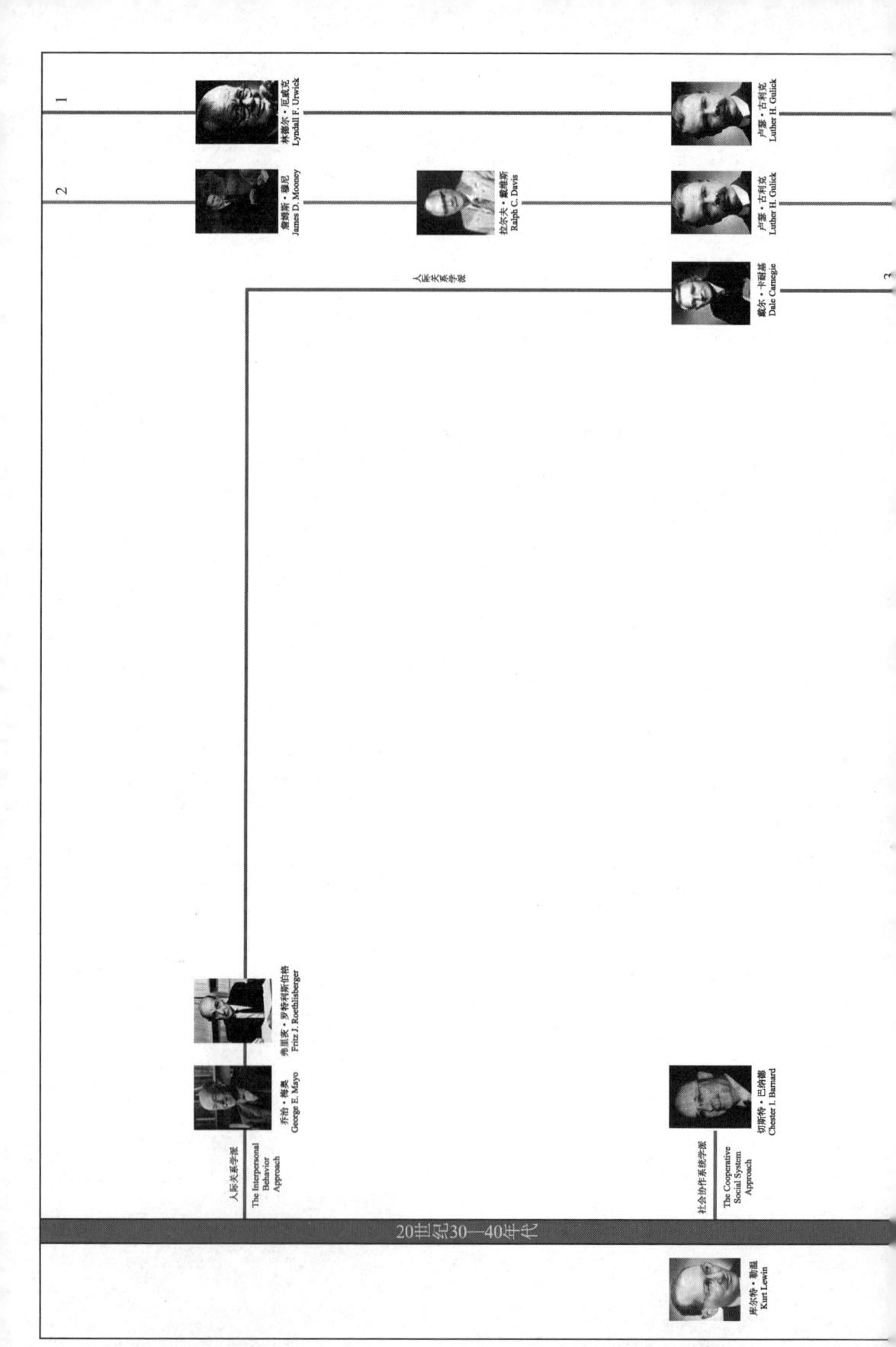

3

20世纪30—40年代管理思想

20世纪30—40年代，人类历史上爆发了规模空前的全球性经济危机和世界大战，工人的生活水平急剧下降，工人组织起来反抗资本家的斗争日趋增多，科学管理所倡导的经济刺激和物质激励也出现了效用递减现象，管理者逐渐认识到单纯用古典管理理论和方法已不能有效激励和控制工人以达到增加利润的目的。因此，一些管理学家和心理学家开始从心理学、社会学等学科出发系统思考企业中有关人的问题，人际关系学派和社会协作系统学派得以在大萧条中诞生。此外，由于罗斯福新政以及第二次世界大战期间远离战场等原因，两场大浩劫对美国经济的负面影响并不大，管理思想得以在美国继续发展，许多管理学家和实践者在总结和借鉴前人研究成果的基础上，对管理过程和组织效率等方面进行了深入研究，完成了管理思想史上由古典理论到现代理论的重要过渡。

人际关系理论源于乔治·埃尔顿·梅奥与弗里茨·朱尔斯·罗特利斯伯格等人的霍桑实验。霍桑实验的结果于1933年发表于《工业文明中的人类问题》，这标志着人际关系学派的建立。该实验第一次把管理研究的重点从工作和实物的因素上转移到人的因素上来，并得出重要结论：人作为"社会人"，绝不仅仅追求金钱等物质享受，同时还希望满足友情、归宿、受人尊重等社会性需求。人际关系学派的主要观点包括：人是"社会人"而不是"经济人"；新的领导能力在于提高工人的满意度；正式组织中存在非正式组织。人际关系学派不仅对科学管理理论作了修正和补充，还提出了广泛结合社会学、心理学的管理理念和方法，如人本管理、参与管理以及自我管理等，促进了行为科学的诞生和发展。但是，该学派过于偏重人的感情和社会因素而忽略了理性和经济因素对人的激励作用，因而具有一定的局限性。在人际关系管理方面，戴尔·卡耐基一生致力于人性问题及社会环境中的人际关系问题的研究，他运用心理学和社会学知识，对人类共同的心理特点进行探索和分析，开创并发展出了一套独特的集演讲、推销、为人处世、智能开发于一体的成人教育方式。卡耐基在实践基础上撰写而成的《如何赢得朋友和影响他人》等著作也是20世纪最畅销的成功励志经典，这些书和卡耐基的成人教育实践相辅相成，将卡耐基的人生智慧传播到世界各地，影响了千千万万人。

社会协作系统学派从社会学和整体论的视角来研究管理，认为社会的各类组织都是一个由相互联系的各个部分构成的整体,并把组织置于更大的社会系统中加以考察。该学派的代表人物切斯特·艾文·巴纳德是重视人对组织重要性的早期倡导者之一,他将组织看作一个协作的社会系统,认为系统能使个人与组织目标联系起来。巴纳德提出了许多与传统组织理论不同的观点,直接影响了在组织管理方面的开创性研究。如关于经理的职能,前人多采用静态的、叙述的方式来说明,而巴纳德采用动态的和分析的方式来阐释,对"沟通""动机""决策"等一系列问题进行了开创性的专题研究。社会协作系统学派所提出的理论既吸收了科学管理理论的合理成分,又融合了人际关系理论关于非正式组织的观点,围绕"协作系统"等新概念建立了领导和决策研究的基本框架,从而推动了管理研究的进程。

管理过程学派在这一时期也获得了较大发展,詹姆斯·穆尼是此时的主要代表人物。穆尼阐明了管理活动的基本理念,认为管理活动的过程就是管理的职能逐步展开和实现的过程。穆尼还对冲突管理进行了深入研究,其有关冲突类型划分和冲突处理对策的观点目前仍被广泛应用。除穆尼以外,拉尔夫·戴维斯提出了管理的有机职能,即计划、组织和控制,同时强调了管理哲学对经理人员的重要性。卢瑟·哈尔西·古利克将自法约尔以来的有关管理职能方面的论说加以系统化,提出了著名的"管理七职能论",丰富和拓展了管理过程学派的理论体系。

管理学家林德尔·福恩斯·厄威克和卢瑟·哈尔西·古利克代表了组织理论学派在20世纪30—40年代的新发展。厄威克继承了泰勒关于管理过程要以实践和科学调查为基础的指导思想,又引入了法约尔的计划管理职能和穆尼等人对组织职能的分析,发展和分析了控制职能,形成了比较系统的管理理论。厄威克的贡献还在于他提出了适用于一切组织的8项管理原则以及组织设计理论。古利克非常强调在组织中贯彻一致性原则以保证组织活动的协调性,并主张在实际工作中随时根据情况变化来调整组织的结构与部门的职能。两人所主张的一系列管理原则为形成比较完整的现代组织理论体系做了铺垫。

此外,拓扑心理学的创始人、人格理论与场论的开拓者库尔特·勒温提出了群体动力学,用于分析非正式组织中人与人相互接触、相互影响所形成的社会秩序。该理论认为：群体的活动、相互影响和情绪三要素相互关联，并综合影响群体行为；群体目标和组织目标往往不一致；群体中人的行为不仅与他的能力和素质有关，而且与其所处环境密切相关；群体有自己的规范，并有别于正式组织的程序和工作标准。勒温有关群体动力学观点的价值在于，提醒管理者如果要提高组织绩效，就要重视非正式组织的地位。勒温群体动力学的出现进一步提醒人们，人类社会已经处于行为科学时代。行为科学理论强调人的行为，认为从人的本质中激发动力，才能提高效率。行为科学理论的出现，弥补了科学管理理论的不足，为管理学科的进一步发展注入了强大的动力，并成为管理理论的又一块奠基石。这一时期的研究者"仁者见仁、智者见智"，在管理学的不同分支领域里提出了许多深刻的见解，为20世纪50年代管理理论的飞跃发展做出了重要贡献。

10 乔治·埃尔顿·梅奥、弗里茨·朱尔斯·罗特利斯伯格

乔治·埃尔顿·梅奥（George Elton Mayo，1880—1949），原籍澳大利亚，美国行为科学家，美国艺术与科学学院院士，早期行为科学——人际关系学派创始人。1880年出生在澳大利亚阿德莱德，1900年在阿德莱德大学获得逻辑学和哲学硕士学位，1911—1923年在澳大利亚昆士兰大学讲授逻辑学、伦理学和哲学，后赴爱丁堡研究精神病理学，对精神上的不正常现象进行分析，是澳大利亚心理疗法的创始人。1926年任哈佛大学工商管理学院工业研究室副教授，一年后开始主持美国国家研究委员会与西屋电气公司合作进行的霍桑实验，直到1932年实验结束。1929年任工业实验室终身教授，直到1947年退休。1933年出版其代表作《工业文明中的人类问题》（The Human Problems of Individual Civilization）。

弗里茨·朱尔斯·罗特利斯伯格（Fritz Jules Roethlisberger，1898—1974），美国管理学家，人际关系理论创始人之一，早期人际关系理论的归纳总结者，出生在美国纽约。1921年获得哥伦比亚大学的文科学士学位，1922年获得麻省理工学院的理科学士学位，1925年取得哈佛大学文科硕士学位后，留在哈佛大学工商管理学院工业研究室工作。他是梅奥的助手，与梅奥合作长达20年之久，并曾参与霍桑实验。他的代表作为《管理和工人》（Management and the Worker，1939）与《管理和士气》（Management and Morale，1941）。

关键词▶ 霍桑实验（the Hawthorne experiments）

霍桑效应（Hawthorne effects）

人际关系运动（interpersonal relationship movement）

行为科学（behavioral science）

社会人（social man）

非正式群体（informal group）

梅奥主持了著名的霍桑实验，揭开了作为组织中的人的行为研究的序幕。霍桑实验得出了以下结论：人是"社会人"，而不是"经济人"；新的领导能力在于提高工人的满意度；正式组织中存在非正式组织。随后，梅奥与罗特利斯伯格又在上述观点的基础上进一步发展出了人际关系理论。

一、霍桑实验

霍桑实验是1924年11月至1932年5月在美国西屋电气公司的霍桑工厂进行的一系列实验，前后分为两部分，第一部分是1924年11月至1927年5月，在美国国家科学委员会赞助下进行；第二部分是1927年6月到1932年结束，由梅奥主持进行。整个实验分为以下四个阶段：

1. 照明实验（1924—1927年）

这一阶段进行的实验主要围绕照明、通风、温度等影响生产率的因素进行。当时许多管理人员与管理学者都认为，工作环境、工人的健康与生产率之间存在明确的因果关系。如果在理想的照明与温度等工作条件下，辅以设计好的工作动作与休息时间，再加上与工作成果相联系的工资制度，工人的生产效率可以达到最大。于是，实验小组将工人分为两个组：实验组与控制组，而后选择了工间休息、每日工作长度、每周工作天数、照明等条件作为实验变量。在这个过程中，实验组的各项条件一直在发生变化，而控制组的条件一直保持不变。通过对比发现，不论条件怎样变化，实验组工人的生产率一直都在提高，有趣的是，即使条件不变，控制组工人的生产率也一直在提高，这样的结果出乎所有人的意料。梅奥和罗特利斯伯格认为参加实验的工人产量提高，主要是由于工人精神方面发生了巨大的变化,参加实验的工人成为一个社会单位,受到更多的关注,并形成一种参与实验计划的感觉,因而情绪高昂。

2. 福利实验(1927—1928年)

1927年,梅奥接受邀请并组织了哈佛大学的一批教授成立了一个新的研究小组,开始了霍桑实验的第二阶段"福利实验"。"福利实验"的目的是找到更有效地控制影响员工积极性的因素。梅奥等人对实验结果进行归纳,排除了四种假设:(1)在实验中改进物质条件和工作方法,可导致产量增加;(2)安排工间休息和缩短工作日,可以解除或减轻疲劳;(3)工间休息可减少工作的单调性;(4)个人计件工资能促进产量的增加。最后得出"改变监督与控制的方法能改善人际关系,改进工人的工作态度,促进产量的提高"的结论。

3. 访谈实验(1928—1930年)

通过以上两次实验,研究小组已经知道了管理方式与员工的士气才是影响劳动生产率的最大因素,那么下一步就应该了解工人们对现有的管理方式有什么意见与建议,进而为改进管理方式提供依据。1928年9月至1930年5月,研究人员又开展了第三阶段的研究:大规模访谈实验。在这段时间内,小组与约两万名员工进行了访谈,主要了解员工对公司领导、保险计划、晋升与工资报酬等方面的意见与态度。但在进行访谈时,研究人员发现了一个很有趣的现象,那就是工人自己表述的不满与其隐藏在内心深处的不满并不一致。例如,一位工人抱怨计件工资率太低,而事实上,他是支付不起妻子过高的医药费,这是保险计划中的问题。所以罗特利斯伯格在访谈结束后指出,对于员工抱怨出来的不满,不能就事论事地处理,而应把他们表现出来的不满看做一种出现问题的征兆,然后再进行深入的分析来找出问题。

4. 群体实验(1931—1932年)

在上述三项实验结果完成后,研究人员发现,在工人当中似乎存在一种非正式的组织,而这种非正式的组织对工人的态度有着极其重要的影响。为了系统地观察这种影响,研究人员又在车间中挑选了14名员工,让他们在一个单独的房间里进行焊接工作。最后发现,在定额7 312个焊接点的标准下，工人只完成 6 000 多个就不干了，即使离下班还有很充裕的时间，他们也会自行停工。而其停工的原因是：如果他们过分努力工作，就有可能造成其他同伴失业，或者公司会制定更高的定额。研究人员认为，这种自然形成的群体，其职能对内在于控制成员的行为，而对外则是保护成员，使其不受来自管理阶层的干预。其主要形成原因来自社会，而不是经济。

二、人际关系学说

霍桑实验的结果由梅奥形成文字于 1933 年正式出版，书名是《工业文明中的人类问题》，这本书的出版也标志着人际关系学说的建立，其核心思想有以下三个：

1. 人是"社会人"而不是"经济人"

霍桑实验的研究结果否定了传统管理理论对于人的假设，表明了工人不是被动、孤立的个体，影响他们行为的最关键因素不是待遇与工作条件，而是工作中的人际关系。梅奥据此提出，人们的行为不单单出自追求金钱的需要，还有社会的、心理方面的需要。每一个人都有自己的特点，这会影响他对上级命令的反应与工作的表现。因此，管理者不应把员工视作无差别的机器或机器的一部分，而应针对其特点从心理角度予以管理与组织。

2. 新的领导能力在于提高工人的满意度

霍桑实验表明，在决定劳动生产率的诸因素中，置于首位的因素是工人的满意度，而生产条件、工资报酬只是第二位的。员工的满意度越高，其士气就越高，从而生产效率就越高。工人的满意度又受到家庭、社会生活以及企业中人与人之间的关系的影响。因此，管理者除了具有管理的基本知识外，还要具备处理人际关系能力方面的管理技巧和管理艺术。新的领导能力就是要在"正式组织"的经济需求和工人的"非正式组织"的社会需求之间保持平衡。管理者采取措施提高工人的工作士气，使工人为达到组织合作目标不断付出努力，进而达到提高生产效率的目的。

3. 正式组织中存在非正式组织。

梅奥认为，任何一个机构里都在正式组织之外存在非正式组织，而这种非正式组织对于生产效率与工作满意度都有着非常大的影响。如果管理人员只是根据正式组织中存在的效率、逻辑来管理，而忽视非正式组织中的感情因素，必然会引起与员工的冲突。而如果管理人员在工作中考虑了这些社会因素，他就能充分了解政策执行时有哪些阻力或推动力。所以，管理者必须正视和重视非正式组织的存在，并对其成员的行为加以规范的引导，使之有利于整体计划的实现。

思想评论

梅奥和罗特利斯伯格创立的人际关系学说对古典的管理理论进行了大胆的突破，第一次把管理研究的重点从工作与物质的因素转移到了人的因素上来。因为作为"社会人"，人在追求物质享受的同时，还要追求友情、安全感、归宿感等心理享受。这种新的学说不仅修正和补充了古典管理理论，还结合了社会学、心理学的理论知识，促进了行为科学的发展。在现代企业中出现的一系列先进管理活动，如人本管理、参与管理与自我管理等也都是由人际关系学说发展而来。

11 切斯特·艾文·巴纳德

切斯特·艾文·巴纳德（Chester Irving Barnard，1886—1961），社会协作系统学派创始人，出生在马萨诸塞州摩顿。他在1906—1909年间读完了哈佛大学的经济学课程，但由于缺少一门实验科学的成绩而未获得学士学位。1909年，巴纳德进入美国电话电报公司统计部工作，1915年被提升为商业工程师，并在1926年出任该公司的总经理。1927年，巴纳德担任规模庞大的新泽西贝尔电话公司的总经理。多年的领导与管理经验使他对经理人员这一群体有了充分的了解，并于1938年出版了奠定其大师地位且在管理学历史上享有盛誉的《经理人员的职能》一书。此后，他还担任过洛克菲勒基金会董事长、美国国家科学基金会会长、美国财政部部长助理等职。

关键词▶ 社会协作系统学派（the cooperative social systems approach）
经理人员的职能（the functions of the executive）

与此前的组织理论研究不同，巴纳德重视组织中人的作用，将组织看做一个人与人协作的社会系统，并提出系统能使个人与组织的目标联系起来。他将理性制定决策提升为管理的核心职能，奠定了现代组织理论的基础。此外，巴纳德概括了经理人员在组织中的职能及其应有的品质。

一、组织协作系统论

巴纳德独创性地界定了组织的概念，他认为组织是"两个或两个以上的人有意识地协调的活动或效力的系统"，此定义适用于各种军事类、宗教类、学术类或工商类组织。各类组织之间本质上都是协作系统，其差异只在于其物质与社会环境以及包含成员数量的不同。在实际生活中，协作是一个动态、系统的过程，其包含协作体系中个人之间的相互作用、个人与集体之间的相互作用、协作体系对个人的影响、协作的社会目的、协作的总体效能等五项内容，这五项内容是协作系统得以成立的最基本条件，也是决定整个组织效率高低的基础。而作为正式组织的协作系统，不论其规模大小或级别高低，都包含三个基本要素：

1. 协作的意愿

任何组织都不能脱离成员而存在，在组织中协作的意愿表示个体对自身行为的去个性化，这种意愿可以将不同组织成员的行为有机结合起来，使他们协调一致地进行活动。由于不同成员的协作意愿不同，而且成员不可能主动、自发地持续产生协作的意愿，这就需要组织为其提供物质或精神诱惑来提高其协作的主动性。基于此项假设，巴纳德提出了一个著名的关系式：诱因$\geq$贡献。这里的"诱因"即指组织为了补偿个人对组织的贡献所提供的各种刺激，而"贡献"指成员为组织所奉献出的时间与服务等。当诱因的效果越大时，个人协作的意愿也就越强；如果诱因成为零或变为负数时，成员的贡献也将为零，甚至退出这一组织。诱因必须大于或等于贡献，这样组织才能不断存续与发展，所以对于这一要素的阐述也称为组织存续论。需要注意的是，对于不同成员，诱因的需要也不同，有的需要金钱，而有的需要威望，这就需要管理者在提供诱因时考虑其对不同成员可能产生的不同效果，以减少组织的损失。

2. 共同的目标

共同的目标是达到协作意愿的必要前提，因为员工常常会通过观察这一点来判断组织是否可以满足自己的需要；如果共同的目标不清晰，员工无法预测,自然也就不会为组织作出贡献,组织的整体协作活动也就无从谈起。巴纳德指出,组织目标是整个组织存在的灵魂与奋斗的方向,制定共同目标时,必须把握以下几个要点:(1)必须使共同目标为组织全体员工所理解和接受,这样才能真正激发员工的协作行为;(2)必须使组织目标与个人目标相协调;(3)必须使组织目标适应环境的变化,使其可以根据客观形势随时调整。因此,最后制定出的目标应具有清晰性、综合性、整体性、层次性等特点,并遵循灵活性与一致性相结合的原则。

3. 信息的沟通

基本要素中的最后一项是信息的沟通,它的存在使前两个要素得以动态地结合起来。个人协作的意愿和组织的共同目标只有通过信息沟通才能联系与统一,其应具有以下原则:(1)信息沟通的渠道要被组织成员明确了解,所有人都知道从哪里才能获得什么类型的信息;(2)组织中的每一个成员都要有一个明确的信息沟通的正式渠道,即每个人都要同组织有正式的联系;(3)信息沟通的路线必须简化,因为当信息传递的层次越多时,其速度就会变得越慢,并有可能产生信息误解;(4)必须利用完整的信息沟通路线,因为信息在向上或向下传递时,在每一层都要对其进行必要的解释,如果在这个过程中跳过了某些层次,则有可能产生矛盾与偏差;(5)组织在执行职能时,信息沟通的路线不能中断;(6)信息沟通必须具有权威性;(7)作为信息沟通的各级人员必须称职。

在分析与总结这三大基本要素时,巴纳德也像梅奥一样,注意到了非正式组织的存在。他认为,非正式组织产生于同工作有关的联系,从而形成某些态度、习惯与规范。其常常为正式组织创造条件,而且加强了组织内信息的沟通,增强了组织的凝聚力,以及维护了个人品德与自尊心。如果说正式组织是保持秩序与一致性所不可缺少的,那么非正式组织就是保持活力与创新性所不可缺少的。一个管理者如果能同时充当非正式组织的管理者,那么管理就会非常成功。

二、经理人员的职能

在对组织协作进行系统的研究之后,巴纳德认为,在帮助组织实施协作时，经理人员是非常重要的，他们通常在正式组织中充当系统运转的中心，并对组织成员的活动进行协调，指导组织的运转，并帮助组织实现目标。在《经理人员的职能》一书中，他概括了经理人员在组织中的职能以及其应该具有的品质。

1. 经理人员的三项职能

（1）规定与解释组织的目标。组织的目标并不是提出以后就变得有效，其只有在被组织成员全部接受以后才变得有效，而这不仅用语言就能阐明，更要用必要的行动来解释。经理人员要在制定总体目标后将其分解为不同的子目标，并把权利与责任授予各个部门，使他们互相联系与协调，由他们实施不同的子目标。这事实上是德鲁克日后提出的"目标管理"的萌芽。

（2）建立和维持信息沟通系统。经理人员应该在建立系统前设计出信息沟通路线图，并找到适合担任各个部门主管的管理人员。对经理人员来说，其职位特点表明只有他们才可以从一个宏观的角度理解组织的整体性与复杂性，也只有他们才知道建立哪些岗位并为这些岗位上的哪类人保证组织信息的有效沟通。

（3）要求成员对组织作出服务。在建立了组织与信息沟通系统后，经理人员就要要求组织内的成员开始工作，为组织做出贡献。在选拔时，经理人员要亲自参加招募，并找到最合适的人员进入组织；在工作中，经理人员要对一切活动进行监督、检查、控制，并随时关注给予员工的诱因的有效性，来保持组织系统的生命力。

2. 经理人员应该具备的品质

（1）经营管理取得效果的前提是有效的领导，作为一名经理人员，其首先要具有领导才能，如在日常工作中对人员的激励、使他们相信组织的目标与他们个人的目标都能够实现，并提高他们的协作性。

（2）经理人员应具备的另外一项重要品质是良好的道德。因为道德通常比较稳定，不会随着时间与环境的变化而有大的波动，是指导个人行动的准则。在工作中，道德水准高的经理人员常常会自然地约束与控制有损组织或个人利益的行为，可以为员工作出良好榜样。

> **思想评论**
>
> 巴纳德研究组织时没有偏重于专业的结构效率，而是从社会系统的角度研究组织问题，把其看做人与人之间协作的系统，对组织中的人员给予了足够重视。关于经理的职能，前人多采用静态的、叙述的方式来说明，而巴纳德采用动态的和分析的方式来阐释。其理论既吸收了古典组织理论的合理成分，又融合了人际关系理论关于非正式组织的观点，围绕"协作系统"等新概念建立了领导和决策研究的基本框架，从而推动了管理研究的进程。巴纳德在组织管理理论方面的开创性研究，奠定了现代组织理论的基础，后来许多学者如梅奥、德鲁克、孔茨、明茨伯格、西蒙等人都极大地受益于巴纳德的思想，并在不同方向上有所发展。

12 詹姆斯·大卫·穆尼

詹姆斯·大卫·穆尼（James David Mooney，1884—1957），美国高级管理人员和管理学家，管理过程理论的重要代表人物之一，出生在俄亥俄州克利夫兰。1908年在凯斯西储大学的凯斯工程学院获得采矿工程学士学位，1910年进入西屋电气工作，1917年参军，并在位于法国的309弹药团服役。1922年，穆尼任通用汽车公司副经理、通用汽车出口公司总裁，分管通用汽车公司的海外生产工作，1946年担任威利斯汽车公司（即Jeep汽车的生产商）的总裁。其代表作有1931年与赖利合著的《工业，前进！——组织原理及其对现代工业的意义》（Onward Industry! The Principles of Organization and Their Significance to Modern Industry）以及1939年出版的《组织原理》（The Principles of Organization）。

关键词▶ 组织效率原理（principles of organizational efficiency）
冲突类型和处理对策（conflict types and treatment response）

穆尼坚持效率至上，注重组织效率的研究。他通过考察希腊、罗马等古文明中组织的历史，提出了组织内部的协调原则、阶层原则与职能原则等管理原则，并阐明了这些原则的适用性。穆尼还对冲突理论进行了详尽的论述和研究，其中有关冲突类型的划分和处理对策目前仍广泛应用。

一、组织与组织效率

在《组织原理》一书中，穆尼指出，组织就是人们为了实现某个共同目标而以任何形式组成的联合。当组织内部的全部关系都可以有效地协调时，这个组织才能称为一个有效率的组织。从这个角度讲，管理就是激励、指挥和控制组织的过程。因此，组织既从属于管理，又是管理得以进行的前提和基础。穆尼对组织目标给予了极大关注和深刻探讨，并提出了组织获得高效率所需要注意的三项基本原则：

1. 协调原则

协调是人们为了追求共同的目标而在一起相互影响、相互适应以达到配合行动的一系列活动。管理者制定的规章、政策、程序以及纪律都是组织系统的一部分，其目的在于增进沟通、统一行动，提高协调能力，进而增加效率。为了实现协调，必须有一个某种形式的集中的权威，这种权威可能是专制的，也可能是民主的。在穆尼看来，组织存在的基础是利益目标的共同性，只有当所有利益相关者都对目标有着共同的理解时，他们才会相互承担义务与相互提供服务。但在现实工作中，这种相同的理解不会自发地实现，管理当局必须尽力提供有利的条件来促使其发生。所以，在实施规章与程序之前，要让人们了解它们实施的理由，并让人们确信它们并不是有害的而是有益的。

2. 阶层原则

组织中的不同成员因其权力和责任的不同在承担责任方面的分成也是不同的，这些差异的存在产生了阶层。阶层的存在使得管理者与被管理者之间的上下级关系出现。正因如此，管理者可以在拥有相应权力的基础上领导基层人员去完成任务。在管理中，管理者要通过授权来完成领导与指挥的过程，而进行授权的技巧也能最大限度地体现出管理能力。通过自上而下的层层授权，组织就形成了一个完整的阶层序列。

3. 职能原则

职能原则是阶层原则的结果。穆尼把职能划分为三种：（1）定性职能,即决定做些什么; (2) 应用性职能,即如何做才能把事情做成;(3) 解释性职能,即解释执行过程中的差异和问题。虽然在逻辑上讲这三种职能是有区别的,但在组织中却常常体现在一个人身上。穆尼认为,由于组织具有职能原则,因此任何管理层级上的管理人员都不能随意地以他喜欢的方式进行组织活动。而要按自己所处岗位的要求来行动。

二、冲突管理

在穆尼看来,冲突作为一种普遍的现象,对组织决策和组织运行是一把双刃剑。作为领导者,要做到有效地运用冲突,必须认识和研究产生冲突的原因及冲突所有的外在表现形式。只有从具体情况出发,在充分认识特定冲突的基础上,才有可能限制和消除冲突具有破坏性的一面,促进和利用其建设性的一面,从而正确地处理组织运行过程中的冲突与矛盾,顺利实现未来的目标。

1. 冲突的三种类型

对冲突的分类有不同的标准。从冲突的主体角度划分有:个体与个体之间的冲突、个体与群体之间的冲突、群体与群体之间的冲突。从组织系统类别划分有:政治领域的冲突、经济领域的冲突、军事领域的冲突等。但是,领导协调艺术所研究的冲突,不仅包括冲突本身,还包括冲突主体对冲突的态度和对策。穆尼从这个角度提出了冲突的三种类型:战斗、竞争、辩论。

(1) 战斗:半自动型的冲突。在战斗型冲突中,行为者的自我控制与相互控制急剧减退,因为每个行为者的行动都可能成为其他行为或类似冲突的起点。在国家间的军备竞赛和大国的对抗中可以看到,一国的军备水平或军备支出成为另一国的基线,使它决定以某种"安全"幅度——如10%来超过它,以便感到安全。但是,后者这一新的、较高的军备水平却又成为前者安全的基础,它又会努力比其敌手在武器上多支出10%,于是它的敌手又力图再比这个数目增加10%。军备升级就这样连续进行,直至敌手的一方或双方精疲力竭,或直至战争爆发。

(2) 竞争:具有战略性的理性冲突。在竞争型冲突中,竞争者不仅必须懂得自己需要得到什么，还必须明白自己知道什么和不知道什么，可以做什么和不可以做什么。对其行动的后果，他们的认识是不确定的，在一场典型的竞争中，竞争者必须将其行动建立在最可能合理的推测和估计之上，但他们往往不能完全知道对手可能采取什么行动。

（3）辩论：容许改变形象和动机的争论。在辩论型冲突中，冲突双方在具有竞争性的同时也兼有共同发现的过程，他们会在冲突中相互了解、相互教育，所以有可能在冲突时导致双方发现和接受有利的解决办法。如果各方能够弄明白对方实际上说的是什么，便能采用清晰而打动人的方式来陈述对手的情况，并提出自己的方案。因此，辩论的一个基本步骤在于找到在什么基础上使对方确信自己观点的真实性，在发现对手头脑中的观点后弄清每一观点的有效适用范围。

2. 处理冲突的对策

穆尼认为，上面提到的组织冲突的意义、破坏性和建设性，仅仅是人们从理性的角度对冲突的看法和态度。但是，具体到每一冲突对领导活动和目标的实现在实践上到底产生何种意义，这往往与领导者采取何种态度和策略有直接关系。正确的策略可以化害为利，而错误的策略就可能化利为害，所以采取何种策略是领导科学和领导者所必须关注的问题。领导者可以采取的策略具体分为以下五种：

（1）回避。这种方式无视冲突的存在，即领导者通过回避，让冲突双方有和平共处的机会，自行解决冲突。其运用的前提是冲突没有严重到损害组织效能的地步。

（2）建立联络小组。当组织内的群体交往不是很频繁，而组织目标又要求他们协同解决问题时，群体间就可能发生冲突，这时可以建立联络小组作为双方的联系桥梁，而联络小组的组长通常要有较高的权限与协调能力。

（3）树立超级目标。当群体间存在相互依赖的关系时，领导者可以树立一个超级目标，而这种目标只有冲突双方合作时才能达到。为了完成领导的目标，冲突双方可能会在某种程度上相互谦让和做出牺牲，共同为组织作出贡献。

（4）采取强制。这种方法在科层组织内最常见，即领导者利用组织赋予的权力有效地强行处理群体之间的冲突。从处于冲突中的群体的角度看，有两种办法可以促进强制程度：一是两个群体之一直接到领导那里寻求对自己立场的支持，由此强行采取单方面解决问题的办法；二是其中一个群体可以设法集合组织的力量，与组织内的其他群体组成联合阵线，这种联合阵线的"强大"阵容常常可以迫使另一些群体接受某个立场。

（5）解决问题。这是最有效或最值得提倡的方法。它是将冲突双方或其代表召集在一块，让他们说出分歧，辨明利害，找出分歧的原因，提出办法，以及最终选择一个双方都比较满意的解决方案。这种面对面的沟通，有助于组织内部存在冲突的各方相互了解。而且，把各方召集在一起才能互相体谅，并清楚并不是只有他们自己才面临真正的问题。此外，这种面对面的会议可以作为一个场所，给双方一个发泄的机会，防止产生其他冲突。

要想达到良好的效果，在具体运用以上处理冲突的对策时，还要改正沟通中的一些不良习惯，如对对方谈话没有兴趣、心不在焉等。穆尼将其总结为十条戒律，来帮助人们注意与避免这些问题。一戒，对谈话对方的谈话主题没有兴趣。二戒，被谈话对方的态度所吸引，而忽略了对方所讲的内容。三戒，当听到与自己意见不同的地方，就过分激动，以致不愿再听下去，其余信息就因此给抹杀了。四戒，仅仅注重事实，而不注意原则和辩论。五戒，过分重视条理，而对欠缺条理的人的讲话不够重视。六戒，过多注意造作和掩饰，而不注意真情实质。七戒，分心于别的事情，心不在焉。八戒，对较难理解的言谈不求甚解。九戒，当对方的言辞带有感情色彩时，则听力分散。十戒，在听别人讲话时还思考别的问题，顾此失彼。

思想评论

穆尼从宏观的角度探讨了组织的结构以及职能，并提出协调原则、阶层原则与职能原则来帮助组织获得更高的效率。此外，穆尼对冲突的总结和分析，尤其是冲突类型的划分方法，为管理者解决冲突提供了有力的分析工具，他所提出的十条戒律也提醒着管理者应该如何打造更为高效的沟通方式。

| 20 世纪 30—40 年代管理思想 |

13 林德尔·福恩斯·厄威克

  林德尔·福恩斯·厄威克（Lyndall Fownes Urwick，1891—1983），英国著名管理史学家、教育家、公认的管理学权威，出生在英国伍斯特郡。1912 年从牛津大学历史系毕业，获得学士学位，此后在军队与政府服务，由于两次世界大战中的出色贡献，先后获得荣誉勋章与中校军衔。1910—1920 年，厄威克担任英国手套制造行业联合委员会秘书；1928—1933 年担任设在日内瓦的国际管理学院的首任院长；1934 年组建英国管理咨询公司——厄威克和奥尔管理咨询合伙有限公司，并担任公司董事长直到 1961 年退休；1944 年，任英国工业管理专业教育委员会主席。此外，他还是美国机械工程师协会和美国管理协会的终身会员、英国管理研究所高级研究员，并获得国际科学管理委员会金质奖章、甘特金质奖章、泰勒奖等。厄威克一生著述颇丰，代表作有《管理的要素》（The Element of Administration）和《管理备要》（The Golden Book of Management：A Historical Record of the Life and Work of Seventy Pioneers）。

关键词▶ 古典管理理论（classical administrative theory）
　　　　　组织设计理论（organizational design theory）
　　　　　8 项组织原则（eight organization principles）
　　　　　管理思想的演变（the evolution of management thought）

69

厄威克继承了泰勒关于管理过程要以实践和科学调查为基础的指导思想，引入了法约尔的计划管理职能和穆尼等人对组织职能的分析，发展和分析了古典管理理论中的控制职能，提出了8项管理原则以及组织设计理论。此外，他总结和概括了时间跨度将近150年的管理思想。

一、将古典管理理论系统化

厄威克从早年开始就对古典管理理论有着浓厚的兴趣，在仔细分析这些理论后，他认为古典管理理论的优点有：

（1）古典管理理论事实上已经确定了管理学是一门科学，因为这些理论将管理实践当中遇到的问题抽象出来，使人们在面对这些问题时摆脱了用经验或直觉进行解决的过程。

（2）古典管理理论有着属于自己的原则与方法，而提出这些方法的人大多是通过大量实践得出结论，所以其对现实具有极强的指导意义。

（3）古典管理理论不仅包括管理原理的理论，还包含许多组织方面的理论，对组织在进行自身架构时也有影响。

古典管理理论也有自身的缺陷。例如，并没有说明不同组织的结构具体应该如何设立。而且由于时代的局限性，古典管理理论没有过多重视"人"的因素，这对于管理学的进一步发展非常不利。所以，厄威克将自己的心得汇编成《管理的要素》一书，并在1944年出版。在书中，他既继承了泰勒、吉尔布雷思、甘特等人关于管理过程要以实践和科学发展为基础的指导思想，又引入了法约尔的计划职能与穆尼、韦伯等人对组织职能的分析以及组织建立的原则，将科学管理理论与古典管理理论结合起来，最后综合出了应用古典管理理论会产生的结果，即秩序性、稳定性、主动性与集体性。而且，通过对法约尔、福莱特等人组织观点的分析，厄威克还重新定义和分析了控制职能。他认为：控制职能不仅是狭义上的在生产时监督人员的行为与产品的质量，而是充分结合指挥原则来支配与监督下属的活动。从广义上讲，控制职能是组织运行的关键，拥有多个子职能，如为组织配备人员、为组织作出决策、为组织安排活动、为组织制定纪律等。为了保证这种广义的控制职能的效果，与之相适应的指挥职能需要保持两大基本原则，即保证集中指挥原则与公平指挥原则。

在对比分析各个大家的理论时，厄威克主要以法约尔的管理思想作为一般框架，列表罗列出管理学者之间的共同点，通过这种直观的方式来探求一种更加广泛的管理原则。他发现，这些管理学家虽然大多互不相识，也未学习对方的理论，但几乎都采取一种类似的研究途径，最后得出表述不同内容却相近的原理。他认为，在人类发展中，早已存在着一种非常有效并且可靠的管理知识，现在需要做的只是把已经存在的碎片化的知识联系起来，形成一个完整的框架。他指出，自然科学与社会科学之间的差异，使得管理学仍是一门不精确的科学，但是有关管理学的知识与著作已经存在很多，将其进行系统的整理足以使其成为一门更科学的学科。因此，他从全世界范围内选择了70位著名的管理学家作为研究对象，对其理论一一进行总结，并在1956年出版了自己的另外一本重要著作《管理备要》。

在《管理备要》一书中，厄威克从1769年出生的詹姆斯·瓦特与社会主义实践的先驱罗伯特·欧文开始，一直写到1894年出生的《管理哲学》一书的作者奥利弗·谢尔登，时间跨度近150年。这本关于管理思想史的书比丹尼尔·雷恩1979年出版的在管理学界影响深远的《管理思想的演变》早20多年，是人类第一次以科学、系统的方法对管理学中各种观点进行的总结与探讨。他在这本书的序言中写道：在过去的四分之三个世纪中，一门新的知识学科由于实践的需要而获得了社会上最优先的地位。虽然这门学科的历史还很短，但它几乎深刻地改变了每一个国家的经营管理企业的思想。凡是自觉而全面地在工商企业中应用了这门知识学科的企业或人，都大大地提高了生产效率，并节约了人的劳动。除了在经济方面的应用之外，书中还探讨了人们应如何组织国家政府制度和处理国家之间的相互关系，如何为了全体的利益而发挥每个人的力量，并永远消除阶级之间和国家之间的物质对抗，为新的、有益的事业而发挥人类的建设性努力。

二、组织理论

1. 组织设计理论

组织设计理论出现的目的是通过对组织结构的设计来帮助组织实现其

经营目标，厄威克是这一理论的主要代表之一。他在1933年发表的《作为一个技术问题的组织》（Organization as a Technical Problem）一文中指出，组织原理是通过研究各种组织内部的活动和职务，并落实到个人，再对每个人的活动进行调节的方法，以便最经济、最有效地实现组织的目的。组织设计的手段主要有两个：一是决定从事经营的各个成员的职务；二是决定这些职务之间的互相关系，以解决经营技术问题。

2. 组织原则

在厄威克之前，古典管理理论的代表人曾提到过很多的管理原则，但都没有从总体上掌握各原则之间的有机联系，也无法确定管理实践中各原则具体应如何运用。为此，厄威克在1938年出版了《组织的科学原则》一书，将泰勒与法约尔等人提出的管理原则进行了分析，并提出了适用于一切组织的8项原则：

（1）共同目标原则。所有的组织都应有一个共同目标，组织内的一切活动都是为了实现目标而进行。

（2）权责相符原则。拥有一定权力的人必须同时拥有与之相符的责任，避免出现错误没人负责的情况。

（3）绝对权威原则。上级对自己的直属下级必须有绝对的权威，并有责任对其行为进行引导与纠正。

（4）组织阶层原则。上下级的关系一定要明确，员工一定要清楚自己处在组织中的哪一个层级，不可越权。

（5）控制幅度原则。一个上级所能管辖的直属下级最多5～6人，以免精力过于分散，降低工作效率。

（6）工作专业原则。每一个人在组织中都要有自己的专业工作，不能碰到任何事情都参与处理。

（7）协调一致原则。在统一领导的前提下，组织中的各个层级与各个部门应充分进行协调，来保障工作顺利进行。

（8）明确规定原则。对组织中的所有工作都要有明确的规定，以免出现对工作理解偏差的情况。

除这8项主要原则外，厄威克还通过对管理学家更进一步的分析，提出了29条主要管理原则与一些次要管理原则，在此不一一赘述。

思想评论

厄威克是第一位将管理理论进行综合的学者，他通过对管理思想不同的发展与演变进行系统化的归纳，使这些管理思想先驱的各种研究成果形成一个完整的框架。厄威克还在研究、整理前人思想时较早地使用了比较研究方法，并在此基础上对组织理论与管理教育等方面提出了自己新颖且具有独创性的观点。在厄威克的一生中，他一直都在试图寻找一种一般管理理论，来为所有的组织提供理论支撑，这也为后人的研究提供了方向。

14 卢瑟·哈尔西·古利克

卢瑟·哈尔西·古利克（Luther Halsey Gulick，1892—1993），美国著名管理学家，出生在日本大阪。1904年回到美国，1920年获得哥伦比亚大学的博士学位，1921年起担任哥伦比亚大学公共管理研究所主任，1931—1942年担任哥伦比亚大学教授。1937年，古利克与厄威克合编的《管理科学论文集》（Papers on the Science of Administration）出版，此书包含梅奥、福莱特、法约尔等人的文章，综合了古典管理理论，并使之系统化。其曾为罗斯福总统行政管理委员会的一名成员，并在1954—1956年任纽约市政府的行政官。

关键词▶ 7项管理职能（seven management functions）
10条管理原则（ten management principles）

古利克将自法约尔以来的有关管理职能方面的论述加以系统化，提出了著名的"管理7职能论"，即著名的"POSDCoRB"。其中，他认为预算职能中应包括财务计划与会计控制等重要内容，并将会计纳入整个管理活动之中，从管理的角度认定了会计的职能。

一、7项管理职能

古利克与厄威克在1937年合编了《管理科学论文集》，主要关注法约尔以来所有关于管理职能的理论。在此基础上，他又提出了著名的"POSDCoRB"（七种职能的首字母缩写，其中协调用了两个字母Co），即管理7职能论。这7种职能分别是计划（planning）、组织（organizing）、人事（staffing）、指挥（directing）、协调（coordinating）、报告（reporting）与预算（budgeting）。这7种职能基本上包括了从古典管理学派到当时的有关管理过程论述的各个方面，具体如下：

（1）计划。总体上来说，计划是为了实现组织所设定的目标而制定的活动纲要及行动方案。其过程分为6个部分：一是为组织的活动设定一个清晰的目标；二是要设定一个经营方针，确保目标的实现；三是将经营方针具体化、详细化，制定严密而科学的活动程序；四是针对活动程序中某特定项目逐一制定专属的规划；五是对所有项目逐一进行资金、劳动时间、产品单位等预算；六是在保证组织正常经营的同时，制定出组织的长远规划与战略性决策。

（2）组织。组织活动主要是通过建立权力的正式机构与组织体系，以便对各个工作部门加以安排、规定和协调，保证总体目标实现的过程。在传统的管理理论中，组织职能强调的主要是组织机构的正式性，并使员工积极适应正式的制度与管理方式，而忽略了人事关系与感情在组织过程中的影响。古利克认为，除设立正常的机构外，在组织的过程中还应设立参谋机构。与以往的参谋制不同，古利克提出的参谋制不仅要设立一个专门的机构来进行研究与向管理层提供咨询，还要设立一种高层机构的代表参谋，来作为普通参谋人员与指挥人员之间的过渡，帮助高层领导制定方案、传达指示、监督工作。

（3）人事。人事职能包括对员工在入职前的选拔与训练、入职后的培养与适当安排等内容。在选拔人才时，组织不应仅仅为了现在的某些需要来招募员工，而应按照其长期发展目标的需要来选拔与训练人才，这才是组织可以持续发展的关键。而且，组织里存在多少个行动小组、每个行动小组里囊括多少人员、人员的具体名单、每一位新员工的指导老师是谁，都应属于人事职能具体延伸的方面。

（4）指挥。指挥职能最主要的体现就是作出决策，并且在决策具体化的过程中针对其特点采取特殊或一般性的命令。古利克认为，在工作中，直线指挥与单一指挥是非常有效率的,而那种委员会式的管理方法常常会造成时间与金钱的浪费。而且,在单一指挥状态下,领导者可以持续地发挥自身的影响力,不断地在指挥过程中运用不同方式对下属进行领导、监督与激励。

(5) 协调。协调主要是把工作的各个部分有机地结合在一起,使其达到一致性与连贯性的过程。在各个部门之间,也要有专门的管理者对其工作进行协调,以对组织整体目标的实现形成助力。古利克认为,在建立机构与安排管理人员时,领导者就应将组织内的所有活动进行完整的分类,将每一类类似的活动都划归给同一位管理者进行管理,这样不仅可以避免工作中出现的利益摩擦,还可以提高工作效率。

(6) 报告。报告职能是指管理人员应在组织运营过程中得到有关正在进行的事的情况报告,并据其对之后的任务进行调整。传统的管理理论在谈到这一职能时大多要求管理者实行"授权原则",即把平日的职权交给下属去做,自己只保留重大事项的处置权。但古利克认为,事实上,绝大多数管理人员在授权问题上都处置不当,他们经常把握不准授权的度,以及不知道授权的方法,由于组织面对的环境瞬息万变,所以这一职能对经理人员是一个极大的挑战。

(7) 预算。这里的预算不仅指组织平日里所讲的"制定财政性收支计划",而且包括财务计划的制定、会计制度的建立以及日常收支的审核。通常情况下,尤其是企业中的管理人员,在控制组织时是通过不断地观察实际成本与预想成本之间的差异来实时采取手段消除其中的差异的,如果有必要,还需及时改变目标与计划。所以,古利克指出,组织管理者必须将预算职能放到与计划、组织等其他重要职能相等的地位上,否则组织内部就永远无法实施真正有效的控制。

二、部门划分原则

1921年,古利克出任哥伦比亚大学公共管理研究所主任,并从这时开始为纽约市政府提供城市管理建议。在对古典案例与管理理论进行充分的研究之后,古利克将其思想精华提炼为劳动分工与专业化、等级制度协作、合理授权、统一指挥等 10 项系统化的特点，并将其转化为通俗的观点与方法来为政府活动提供指导，形成 10 条管理原则。基于以上特点与政府部门的目标，古利克认为在公共管理中最重要的一点就是部门划分。他还提到，作为一个组织，其最重要的功能是协调，而在协调的基础之上应该使得活动保持"一致性"原则，该原则要求把类似的活动与功能归并于同一个人的领导之下，以免引起多头指挥、人员摩擦与效率低下等问题。而政府要为公民提供更好、更便捷的服务，首先就应该在部门设置与划分上进行调整。在具体操作中，古利克为政府部门的划分提供了四种方法：

（1）按服务目的或执行职能划分。例如，常规的供水部门、供电部门、打击犯罪部门、财政税收部门等。

（2）按工作中应用的不同程序划分。例如，工程部门、统计部门、会计部门、速记部门等。

（3）按所提供服务的对象划分。例如，移民部门、退伍老兵部门、印第安人部门、学生部门等。

（4）按所提供服务的地域或场所划分。例如，东区部门、上城部门、三街部门等。

根据以上四种方法，这些划分出来的部门都是相对来说重要的一级部门，城市管理者们可以采用单独的一种划分方法，也可以相互结合使用，如东区的移民部门，或者学生中的打击犯罪部门等，具体取决于哪个能更好地为组织目标服务。除一致性以外，古利克认为，在部门划分与选取采用中还要遵循两点原则：一是保证协调原则，即划分出的部门可以最有效地协调各方面的关系与矛盾；二是灵活性原则，即当组织发展战略或组织目标改变时部门结构可以根据情况适当、及时地变通与调整。

思想评论

与厄威克不同的是，古利克不仅在古典管理理论系统化方面做出了重大贡献，还以政府管理为背景对管理职能进行了划分，这种划分基本上涵盖了当时学者们对于管理职能研究的所有内容，为诸多组织，尤其是政府组织管理方式的进步作出了巨大贡献。而且，他非常强调在组织中贯彻一致性原则以保证组织活动的协调性,并主张在实际工作中随时根据情况变化来调整组织的结构与部门的职能。由于其独特的人生经验,古利克终其一生都认为政治学与管理学很难分开讨论,而应放在一个大框架中去研究。

15 库尔特·扎德克·勒温

库尔特·扎德克·勒温（Kurt Zadek Lewin，1890—1947），德裔美国心理学家，社会心理学之父，群体动力学、拓扑心理学、传播学创始人，实验社会心理学先驱。出生在普鲁士莫基尔诺。1910年，进入柏林大学，在德国心理学家、哲学家卡尔·斯图姆夫（Carl Stumpf）的指导下开始攻读心理学哲学博士学位。第一次世界大战爆发后入伍，战后回到柏林大学并拿到博士学位。1921年，他在柏林大学心理学研究所任助理，1926年晋升为教授。1933年，为逃避纳粹对犹太人的迫害，移居美国，并在1940年取得美国国籍。1944年，他在麻省理工学院创立了群体动力学研究中心，并担任主任。此中心的许多人后来都成为社会心理学与传播学领域的顶尖学者。勒温的代表作有《个性的动态理论》（A Dynamic Theory of Personality）、《拓扑心理学原理》（Principles of Topological psychology）与《解决社会冲突》（Resolving Social Conflicts and Field Theory in Social Science）。

关键词 ▶ 场论（field theory）
拓扑心理学（topological psychology）
群体动力学（group dynamic）

勒温以研究人类动机和群体动力学而闻名，他提出了向量、动力场、生活空间等概念，形成了独特的心理学理论。他对于群体动力学的研究包括群体的要素、目标、结构、规模、群体内聚力等。此外，勒温还提出了颇具影响力的"组织变革三阶段"模型。

一、场论

场论是勒温心理学体系的基础。在历史上，心理学家对行为进行解释时，总是将其成因分为两种：外在原因（如行为主义）与内在原因（如本能论）。而勒温采用了强调经验与行为的整体性的格式塔（Gestalt）理论对行为进行了解释：个体行为的变化是在某一时间与空间内，受内外两种因素交互作用而引起的结果。勒温将个人在某时间所处的空间定义为"场"，这借用了物理学中"场"的概念，其基本要义为：在同一场中，各部分元素会彼此影响，当一部分元素变动时，所有其他部分的元素都会受到影响。他用场论解释人的心理与行为，并用以下公式表示个人与其环境的交互关系：

$$B = f(P, E) = f(LSP)$$

式中，B代表行为（behavior），P代表个人（person），E代表环境（environment），f代表函数（function），LSP代表生活空间（life space）。其具体含义为：一个人的行为，不仅与他的个性有关，而且与其所处的环境有着密切的关系。从某种意义上说，行为取决于个体的生活空间。如果一个人处于一个不利的生活空间当中，如人际关系恶劣，环境质量差等，他的聪明才智就很难得到发挥，也很难取得应有的成绩。一般而言，个体很难改变环境，所以当他对环境不适应时，个人倾向于离开他所处的环境。

场论的核心就是这里所提到的生活空间，勒温将生活空间中包含的因素视为个人可以察觉到的事件，可分三类：内在的（如饥饿）、外在的（如食物）以及回想的（如过去的经验）。在静态方面，每个人的生活空间都可视为一个椭圆形，椭圆内个人的周围分为很多区域，分别代表生活空间内的各种心理事件，每一区域内心理事件的性质称作"引拒值"（valence），并冠以数学符号正或负，当心理事件与个人需求相适合时则带有正引拒值，当不适合于个人需求时则带有负引拒值。个体某时某地所表现的行为，正常情况下总是向带有正引拒值的事件趋近，对带有负引拒值的事件逃避。但在现实中是否趋近或逃避某一事件,将视个人需求而定。例如,当两个事件都具有正引拒值,而一个人又不能不在两者中择其一时,两个事件之间就可能产生冲突。像此种生活空间内心理事件因个人需求不同而使之带有方向性的吸引力或排斥力的现象,勒温称之为"向量"(vector)。在动态方面,他还提出了紧张的概念。当个体产生需要时,紧张便随之产生,这种需要可能是心理的,也可能是生理的。紧张产生后,便会引发一种张力,由张力作用的心理活动会促使个体作出一些行为来使紧张的机体与环境保持一种新的平衡。由于该理论借用了几何学中拓扑学的概念来解释个人与生活空间内各部分因素的关系,所以场论又称拓扑心理学。

二、群体动力学

1944年,勒温在麻省理工学院创办了群体动力学研究中心,并将格式塔理论进一步扩展应用到对群体社会行为的研究上。总的来说,群体动力学包括两大基本内容:

1. 群体的要素、目标、结构、规模

(1) 群体要素。群体动力学所研究的群体主要是指非正式组织。同正式组织一样,非正式组织也主要由活动、相互影响与情绪三大基本要素组成。"活动"是指人们在群体中的日常行为;"相互影响"是指人在群体中的相互关系;"情绪"主要是指人们在群体活动中的各种心理状态。群体内各个成员的活动、相互影响与情绪相互关联,并综合起来构成群体的行为。

(2) 群体目标。群体的存在和发展需要有一个目标,在非正式组织中,群体目标很可能与正式组织的不一致。管理者应当在实践中充分认识到正式组织的目标与群体目标的协调性,并避免过分强调正式组织的目标。多数情况下,对正式组织目标的过分强调会影响群体行动的内聚力和效率,进而阻碍正式组织目标的实现。

(3) 群体结构。群体结构包括群体领袖、正常成员、非正常成员和孤立者。领袖通常是自然形成的,他的主要职责是维持群体的内聚力,并代表本群体利益向正式组织的领导者提出群体的要求和建议。正常成员是那些一般接受并遵守绝大多数规范的人；非正常成员虽然有时会拒绝一项或几项规范，但仍属于群体成员；而孤立者则是指那些不属于某一固定群体的成员。

（4）群体规模。群体的规模一般取决于参加群体的成员人数的多少，一般来说，群体的规模比较小，有利于保持群体内部的沟通。

2. 群体内聚力

群体内聚力主要是指群体对其成员的吸引程度，既包括群体对每一个成员的吸引程度，也包括群体成员相互之间的吸引程度。当吸引达到一定强度时，这个群体就是内聚力较强的群体，而其成员此时意见会比较一致，相互关系也会比较融洽。对群体内聚力的研究通常着眼于两点：

（1）群体内聚力的影响因素。一个群体内聚力的强弱从根本上决定着该群体的行动效率，而影响内聚力强弱的因素主要有以下五个：一是群体的领导方式，在民主、独裁与自由放任这三种领导方式中，以民主方式领导的组织通常内聚力较强；二是群体与外界的状态，通常与外界处于隔离状态的群体内聚力较强；三是群体的规模，规模小的群体通常拥有较强的内聚力；四是群体成员的稳定性，群体成员较为稳定者，通常内聚力较强，反之则弱；五是群体内部的奖励方式与目标结构，采取个人与群体相结合的奖励方式，通常可以增强内聚力，同样，把个人目标与群体目标相结合后，也有助于增强其内聚力。

（2）群体内聚力与生产率的关系。内聚力强的群体既可以协助正式组织，提高劳动生产率；也可以反对正式组织，降低生产率。这其中的关键就在于正确的引导，受到正确引导的群体，成员相互间引导的正面效应也会增强，进一步提高内聚力和生产效率。值得注意的是，这里所说的内聚力并不是人们通常所讲的士气，士气是指个体对群体感到满足后，为了协助群体达到目标的一种态度。内聚力越强的群体确实会有着更强的士气，但士气与生产率并不一定存在正相关关系，因为其还受作业安排等客观条件的影响。作为管理者，应该从长远为组织与员工考虑，做到内聚力、士气、生产率三者的有机结合。

三、组织变革模型

勒温提出的组织变革模型是关于组织变革的阶段模式中最具影响力的,他提出了一个包含解冻(unfreezing)、变革(changing)和再冻结(refreezing)三个阶段的有计划的组织变革模型,用以解释和指导如何发动、管理和稳定组织变革过程(见图15—1)。

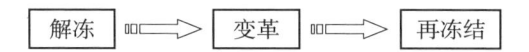

解冻 ⟹ 变革 ⟹ 再冻结

图15—1 勒温的三阶段变革模型

(1)解冻:变革前的心理准备和思想发动阶段。该阶段是要刺激组织成员去改变他们原有的态度,改变旧的习惯和传统,并鼓励人们接受新的观念,刺激人们变革的动机。

(2)变革:向组织成员指明变革的方向和方法,使他们形成新的态度和接受新的行为方式,实现行为转化,以及通过认同和内在化加速变革的进程。

(3)再冻结:这是变革后的行为强化阶段。通过连续强化(指在被改变的人每次接受新的行为方式时予以强化)和断续强化(指在预定的反应次数间隔时间内给予强化),使已经实现的变革(如态度和行为方式等)趋于稳定化、持久化,形成模式行为。

思想评论

勒温的场论和群体动力学不仅进一步发展了行为科学理论,而且开创了实验心理学的先河。他将群体理论应用于非正式组织,为人们提供了研究工作组织的一种全新角度,即管理者要提高管理绩效不仅要着力于正式组织,还要同时重视非正式组织。非正式组织是一把双刃剑,利用得好,会提高总体绩效;而使用不当,会降低总体绩效。因为非正式组织的群体目标、群体规范、群体内聚力等因素对正式组织影响巨大。勒温在组织变革模型和领导风格划分方面开创了先河。

20世纪50年代管理思想

1		组织理论
2	哈罗德·孔茨 Harold Koontz	管理过程学派
3		行为科学学派

激励理论 Motivation Theory
亚伯拉罕·马斯洛 Abraham H. Maslow
弗雷德里克·赫茨伯格 Frederick Herzberg
戴维·麦克利兰 David McClelland
道格拉斯·麦格雷戈 Douglas M. McGregor
伯尔赫斯·斯金纳 Burrhus F. Skinner

领导理论 Leadership Theory
罗伯特·坦南鲍姆 Robert Tannenbaum
沃伦·施密特 Warren H. Schmidt

经验主义学派 The Empirical Approach
彼得·德鲁克 Peter F. Drucker

管理思想史研究 Management Thought History Perspective
林德尔·厄威克 Lyndall F. Urwick

决策理论学派 The Decision Theory Approach
赫伯特·西蒙 Herbert A. Simon
詹姆斯·马奇 James G. March

20世纪50年代

克里斯·阿吉里斯 Chris Argyris

诺斯科特·帕金森 Northcote Parkinson

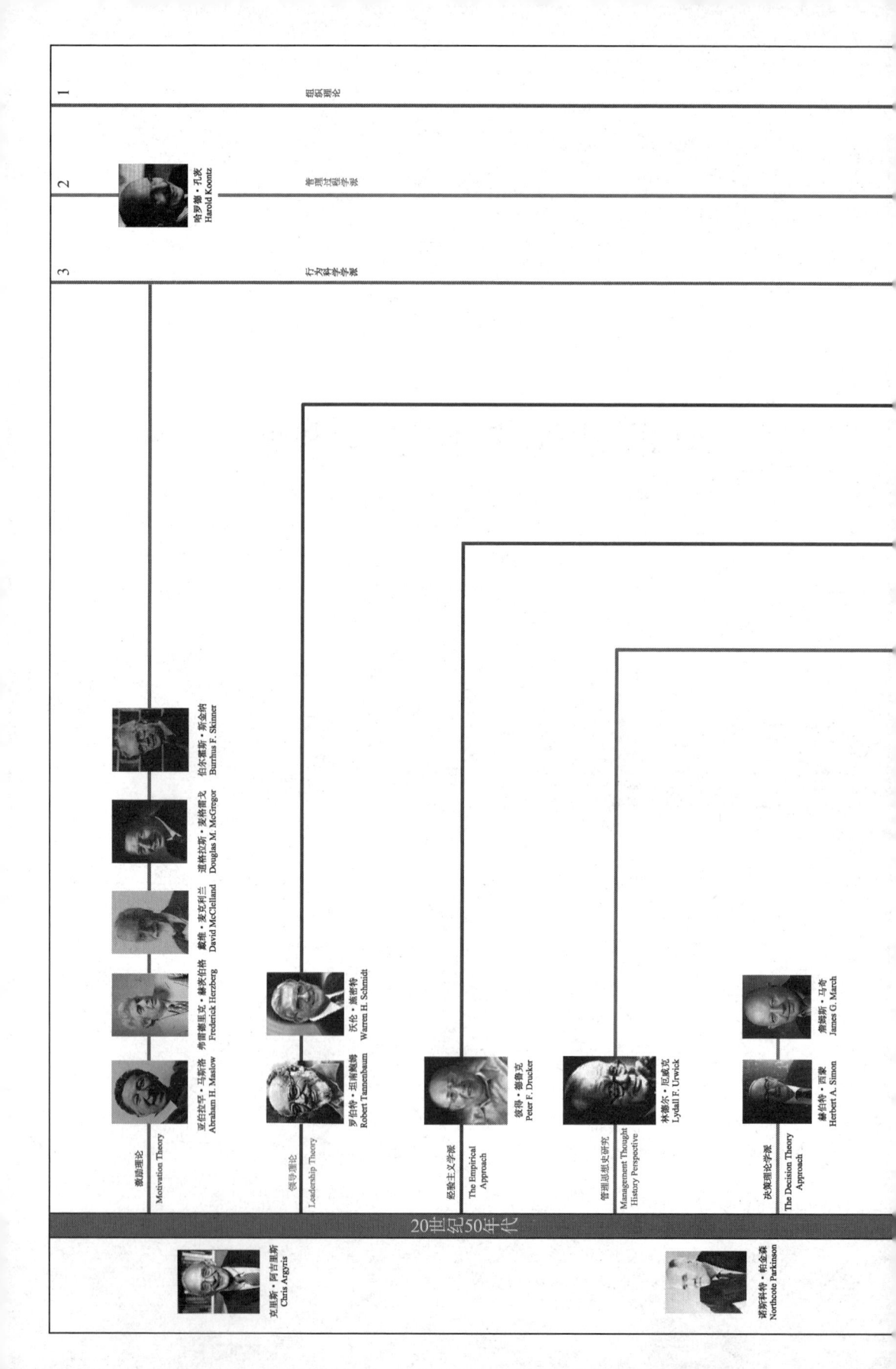

20世纪50年代，西方各国进入了政治调整和经济恢复时期。社会生产力的发展和科学技术的进步日新月异，垄断企业的规模不断扩大。同时，人们在生活有了基本保障之后渴求自身地位的进一步改善，导致劳资矛盾不断尖锐。因此，新形势下的管理者面临着企业经营决策复杂化、管理手段革故鼎新等一系列新挑战。在管理研究领域，有研究者在借鉴人际关系学派和社会协作系统学派研究成果的基础上，不断进行理论创新，形成了行为科学、领导理论、决策理论等学派；有学者和企业家通过提炼和总结成功组织的先进经验为管理实践提供理论指导，由此形成了经验主义学派；还有研究者将目光投向了管理思想史领域，对管理理论的发展与演变进行了梳理。这些新旧学派在历史渊源和理论观点上相互影响、争相竞荣，由此初步形成了现代管理理论的丛林。

行为科学是一门研究人类行为规律的科学，它和早期的人际关系理论一脉相承，发展到20世纪50年代渐入佳境，激励理论的兴起便是较为充分的体现。该学派的代表人物亚伯拉罕·哈罗德·马斯洛、弗雷德里克·赫茨伯格、戴维·麦克利兰专注于内容型激励理论的探讨。马斯洛构建了需求层次论和自我实现论，最初将人们的需求分为生理需求、安全需求、归属与爱的需求、尊重需求和自我实现的需求五个层次，后来又在尊重需求和自我实现需求之间增加了求知需求和审美需求，将其扩充为七个层次；赫茨伯格通过调查分析提出了保健因素与激励因素共存的"双因素理论"；麦克利兰提出了成就激励理论，认为人的社会性需求包括权力需求、归属需求和成就需求。道格拉斯·默里·麦格雷戈以人性假设为依据提出了"X—Y理论"，批判了传统管理模式以"经济人"作为管理的前提，促进了管理思想向人本主义的转变。伯尔霍斯·弗雷德里克·斯金纳从行为过程的角度提出了强化理论，将强化划分为正强化、负强化、惩罚和衰减四种类型，并指出不同的强化方式可以影响行为的后果。激励理论从分析人性假设和人的需求入手，深入探讨个体行为背后的心理动机，试图寻找出如何调动人的积极性的基本原理和一般方法，为管理决策提供了有效的理论指导。

领导行为理论也在这一时期登上历史舞台。在巴纳德对经理人员的职能所做的开拓性研究基础上，领导理论学派或以极大的热情投入到成功领导者的个人特质和行为风格的分析中，或试图通过揭示影响领导有效性的权变因素以建构普遍适用的领导模式。在该学派的代表人物中，罗伯特·坦南鲍姆与沃沦·施密特提出了"领导行为连续体理论"，按照领导者运用职权的程度和下属享有自主权的程度划分了7种具有代表性的领导风格，并指出采用何种领导风格以及何种领导风格可行需要从领导者、下属和环境三个方面进行综合考虑，为领导者的选拔、培训以及领导的有效实施等提供了可资借鉴的理论参考。

决策理论学派在这一时期也脱颖而出，自成一派。该学派以社会系统论为基础，充分吸收行为科学、系统论的观点，运用电子计算机技术和统筹学的方法发展了巴纳德的决策理论，提出了诸如决策前提、决策的程序化和非程序化、组织影响力等一系列与决策相关的概念，形成了一门有关决策过程、准则、类型及方法的较完整的理论体系。赫伯特·亚历山大·西蒙与詹姆斯·加德纳·马奇是这一学派的主要代表人物，他们认为管理就是决策，主张以"有限理性"代替"绝对理性"，用"满意原则"代替"最优原则"，认为可以通过决策技术和方法，使组织结果与目标相符，从而达到提高效率的目的。这些精辟的观点帮助管理者拨开了笼罩在组织决策四周的重重迷雾，具有较强的适用性。

经验主义学派以向企业经理提供管理企业的成功经验和科学方法为目标，其观点是：有关企业管理的理论应该从企业的实际出发，特别是以大企业管理经验为研究对象，加以抽象和概括，向经理提出实用的建议。现代管理学的开创者和奠基人彼得·德鲁克是经验主义学派的代表人物之一，他注重从时代、社会以及组织所处的外部环境透视管理，强调管理的人性和实践性。德鲁克于1954年在《管理的实践》一书中提出了"目标管理"这一划时代的概念。目标管理的精髓是员工参与，适用于高成就需求的员工和中高层管理者，它能够将管理者的工作由控制下属转变为与下属一起设定目标，通过变"我想做"为"我要做"，提高员工的工作积极性。此外，目标管理强调员工参与与自我评价，而不是由他人来评价和控制。在管理思想史上，科学管理理论偏重以工作为中心、忽视人的因素，行为科学理论偏重以人为中心、忽视与工作的结合，而目标管理则兼顾了以工作为中心和以人为中心，在实现企业经营目标的同时，不仅提高了员工的满意度，也满足了工作需要和人的需求。

管理过程学派是 20 世纪 50 年代获得继续发展的既有学派。哈罗德·孔茨是该学派在这一时期的杰出代表，他吸取法约尔一般管理理论的精华，建立了管理过程理论的范式，认为管理包括计划、组织、人事、指挥和控制五项职能，管理人员不是按顺序依次执行这五项职能，而是同时或交叉执行。而且，这些职能中的每一项都对组织的协调有所贡献，但协调本身并不是一项独立的职能。孔茨对管理和管理过程的界定进一步廓清了人们对管理的概念、本质、原则和职能的认识。

这一时期，林德尔·厄威克于 1956 年撰写了《管理备要》一书，介绍了 70 位管理思想先驱，考察了管理理论的发展与演变，总结了人类自首次运用科学方法探讨管理问题以来的各种观点，为管理理论的发展做出了重要贡献，开创了管理思想史研究这一崭新领域。美国管理学家克里斯·阿吉里斯在着重分析人的个性与组织的关系的基础上，提出了"不成熟—成熟"理论，认为人的个性发展有一个从不成熟到成熟的连续发展过程，所以组织应改善设计，为员工制定更有挑战性的目标，帮助其成长。而英国政治学家诺斯科特·帕金森提出了机构膨胀定律、组织瘫痪定律、琐事定律、办公楼定律等"帕金森定律"，对行政机关人浮于事、机构臃肿、效率低下等现象进行了剖析，具有重要的现实意义。

16 亚伯拉罕·哈罗德·马斯洛

亚伯拉罕·哈罗德·马斯洛（Abraham Harold Maslow, 1908—1970），美国社会学家、人格理论家和比较心理学家，人本主义心理学的主要发起者和理论家，需求层次理论的创始人，出生在纽约布鲁克林区一个犹太移民家庭。童年时生活悲苦，曾因体弱貌丑而极度自卑，但他发愤图强，于1926年进入康奈尔大学，后转入威斯康星大学攻读心理学，并分别于1930年、1931年与1934年获得威斯康星大学的心理学学士、硕士与博士学位。毕业后曾在哥伦比亚大学获得美国著名心理学家、动物心理学创始人爱德华·桑代克（Edward L. Thorndike）提供的博士后研究资助，后又于1937年在布鲁克林学院（即现在的纽约市立布鲁克林大学）任教。在布鲁克林大学，马斯洛谦逊、热情、风趣的特点使他成为一位备受学生欢迎的老师，许多学生也因此向他进行心理咨询，这些非正式的心理治疗使马斯洛认为人有许多潜在的内心需求需要被挖掘，也对他日后提出的理论体系产生了很大的影响。1951年，布兰迪斯大学成立，马斯洛受邀担任心理学系主任，并于1954年提出人本主义心理学的概念。1967年，马斯洛当选为美国心理学会主席。1970年6月，他因心脏病发作在加利福尼亚州的门罗公园去世，享年62岁。马斯洛的代表作有1954年出版的《动机与人格》（Motivation and Personality）、1962年出版的《存在心理学探索》（Toward a Psychology of Being）以及1967年出版的《科学心理学》（The Psychology of Science）。

关键词 需求层次理论（hierarchy of need theory）
自我实现（self-actualization）
开明管理（enlightened management）
人本心理学（humanistic psychology）

马斯洛构建了需求层次理论，将人的需求按层次分类。在这一理论提出后，他开始关注达到自我实现这一层级的人的优点，并提出了开明管理的概念。除此之外，马斯洛还开创了人本主义心理学研究的新取向，首次把"自我实现"和"人类潜力"的概念引入了心理学的范畴，被誉为"人本主义心理学之父"。

一、需求层次理论

1943年，马斯洛在《心理学评论》（*Psychological Review*）上发表著名论文《人类动机理论》（A Theory of Human Motivation），并在此文中首次提出需求层次理论。马斯洛认为，绝大多数人的需求层次是很复杂的，而且时时刻刻都存在多种需求共同影响着人的行为。他将人的各种需求归纳为五类，这五类需求有着不同的重要性与产生的先后顺序，相互影响，相互作用。

1. 需求理论的内容

马斯洛将人类的众多需求分为五个层次：

第一级需求：生理需求。这类需求包括维持生活和繁衍后代所必需的各种物质上的需求，如衣、食、住、行、性等最基本的，推动力最强的需求。在这一层次的需求没有得到满足前，更高级的需求就不会发挥作用。

第二级需求：安全需求。这类需求包括人身安全、工作稳定以及免遭威胁、痛苦和疾病等。

第三类需求：归属与爱的需求。这类需求包括与家属、朋友、同事、上级等保持良好的关系，自身有所归属，以及可以给予别人并从别人那里得到友爱或帮助等。

第四类需求：尊重需求。这类需求包括自尊心、自信心、能力、知识、成就以及名誉地位等需要被他人承认的需求，对大多数人来说难以得到满足，常常是无止境的。

第五类需求：自我实现的需求。这是最高层次的需求，指一个人可以做他最喜欢做的事情，发挥自身最大的潜力，实现理想，充分表达个人情感、思想、愿望、兴趣，并能够不断地自我创造和发展。通常，在前四种需求都得到满足后，这类需求可能才会出现。而在自我实现者中，他们可以获得频繁且程度较深的巅峰体验，这种体验大多表现为欣喜感、完美感以及幸福感，是人生中难得的经验。

一般来说，只有在低级别的需要得到合理满足后，较高级别的需要才会发展起来，起推动作用。而且，需求的层次越低，就越容易得到满足。据马斯洛的估计，在现代文明社会中，生理需求的满足率约有85%，安全需求约为70%，归属与爱的需求约为50%，但尊重以及自我实现的需求可能分别只有40%与10%。

2. 需求理论的扩展

1954年，马斯洛在《激励与个性》一书中，对人类的多种需求做了进一步的阐释：在原第四层级之上与第五层级之下增加了求知需求与审美需求，从而将整个需求层次理论体系扩充为七个层级（见图16—1）。在新的层次体系中，第五级需求变成求知需求，即人在生活中知道、了解、探索

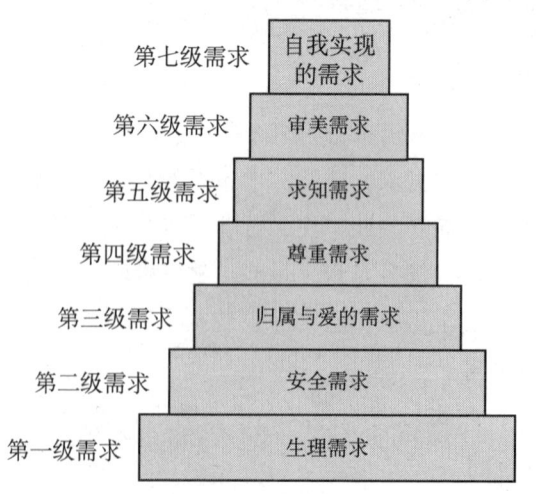

第七级需求	自我实现的需求
第六级需求	审美需求
第五级需求	求知需求
第四级需求	尊重需求
第三级需求	归属与爱的需求
第二级需求	安全需求
第一级需求	生理需求

图16—1　七级需要层次图

事物，满足自身好奇心的需求；而第六级需求变为审美需求，即追求匀称、整齐和美丽的需求，包括对自己以及他人。

二、开明管理

在需求层次理论提出后，马斯洛开始关注达到自我实现这一层级的人。他发现，正因为这样的人所具有的优点与带来的影响，社会才能往更健康的方向发展。于是，他设想出了一种新型运营模式：找出100个自我实现的人，把他们的积蓄集中起来投到一个企业里，并让他们都在这家企业工作。这样的话，这家企业内每个人的成长和创造力的发挥都与企业所提供的产品与服务质量紧密相关，企业会一直朝健康化的方向发展，这就是"开明管理"方案。对于管理者来说，他们首先应该假设组织中的每个员工都是积极自觉的行动者，然后再根据这类人的特性来制定管理方案以及组织架构。

1962年，马斯洛应非线性系统公司创始人安德鲁·凯（Andrew Kay）的邀请到其公司参观。此时，安德鲁已经凭借从马斯洛的动机与需求理论中得来的启示在公司里实行了两年的管理实验。在这期间，他将员工的薪金提高，将惩罚迟到以及生病者的规定废除，而且积极为管理者提供培训，这使得员工幸福感大大增强，公司的缺勤率下降，而利润大幅上升。经过几个月的观察后，马斯洛将在这家公司的体会及经验记录下来，并与自己将心理学应用于工业企业的想法相结合，写出了一系列思考笔记。这些笔记后来被整编为《优心态管理》一书，并于1965年出版。所以，马斯洛也被称为"开明管理之父"。

三、人本主义心理学

在心理学的历史上，有着第一思潮与第二思潮两大流派。第一思潮是西格蒙德·弗洛伊德（Sigmund Freud）开创的精神分析学派，其理论是对进化论的一种解释和发展，强调人身上遗传的、本能的动物性冲动，着重研究意识，认为人自身特性由"本我"、"自我"与"超我"构成。其中,"本我"指人最基本的无意识冲动,代表欲望;"自我"指人经外部环境影响形成的意识,代表现实;"超我"是人性中最道德的部分,代表价值判断。与第一思潮观点相对立的第二思潮是约翰·华生(John Watson)所创立的行为主义心理学派,认为心理学的意义就是预测与控制人类的行为,强调客观严格的实验方法,主张以行为为研究对象。而马斯洛融合了二者的特点,开创了第三思潮,即人本主义心理学。第三思潮吸收了第一思潮中本能重要的观点,同时认为,本能中的创造性、社会性亦可能依赖外在环境去改变。在研究对象的选择上,人本主义主张以正常、健康的人为研究对象,强调对人整体性的观察与思考,反对精神分析学派与行为科学学派那种以患者或婴儿为研究对象,而将本能与后天行为等割裂研究的做法。这一新流派的开创不仅融合了前两种流派的优点,而且促进了日后心理学在管理学中进一步的应用与发展。

思想评论

马斯洛提出了适用于大多数人的需求层次理论,这一理论不仅使心理学研究的主要轨道回到了人的常态心理上,还使激励理论超越了科学管理及行为主义者的简单模式,为人们了解人类动机和激发人类潜能提供了更为清晰的认识框架。马斯洛需求层次理论深深地影响了后续激励理论的发展,包括麦格雷戈、赫茨伯格和阿尔德弗等人的理论。时至今日,尽管后人提出了很多其他的需求理论,但马斯洛的需求层次理论还是最具有影响力和广为人知的。

17 弗雷德里克·欧文·赫茨伯格

弗雷德里克·欧文·赫茨伯格（Frederick Irving Herzberg，1923—2000），美国心理学家，管理学家，双因素理论创始人，工作丰富化理论先驱。出生在马萨诸塞州林恩。1939年，赫茨伯格进入纽约市立学院，但中途因赴军队服役而休学，最终于1946年取得学士学位。随后进入匹兹堡大学，并先后获得理学硕士、公共卫生硕士与博士学位。其博士期间的主要研究方向是电击疗法。20世纪末期，赫茨伯格主持了一项名为"匹兹堡调查"的研究，这一研究的成果为日后"双因素理论"的出现打下了良好的基础。赫茨伯格还曾在凯斯西储大学与犹他大学担任过管理学教授，并创办了凯斯西储大学的工业心理学系。他的代表作为1959年出版的展现"匹兹堡调查"成果的《工作中的激励》（The Motivation to Work）与1968年出版的《再论如何激励员工》（One More Time: How do You Motivate Employees），后者的销量达到120万册，成为当年最畅销的书籍之一。

关键词▶ 双因素理论（the two-factor theory）
保健因素（hygiene factors）
激励因素（motivation factors）
工作丰富化（job enrichment）

赫茨伯格提出了双因素理论,将人的需要分成保健性的需要因素和激励性的需要因素。他认为缺乏保健因素的事件会导致人们对工作不满意,而包含激励因素的事件能导致人们对工作满意。赫茨伯格还提出了工作丰富化理论,这也是日后理查德·哈克曼(Richard Hackman)与格雷格·奥尔德汉姆(Greg Oldham)提出的工作特征模型的雏形。

一、双因素理论

20世纪50年代末期,赫茨伯格与同事莫斯纳、斯奈德曼一起合作进行了一项实验研究,这就是诞生双因素理论的匹兹堡调查。作为心理学家,赫茨伯格以西方众人皆知的《圣经》故事为喻,指出人类有两种需要,一种是亚当的需要,一种是亚伯拉罕的需要。所谓亚当的需要,是指亚当吃了苹果被逐出伊甸园之后,不得不面对各种苦难,人的本质遭到谴责和扭曲,所以他要拼尽全力去摆脱环境造成的痛苦。所谓亚伯拉罕的需要,是指上帝赐福于他并承诺给予他的子孙大片土地,使他成为上帝的使者,使他足智多谋,并富有想象力和创造性。从本质上讲,亚当的需要是动物性的,而亚伯拉罕的需要才反映了真正的人性。赫茨伯格认为:"人类在工作中有两类性质不同的需求,即作为动物避开和免除痛苦的需求,以及作为人类在精神上不断发展、成长的需求。"

为了验证自己的假设,赫茨伯格展开了调查。他与同伴在号称"世界钢都"的工业城市匹兹堡选取了11个组织的200多名样本展开调查,主要对象是来自各行各业的工程师和会计师。研究人员首先对这200多名工程师、会计师逐一进行了访谈,了解他们对于工作的态度,并询问以下几个问题:

(1)在你过去的工作中,哪些事让你感到十分满意?

(2)解释满意事件,为什么当时会感到满意?这种满意是否影响了工作状况?是否影响了自己与他人的关系?是否影响了个人的幸福?

(3)在你过去的工作中,令人特别不快的事情是什么?这种不快对你的工作、人际关系和个人幸福有什么影响?

为了保证调查资料的可靠性和客观性,赫茨伯格对访谈内容有着明确的限定，他要求访谈对象所列举的事件必须是与工作直接相关的，而将工作以外的事件排除出去。同时，所谈到的事例必须是具体的，有时间、地点以及情节，从而保证事例的真实性与客观性。

经过调查，赫茨伯格发现：虽然大家都知道个人与工作的关系是一种基本关系，个人对工作的态度在很大程度上决定了工作的成败，但带来工作满意的因素和导致工作不满意的因素是不相关的。人们觉得不满意的项目，大多与工作环境有关；而人们觉得满意的项目，一般都与工作本身有关。凡与工作本身有关的因素，都能对工作满足产生积极影响，使员工增长干劲。这就说明，管理者即使消除了造成工作不满意的因素，也不一定对员工有激励效果。为此，赫茨伯格将人的需要分成两类（见图17—1）：

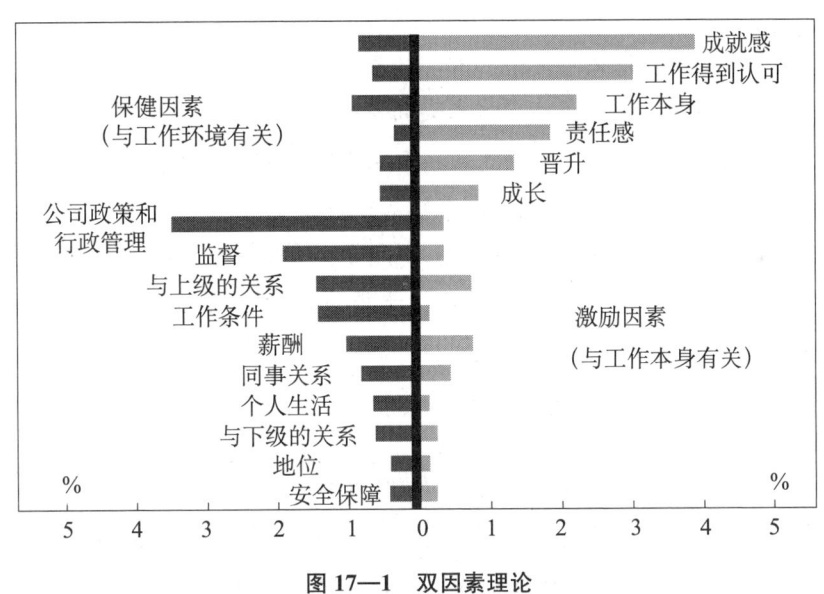

图 17—1 双因素理论

（1）保健因素，即员工觉得不满意的因素，同时也是能够防止不满的因素，包括公司政策、管理措施、监督、人际关系、物质工作条件、工资、福利等。当这些因素恶化到员工认为可以接受的水平以下时，员工就会产生对工作的不满意。但是，当员工认为这些因素很好时，它只是消除了不满意，并不会导致员工对工作抱有积极的态度。

（2）激励因素，即员工觉得满意的因素，同时也是能够给员工带来激励的因素，包括成就、认可、工作本身、责任和晋升等，这些因素能满足员工个人自我实现的需求。如果这些因素具备了，就能对人们产生更大的激励。

为了验证双因素理论，赫茨伯格与其同事在这之后又针对各种专业与非专业的组织进行了调查，这些被调查的对象包括低级监督人员、军官、工程师、科学家、教师、牧师、家庭主妇等。调查结果表明，虽然被调查对象、条件、与各种因素的归属有些许差异，但总的来看，激励因素基本上都是属于工作本身或工作内容的，保健因素基本上都是属于工作环境或工作关系的，从而进一步证实了这一理论。

二、工作丰富化理论

工作丰富化是以员工为中心的工作再设计。赫茨伯格的激励—保健理论认为，不能通过使工作合理化来提高效率，只能通过丰富工作内容才能有效地利用人力资源。这种方式实际上是用调整激励因素的方法来激励员工，从而取代之前流行的工作扩大化。工作扩大化是通过增加工作的范围和责任等保健因素来增加员工满意度的一种激励方式。工作丰富化集中体现激励因素的作用，是通过让员工负责挑战性的工作、取得更大的成就、得到人们的承认、有更多的晋升机会等来提高工作效率、增加员工满意度的方式。前者重视的只是"量"的增加，后者则重视对"质"的挖掘。

早期的工作扩大化只是在水平方向上扩大工作范围，并没有为员工在工作中创造成长的机会，典型做法包括：提高对员工工作量的定额要求，对他们发出挑战，这等于零乘以零；增加毫无意义的日常办公室工作，这等于零加零；把一些本身需要进一步丰富化的工作重新组合一下，这等于用一个零替代另一个零；去掉工作中最困难的部分，使员工得以轻松地完成更多的且不那么有挑战性的工作，这等于减掉了员工更多的完成工作的希望。与此相对应的是垂直方向扩大工作范围，它提供的是激励因素，这才是工作丰富化的真正含义。

思想评论

赫茨伯格的双因素理论同马斯洛的需求层次论有一些相似之处：他提出的保健因素相当于马斯洛提出的生理需求、安全需求、归属和爱的需求等较低级的需求；而激励因素则相当于尊重需求、自我实现需求等较高级的需求。双因素理论促使企业管理人员注意到了工作内容的重要性，特别是它同工作丰富化与工作满意的关系。赫茨伯格告诉人们：物质需求的满足是必要的，没有的话会导致员工的不满；但是对于调动员工的积极性而言，满足物质需求的作用往往是有限的、不持久的。赫茨伯格认为，管理者要想调动下属的积极性，不仅要注意物质利益和工作条件等外部因素，还应该注意工作的具体安排，给下属成长、发展与晋升的机会。

18 戴维·克拉伦斯·麦克利兰

戴维·克拉伦斯·麦克利兰（David Clarence McClelland，1917—1998），美国著名心理学家，成就激励理论创始人，胜任素质之父，美国科学院院士，出生在纽约州弗农山庄。1938年获得韦斯利昂大学的心理学学士学位，一年后获得密苏里大学的心理学硕士学位。1941年，在获得耶鲁大学的实验心理学博士学位后，麦克利兰先后到康涅狄格学院与韦斯利昂大学执教。1946年，出任韦斯利昂大学心理学系主任。1956年，任哈佛大学心理学教授。1963年，与合作伙伴伯鲁（Berlew）创办了以测量领导与管理者素质模型闻名的麦克伯咨询公司（McBer Consulting Company）并兼任董事长。1987年，转任波士顿大学教授，期间还获得了美国心理学会授予的杰出贡献奖。其代表作有1964年发表的《知觉的根源》(The Roots of Consciousness) 与1973年发表的《测量胜任素质而非智力》(Testing for Company rather than Intelligence)。

关键词▶ 成就激励理论（achievement motivation theory）
成就需求（need for achievement）
权力需求（need for power）
归属需求（need for affiliation）
高成就动机者（achievement-motivated people）
胜任素质模型（competency model）
素质冰山模型（iceberg model）

麦克利兰应用美国心理学家莫瑞编制的主题统觉测验等心理学方法进行了定量及定性分析，提出了著名的成就激励理论。该理论认为，人类在基本生理需求满足的前提下还有着权力需求、归属需求与成就需求等三大类社会性需求。除此之外，他还提出了素质冰山模型，将素质划分为表面的"冰山以上部分"和潜藏的"冰山之下的部分"，以帮助不同行业的管理者寻找工作中合适的胜任者。

一、成就激励理论

麦克利兰认为，马斯洛提出的需求层次理论过分强调个人的自我意识、内省和内在价值，而忽视了来自社会的影响。因为人们的需求是随着时间的流逝和环境的变化而不断发生改变的，在特定行为得到报偿后，人们会强化该种行为模式来形成需求倾向，所以环境与社会对需求的形成与变化产生着重大影响。在此基础上，他提出了成就激励理论，该理论认为人类有着以下三大类社会性需求：

（1）权力需求，即影响或控制他人且不受他人控制的需求。不同的人对权力的渴望程度是不一样的：权力需求较高的人喜欢支配、影响他人，喜欢对别人"发号施令"，喜欢具有竞争性和能体现较高地位的场合或情境，并积极争取自身的地位和影响力。但与高成就需求的人不同的是，高权力需求不是为了个人的成就感，而是为了获得与自己地位相称的权力。

（2）归属需求，即建立友好亲密的人际关系，寻求被他人喜爱和接纳的需求。高归属需求的人更倾向于与他人进行交往，而且这种交往会给他带来愉快。高归属需求者渴望友谊，喜欢合作而不是竞争的工作环境，希望彼此之间能沟通与理解，他们对环境中的人际关系通常更为敏感。有时，归属需求也表现为对失去某些亲密关系的恐惧和对人际冲突的回避。

（3）成就需求，即争取成功，希望做到最好的需求。麦克利兰认为，具有高成就需求的人渴望将事情做得更为完美，提高自身的工作效率，获得更大的成功。在这个过程中，他们追求的是克服困难、解决难题、努力奋斗的乐趣，以及成功之后个人的成就感。与其他人相比，他们并不那么看重成功所带来的物质奖励。高成就需要者通常事业心强，敢冒风险，大多是进取的现实主义者。

麦克利兰认为,管理者的首要任务是影响他人,对权力的需求显然应该是他们的主要特征之一。但对于员工,尤其是优秀的员工来说,成就需求应该成为他们更加需要的特点。而且,由于需求是随着社会与环境的变化而改变的,所以也可以培养。基于这项理论,麦克利兰为美国、印度、墨西哥等地的企业经理们举办了提高成就需求的培训班,内容包括:训练参加者用成就感强烈的人所喜欢的惯用思维去思考、交谈和行动;运用各种方法来让参加者更好地认识自己,分析自己的心理、动机;鼓励参加者为今后两年设定比较高但经过仔细推敲的目标等。统计数据表明,受过训练的人普遍提高了自己的主动性与进取精神,而其在两年后取得的成就明显高于条件类似但未受过训练的人。

二、素质冰山模型

胜任素质的应用起源于20世纪50年代美国国务院对外交官的选拔。当时,美国国务院感到以智力因素为基础选拔驻外外交官的效果不理想:许多表面上很优秀的人才,在实际工作中的表现却令人非常失望。在这种情况下,麦克利兰应邀帮助美国国务院设计一种能够有效预测实际工作业绩的人员选拔方法。在项目实施过程中,麦克利兰抛弃了以往对人才条件的预设前提,而从第一手材料出发,通过对工作表现优秀与一般的外交官的具体行为特征的比较分析,识别能够真正区分工作业绩的个人条件。在总结项目研究及实践成果的基础上,他于1973年在《美国心理学家》杂志上发表了《测量胜任素质而非智力》一文。在该文中,他指出滥用智力测验来判断个人能力的不合理性,并进一步说明人们主观上认为能够决定工作成绩的一些人格、智力、价值观等方面因素,在现实中并没有表现出预期的效果。因此,他强调离开被实践证明无法成立的理论假设和主观判断,回归现实,从第一手材料入手,直接挖掘那些能真正影响工作业绩的个人条件和行为特征,为提高组织效率和促进个人事业成功作出实质性的贡献。最后,他把这样发现的直接影响工作业绩的个人条件和行为特征称为胜任素质,即将特定组织中特定工作职位上表现优秀的员工与表现一般的员工区分开来的一些重要的个体特征和行为。这篇文章的发表，标志着胜任素质运动的开端，麦克利兰由此成为国际上公认的胜任素质方法的创始人。

麦克利兰提出了著名的素质冰山模型来解释胜任素质（见图18—1），该模型包括技能、知识、社会角色、自我概念、特质和动机六个方面的内容，并且根据不同的特点划分为表象的素质和潜在的素质：表象部分是技能与知识，潜在部分是社会角色、自我概念、特质和动机等因素。在冰山模型中，越往深层次的素质越重要，同时也越难发现与培养，而决定一个人成功的关键素质往往隐含在冰山下面而不是显现在冰山表面。在此模型中，各种素质的含义分别为：

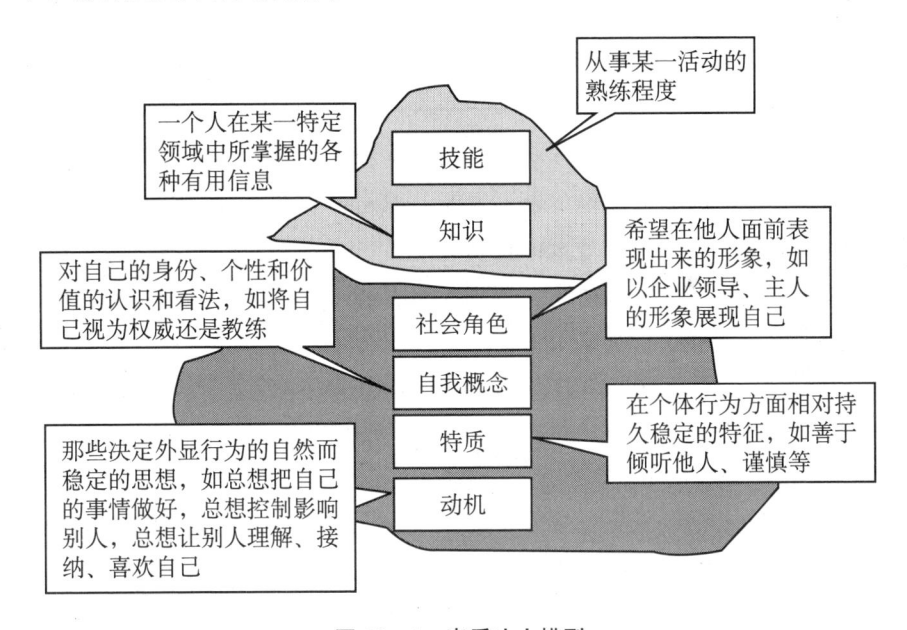

图18—1　素质冰山模型

（1）技能，指从事某一活动的熟练程度；

（2）知识，指某一特定领域的有用信息；

（3）社会角色，指希望在他人面前表现出来的形象，如以企业领导者、主人的形象展现自己；

（4）自我概念，指对自己的身份、个性和价值的认识和看法，如管理者是把自己当成指挥者去命令别人，还是把自己当成教练去指导别人；

（5）特质，指在个体行为方面相对持久稳定的特征，如善于倾听、谨慎小心等；

（6）动机，指那些决定外显行为的自然而稳定的思想，如总想把自己的事情做好、总想控制影响别人、总想让别人理解、接纳、喜欢自己等。

素质冰山模型为人力资源管理的实践提供了一个全新的视角。它不仅能够满足现代人力资源管理的要求，为构建具体职位或担任某项工作所应具备的胜任特征进行了明确的说明，而且可以被当做人员素质测评的重要依据，为人力资源管理的发展提供科学的前提。

思想评论

麦克利兰认为动机是可以训练和激发出来的，因此提出成就激励理论不仅可以通过测量和评价一个人动机体系的特征来帮助管理者分配工作与安排职位，还可以用来训练和提高员工的成就动机，并在组织中建立更有效的激励体制，提高组织与个人的绩效。而在成就激励理论基础上提出的素质冰山模型更是第一次帮助人们理解了知识、技能等表象素质与人格特质、动机等潜在素质的区别，能够运用于人员的选拔、测评和培训等人力资源实践。

19 道格拉斯·默里·麦格雷戈

道格拉斯·默里·麦格雷戈（Douglas Murray McGregor，1906—1964），美国行为科学家，人性假设理论创始人，管理理论奠基人之一，X—Y理论的提出者，出生于美国底特律。1932年获得韦恩大学的文学学士学位，1933年和1935年分别获得哈佛大学的硕士与心理学博士学位，随后留校任教。1937—1964年在麻省理工学院任教，期间有6年（1948—1954年）在安蒂奥克学院任院长。1952年，麻省理工学院的优秀毕业生斯隆捐资525万美元成立了产业管理学院（1964年更名为斯隆商学院），麦格雷戈受聘担任该院产业管理学教授。学院成立后的研究深受麦格雷戈的影响，培养出了埃德加·沙因（Edgar Schein）、查尔斯·汉迪（Charles Handy）等著名学者。1962年，麦格雷戈成为第一位斯隆学者。除此之外，他还担任过美国国家培训所所长、美国心理学会主席、麻省理工学院学科委员会主席等职务。

1957年，麦格雷戈在美国《管理评论》杂志上发表了《企业的人性方面》（The Human Side of Enterprise）一文，第一次提出X—Y理论，并在2年后以书的形式出版。其代表作还有1961年出版的《经理人员在技术爆炸时期的责任》（The Responsibility of Managers in Technical Detonation Time）与1967年出版的《职业管理者》（The Professional Manager）。

关键词 ▶ 管理假设（managerial assumptions）
X 理论（theory X）
Y 理论（theory Y）

麦格雷戈认为，有关人的性质和人的行为的假设对于决定管理人员的工作方式极为重要，因为管理人员以他们对人的假设为依据，用不同的方式组织、控制和激励员工。他提出的 X 理论与 Y 理论批判了传统管理模式以"经济人"作为管理的前提，即视人为物、忽视人的精神需要、压抑人的积极性与创造性的现象，而是提倡管理者要努力发现人性中积极向上的一面，这是从管理实践中对人性认识的提炼结晶。

一、X 理论

在安蒂奥克学院担任院长期间，麦格雷戈对当时流行的管理观点及其对人性的看法提出了质疑。1957 年，在进行充分研究之后，他在《管理评论》杂志上发表了《企业的人性方面》一文，该文对以往的观点进行了梳理，探讨了人的行为与人性特点的关系。他将传统看待人性的观点叫做 X 理论，其主要内容包括：

（1）大多数人是懒惰的，他们尽可能地逃避工作；

（2）大多数人都没有什么雄心壮志，也不喜欢负什么责任，宁可让别人领导也不愿意自己动脑；

（3）大多数人的个人目标与组织目标都是矛盾的，为了达到组织目标，必须用外力对其严加管制；

（4）大多数人都是缺乏理智的，不能克制自己，容易受别人影响；

（5）大多数人都是为了满足基本的生理需求和安全需求，所以他们将选择那些在经济上获利最大的事去做；

（6）人大致可分为两类，多数人符合上述假设，只有少数人能克制自己，后者应当负起管理的责任。

从以上描述可以看出，X 理论假设人对于工作的基本评价是负面的，基于这种假设，X 理论认为管理人员应该应用职权，发号施令，使对方服从，让人适应工作和组织的要求，并制定严格与具体的规范和工作制度，如工时定额、技术规程等，而不是考虑在情感上和道义上如何给人以尊重。如果不奏效，那么应以金钱作为报酬来收买他们。

由此可见，此种管理方式是胡萝卜加大棒的方法，一方面靠金钱的收买与刺激，另一方面采用严密的控制、监督和惩罚迫使其为组织目标努力。虽然这样的管理方式现在看起来很不人性化，但在当时的企业里，对人的管理工作以及传统的组织结构、管理政策、实践和规划基本上都是以X理论为依据的。

针对这一现象，麦格雷戈指出，自20世纪以来，试用过各种管理办法，包括最严厉的和最宽松的，但事实证明效果都不太理想。采用严厉的办法会引起各种反抗行为，如"磨洋工"、组织好斗的工会，以及对工厂的机器进行巧妙而有效的破坏等。在社会经济状况良好，劳动力供应短缺时，严厉的办法就更难实行。但采用宽松的办法也会产生许多问题，它经常使得管理人员放弃管理，使大家保持一团和气，在工作上马马虎虎。因为在这种温和的管理方法下，人们会提出越来越多的要求，而作出越来越少的贡献。于是，企业家普遍喜欢推行"严格而合理"、汲取软硬两种方法优缺点的管理方法。但事实上，科学管理是"强硬"的X理论，人际关系学说是"温和"的X理论，将二者结合后，其本质并没有变化。

二、Y理论

鉴于X理论存在诸多弊端，社会上急需一种建立在对人的特性和人的行为动机更为恰当的认识基础上关于人员管理工作的新理论，于是麦格雷戈提出了Y理论，其主要观点包括：

（1）人并非天性好逸恶劳，从事脑力劳动和体力劳动如同休息和游戏一样自然。工作如果是一种满足的话，员工便会自愿去做；如果是一种处罚时，员工只会想到逃避。

（2）外在的控制和惩罚，并不是促使人们为实现组织的目标而努力的唯一方法，甚至是一种威胁和阻碍，并放慢了人成熟的脚步。管理者应当使员工实行自我管理和自我控制来完成应当完成的目标。

（3）员工的自我实现需求和组织要求的行为之间没有矛盾。如果管理者制定合理的制度，就能将个人目标和组织目标统一起来。

（4）一般人在适当条件下，不仅会接受职责，还会积极地谋求职责。X 理论中关于员工逃避责任、缺乏抱负以及强调安全感的结论是通过管理者的经验得出，而不是通过对人的本性分析得出。

（5）事实上，大多数人在解决组织的问题时，如果不加限制，都能发挥较高的想象力、聪明才智和创造性。

（6）在现代工业生活的条件下，一般人的智慧潜能只是部分地得到了发挥。

与 X 理论对人性的假设不同，Y 理论提倡的相应管理措施为：

（1）创造一个使人得以发挥才能的工作环境，发挥员工的潜力，使员工在为实现组织目标时贡献力量，同时达到自己的目标。此时，管理者不是传统的指挥者、调节者或监督者，而是能给予员工支持和帮助的辅助者。

（2）制定一套来自工作本身的激励制度，如让员工去做具有挑战性的工作，担负更多的责任，满足其自我实现的需要。

（3）授予员工更多的自主权，让其实行自我控制，并在一定程度上参与管理和决策。

麦格雷戈认为，Y 理论能使组织成员在努力实现组织目标时，最大化地实现个人目标。所以，人力资源管理的关键不在于方法上采用"强硬式"或是"温和式"，而在于要在管理的指导思想上从把员工当做孩子看待转为当做成年人看待。

为了进一步说明 Y 理论的合理性与可行性，麦格雷戈对当时的几家著名公司进行了研究，并用这些公司中所实施的具体措施来与自身理论对应。例如，IBM 与爱迪生公司实施的参与式管理，均给员工一定程度支配自己时间的自由，鼓励他们为实现组织目标进行创造性的劳动，在需要作出与工作有直接关系的决策时，可以畅所欲言，并提出自己的建议。通用汽车公司的员工自我评定制度，要求员工为自己制定工作任务与目标，每半年或一年进行一次自我评定。这些制度的实施均在很大程度上提高了员工对工作的热爱以及对工作的积极性，充分满足了其自我实现的需要。

思想评论

在普遍遵循"经济人"人性假设、采用"胡萝卜加大棒"式的管理时代，X—Y理论是管理理论的一次重要创新，这为后来的"Z理论""超Y理论""复杂人理论"等管理理论的产生和发展提供了直接的理论基础和启示。Y理论对人性的另一面的发现，体现着人本主义的管理思想，促进了管理者的思想向人本主义转变，代表了社会发展的趋势。除此之外，Y理论倡导的管理部门为业务部门服务、业务部门对员工服务、员工在自我实现后对社会服务的思想，成为日后服务型组织的起源。

20 伯尔霍斯·弗雷德里克·斯金纳

伯尔霍斯·弗雷德里克·斯金纳（Burrhus Frederick Skinner，1904—1990），美国行为主义心理学家，操作学习理论的创始人和行为矫正技术的开创者，出生在宾夕法尼亚州萨斯奎汉纳。1926年获汉密尔顿学院的英语文学学士学位，1930年和1931年分别获哈佛大学的心理学硕士与博士学位。在哈佛大学留校任教5年后，斯金纳于1936—1944年在明尼苏达大学执教，先后任讲师与副教授。1945年任印第安纳大学心理学系教授与系主任。1948年重返哈佛大学，担任心理学终身教授。1958年获美国心理学会颁发的心理学杰出贡献奖；1968年获美国政府授予的最高科学奖——国家科学奖；1971年获美国心理学会基金会颁发的金质奖章；1990年获美国心理学会授予的"心理学毕生贡献奖"。

斯金纳非常注重学以致用，在第二次世界大战期间，他曾使用行为塑造中的知识帮助美军训练鸽子的行为，用以控制飞弹与鱼雷。其代表作有1938年出版的《科学与人类行为》（Science and Human Behavior）与1969年出版的《强化的相倚关系：一种理论分析》（Contingencies of Reinforcement: A Theoretical Analysis）。

关键词▶ 行为主义 (behaviorism)
　　　　操作性条件反射 (operant conditioning)
　　　　强化理论 (reinforcement theory)
　　　　行为塑造 (behavior shaping)
　　　　程序教学 (procedural teaching)

斯金纳在心理学研究领域发展了巴甫洛夫和桑代克的研究成果，提出条件反射应分为应答性反射（S型）和操作性反射（R型）。他用于研究操作性条件反射规律的"斯金纳箱"被世界各国的心理学家和生物学家广泛采用。斯金纳还提出了强化理论，并依据强化的四种类型提出了行为塑造的具体方法。

一、操作性条件反射

在心理学领域，最著名的关于条件反射的实验来自巴甫洛夫。这种条件反射即给予被实验的生物某种感官刺激，使其做出相应的行为。但斯金纳认为，行为应该分成两类：一类是应答性行为，即巴甫洛夫实验中由已知的刺激引起的反应；另一类是操作性行为，是有机体自身做出的反应，与任何已知刺激物无关。与之相对应，条件反射也应分为两类：与应答性行为相对应的是应答性反射，称为S型（simulation，即刺激型）；而与操作性行为相对应的是操作性反射，称为R型（reaction，即反应型）。S型条件反射是强化与刺激直接关联，R型条件反射是强化与反应直接关联。斯金纳认为，操作性行为是作用于环境而产生结果的行为。现实生活中，人类行为主要是由操作性反射构成的操作性行为，所以其更具有研究价值；而且在学习情境中，操作性行为也更具有代表性。

为了验证其理论，斯金纳设计了著名的"斯金纳箱"来进行操作性条件反射的实验。这是一种动物进行学习实验的自动记录装置，大约0.3立方米，内有杠杆和与食物储存器相连接的食物盘，而箱外有一个记录器来记录动物的动作。开始实验时，首先在箱内放进一只白鼠或鸽子，并设一杠杆或按键，动物可在箱内自由活动。当它压杠杆或啄按键时，就会有一团食物掉进箱子下方的盘中，它就能吃到食物。若干次后，就形成了白鼠或鸽子通过压杠杆或啄键取得食物的条件反射。在实际应用中，斯金纳曾试图使鸽子根据颜色啄动不同的按钮来控制导弹的飞行。他发现，在开始时鸽子啄红、黄、蓝三个按钮是随机的。但是，如果在它啄红色按钮时给它一个正强化刺激（如食物），在它啄黄色按钮时不给予任何刺激，在它啄蓝色按钮时给予负强化刺激（如电击），一段时间后，鸽子啄取红色按钮的次数明显高于啄取其他两个按钮的次数。这种在人为控制下，动物自身想要获取一些东西而主动去做的行为即为操作性条件反射。

与巴甫洛夫的条件反射实验不同，斯金纳箱中的被试动物可自由活动，而不是被绑在架子上；其反应也不是唾液腺活动，而是骨骼肌活动；并且，实验的目的不是揭示大脑皮层活动的规律，而是为了表明刺激与反应的关系，从而有效地控制有机体的行为。斯金纳认为，操作性条件反射的形成依赖于有机体作出一定的动作反应，而经典性条件反射的形成却依赖于有机体的无条件反射。通过实验，斯金纳发现，动物的学习行为是随着一个起强化作用的刺激而发生的。操作性条件反射的特点是：强化刺激既不与反应同时发生，也不先于反应，而是随着反应发生；有机体必须先作出所希望的反应，然后才能得到"报酬"，进而这种反应得到强化。而且，人的一切行为几乎都是操作性强化的结果，人们通常在潜意识中通过强化作用的影响去改变别人的反应。如果将这一结论应用到教育方面，老师应该充当学生行为的设计师和建筑师，把学习目标分解成很多小任务并且一个一个地予以强化，使学生通过操作性条件反射逐步完成学习任务与学习习惯，而不是一味地灌输自己的想法。

二、强化理论

在斯金纳看来，人和动物并没有两样，在人的各种行为中，哪些行为会得以保持，哪些行为最终会消失，都取决于这些行为的后果，取决于人们做出这些行为之后是受到奖励还是惩罚。换句话说，学习行为的目的是要产生某种后果，如果这一后果容易使这一行为再次发生，就是一种正强化；如果一种行为的后果不容易使这一行为再次发生，就是一种负强化。管理者在对员工进行行为塑造过程中可以用到四种强化手段：

（1）正强化，又称积极强化，即当人们采取某种行为时，能从他人那里得到某种令其感到愉快的结果，而这种结果反过来又成为推进人们趋向或重复此种行为的力量。例如，企业用某种具有吸引力的结果（如奖金、休假、晋级、认可、表扬等），以表示对员工努力进行安全生产的行为的肯定，从而增强员工进一步遵守安全规程进行安全生产的行为。

（2）负强化，又称消极强化，即在某种不符合要求的行为所引起不愉快的后果后，将该行为逐步否定，想要得到的结果再次出现时，停止否定。例如，企业中的安全管理人员在工人不遵守安全规程的情况下，对其进行批评；当工人遵守安全规程后，管理人员就可以减少或消除对其的批评，以使得工人遵守安全规程的行为重复出现。值得一提的是，负强化与正强化一样，都是为了提高某种结果重复出现的概率，而且斯金纳认为正强化的效果在大多数时候比负强化要好。

（3）惩罚，即指在消极行为发生后，以某种带有强制性、威慑性的手段（如批评、行政处分、经济处罚等）给人带来不愉快的结果，或者取消现有的令人愉快和满意的条件，以表示对某种不符合要求的行为的否定。例如，管理者在员工出现错误后扣除其工资或停职等。惩罚与负强化的区别在于，负强化仅仅是否定部分行为，并不实施负面刺激；而惩罚手段确实是要实施某种负面的、会使人厌恶的刺激，来使得人们对这种行为产生厌恶感，甚至是恐惧感，进而避免类似情况再次出现。

（4）自然消退，又称衰减，即指对原先可接受的某种行为强化的撤销。由于在一定时间内不予强化，此行为将自然下降并逐渐消退。例如，企业曾对员工加班加点完成生产定额给予奖酬，后经研究认为这样不利于员工的身体健康和企业的长远利益，因此不再发给奖酬，从而使加班加点的员工逐渐减少。

强化理论具体应用的一些行为原则如下：1）经过强化的行为趋于重复发生；2）要依照强化对象的不同采用不同的强化措施；3）小步伐前进，分阶段设立目标，并对目标予以明确的规定和表述；4）及时反馈；5）正强化比负强化更有效。

在以上四种手段中，正强化是用于加强所期望的个人行为，负强化、惩罚、自然消退是为了减少和消除不期望发生的行为。四者相互联系、相互补充，构成了行为塑造的体系。

思想评论

斯金纳依据对行为的应答性反射（S型）和操作性反射（R型）

的区别，提出了人的两种行为模式：应答性行为和操作性行为。斯金纳的这一划分，奠定了后来管理理论中X理论和Y理论区分的心理学基础。他提出的强化理论提倡人们可以有目的地设计强化程序，来控制某种行为的发生，这就是对行为的塑造过程，也是操作性条件反射应用的延伸。美国心理学会对他作出如下评价："斯金纳对强化相倚关系概念的透彻分析，对进化理论及言语行为内涵的阐释，对心理学研究方法的创新，以及对科学工作的广泛实际应用，是现代心理学家无法与之相比拟的。"

21 罗伯特·坦南鲍姆、沃伦·H·施密特

罗伯特·坦南鲍姆（Robert Tannenbaum，1915—2003），美国著名管理学家，领导行为连续体理论的创始人之一，出生于科罗拉多州跛溪镇。先后于1937年与1938年在芝加哥大学获得企业管理学士与工商管理硕士学位。1942年加入美国海军太平洋舰队，担任雷达方面的教学工作，战争结束后回到芝加哥大学，1948年获得劳资关系学博士学位。曾短暂任教于俄克拉何马州立大学，后任教于加利福尼亚大学洛杉矶分校，直至1977年退休。坦南鲍姆还曾在佩伯代因大学、美国国家训练学院、加利福尼亚大学圣芭芭拉分校参与过多个项目的组建与实施。其代表作为1958年与施密特合著的《如何选择领导方式》（How to Choose a Leadership Pattern）一书。

沃伦·H·施密特（Warren H. Schmidt），美国著名管理学家，领导行为连续体理论的创始人之一。1955—1977年间与坦南鲍姆在加利福尼亚大学洛杉矶分校共事，从事公共管理学教学与科研工作，并在华盛顿大学、密苏里大学、斯普林菲尔德学院和南加利福尼亚大学执教。其代表作为《组织的新领域与人类价值观》（Organizational Frontiers and Human Values，1970）。

关键词▶ 领导方式（leadership pattern）
领导行为连续体（continuum of leadership behavior）

坦南鲍姆和施密特是20世纪50年代领导理论的主要代表人物,他们根据领导者运用职权的程度和下属享有自主权的程度(自由度),提出了著名的领导行为连续体理论。这种理论在研究领导作风与领导方式时摆脱了较为绝对的"两极化"倾向,反映出了领导方式的多样性与情境因素。

1. 领导方式的类型

在领导行为连续体模型中,坦南鲍姆和施密特把领导方式看作一个连续变化的分布带,以高度专权、严密控制为其左端,以高度放手、间接控制为其右端。当然,这两个极端也都不是绝对的,二者都有一定的限度。即使是最专权的领导,也不能不让下属保留一点自由度。从高度专权的左端到高度放手的右端,坦南鲍姆和施密特提出了七种具有代表性的典型领导模式(见图21—1)。

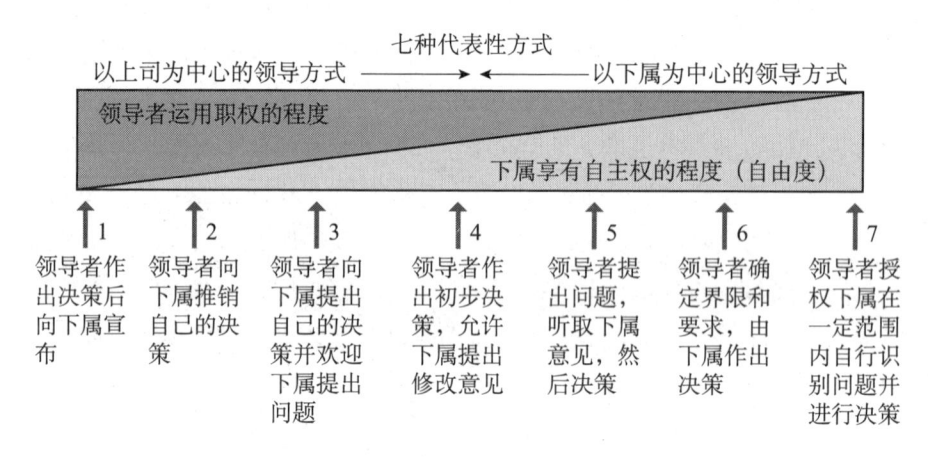

图 21—1　领导行为连续体模型

(1)领导者作出决策后向下属宣布。这种领导方式的特点是由上司识别和确认问题或任务,设想出各种可供选择的方案,并择定其中之一,然后向下属宣布自己的决定以便实施。

(2)领导者向下属推销自己的决策。同前一种方式类似,这种方式仍由领导者确定工作任务和作出决策,但是领导者并不是用命令的方法,而是用说服的办法让下属接受其决定。因为一项决策往往牵涉许多人和许多方面,肯定会有一些人持反对态度,领导者应当尽量减少反对的阻力。

(3)领导者向下属提出自己的决策并欢迎下属提出问题。这种领导方式仍然是由领导者作出决策，但他们希望下属充分理解自己的思想和意图，所以邀请员工们提出问题，由自己加以解释，以利于大家接受。在这一过程中，领导者还可以与下属一起深入探讨某项决策的作用和影响。

（4）领导者作出初步决策，允许下属提出修改意见。这种领导方式允许下属对决策产生一些影响，但识别和判定问题的主动权仍在上级手里。

（5）领导者提出问题，听取下属意见，然后决策。同前四种方式不同的是，领导者是在作出决策前请大家提意见，然后识别问题、确定任务。

（6）领导者确定界限和要求，由下属作出决策。领导方式演变到这里，决策权已由领导者个人转移到下属了。但是，待解决问题的范围及决策的原则、先决条件和限度等须由领导者事先明确给定。

（7）领导者授权下属在一定范围内自行识别问题并进行决策。这是一种最大限度的群体自由，在普通的组织中很少遇到这种情形，但是对于科研单位或创新小组来说可能是一种极佳的方式。

2. 领导行为的选择

从模型中可知，领导者与下属之间的关系有多种可供选择的方式，而在实际使用中，采用何种领导方式要考虑以下三个因素：

（1）领导者方面的影响因素。包括领导者的价值观，领导者对下属的信任程度，领导者对领导方式的偏好和倾向，领导者在不确定环境中对安全感的需求等。

（2）下属方面的影响因素。包括下属的独立性程度、下属对决策承担责任的程度、下属的工作兴趣、下属对组织目标的理解、下属所具有的完成任务必需的知识与经验等。

（3）环境方面的影响因素。包括四点：一是组织的类型和性质。例如，有的组织认为好的领导者应当劲头十足、富有想象力、有决断力和善于指挥别人；而另一些组织则强调领导者应处理好人际关系。二是组织的群体效能。群体成员对他们作为一个整体所具有的能力是否有信心、群体的内聚力、成员之间互相接受和容纳的程度以及目标的一致性等，会对群体的效能产生强有力的影响。三是工作任务或问题本身的性质。只有弄清楚工作或问题本身的性质与难易程度，领导者才能决定在多大程度上给予员工授权来参与决策。四是时间压力。在领导者觉得必须立即作出决策时，往往很难让别人参与。那些经常处于"危机"和"紧张状态"的组织一般不习惯于向下级授权。

通过以上分析，坦南鲍姆和施密特为领导者提供了两点建议：第一，一个成功的领导者必须敏锐地认识到在某一特定时刻影响其行动的种种因素，准确地认识自己、每一位下属、组织及其社会环境。第二，一个成功的领导者必须客观、理智地根据上述理解和认识，确定自己的行为方式。

3. 领导行为连续体的修正

经过十多年的实践验证，坦南鲍姆和施密特于1973年对之前的理论进行了修正和发展，进而得到了如图21—2所示的模型。图21—2的基本变量是经理人员与非经理人员分享自由度（决策权）的比例，这一比例是连续变化的，取决于二者之间的相互作用及环境力量的影响，即图中箭头指示系统与人相互作用的连续流。图21—2无疑比图21—1更复杂，因为组织环境和社会环境都变得比过去复杂多了。

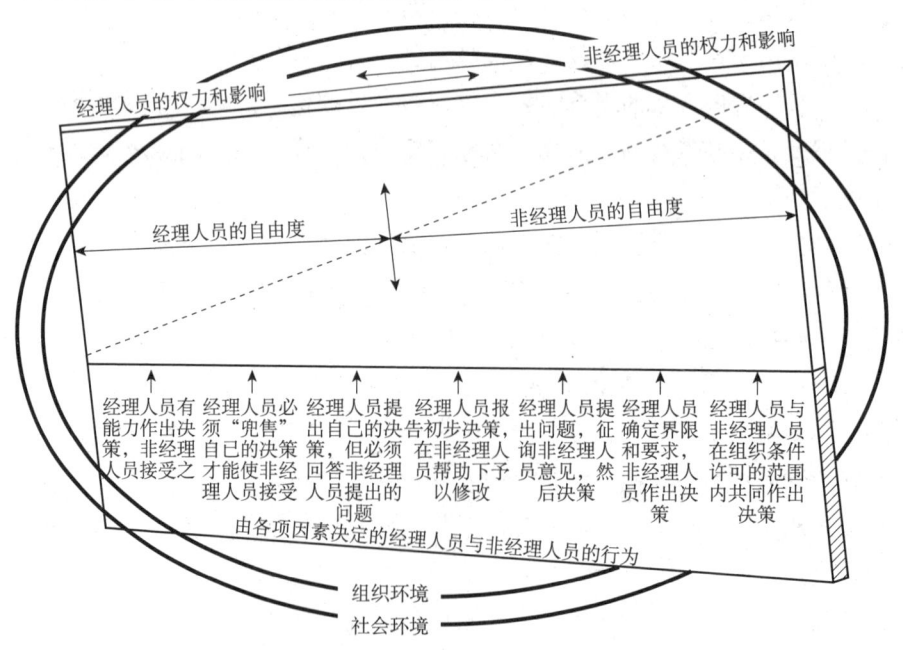

图 21—2 经理人员—非经理人员领导行为方式连续分布场

在最初的模型中，影响领导方式的因素只有领导者、下属和环境三方面，而且这些因素被认为是既定和不变的。坦南鲍姆与施密特在研究中发现，这些因素处在一个互相影响的动态过程中，如上级对下级的信任程度会影响下级的行为，反之亦然。前期的研究在讨论环境因素时主要集中于组织内部领导者周围的种种条件，后来发现应当将其扩展到组织外部的各种力量，以及组织与环境的关系上。在他们新提出的模型中，领导行为方式连续分布场里有一个类似矩形的方框，其边界是给定的，代表外部力量限定了组织发展的边界，这反映了封闭系统的观点。实际上，经理人员可以通过对外界力量作出反应，主动改变这些边界条件。

以前，经理人员似乎是主要甚至是唯一的角色，他们提出和确定下属群体的作用及任务，承担责权和实施控制。尽管权力和权力运用在过去和现在都是相当重要的管理要素，但合作、共同目标、责任感、相互信任和相互关心正在发挥越来越显著的作用，所以他们进一步将"领导者"与"下属"这样的称呼换成了"经理人员"与"非经理人员"，二者的区别仅仅在于职务分工的不同，而不在于地位的高低。所有这些新的思考可以表达为一种新的图示模型，即"经理人员—非经理人员领导行为方式连续分布场"。

思想评论

坦南鲍姆和施密特的领导行为连续体理论对管理工作的启示在于：一个成功的管理者必须能够敏锐地认识到在某一个特定时刻影响他们行动的种种因素，准确地理解他所领导的群体中的成员，理解他所处的组织环境和社会环境，这样才能实施最有效的管理。菲德勒提出的领导权变模型，也明显继承了领导行为连续体理论的思想。

管理百年 The Management Century

22 彼得·德鲁克

彼得·德鲁克（Peter F. Drucker，1909—2005），现代管理学开创者。1909年出生在奥匈帝国维也纳，父亲阿道夫·德鲁克（Adolf Drucker）曾是奥地利政府的首席经济学家，母亲是精神病学方面的专家。从有着良好文化氛围的家庭里成长起来的他20岁（1929年）成为国际银行的经济学家，22岁（1931年）获得法兰克福大学的国际法学博士。1937年，德鲁克移居美国，1943年加入美国国籍。在这一年，通用汽车邀请德鲁克研究其内部管理结构，3年后，德鲁克将其对通用的研究成果写成《公司的概念》（Concept of the Corporation，1946）一书，引起了巨大的反响。1954年，《管理的实践》（The Practice of Management）出版，这一巨著更是奠定了德鲁克管理大师的地位。1966年德鲁克出版了《卓有成效的管理者》（The Effective Executive），1973年出版了《管理：任务、责任、实践》（Management：Tasks，Responsibilities，Practices）。在半个多世纪的管理文献中，德鲁克是此领域内被引用最多的作者，是迄今为止世界公认的最权威的管理学大师。

关键词▶ 目标管理（management by objectives）
管理责任（managerial responsibility）
知识管理（knowledge management）

彼得·德鲁克是经验主义学派的代表人物之一，他于1954年在《管理的实践》一书中提出了"目标管理"这一划时代的概念，提倡结合以工作为中心和以人为中心的管理技能和管理制度进行综合管理。德鲁克注重从时代、社会以及组织所处的外部环境透视管理，强调管理人员的责任。此外，他还强调了知识管理的重要性，他也是知识工作者等概念的原创者。

一、目标管理

1. 目标管理的内涵

1954年，德鲁克在其著作《管理的实践》中提出了目标管理。他认为，目标管理的具体形式多种多样，但其基本内容是一致的，即先有了目标之后，才根据目标确定每个人的工作，而不是有了工作才有目标。组织的使命和任务都必须转化为具体目标，而组织目标只有通过分解变成多个更小的目标后才能够实现，或者说只有有工作目标的领域在管理实践中才不会被忽视。他还指出，"目标管理和自我控制"的最大优点在于：以目标给人带来的自我控制力取代来自他人的支配式的管理控制方式，从而激发人的最大潜力，把事情办好。

从某种意义上说，目标管理是德鲁克提出的最重要、最有影响力的概念。德鲁克认为，所谓目标管理，是一种程序或过程，它使组织中的上下级一起协商，根据组织的使命确定一定时期内组织的总目标，由此决定上下级的责任和分目标，并把这些目标作为组织经营、评估和奖励的标准。

目标管理理论特别重视员工对组织的贡献。在传统的绩效评价方法中，评价者的作用类似于法官的作用。而在目标管理过程中，评价者起的是顾问和促进者的作用，员工的作用也从消极的旁观者转变为积极的参与者。员工同其部门主管一起建立目标，然后在如何达到目标方面，管理者给予员工一定的自由度。参与目标建立使得员工成为该过程的一部分。在评价后期，员工和部门主管需要进行一次评价面谈。部门主管首先审查所实现目标的程度，然后审查解决遗留问题需要采取的措施。在目标管理下，管理者在整个评价时期要保持联系渠道公开。在评价会见期间，解决问题的讨论仅仅是另一种形式的反馈面谈，其目的在于根据计划帮助员工进步。之后，就可以为下一个评价期建立新的目标，并且开始重复评价过程的循环。

2. 目标管理的特点

德鲁克提出的目标管理，与我们一般意义上的目标分解、落实、执行、监督、检查、激励、惩罚等有着原则性的区别。德鲁克提出的目标管理具有三个重要的特点：

（1）目标管理是一种基本原则。目标管理或"目标管理和自我控制"，是一种基本原则，即通过将管理者和员工的注意力及努力引向一个共同的目标，来实现管理效率和效果的提升。通过有效的管理，保证各个层级的管理者和全体员工明白需要取得的结果是什么，同时确保上级充分了解每个下级管理者的期望，从而建立起协作关系，将"要我做"变成"我要做"，把个人的潜力和责任心充分发挥出来，激励每个管理者和员工朝着正确的方向做出最大限度的努力。

（2）目标管理是一种责任。德鲁克认为，目标应该从"我们的事业是什么？我们的事业将是什么？我们的事业应该是什么？"三个问题中获得，体现组织发展的方向，是组织最根本的策略；同时，目标还是一种承诺，是实现未来的手段，也是用来衡量组织绩效的标准。因此，德鲁克的目标管理表现为一种责任意识。关于责任，德鲁克做了如下诠释："责任既是外在的也是内在的。对外而言，它意味着组织或组织内其他人能够通过自己达到特定要求的绩效表现。对内而言，它意味着一种承诺，即一个负责任的人不仅对具体结果负责，他也有权为产生这些结果采取一切必需的行动；而且，他要尽力去取得这些结果，并把它看做个人的成就。"也正是通过这种"责任"，在组织内部推行自我管理的方式，推动实现个人目标、部门目标和组织目标的统一。

（3）目标管理是一种管理哲学。德鲁克认为，目标管理和自我控制可以合法地称为管理"哲学"。目标管理之所以是一种管理哲学，突出表现在它适用于所有管理者，不受其职位和职责差异的影响，也适用于任何类型的组织，不管组织性质和规模如何。目标管理通过将人类行动、人类行为和人类动机等基本概念与管理实践相结合，体现了管理实践的一种基本趋向；也通过将组织目标转化为个人目标，充分激发出员工的内在动力，使组织绩效得到了保障。可以说目标管理是在探索管理哲学的基本问题（管理是什么、为什么和怎么做）的基础上发展起来的系统管理理论。

二、管理人员的责任

20世纪50年代之前，虽然管理学领域已有学者开始研究经营者，但大多数研究还是指向工人与工作。德鲁克认为，与工人相比，管理者有两项特殊的任务：一是整合并高效利用内部资源，使得整个组织发挥的作用大于各个组成部分的功能之和；二是权衡利益，即在资源有限的情况下协调当前与长期的目标，决定把优势力量用在哪里。在日常经营中，这两个任务成功与否还直接影响着管理者需要完成的五项基本作业：（1）制定组织总体目标与各领域的具体目标，并找出可以实现这些目标的方法。（2）组织人员执行政策来完成目标。（3）在工作过程中适时激励下属，并及时交流信息。（4）在工作结束后，对工作进行评价、分析、衡量和解释。对每个人的工作进行及时的反馈，以使组织成就最大化。（5）积极对员工进行培养，提高他们在工作上的能力。

除了日常工作中的两大特殊任务与作业外，在宏观方面，德鲁克还认为管理者和他们对于组织提出的事业理论在根本上决定了组织的走向，因为管理者不仅是以往人们所认为的"对他人的工作负有责任的人"，还是"对企业绩效负有责任的人"，他们工作的有效性往往是决定组织工作效率的关键因素。管理者如果想使自己的管理有效，要先养成五种思考习惯：（1）知道把时间用到什么地方；（2）注重外部作用，把力量用在获取成果而不是工作本身；（3）把工作建立在优势上；（4）把精力集中于少数领域；（5）做有效的决策。在发展过程中，每一个组织都会形成一个独特的关于组织自身的事业理论。通常，事业理论包括三部分：一是有关组织外部环境的假设，这决定了组织利润的来源；二是有关组织使命的假设，这决定了什么样的结果对组织有意义；三是有关组织和核心竞争力的假设，这决定了组织能否最终达成其愿景。管理者要尽最大努力为组织提出一个清晰、有效并能经受住检验的事业理论，以对组织未来的发展产生巨大的能量。

三、知识管理

20世纪，管理在工业中的应用已将体力工作者的生产率提高了50多倍，许多学者也因为这一激动人心的成果而继续保持着研究的狂热。但德鲁克认为，在接下来的发展中，尤其是21世纪以后，科技革命和经济社会的发展将会促进新型组织结构与管理模式的深刻变革，知识将成为对组织与社会最有效的资源，如何提高知识工作者的生产力将取代提高体力工作者的生产力而成为管理者面临的最大问题。他认为，"如果衡量经济社会的新尺度是知识而不是劳动力的话，整个资本主义社会的结构都需要改头换面"。在知识型社会里，有才华的知识工作者具有很大的生产力潜力，但同时也有着很高的知识成本，领导者要首先整合各种不同的知识领域，使之成为一个有机的整体，对知识的管理是提供知识以找出应用现有知识创造效益的最佳方法。在这种新环境下，对员工来说，他们要学会如何管理自己，如何发掘自己的特长，以及如何正确认识自己的工作风格，而不是像从前一样使用已有的技能去完成领导布置的任务；对企业管理者来说，要学会协调发挥每一个员工的长处来提高组织的总体绩效。不论是智力密集型行业还是资本密集型行业，知识的创造、传播、共享以及利用都是企业保持持续竞争优势的关键，这也印证了德鲁克的预言。

思想评论

德鲁克的管理思想博大精深，除提出目标管理、知识管理以及管理者责任外，还包括成果管理、非营利组织的管理、董事会的职能与结构、战略规划等。其管理思想对不同组织、不同领域的广泛有效性已被各国企业领导者的实践所验证。这其中的可贵之处在于，他从一个宽广的外部视角来考察管理，先研究管理任务的范围以及各方面的必要条件，然后才转而讨论组织工作、管理技巧、结构以及战略。杰克·韦尔奇曾说："全世界都应该感谢德鲁克，因为他用毕生的精力来帮助我们理清社会中人的角色和组织机构的角色。"虽然德鲁克自称在企业成长与社会发展的道路上是一个"旁观者",但正是这个"旁观者",在过去的大半个世纪里,提出了许多超前的理论,这些理论不仅向人们展示了他非凡的预见力,更犹如一座灯塔,照亮了众多学者与管理者前进的道路。

23 赫伯特·亚历山大·西蒙、詹姆斯·加德纳·马奇

赫伯特·亚历山大·西蒙（Herbert Alexander Simon，1916—2001），美国管理学家、政治学家和社会科学家，决策理论学派的主要代表人之一，出生于美国威斯康星州密尔沃基。1936年在芝加哥大学获得政治学学士学位；1943年获得政治学博士学位。1939—1942年，领导一个小组在加利福尼亚大学伯克利分校进行研究；1942—1949年在伊利诺伊理工大学任政治学系系主任；1949年起，西蒙在卡内基梅隆大学任计算机、心理学终身教授与工业管理系系主任，直到2001年去世。1978年，因在《管理行为》（Administrative Behavior）一书中对组织决策程序的开创性研究而获得诺贝尔经济学奖，他也是目前为止唯一以管理学家身份获得诺贝尔奖的人。

詹姆斯·加德纳·马奇（James Gardner March，1928—　），决策管理理论学派的另一名重要代表人物，出生于俄亥俄州的克利夫兰。1949年获威斯康星大学学士学位，1953年获耶鲁大学政治学博士学位，1964年成为加利福尼亚大学尔湾分校社会科学学院的首任院长。

马奇与西蒙开展的协作研究，对决策管理理论的形成和发展作出了重大贡献。此外，他还与理查德·塞耶特一起创建了企业行为理论。

关键词 ▶ 决策理论学派（the decision theory approach）
　　　　　有限理性（bounded rationality）
　　　　　程序化决策（programmed decisions）

西蒙和马奇是决策理论学派的开创者。他们认为，决策贯彻管理的全过程，从某种程度上说，管理就是决策，而组织是由作为决策者的个人所组成的系统。在两人的研究中，他们对决策的重要性、决策的过程、决策的限制、决策的准则以及决策在组织机构中的应用等作了详细的阐述。

在西蒙之前，古典经济学理论的基本命题是完全理性与最优化准则，而西蒙与马奇的决策理论纠正了此前理性选择设计的完美性偏差，拉近了理性选择与现实生活局限性之间的距离，提供了对管理领域的理解和预测上更为可行的办法。而且，西蒙从生理学与心理学层面对"管理人"进行了科学而精细的分析，其眼光远大、见解深刻，对当代管理人员面对大量的信息处理提出了指导性的建议。这些精辟的观点帮助管理者拨开了笼罩在组织决策四周的重重迷雾，具有普遍的适用性。

1. 决策的重要性

西蒙和马奇认为，组织在日常经营中，制定计划是决策，在多个备选方案中选一个是决策，组织的设计是决策，权限的分配也是决策，这些决策构成了一个复杂、循环往复的系统，贯穿于管理的整个过程，所以管理从本质上说就是决策。组织作为由不断作出决策的个人所组成的系统，其管理活动的中心也必须是决策。所以，如果要了解一个组织的结构、职能、效率、问题，就必须分析其成员的决策行为、对组织的影响，以及组织决策对其成员的影响等。

2. 决策的过程

西蒙等人认为，决策是一个非常复杂的过程，分成四个阶段：

（1）收集情报阶段。在这一阶段，组织成员应该收集组织所处环境中有关经济、技术、社会等方面的情报和组织内部的一切有关情报并加以分析，为拟定和选择计划提供依据。

（2）拟定计划阶段。在得到情报后，管理者应以组织所需解决的问题为目标，依据第一阶段收集到的情报，拟定出各种可能的备选方案。

（3）选定计划阶段。决策者要根据当时掌握的情况和对未来发展的预测，从各个备选方案中选定最佳的一个。

（4）审查活动阶段。在决策实施后，组织共同对已进行的抉择进行评价。

需要强调的是，上述四个阶段中的每一个阶段本身都是一个复杂的决策过程，如在第一阶段，面对大量的情报，决定哪些要取哪些要舍，就需要决策；在第二阶段，选择相对重要的目标进行计划拟定也需要决策；而在第三阶段的决策完成后，最后对抉择的评价才是最终断定决策正确与否的关键。

3. 决策的限制

西蒙认为，在实际决策中，决策者常常无法寻找到全部备选方案，无法完全预测全部备选方案的后果，也无法找到一套明确、完全一致的偏好体系以在多种多样的决策环境中选择最优的决策方案，所以这时的理性是"有限的"。他进而通过研究发现，短时记忆的容量只有 4 项，而从短时记忆向长时记忆存入需要 8 秒钟，这些是大脑加工任务时的基本生理约束。正是这种约束，使思维过程表现为一种搜索状态（同一时间内考虑的问题是有限的），从而也限制了人们的注意广度以及知识和信息获得的速度和存量。而注意广度和知识范围的限制又引起了价值偏见和目标认同。

西蒙认为，决策的方式必须考虑人的基本生理限制以及由此引起的认知限制、动机限制及其相互影响的限制。在探讨时应针对有限的理性，而不是全知全能的理性；应当是过程的合理性，而不是本质的合理性；应当考虑的选择机制是有限理性的适应机制，而不是完全理性的最优机制。组织中的各种需要决策的情况都有其特点，所以决策者没有一个能度量的统一效用函数，而只有一个可调节的、带有主观性的理性特征。这个理性特征受决策者的理论和经验知识、搜索方案的难易、决策者的个性等因素限制，因此在方案的搜索与选定过程中，会不可避免地出现问题。

4. 决策过程中的信息问题

在决策过程中，西蒙等人特别强调信息联系的作用。在决策的每一个阶段都有一个信息的收集、加工、传递和反馈的过程。信息联系是一种双向过程,是向上、向下并"水平地"贯彻于整个组织。信息传递途径可分为正式渠道和非正式渠道两种:正式渠道包括等级线路(直线信息联系)和职能线路(水平或参谋信息联系),如通知、指示、会议传达布置和各种交流,以及情报组织收集;非正式渠道的信息联系虽然是正式的信息联系的补充,但却有其特殊的机能。事实上,决策时利用的情报大部分是由非正式信息联系传递的。决策对信息的要求主要包括准确、及时、适用和经济等。

5. 决策的准则

西蒙和马奇认为,因为决策中存在种种限制,所以传统决策中倡导的"最优化"准则是一种超乎现实的理想境界,很难完成。他们主张用"令人满意的准则"代替传统的"最优化原则"。具体地说,就是制定一套通用的、令人满意的标准,在选择方案时,只要达到或超过了这个标准,就是可行方案。这种看法揭示了决策作为环境与人的认识能力交互作用的复杂性。

6. 决策在组织机构中的应用

西蒙等人认为,一个组织机构的设置必须同决策过程联系起来,他反对传统管理理论提出的部门化原则,提出将一个组织划分为各个单位时,必须以所要作出的决策类型为依据,评价一个机构的主要标准就是它对决策行为的影响。在一个组织中,其全部活动可以分为例行活动与非例行活动。根据其不同特点,决策也可分为程序化决策与非程序化决策。西蒙将一个组织分为三层机构:高层机构从事非程序化决策,包括组织的设计、确定组织目标和目的等;中层机构一般从事程序化决策,如管理生产系统和分配系统日常工作等;基层机构则直接执行程序化决策,如取得原料、制造产品、储存运输等。至于实际生产中产生的问题应由哪一级管理层制定决策,则要视问题的性质、发生频率以及确定性程序来决定。尽管科学技术不断向前发展,但决策过程中先进技术的运用并不会改变上述三层机构的划分,而只会使之更加明确清楚。所以,未来的组织机构仍将是等级制的,虽然其具体形态可能同现在的组织机构有重大差别。

此外，关于直线人员和参谋人员的关系问题，也应从决策过程的观点来看。古典管理理论为了维护指挥的统一性，坚持只有直线指挥人员才有权作出决策，参谋人员不能直接作出决策。但是，如果贯彻这一原则，可能在有些领域不能胜任的人才能作出决策，而可以胜任的人反而不能决策。为了解决这一矛盾，西蒙提出两条建议：第一，"狭义的统一指挥"原则，即一个人可以接受来自几个上级的命令，当这些命令发生冲突时，他只服从其中一个指定上级的命令；第二，"权力分工"原则，即每一个单位在某一特定的领域内具有最高权力，可以发出必须服从的命令。以上两条可以单独或者合并使用。

思想评论

西蒙和马奇的决策理论以社会系统论为基础，充分吸收行为科学和系统论的观点，运用电子计算机技术和统筹学的方法发展了巴纳德的社会协作系统理论，提出了诸如决策前提、决策的程序化和非程序化、组织影响力、诱因和贡献等一系列与决策相关的概念，形成了一门有关决策过程、准则、类型及方法的较完整的理论体系。决策理论具有普遍适用性，不仅适用于企业组织，也适用于其他各种营利性组织与非营利组织。

24 哈罗德·孔茨

哈罗德·孔茨（Harold Koontz，1908—1984），美国管理学家，出生在美国俄亥俄州。孔茨发展了亨利·法约尔等人提出的管理要素和管理职能学说，是20世纪60年代管理过程学派的主要代表人之一。1931年获得奥柏林学院的学士学位，1932年获得西北大学的企业管理硕士学位，1935年获得耶鲁大学的博士学位。第二次世界大战期间担任美国战时运输部主任。1962年任加利福尼亚大学洛杉矶分校管理学院教授，1963年任美国管理协会主席，1965年任行政管理研究所所长，1975—1982年任国际管理协会主席。孔茨还是美国管理协会会员、国际管理学会会员、美国交通运输学会会员以及世界未来学会会员等。曾先后获得美国空军航空大学奖、泰勒金钥匙奖等荣誉。

1955年与文森特·奥康奈尔（Vincent O'Connell）、海因茨·韦里克（Heinz Weihrich）等人合作出版《管理学原理》（Principles of Management）。

关键词▶ 管理职能（managerial functions）
管理理论的丛林（the management theory jungle）

孔茨吸取了法约尔管理职能理论的精华，认为管理包括计划、组织、人事、指挥和控制五项职能，并指出管理人员不是按顺序依次执行这五项职能，而是同时或交叉执行。孔茨还对管理理论与管理学派进行了系统的分类研究，这在管理思想史研究上具有里程碑意义。

1961年，孔茨发表了《管理理论的丛林》一文，对管理学的不同学派进行了梳理和评析，成为对管理学理论进行归类概括的经典之作。他发现，管理学发展到60年代初期时，相关学术论著如雨后春笋般出现，各种管理理论和管理学派犹如枝繁叶茂的丛林，甚至形成了众说纷纭、莫衷一是的乱局。于是，孔茨对当时的管理学理论进行了梳理，提出了6个主要的学派。1980年，他根据现实的发展又发表了《再论管理理论的丛林》一文，指出经过20年的发展后，管理理论的丛林不仅没有消失，反而更加茂密，并预测管理学派在未来的发展中还会进一步增多，而将管理学进行统一是不可能实现的理想。《再论管理理论的丛林》将管理理论进一步划分为11个学派：

1. 管理过程学派

这是孔茨最重视而且基本上是全面褒扬的一个学派。在孔茨眼里，这一学派才是管理理论的主旋律，它把管理看做一种由组织进行的完成工作的过程，共经过了三代人的传承：第一代是法约尔，以5项职能和14项原则的基本框架，奠定了这个学派的根基；第二代以厄威克和古利克等人为代表，他们在法约尔的基础上进一步梳理和分析管理活动，提出了不少新的学说，比如古利克的POSDCoRB七职能论和部门划分的原则；第三代则以孔茨自身为代表。1950年以后，这一学派的影响迅速扩大，无论是企业还是政府，都开始以法约尔理论来指导并衡量自己的管理工作，由此使这一学派成为在管理领域影响最大的学派。

2. 经验主义学派

这一学派与管理过程学派的联系最为紧密，主张通过分析与比较经验和案例来研究管理。其依据是：管理学者和实际管理工作者通过研究各式各样的成功和失败的管理案例，就能理解管理问题，进一步学会有效地进行管理，主要代表是欧内斯特·戴尔。戴尔反对管理学中的"普遍原则"，认为那种试图建立起管理学普遍原理的著作忽视了具体的实际情况，严重脱离了实际，并强调管理是一门艺术。美国MBA教育中的案例教学法就同经验主义的影响紧密相关。

3. 人际关系学派

这一学派主要采用心理学和社会心理学的方法来研究人与人之间的各种现象，研究范围包括个人的品性动态、心理反应、行为激励以及人群的文化关系等，其代表人物为主持了霍桑实验的梅奥。这个学派主张管理者注重管理中"人"的因素，认为在人们为实现其目标而结成团体一起工作时应该互相了解。而且，既然管理是通过别人或同别人一起完成工作，那么对管理学的研究就必须围绕人际关系这个核心来进行。

4. 群体行为学派

这一学派着重研究各种群体行为方式，因此也称"组织行为学"，代表人物为提出了X—Y理论的麦格雷戈。如果说人际关系学派以心理学为基础，那么群体行为学派则以社会学为基础。所以，群体行为学派更偏重于组织，也更接近于管理。

5. 社会协作系统学派

社会协作系统学派以组织理论为研究重点，认为管理等于人类的社会协作，代表人物为巴纳德。这一学派对管理学有着非凡的贡献，如组织的信息沟通问题、组织权力的制度基础问题、外界对企业的影响问题、非正式组织的性质和作用问题等，都由协作理论而得到了更深刻的理解，管理学家和经理人员由此可以更清晰地看待文化环境对组织的压力、组织内部的冲突及其消解途径。

6. 社会技术系统学派

这一学派认为个体态度和群体行为都会受到技术系统的限制，强调技术系统与社会系统的互动关系，代表人物为英国学者艾瑞克·特里斯特与琼·伍德沃德。由特里斯特主持的塔维斯托克研究所在英国、印度与瑞典等地有着广泛的研究项目。他们的研究，对后来的工作团队建设有着重大影响。孔茨认为，该学派对社会系统与技术系统相互作用作出了完整的分析，对管理的有效性以及相关基础知识的补充做出了有价值的研究。但是其只关注了管理工作中的一个具体领域，而不是全部内容。

7. 系统学派

系统学派主张对管理进行系统分析，注重整体之间的相互关系，而不是某个局部或者某个要素，其代表人物众多，包括卡斯特与罗森茨韦克等人。这一学派对系统中的作用机制方面、系统的等级层次划分方面以及系统与环境的相互影响方面，均做出了很大贡献。孔茨认为，系统学派来自巴纳德社会系统理论的分化，对其进行研究可以提高管理者对内外部环境影响的洞察力。

8. 决策理论学派

决策理论学派的思想源自杰里米·边沁的功利主义与经济学的效益计算，重视理性，主张集中精力合理选择决策的方法，热衷于构建模型与数学分析，代表人物为诺贝尔经济学奖获得者西蒙。这个学派的典型特征是其代表人物基本都是学者，而且多数是经济学家，他们对于管理的研究扩展到了心理、社会、决策环境和决策者等诸多方面。孔茨认为，如果将决策当做是管理的中心，有可能偏离管理学过远，因为决策的核心是选择，而选择既有可能是组织的管理行为，也有可能是纯粹的个人行为。

9. 管理科学学派

这一学派同样主张使用数学模型和程序，但与决策理论学派不同，管理科学学派比较务实，集中于生产研究，代表人物为埃尔伍德·伯法。此学派中的许多代表人物是运筹学家或系统分析家，他们认为任何知识都可以用数学关系和数学符号来表示，包括管理学。由于数学方法确实能够为解决复杂的管理问题提供明确、简洁的路径，所以这一学派吸引了许多信徒，尤其是对于想避免管理的复杂性和不确定性的人。但是，孔茨认为，严格来说管理科学学派并不能构成一个学派，因为他们不能提出通用的普遍性理论。

10. 权变理论学派

权变理论学派主张研究情境与管理的对应关系，强调管理者的行为取决于相应的环境条件，代表人物为弗雷德·卢桑斯。这一学派虽然强调的是因地、因时、因人、因事而制宜，但同时也提出管理者应该积极地改变环境，而不是一味地顺应环境。

11. 经理角色学派

这是当时最新的一个学派，主要通过观察经理人的实际活动来明确经理角色的内容，主要代表人为明茨伯格。他系统地研究了不同组织中多位总经理的活动，进而归纳出十种经理角色，把经理工作的范围界定在了人际关系、信息沟通、决策三个方面。

思想评论

孔茨作为管理过程学派的主要代表人之一，创立了对各个管理学派分析的术语并命名了各个学派。这些术语和名称得到了广泛的认可和沿袭，标志着管理学派分析范式的建立。管理过程学派对后世的影响很大，许多管理学教材的内容都是按照该学派的理论架构编排的，而且该学派确定的管理的职能与原则也为训练管理人员提供了良好的基础。

25 克里斯·阿吉里斯

克里斯·阿吉里斯（Chris Argyris，1923—2013），当代管理理论大师，组织学习理论的主要代表人之一，出生在美国新泽西州纽瓦克市。1947年获得克拉克大学的文学学士学位，1949年获得堪萨斯大学的心理与经济硕士学位，1951年获得康奈尔大学的博士学位。阿吉里斯是美国许多大型企业（如通用磨坊、杜邦、壳牌石油、新泽西标准石油、利弗兄弟）以及多个国家（如法国、英国、挪威、荷兰、意大利、希腊等）政府的顾问。他先后获得哈佛大学、耶鲁大学、加拿大麦吉尔大学、比利时鲁汶大学、瑞典斯德哥尔摩经济学院的名誉博士学位。1994年获得美国管理科学院"管理学科终身成就者"称号。

其代表作有1957年出版的《个性与组织》(Personality and Organization)、1978年出版的《组织学习》(Organizational Learning: A Theory of Action Perspective) 与1990年出版的《克服组织防卫》(Overcoming Organizational Defenses)。

关键词▶ 不成熟—成熟理论 (theory of immaturity-maturity)
行动科学 (action science)
组织学习 (organizational learning)
组织防卫 (organizational defenses)
双环学习 (double-loop learning)

阿吉里斯的研究生涯可以分为三个阶段：第一阶段从20世纪50年代末到60年代初，主要研究人性与组织的关系问题，以及组织需要和个人需要之间的吻合问题，代表理论是不成熟—成熟理论；第二阶段从20世纪60年代到70年代，关注组织变革，努力寻找促进组织变革的方法，并且提出把行动科学作为一种转变组织行为的工具来运用，代表理论是"行动科学"理论；第三阶段从20世纪80年代至今，研究重点放在了组织知识的作用上，代表理论是"组织学习"理论。

一、不成熟—成熟理论

1957年，阿吉里斯在《个性与组织》一书中提出了不成熟—成熟理论。他认为，组织行为是由两个要素——个体和正式组织相互融合而成的，组织中的个体都有其独立的特性，他们既有作为组织成员的一面，又有作为独立的个人的一面。人的个性是由能量、需要、能力等各个部分构成的整体，必须通过同其他人的社会接触与相互作用才能建立起来，而不是单凭个体自身来完成的，因而每个人都需要同环境建立适当的联系，并保持二者之间的平衡。所谓个性的成长，就是个性的构成部分扩大了，并同个性的原已存在的部分统一起来。阿吉里斯认为，这种个性成长的倾向包含多方面的内容，如同婴儿一样，是一个从不成熟到成熟的过程。一个人处在这个成长过程中的阶段不同，标志着他个性的成熟程度不同，也体现出他自我实现的程度不同。他进一步指出，一个人从不成熟到成熟的转变过程是通过以下七个方面体现出来的：（1）从婴儿有限的行为方式发展为成人的多种多样的行为方式；（2）从婴儿时期只顾及当前发展到成人时期拥有长远的打算；（3）从婴儿行为的被动状态发展到成人行为的主动状态；（4）从婴儿的依赖他人发展为成人的相对独立发展；（5）从婴儿时期经常变化和肤浅、短暂的兴趣发展为成人相对持久、专一的兴趣；（6）从婴儿时期在家庭或社会上处于从属地位发展为成年人与周围的人处于基本平等的地位甚至支配地位；（7）从婴儿时期的缺乏自觉发展为成人的自觉自制。

每个人都有其自身的需求，一个人如果在获取需求的过程中遇到了挑战，他就会竭尽全力迎接挑战。个性在经历了上述发展后，富有进取性的心理能力就有了充分发挥的可能。阿吉里斯认为，正式组织的基本性质使得个人会长期保持在"不成熟"阶段并妨碍其自我实现，主要原因：一是劳动分工限制了个人的主动性，阻碍了个人的自我表现，要求个人只使用其一小部分能力；二是领导者处于高层，重视通过明确的权力等级系列来控制整个组织，直至最底层，导致个人依附于领导者而处于被动状态，个人对工作环境缺乏自主权和控制权，以致目光短浅；三是统一指挥原则意味着由领导者来指挥和控制通向组织目标的道路，而当组织目标并不包容员工个人目标时，就不允许员工按其内在需要来表达他们自己的意愿，问题就会愈来愈多；四是控制幅度的概念使得在最基层的个人的自我控制范围变小，所看到前景的时间幅度缩短。

为了应对组织对个人的压抑感，员工可能采取下列防御措施来适应或作出反应：一是离开组织；二是爬到组织的上层，以便得到更多的自主权；三是陷于幻想，采取攻击态度，努力表现自己；四是采取冷淡或不介入态度；五是创建和形成非正式组织，使自己所采取的冷淡、不感兴趣、限制产量、攻击行为等得到同情和支持。阿吉里斯认为，协调个性和组织之间的办法有：（1）扩大员工的工作范围，增加员工在工作流程中所担负工作的种类，或延长完成一件工作的时间周期；（2）采用参与式的、以员工为中心的领导方式；（3）使员工有从事多种工作的经验，扩大其技术领域和知识面；（4）加大员工的责任，激发其责任心和创造性；（5）更多地依靠员工的自我指挥和自我控制。通过对员工行为与组织设计的了解，领导者可以改进领导方式，从而在健康的组织中培养出健康的个人，并实现各自的目标和需要。

二、行动科学理论

在发现了个性发展与组织特性之间的矛盾后，阿吉里斯开始考虑怎样克服反对和抗拒组织变革的问题。他认为，社会科学研究不能仅停留在观察和描述的层面上，而应通过人的行为本身，将注意力放在探索和研究隐藏在行为背后的动机上。为了找到这个问题的答案，阿吉里斯与合作者沙因共同提出了行动科学理论,并详细论述了该理论在市场环境下的应用。可以说,这项理论的提出,是阿吉里斯相对于其他行为科学家在研究方法上的一个巨大超越,彻底改变了传统的社会科学研究理念和方式。

所谓行动科学,是一个符合科学的介入式研究分析过程,即不断地把研究所得到的知识和结果应用到研究过程本身,而不像普通科学那样试图始终保持研究的客观性和公正性。阿吉里斯认为,这种方法应该由组织中的管理人员和员工自己进行,因为它建立在"循环连续"的基础上:对行为的研究产生知识,在知识产生的同时又要使知识反作用于行为,由知识改变过的行为又产生新的知识,新的知识又同步反作用于新的行为。这种循环并不是原地踏步,而是在循环中实现知识的更新积累和行为的改善发展。行动科学研究的目的在于创造"行动的知识""人们可以用来改变世界的知识",而不是与日常应用毫无关系、不考虑实际应用效果的知识。在阿吉里斯的理想世界里,组织活动是不需要外部专家来观察的,也不需要他们的建议,组织中的人员在工作中可以自己进行科学研究。随着研究的进行,知识的收集和应用就成为组织成员的一项日常工作,而组织的发展变革也就成为一种自然状态。组织防卫程度会减轻,组织成员不再以不积极或不支持的心态面对变革,组织也不再需要耗费巨资推行变革。

三、组织防卫与双环学习

1990年,阿吉里斯在《克服组织防卫》一书中指出:组织防卫是指组织面对障碍或威胁时的一种自保性反应,这种反应一旦出现,就会阻断对相应障碍或威胁的深层探究,使得参与者无法发现那些障碍或威胁产生的真正原因。由于人们在日常生活和工作中经常使用防卫性推理进行思考和行动,当个人进入组织后,这种防卫性推理也随之被带入组织,进而形成组织防卫。要想克服组织防卫,首先要重视组织学习(不是指组织本身的学习,而是说组织内的个体行为代表组织产生了组织学习的行为),来发现组织中的问题、障碍以及形成原因,进而消除障碍、解决问题。他还提出,组织学习的关注点应当从对改变行动的反馈(单环学习)转移到对形成反馈有思考方式的价值观的质疑(双环学习)。如果说单环学习强调的是对现状的"认知",那么,双环学习就是强调对造成现状原因的自发"反思"。这也是行为科学现实中的有效应用。

思想评论

以往的组织理论要么强调正式组织的重要性,要么强调以人为本的重要性,阿吉里斯提出的不成熟—成熟理论则提醒人们,组织不是由一个个没有性格和情绪的零件组成的机器,其中每个成员的个性和情绪都是组织运行状况的一个变量,从而决定了组织运行遵循的是一个由众多变量组成的复杂函数关系。他认为,个性发展和组织需求之间的矛盾是最基本、也是最持久存在的问题,这是组织领导者面临的永久性挑战。此外,阿吉里斯提出的双环学习提醒管理者应该如何运用组织知识对现状加以反思,进而促使其通过改进措施来消除障碍,解决组织问题。

20 世纪 60 年代管理思想

1	沃伦·本尼斯 Warren G. Bennis — 组织理论 — 琼·伍德沃德 Joan Woodward — 阿尔弗雷德·斯隆 Alfred P. Sloan — 斯坦利·西肖尔 Stanley E. Seashore	
2	管理过程学派	
3	维克多·弗鲁姆 Victor H. Vroom — 激励理论 — 约翰·亚当斯 John S. Adams — 爱德华·劳勒 Edward E. Lawler / 莱曼·波特 Lyman W. Porter	
4	伦西斯·利克特 Rensis Likert / 简·默顿 Jane S. Mouton / 罗伯特·布莱克 Robert R. Blake — 领导理论 — 弗雷德·菲德勒 Fred E. Fiedler / 肯尼斯·布兰查德 Kenneth Blanchard / 保罗·赫塞 Paul Hersey	
5	彼得·德鲁克 Peter F. Drucker — 经验主义学派 — 欧内斯特·戴尔 Ernest Dale	
6	管理理论丛林研究 — 哈罗德·孔茨 Harold Koontz	

战略管理学派 The Strategic Management Approach
- 阿尔弗雷德·钱德勒 Alfred D. Chandler
- 肯尼斯·安德鲁斯 Kenneth R. Andrews
- 伊戈尔·安索夫 Igor Ansoff

营销管理学派 The Marketing Management Approach
- 菲利普·科特勒 Philip Kotler
- 特德·列维特 Ted Levitt

权变理论学派 The Contingency Approach
- 杰伊·洛希 Jay W. Lorsch
- 保罗·劳伦斯 Paul R. Lawrence

系统学派 The System Approach
- 詹姆斯·罗森茨韦克 James E. Rosenzweig
- 弗里蒙特·卡斯特 Fremont E. Kast

管理科学学派 The Management Science Approach
- 埃尔伍德·伯法 Elwood S. Buffa

20世纪60年代

- 劳伦斯·彼得 Laurence Peter
- 哈罗德·凯利 Harold H. Kelley
- 小托马斯·沃森 Thomas J. Watson Jr.

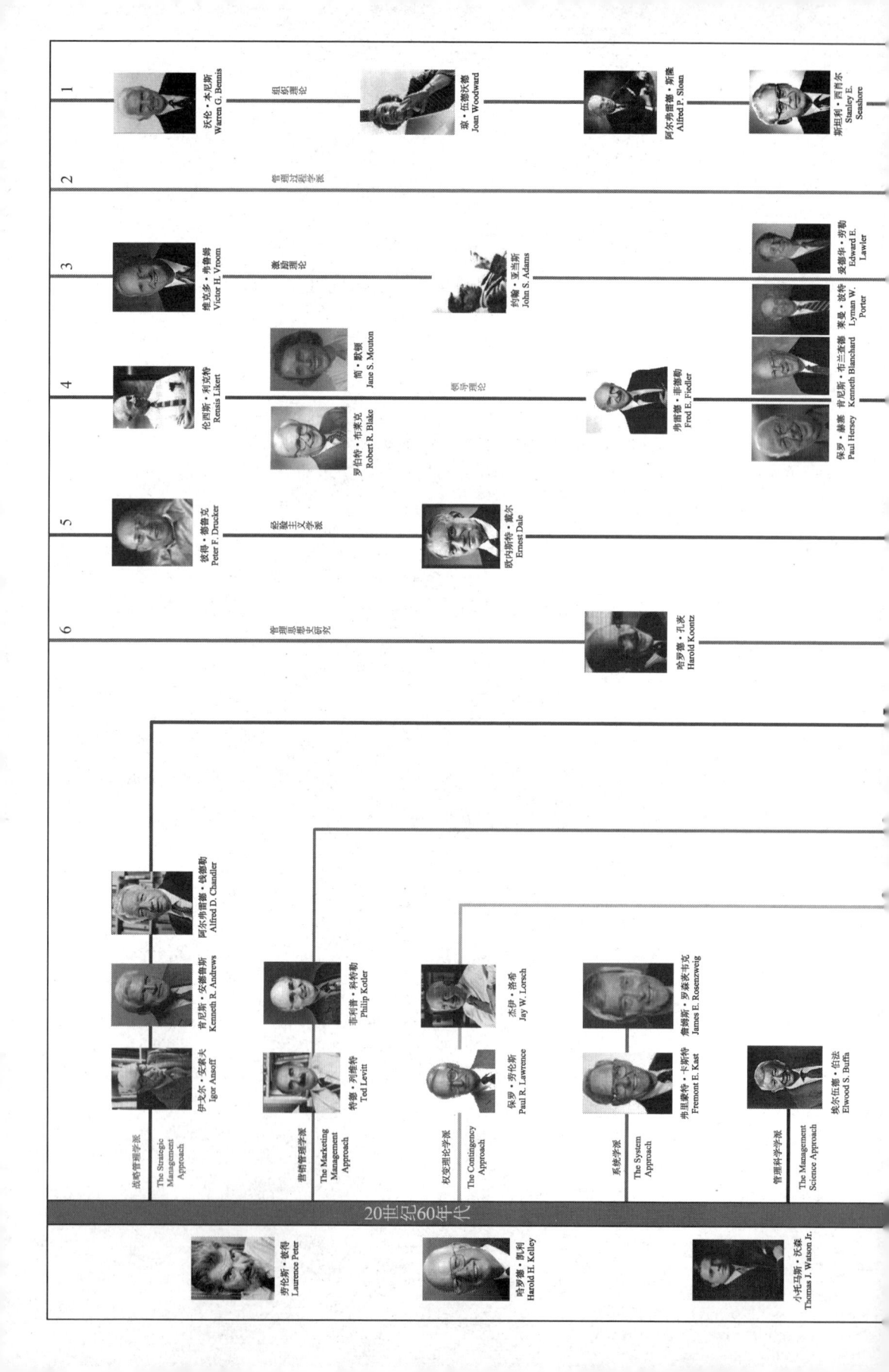

20世纪60年代是资本主义经济高速发展的黄金时期。但是就企业生存环境而言，国内外市场竞争更趋残酷，企业联合与兼并的浪潮接踵而至，生产和资本呈现出既高度集中又迅速流动的特点。为适应形势的变化，更好地帮助企业规划未来、赢取市场、监控和评估自身运营状况，战略管理学派、营销管理学派、权变理论学派、系统学派、管理科学学派等新生学派登上了管理的历史舞台。领导理论、激励理论、组织理论等既有学派也应形势变化，及时地推陈出新，各自的理论体系不断得以完善。

战略管理学派的核心思想是根据组织的特点和内外部环境的变化，用长远的、全面的、发展的眼光来看待管理。该学派试图通过清晰描述组织发展的未来蓝图和竞争路径，指导组织的经营决策和运作；试图使战略成为管理者整合内部资源、利用市场机会、规避外部风险，谋求组织壮大和长寿的有效武器。被誉为"战略管理之父"的伊戈尔·安索夫认为，战略行为是企业对外部环境的适应以及由此而导致的企业内部结构化的过程。他界定了公司战略、战略管理、竞争优势等概念，并提出了成功战略的范式、评价环境的PEST分析框架、进行战略规划决策的理想模型以及安索夫矩阵等理论和工具。哈佛商学院教授肯尼斯·里士满·安德鲁斯提出并系统论述了SWOT分析法，把公司战略提升为管理咨询业的一个专业领域。他认为，战略形成过程就是把企业内部优势和劣势与外部机会和威胁进行匹配的过程，对优劣势的分析构成了战略规划的基础。阿尔弗雷德·杜邦·钱德勒是该学派的又一代表人物，他认为战略就是制定企业宗旨和长期目标，为实现目标选择行动方案，调配必要的资源。钱德勒认为企业应该先制定最佳的战略，然后再选择与战略搭配最合适的组织结构。战略管理学派将时断时续的变革、动荡和不确定性等革命性观念转化成能够帮助组织成功与繁荣的工具，不仅使管理者摒弃了一时一地之争的狭隘思维，形成着眼于组织全局利益和未来发展的远大目光，而且为管理实践提供了适用的语言和程序，使得组织能够明确地界定经营管理中的深层次问题，定义组织的未来前景及发展路线。

与此同时，营销管理学派开始兴起，发动了一场从"生产导向"到"市场导向"的"经营观念革命"。该学派的核心思想是企业要明确社会对组织所提供的服务或产品的需求；企业优先考虑的中心应是满足顾客而不是简单的生产商品；主导公司的应是营销而不是产品。其代表人特德·列维特于1960年在《哈佛商业评论》上发表了《营销近视》一文，最早提出了市场营销概念，对销售和营销进行了划分。他认为企业的核心是满足消费者，而不是简单地生产商品，公司应该注重市场导向而不是生产导向，应该由首席执行官和高层管理部门领导营销部门。而菲利普·科特勒的思想突破在于将市场营销看做经济活动的中心环节。他对推销和营销进行了区别，认为营销术以顾客为中心，而推销术以产品为中心，并定义了"大量营销"、"逆向营销"及"社会营销"等词汇。他在营销哲学、营销战略战术、营销环境、目标市场等方面所持的一系列观点对市场营销产生了深远影响。他在营销哲学、营销策略制定、营销环境、目标市场、营销战略、营销战术等领域提出的一系列观点也奠定了他作为营销学大师的地位，被誉为"现代营销之父"。

权变理论学派是20世纪60年代末在经验主义学派基础上进一步发展起来的。权变理论认为，组织管理要根据组织所处的外部环境和内部条件的发展变化而随机应变，没有一成不变、普遍适用的管理理论和方法。该学派的代表人物杰伊·威廉·洛希和保罗·罗杰·劳伦斯在比较各种组织结构理论的基础上，提出了以权变理论为基础的组织结构理论，认为组织架构的差异性与经营管理人员有关，也与外部环境的稳定性有关。权变管理理论自形成之日起就备受理论界和实践者的重视。该学派在理论上较好地综合了各种管理学派的研究成果，它所倡导的权宜应变的思想适应了复杂多变的外部环境对组织管理的要求，对管理实践具有较强的指导意义。但是，权变理论在实际应用中也逐渐暴露出令人不满意的一面，主要体现在它过分强调管理的具体情境，而忽视甚至否认了管理的普遍性和规律性。

系统学派认为，组织是一个由相互联系的若干要素组成、为环境所影响并反过来影响环境的开放的社会技术系统，包含目标、价值、结构、技术、社会心理和管理等五个分系统。因此，它主张以整个组织系统为研究管理的出发点，研究一切主要的分系统及其相互关系。其代表人物是弗里蒙特·卡斯特和詹姆斯·罗森茨韦克。系统学派突破了以往管理研究仅局限于组织的某个局部或某个环节这一缺陷,从组织整体出发对管理的本质进行了有益的探索。但由于该学派的理论主张在实践中显得过于抽象和复杂以及理论本身的成熟度不够,使得它难以为管理者提供具体有效的行动指南,因而受到了众多管理理论的挑战。

管理科学学派的理论与科学管理理论实际上属于同一思想体系,但其研究范围远不是泰勒时代的操作方法和作业研究,它运用了更多的现代自然科学和技术科学的成就,研究的问题也更为广泛和复杂。管理科学学派的主导思想是以运筹学为理论基础,使用先进的数理方法及管理手段,使生产力得到最为合理的组织,以获得最佳的经济效益。该学派的代表人是美国研究现代生产管理方法的著名学者埃尔伍德·斯潘塞·伯法等人。管理科学学派较少关注人的行为因素,忽视定性分析,试图运用定量的方法把复杂环境下的各种复杂因素简单化,因而在现实中的应用有限。

领导理论学派在20世纪60年代所取得的学术成果主要包括伦西斯·利克特提出的领导系统理论,罗伯特·罗杰斯·布莱克和简·思莱格雷·默顿提出的用以分析领导行为的管理方格理论,弗雷德·爱德华·菲德勒建构的第一个综合性权变领导模型,以及保罗·赫塞和肯尼斯·布兰查德的情境领导理论。尽管这些理论的研究假设和建构模式互有区别,但是它们的目的却是一致的,即提高领导的有效性。行为科学学派在这一时期的研究重点偏向激励的具体过程,其代表人为维克多·哈罗德·弗鲁姆和约翰·斯塔西·亚当斯,他们分别提出了著名的期望理论和公平理论,较为真实地还原了有效激励的本质过程,为管理者充分调动员工的积极性提供了极具针对性的理论指导。莱曼·波特和爱德华·劳勒于1968年提出了波特-劳勒综合激励模型,以探寻影响员工工作绩效和满意度的原因。

在组织理论方面,沃伦·甘梅利尔·本尼斯在对传统组织结构和官僚制组织结构进行批判的基础上,提出了组织发展理论。该理论列举了影响未来组织结构的各种因素,分析了有机适应型组织结构所具有的特点,并认为它将逐步取代官僚组织体制;阿尔弗雷德·斯隆设计出了事业部制这一组织模式,并通过他本人的成功实践使人们看到这一组织模式在有效平衡集权和分权上的良好表现;琼·伍德沃德进一步提出了技术决定结构的思想,认为组织架构因技术而变化,组织管理因组织目标而变化;斯坦利·西肖尔将衡量企业组织效能的各种评价标准及其相互关系组合成一个金字塔形结构，使原先完全混乱的集合体有了逻辑性和秩序，形成了组织绩效理论。在管理思想史研究领域，哈罗德·孔茨在 1961 年发表的《管理理论的丛林》一文中对管理理论进行了系统梳理，划分出管理过程学派、社会系统学派、决策理论学派等六个主要的学术派别，这对管理理论的发展和管理学教育意义非凡。

经验主义学派在这一时期也得到了进一步发展。作为经验主义的重要代表人物，欧内斯特·戴尔认为不存在任何有关组织与管理的普遍原则，强调管理知识的真正源泉就是大公司中"伟大的组织者"的经验，主张用比较方法对企业管理进行研究。除此之外，劳伦斯·彼得提出了著名的彼得原理、彼得定位法、彼得和平原则等；哈罗德·凯利在 1967 年发表了《社会心理学的归因理论》，提出了可以把人的行为归结为内部原因或外部原因的三个标准。

在管理实践中，小托马斯·沃森在从父亲手中继承的 IBM 公司里实践着自己的管理思想，他打破了僵化的中央集权式管理模式，代之以宽松、分散的管理风格，确立了尊重个人、给予顾客最好的服务、以卓越的方式完成工作任务等原则。总之，在管理思想日趋丛林化的 20 世纪 60 年代，各派理论异彩纷呈、百家争鸣，共同推动管理思想不断向前发展。

26 伊戈尔·安索夫

伊戈尔·安索夫（Igor Ansoff，1918—2002），战略管理的鼻祖，被誉为"战略管理之父"，出生于俄罗斯符拉迪沃斯托克（又名海参崴）。1936年全家移民至纽约，并进入史蒂文森理工学院学习工程学。1941年获得工程学学士学位后，安索夫又在该校获得现代物理学的硕士学位。由于第二次世界大战时在美国海军后勤部服务，直到1946年他才重返学校，并在1948年取得了布朗大学的应用数学博士学位。1950年，他加入美国军方的重要机构——兰德基金会；1956年进入著名的军火公司——洛克希德公司工作，几年后成为该公司副总裁；1963年，他进入学术领域，先在卡内基梅隆大学经营管理研究生院从事战略管理研究与教学工作，随后又到范德比尔特大学研究生院任管理学教授，并成为第一任系主任；1973年开始，他应邀到比利时布鲁塞尔欧洲高级管理学院与瑞典斯德哥尔摩经济学院任教；1983年回到美国圣迭戈，任美国国际大学战略管理高级教授。

2002年，安索夫于圣迭戈病逝。为了纪念他在战略管理理论和实践方面的贡献，范德比尔特大学设立了安索夫MBA奖学金。其代表作有1965年出版的《公司战略》(Corporate Strategy)与1979年出版的《战略管理》(Strategic Management)。

关键词▶ 战略管理 (strategic management)
PEST分析框架 (PEST analysis framework)

协同（synergy）

安索夫矩阵（Ansoff matrix）

安索夫对管理学领域的贡献主要表现在他对战略管理的开创性研究，并提出了公司战略和战略管理的概念以及战略规划的系统理论。他首次将协同的理念引入企业管理领域，使协同理论成为企业采取多元化战略的理论基础和重要依据。此外，安索夫还提出了评价环境的 PEST 分析框架、进行战略规划决策的理想模型以及安索夫矩阵等理论和工具。

1. 战略管理的概念界定

1972 年，安索夫在《战略管理概念》一文中首次提出了"战略管理"的概念。他认为，战略管理是组织高层管理者为保证组织的持续生存和发展，通过对组织内部条件与外部环境的分析，对组织全部活动所进行的根本性和长远性的规划与指导。与以往的经营管理不同的是：战略管理是面向未来，动态地、连续地完成从决策到实现的过程；而通常的管理则是指领导他人共同完成一项工作的过程。所以，战略管理的思维是一种系统的思维，强调站在长远与全局的角度理解管理问题。

2. PEST 分析框架的提出

安索夫认为，组织的生存与发展是由环境、战略与组织本身所构成的，而战略行为是组织对外部环境的适应以及由此导致的组织内部结构化的过程，只有当这三者协调一致、相互适应时，组织的效益才能显著提高。所以谈到战略时，一定要先分析组织的环境。安索夫提倡管理者使用 PEST 分析框架，来评估组织所面临的政治（political）、经济（economical）、社会（social）、技术环境（technological），并据此制定组织战略，调整组织结构。他将环境的变化分为五个等级：

（1）普通环境。当环境没有大的变化时，组织只需要维持原有的驱动力量，保持其稳定性，并不需要大的变革。

（2）扩张环境。当环境开始扩张时，组织一定要以提高效率为主要战略，而且要用之前在扩张环境中得来的经验适时进行调整。

（3）变动环境。当环境的变化缓慢而又不确定时，组织要以市场及客户作为主要导向，寻求一种熟悉的变革方式来过渡。

（4）不连续环境。当环境有了变动，但却不连续时，组织的管理者要仔细观察各个方面的形势，寻求变动方面的相关变革。

（5）突变环境。当环境突变时，管理者一定要将组织变得更具灵活性，并把握先机进行创新性变革。

对于每一种环境，安索夫都阐述了组织的应对方式，这种将权变的理念运用在制定战略过程中的做法，是由当时战略管理的大背景所决定的。

3. 战略管理的层次

安索夫认为，战略管理过程可以运用到组织经营活动中的各个层面，而不管组织所处的层面如何，都需要对战略进行有效管理，从而确保组织整体目标的实现。总的说来，战略管理可以分为三个层次：

（1）总体战略。总体战略是一个组织内最高层面的战略，以组织整体为对象，是组织最高层领导和控制组织的行动纲领。一般来说，总体战略主要关注两个问题：一是组织的愿景与使命，选择组织的活动范围与重点，确定组织到底要做什么；二是组织各个战略单位的结构与设置，确定如何完成工作。具体而言，总体战略首先要了解组织与公众的各种交互关系，包括组织所面临的各种社会文化环境；其次，组织需要在社会与法律准许的范围内发展，并决定自身所要承担的义务；最后，要根据总体目标设立相应的战略单位以及进行资源配置。

（2）业务单元战略，即部门战略。按照安索夫的设计，部门战略是在总体战略指导下，针对某一个特定战略单位而制定的战略。需要注意的是，部门战略并不是简单的由总体战略分解出来的子战略，其重点是保证这个战略单位在所从事的行业中处于有力的竞争地位。由于各个战略单位与总公司拥有的机会、挑战等均有区别，所以一定要在战略制定时充分考虑到自身条件，制定可行的、合理的部门战略。

（3）执行战略。执行战略是在部门战略的指导下，针对某一特定的职能单位或小组制定的战略执行计划，其重点是如何提高资源的利用效率，包括政策执行时的重点、阶段以及具体措施。

在上述三个层次中，具体的性质、作用、要求均不相同。在具体工作中，战略管理可以根据各种组织不同的情况进行多种层次的划分，但无论如何划分，其目的都是明确组织战略在执行过程中的目标和任务，以使组织各个层级上的部门发挥自身应有的作用。

4. 协同与战略决策模型

安索夫认为协同就是企业通过识别自身能力与机遇的匹配关系来成功拓展新的事业，协同战略可以像纽带一样把公司多元化的业务联结起来，即企业通过寻求合理的销售、运营、投资与管理战略安排，有效配置生产要素、业务单元与环境条件，实现一种类似报酬递增的协同效应，从而使公司更充分地利用现有优势，开拓新的发展空间。在《公司战略》一书中，他把协同作为企业战略的四要素（即经营范围、成长方向、竞争优势与协同）之一，分析了基于协同理念的战略如何可以像纽带一样把企业多元化的业务有机联系起来，从而使企业更有效地利用现有的资源和优势开拓新的发展空间。

安索夫提出的战略决策模型是指对公司扩张和公司业务多元化分别予以处理，而不是将战略规划视为一体。该模型的中心概念是差距分析，即弄清你所处的位置，界定你的目标，明确为实现这些目标而必须采取的行动。他给出了各项战略决策大致相同的内部决策，包括：确立一系列的目标；研究企业目前的状态同理想目标之间的差距；提出一个或数个行动方案；测试是否具备缩短差距的功能，只有能缩短差距的方法才可以接受，否则就要另起炉灶。

5. 安索夫矩阵

1975年，在战略管理的基础上，安索夫还发展了一种新的营销分析工具——安索夫矩阵（见图26—1）。这种矩阵包括市场渗透、产品开发、市场开发与多元化经营四种战略，代表着企业希望进行获利与成长的四种选择，企业可以选择不同的市场成长来达到增收的目的。

（1）市场渗透。以现有的产品面对现有的顾客，以其目前的产品市场组合为发展焦点，力求增大产品的市场占有率。采取市场渗透的策略，借由促销或提升服务品质等方式来说服消费者改用不同品牌的产品，或是说服消费者改变使用习惯，增加购买量。

（2）市场开发。提供现有产品开拓新市场，企业必须在不同的市场找

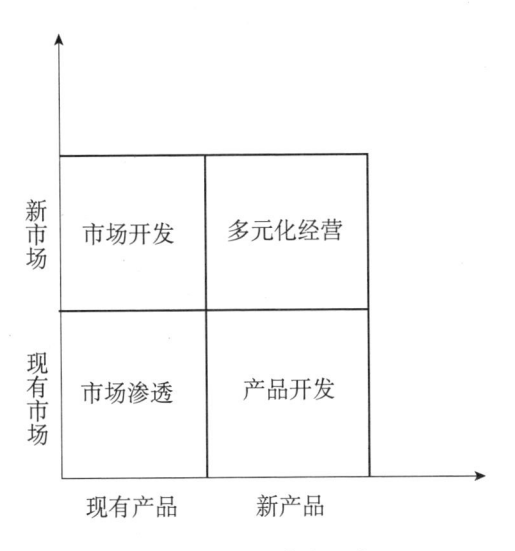

图 26—1 安索夫矩阵

	现有产品	新产品
新市场	市场开发	多元化经营
现有市场	市场渗透	产品开发

到具有相同产品需求的使用者。通常，产品定位和销售方法会有所调整，但产品本身的核心技术则不必改变。

（3）产品开发。推出新产品给现有顾客，采取产品延伸的策略，利用现有的顾客关系来借力、使力。通常是以扩大现有产品的深度和广度，推出新一代或是相关的产品给现有的顾客，提高该厂商在消费者中的占有率。

（4）多元化经营。提供新产品给新市场，由于企业的既有专业知识或能力可能派不上用场，因此是最冒险的多元化策略。成功的企业多半能在销售、渠道或产品技术等方面取得某种成效，但多元化的失败概率很高。

在应用此矩阵时，安索夫着重强调了以下几点：1）没有放之四海而皆准的战略模式，管理者需要从根本上充分理解自身组织的优势及目标；2）企业的成败不能全部归结为战略的作用，而是很大程度上取决于其所处环境的情况；3）企业的经营战略必须随着环境变化而随时进行调整，这就需要管理者对环境变化作出敏感且及时的反应；4）决定企业成功的另一要素是强大的管理能力，在良好的战略引导之下，管理能力要充分与环境相协调才能使得企业进步。

为了提高战略管理的实用性，安索夫和他的学生对美国、日本、印度尼西亚、澳大利亚等国家的500多家企业进行了统计研究，将这一方式转变为一套名叫"战略准备诊断"的方法，并应用到日后的咨询实践中。

思想评论

　　安索夫不仅率先提出了战略管理的理论与方法，更成功地将这些理论应用于实践，为管理者开发和制定组织战略转变的有效方法提供了极其重要和严密的理论框架。通过战略管理，他将变革、动荡、不确定性等顺应时代潮流的革命性观念转化成了帮助组织成功与繁荣的工具，而他提出的基本范式，也使得现代工业企业可以明确地界定公司战略中的深层次问题，如不断成长、寻求合作、借用外力等。此外，基于协同理念的战略可以像纽带一样将企业多元化的业务联系起来，从而使企业可以更有效地利用现有资源和优势开拓新的发展空间。

27 肯尼斯·里士满·安德鲁斯

肯尼斯·里士满·安德鲁斯（Kenneth Richmond Andrews，1916—2005），SWOT分析法创始人。1936年获得维斯里安大学英语专业学士学位，次年获得该校的美国文学硕士学位。第二次世界大战爆发后，他中断了在伊利诺伊大学香槟分校的博士学习，进入美国陆军航空队下属的一所由哈佛商学院教师亲临授课的质量控制学校工作。1946年，他应邀参与了哈佛商学院的一个跨学科教学团队，讲授"管理实践"课程。1948年，在重返伊利诺伊大学近两年后，安德鲁斯拿到了英语专业的博士学位，并到哈佛大学负责审核与发展哈佛商学院商业政策必修课程。他还担任过商业政策课程建设团队组长、通用管理研究所主任、高级经理人管理服务项目主席等职务，在哈佛商学院工作40余年。鉴于其作出的卓越贡献，哈佛大学在1990年授予他杰出服务奖章。其代表作有1965年出版的《商业政策：教程与案例》（Business Policy：Text and Cases）与1971年出版的《公司战略概念》（The Concept of Corporate Strategy）。

关键词▶ 公司战略（corporate strategy）
SWOT分析（SWOT analysis）
战略管理（strategic management）

安德鲁斯认为，战略是一种目的以及为达到这些目的而制定的主要方针和计划的一种模式。这种模式可以界定企业正在从事的或者应该从事的经营业务，以及界定企业所属的或应该属于的经营类型。他进一步提出，战略形成过程实际上是把企业内部优势和劣势与外部机会和威胁进行匹配的过程。对内部的优势和劣势的分析与评估，可以确定企业的独特能力；对外部环境的机会与威胁的分析，可以确定企业潜在的成功因素。这两种分析构成了战略规划的基础，安德鲁斯据此建立了著名的SWOT战略分析法。

1. SWOT 的含义

S，W，O，T 四个字母分别代表 strengths（竞争优势）、weakness（竞争劣势）、opportunities（外部机会）与 threats（外部威胁）。按照企业竞争战略的完整概念，战略应是一个企业"能够做的"（即组织的强项和弱项）和"可能做的"（即环境的机会和威胁）之间的有机组合。所谓SWOT分析，就是基于内外部竞争环境和竞争条件下的态势分析。换句话说，这种方法就是将与研究对象密切相关的各种主要内部优势、劣势和外部的机会和威胁等，通过调查列举出来，并依照矩阵形式排列，然后用系统分析的思想，把各种因素相互匹配起来加以分析，从中得出一系列相应的结论，而结论通常带有一定的决策性。运用这种方法，可以使研究者对研究对象所处的情境进行全面、系统、准确的研究，从而根据研究结果制定相应的发展战略、计划以及对策等。

2. 分析因素

需要注意的是，SWOT分析法中所讲的优势与劣势不仅仅是现在可以直接观察出来的，还可以是潜在的、还没有显现作用的；而这里所说的机会与威胁也不是外部环境中已经存在了许久的特征，还应包括在战略期内可能出现的潜在特征。具体分析因素如表 27—1 所示。

（1）竞争优势（S）中所包含的因素通常指一个企业超越其竞争对手的能力，或是公司所特有的提升竞争力的能力。例如，当两个企业处在同一市场或者说它们都有能力向同一顾客群体提供产品和服务时，如果其中一个企业有更大的成本优势或买主的良好印象，那么，这个企业就比另一个企业更具竞争优势。

表 27—1　　　　　　　SWOT 分析法的分析因素

	潜在竞争优势（S）	潜在竞争劣势（W）
内部环境	● 产权技术 ● 成本优势 ● 特殊能力 ● 产品创新 ● 具有规模经济 ● 良好的财务来源 ● 高素质的管理人员 ● 公认的行业领先者 ● 买主的良好印象 ● 适应力强的经营战略 ● 其他	● 设备老化 ● 战略方向不同 ● 竞争地位恶化 ● 产品线范围太窄 ● 技术开发滞后 ● 营销水平低于同行业其他企业 ● 管理不善 ● 战略实施的历史记录不佳 ● 不明原因导致的利润率下降 ● 资金短缺 ● 相对竞争对手的高成本 ● 其他
	潜在外部机会（O）	潜在外部威胁（T）
外部环境	● 纵向一体化 ● 市场增长迅速 ● 可以增加互补产品 ● 能争取到新的用户群 ● 有进入新市场的可能 ● 有能力进入更好的企业集团 ● 在同行业中竞争业绩优良 ● 扩展产品线满足用户需要 ● 其他	● 市场增长较缓 ● 竞争压力增大 ● 不利的政府政策 ● 新的竞争者进入行业 ● 替代产品销售额逐步上升 ● 用户讨价还价能力增强 ● 用户需要与爱好逐步转变 ● 通货膨胀率递增 ● 其他

（2）竞争劣势（W）中所包含的因素通常是指某种公司缺少或者做得较差的能力，或指某种会使公司在竞争中处于下风的条件。例如，在科技迅猛发展的今天，如果一家企业技术开发水平滞后的话，就很容易在市场中被迅速淘汰。

（3）外部机会（O）中所包含的几乎都是可能影响公司战略的重大因素。例如，市场增长迅速、出现新客户群等。企业如果针对正确的机会制定出相应的战略，就可以使其在未来的竞争中夺得先机。

（4）外部威胁（T）中所包含的均为对企业盈利能力或市场地位有着负面影响的因素。要想避免这种影响，企业需要事先做好充足准备，在外部环境变化时适时转型。

3. 分析模型

为了使内部环境与外部环境充分适应，SWOT 分析法对这四种重要因素进行了结合，并根据不同的情况提供了四种不同的战略方案（见表 27—2）。

表 27—2　　　　　　　　SWOT 分析法的战略方案

	优势（S） （列出优势）	劣势（W） （列出劣势）
机会（O） （列出机会）	SO 战略 发挥优势，利用机会	WO 战略 利用机会，克服劣势
威胁（T） （列出威胁）	ST 战略 利用优势，回避威胁	WT 战略 减小劣势，回避威胁

（1）SO 战略的目标是使企业在发挥自身内部优势的同时，可以充分利用外部机会。在现实中，所有的管理者都希望自己的企业长期处于这样的状态，但这种状态是最难达到的。在这之前，大多数企业通常会先采用 WO，ST 或 WT 战略来克服自身的弱点、发挥自身的长处，使其可以达到能够采用 SO 战略的状况。

（2）WO 战略的目标是使企业通过利用外部机会，来弥补自身内部的弱点。适用这一战略的基本情况是：当外部机会来临时，有一些企业内部的弱点妨碍其去利用这些外部机会。例如，当企业的技术能力滞后时，其可以通过与在这一领域有生产能力的企业组建合资企业而获得生产该种装置的技术能力；又如，当企业的人员素质跟不上市场的进步时，管理者可以聘用所需要的人才，或者培训自己的人员，提高他们的水平。以上两种情况都属于 WO 战略的具体运用。

（3）ST 战略的目标是利用本企业的优势来回避或减少外部威胁的影响。在市场中，再具有优势的企业也会遇到威胁。例如，一家企业花了非常大的代价去设计以及制造专利产品，但其竞争对手只需要花很少的钱进行模仿。对于这种情况，企业可以在研发出技术后充分扩展其生产线，并在推出后快速抢占市场，不给竞争对手以机会。

（4）WT 战略的目标是使得企业在减少内部劣势的同时，回避外部环境中存在的多种威胁。当一个企业真正要面对内忧外患的状况时，其已经在市场上处于非常不安全的境地，有可能正面临着被并购、收缩、宣告破产或结业清算的命运。即使制定了非常强大的 WT 战略，也有可能因为种种客观条件限制而无法实施。

值得注意的是，在运用 SWOT 分析法的过程中，最主要的一点就是保证其充分贴近客观条件的灵活性。安德鲁斯对这四种因素进行匹配的目的在于帮助企业产生可行的备选战略方案，而不是告诉企业一定要选择哪一种最佳方案，也不是所有在 SWOT 矩阵中得出的战略方案都要被实施。

思想评论

安德鲁斯是战略管理领域的先驱者之一，他提出并系统地论述了 SWOT 分析法，对企业的战略要素真正地进行了全面的细分，把公司战略提升为管理咨询业的一个专业领域。SWOT 分析法为管理者提供了结构化的分析思路，明确地指出了要从环境与公司实力两方面去寻找战略过程的线索，这种对组织优劣势的分析也构成了战略规划的基础。

28 阿尔弗雷德·杜邦·钱德勒

阿尔弗雷德·杜邦·钱德勒（Alfred Dupont Chandler, 1918—2007），美国著名企业史学家，出生在特拉华州居扬库尔。其曾外祖父亨利·瓦纳姆·普尔（Henry Varnum Poor）是管理学著名杂志《美国铁路杂志》（American Railway Journal）的主编，钱德勒进行企业史研究所依赖的第一手原始资料就是普尔的遗产。1940年，钱德勒拿到哈佛大学历史学学士学位后进入美国海军。第二次世界大战结束后，他又回到母校，于1947年和1952年先后获得哈佛大学的历史学硕士与博士学位。1950年成为马萨诸塞州技术协会研究员；1954年担任美国海军军事学院顾问；1960年担任麻省理工学院教授；1963—1971年担任美国近代史研究中心主任；1969—1977年兼任美国原子能委员会历史咨询委员会主席；1971年被哈佛商学院聘为企业史教授，之后一直工作到1998年退休。他的代表作为1977年出版的《看得见的手：美国企业的管理革命》（The Visible Hand：The Managerial Revolution in American Business）。该书为钱德勒赢得了巨大的声誉，引起了学界的广泛关注，在出版当年就获得美国历史学会的纽康门（Newcomen）学术奖和哥伦比亚大学班克罗夫（Bancroft）美国历史研究奖，后来还获得了美国新闻图书最高奖普利策奖。他也因此书获得了1993年诺贝尔经济学奖的提名。

关键词▶ 企业战略（enterprise strategy）
企业结构（enterprise structure）
看得见的手（the visible hand）

钱德勒是战略管理学派的代表人之一，他提出"战略决定结构，结构跟随战略"。他认为，战略就是制定企业宗旨和长期目标，为实现目标选择行动方案，调配必要的资源。他详细分析了企业的发展阶段、战略类型、经营规模和组织结构之间的联系，认为企业应该先制定战略，再选择与战略相适应的组织结构。钱德勒还将管理协调比喻为"看得见的手"，并强调了组织能力的重要性。

一、钱德勒命题

20世纪60年代，美国的许多企业已经完成了原始积累，开始向多元化方向发展，进行大规模扩张。在此背景下，钱德勒于1962年出版了《战略与结构：美国工商企业成长的若干篇章》（Strategy and Structure：Chapters in the History of the Industrial Enterprise），在书中，他以杜邦、通用汽车、新泽西标准石油和西尔斯四家公司为主要案例，详细考察了20世纪前期美国大企业从直线职能结构向多部门结构转变的过程。通过研究，钱德勒发现在多样化扩张战略的引导下，企业的整体规模会逐步扩大，当积累一定资源后，企业便开始向不同地区或者不同产品市场发展。在这一时期，由于经营业务的增加，高层经理的工作会变得日益复杂，决策的多样性也会加大，管理人员很容易湮没在这些复杂的决策里，从而忽略真正重要的东西。而多部门结构的出现，可以将高层管理人员从日常的经营活动中解脱出来，使他们有时间和精力去关注真正与企业命运有关的长期计划和决策。在多部门的结构模式下，公司总部会更多地将工作重心偏重于战略决策方面，分部门经理则会更多地将工作偏重于具体管理决策方面，其可以更有效地协调大规模的生产和分配，适应越来越多样化、复杂化的企业活动。否则，当企业的经营扩大、新的战略制定后，没有进行相应的结构调整，组织面临的只能是整体的无效率状态。针对这种现象，他提出了著名的"钱德勒命题",即要想避免上述的无效率状态,无论企业怎样扩大经营业务,高层根据业务制定了怎样的决策,组织都必定要作出相应的调整与变化。

二、看得见的手

1977年,钱德勒出版了《看得见的手:美国企业的管理革命》一书,主要讨论在美国企业发展过程中出现的管理革命。他认为,现代工商企业在协调经济活动和分配资源方面已取代了亚当·斯密的所谓市场力量的无形之手。在现代,市场依旧是商品和服务的需求的创造者,但现代工商企业已接管了协调现有生产和分配过程的产品流量功能,以及为未来的生产和分配分派资金和人员的功能。由于获得了原先为市场所执行的功能,现代工商企业已成为美国经济中最强大的机构,经理人员已成为最有影响力的经济决策者集团。对企业来说,市场调节即为"看不见的手",而管理协调则为"看得见的手",至于这种"有形之手"取代"无形之手"的过程,钱德勒给出了以下现象来帮助人们理解:

(1) 当管理上的协调比市场机制的协调能带来更高的生产力、更低的成本以及更高的利润时,现代的包含多个子单位的工商企业就会取代传统的小公司;

(2) 在一个企业内,如果想得到将许多业务单位活动内部化后所带来的利益,必须等到建立起管理层级制以后才能实现;

(3) 管理层级制一旦形成,只有有效地实现了它的协调功能,这种制度才会被大家接受,才会变成一种具有持久性、权力性的成熟制度;

(4) 以往的薪酬管理只是简单地按劳付酬,在管理取代市场成为最重要的调节工具时,制定薪酬的人事经理这一职业将会变得越来越具有技术性和职业性;

(5) 当拥有多个子单位的工商企业在规模和经营多样化方面发展到一定水平,并且经理变得更加职业化时,企业的经营权就会和所有权分离;

(6) 在现代组织中,职业经理人在作出管理决策时一定会选择能促使公司长期稳定和成长的政策,而不是贪图可以短期达到最大利润的政策;

（7）随着大企业的成长和对主要经济部门的支配，它们会逐渐改变这些部门乃至整个社会经济的基本结构。

在钱德勒看来，以上这些现象或论断可以称作是"企业的管理革命"，因为管理协调这只"看得见的手"，相比市场协调这只"看不见的手"而言，能够带来超乎想象的生产力和丰厚的利润，并且能够不断提高资本在国内外市场中的影响力，而这种管理的剧变还会进一步引发生产和消费水平的显著提高，进而提高国家的整体实力。

三、对组织能力的强调

1990年，钱德勒完成了另外一部巨著《规模与范围：工业资本主义的原动力》（Scale and Scope：The Dynamic of Industrial Capitalism）。在书中，他通过对美国、英国和德国的比较，详细分析了三个国家的资本主义制度的差别及其各自的成长过程，进而发现了它们的共同之处：凡是具备并维持了组织能力的企业或国家，在国内外市场的竞争中就会成功，否则就会被淘汰。所以，企业发展的第一推动力来自企业作为一个整体的组织能力。而且，只有当设备和技能得到合理的整合和协调时，企业才能在国内外参与竞争，并实现规模经济。他认为，组织能力不仅为企业的发展提供了源泉和动力，还影响到了国家的持续发展。美、德两国在工业发展中卓越的组织能力使得它们在第一次世界大战前的30年间成为世界上最富有竞争力的国家。在一战战败后，德国对于组织能力的保持和更新，又使其在世界上迅速崛起，并拥有了再一次发动大型战争的能力。比较来看，英国和法国的企业正是由于缺乏这种能力，才使得它们未能抢占到德国曾经暂时失去的市场。从这一意义上说，组织能力是现代工业资本主义的核心动力。

思想评论

钱德勒认为企业战略的出发点是适应环境，"钱德勒命题"的实质是组织对相关环境的适应过程，以及由此产生的组织内部结构变化的过程。他提出的"看得见的手"这一概念清晰地论述了工商企业在当代社会中的作用,而他对各个强国崛起过程的分析也提醒着人们组织能力的重要性。钱德勒所运用的战略与结构互动的分析框架,构成了战略管理的重要理论来源之一。如果说马克斯·韦伯为管理学提供了理想的组织模型,那么钱德勒则为管理学提供了现实的组织演变轨迹。

29 菲利普·科特勒

菲利普·科特勒（Philip Kotler，1931— ），现代市场营销理论的集大成者，被誉为现代营销学之父，出生在芝加哥。1948—1950年就读于德保罗大学，之后进入芝加哥大学，师从诺贝尔经济学奖米尔顿·弗里德曼（Milton Friedman），1953年获得经济学硕士学位。之后进入麻省理工学院，师从保罗·萨缪尔森（Paul Samuelson），1956年获得经济学博士学位，1962年进入西北大学凯洛格管理学院任教。科特勒还曾获得苏黎世大学的荣誉博士，是凯洛格管理学院S.C.强生公司资助的杰出国际营销学教授，并兼任美国管理科学联合市场营销学会主席、美国市场营销协会理事、营销科学学会托管人、管理分析中心主任、扬克洛维奇咨询委员会成员、芝加哥艺术学院董事会成员和德鲁克基金会顾问等。其多次获得美国国家级勋章，也是至今唯一一个三次获得《营销》杂志年度最佳论文奖——阿尔法·卡帕·普西奖的人。代表作有1967年与凯勒合著的《营销管理：分析、计划和控制》（Marketing Management：Analysis，Planning and Control），1984年与阿姆斯特朗合著的《营销导论》（Marketing：An Introduction）以及1989年出版的《市场营销学原理》（Principles of Marketing）。

关键词▶ 营销管理（marketing management）
　　　　水平营销（lateral marketing）
　　　　营销战略（marketing strategy）

科特勒对营销管理进行了全面的研究，他重新定义了营销管理的概念及研究意义，提出了四种营销战略与多种营销战术，把营销变成经营活动的主题。此外，他还不断地对营销理论进行发展，提出了重视顾客观念导向、全方位营销、水平营销、4C原理等营销创新的手段，为营销理论注入了新的活力。

一、营销管理的界定及意义

从古至今，人类社会大多是按交换原则运转的，这意味着人将成为生产某种特定产品的专家，并用这些产品来换取他们所需要的其他东西。科特勒认为，营销管理就是指为了实现各种组织目标，创造、建立和保持与目标市场之间的有益交换和联系而设计的方案的分析、计划、执行和控制的过程。传统的推销是以产品为中心，而营销则是以顾客为中心。由于人类是受需要和欲望支配的，当需要和欲望没有得到满足时，人类就会处于一种不舒服的状态，而这要通过获取可以满足自己特定需要和欲望的产品来加以解决。因此，营销不是以精明的方式去兜售自己的产品或服务，而是一门真正为客户创造价值的艺术。他指出，优秀的公司满足需求，伟大的企业创造市场，营销者的基本技巧就在于影响某个产品、服务、组织、场所、人或创意的需求水平、时机和构成，所以他将管理学乃至整个社会科学引入了营销研究。由营销战略到营销决策，由营销战术到产品组合，由公共关系到营销沟通，由组织与流程到营销控制，科特勒以营销为主线，把管理学与营销学融为一体。

二、营销战略与战术

科特勒将营销战略具体分为四种：一是新产品的营销战略；二是产品在生命周期不同阶段的营销战略；三是经营战略不同情况下的营销战略；四是经济环境不同情况下的营销战略。采用何种营销战略取决于公司是市场领先者、挑战者、追随者或补缺者这几种角色中的哪一个。其中，市场领先者的战略包括寻找产品的新用户、新用途以及维护现有市场；市场挑战者可以采用各种进攻战略来夺得更多的市场份额；市场追随者是各个行业中不愿扰乱市场形式的、愿意屈居第二的公司，它们试图应用特定的能力积极活动，以便在市场中获得成长；市场补缺者是选择一个不大可能引起大公司兴趣的领域，并从事专业代理经营的小公司。

在确定营销战略后，企业还需要制定包括产品决策、品牌决策、包装决策、服务决策、价格决策、营销渠道决策、零售和批发决策、营销沟通和促销决策、广告决策、公共宣传决策、销售人员管理决策、推销决策等多个决策在内的营销战术。例如，公司的价格决策有地理定价、价格折扣、促销定价、差别定价、新产品定价、产品组合定价等。在实际执行营销战术的过程中，企业还要运用年度计划控制、盈利率控制、效率控制与战略控制等手段对营销活动加以控制，以确保其不偏离目标。

三、营销创新

在企业进行营销时，管理者可以根据以下几点来确定创新营销战略：

1. 重视顾客观念导向

科特勒认为，专业的营销首先研究顾客群体，关注提供顾客需要和能负担得起的产品与服务，切不可先引进产品，再去寻找顾客。他指出：首先，从大众营销到个性化营销。营销观念应转变为努力满足具体顾客的特殊需求，营销的主要任务就是发掘出适应情境变化的新产品，以符合个别客户的实际需求。企业需要密切关注和追踪每一位客户，将市场细分的最后一个层次具体到个人或法人，将传统的"一对多"转变为现代的"一对一"，这就是定制营销。其次，企业要从吸引顾客发展到挽留顾客，在许多行业，老顾客对企业的发展要比新顾客更重要。最后，企业要开发顾客的使用价值，不仅为其提供更快、更好的产品，还要对其进行协助、训练和指导，以从所提供的产品中获得更大的使用价值。

2. 全方位营销

全方位营销是指企业通过与顾客的沟通和对话，探索、创造和传递顾客所需要的价值，从顾客导向的起点开始，重新设计企业架构和营运体系，向顾客提供与众不同的产品和服务，并用营销观念把企业、客户和中间商联结起来，形成一个完整的互动体系的过程。在全方位营销中，不仅需要公司内部各个部门的通力协作，还需要公司外部力量的帮助。在实际工作中，企业、消费者、协作厂商、相关团体这四种力量都在不同程度上推动着顾客价值的实现，改变着营销的思维策略。

3. 水平营销

科特勒指出，水平营销与纵向营销是市场营销创新的两种截然不同的路径。纵向营销是在某一个市场内部作调整，通过市场细分和定位策略，调整现有的产品和服务，从宏观过渡到微观的过程。而水平营销则是重组已有的信息，从中发现新的商机，以全新的产品和服务打开新的市场，从微观过渡到宏观的过程。水平营销会充分利用那些在纵向营销中被淘汰的需求、目标、用途、情境和属性，从中找到一个切入点，然后形成不同于纵向营销的新市场。在科特勒眼里，水平营销与纵向营销是一种不可以相互替代的互补关系。

4. 从 4P 到 12P，再到 4C

早在科特勒之前，营销学就产生了 4P 原理，即在营销之前必须确定的四个问题。首先，产品（product）是什么；其次，选用什么样的价位（price）；再次，到何处（place）去推销；最后，怎样进行促销（promotion）和宣传。20 世纪 80 年代，科特勒观察到了非市场力量对营销的影响，于是他又在 4P 营销组合中增加了政治权力（political power）和公共关系（public relation）两个方面，并由此形成了大市场营销理论。在这之后，科特勒又根据社会与市场的发展陆续将 6P 发展为 12P 组合，增添了研究（probing）、划分（partitioning）、优先（prioritizing）、定位（positioning）、人（people）以及包装（packing）。

从战略角度看，即便是已经考虑到了影响营销的各个方面的 12P，仍然存在不足，因为其基本立足点仍旧是卖方而非买方。科特勒强调，顾客在考虑购买一项产品或服务时，不会站在卖方的立场去思考问题，而更关心客户价值（customer value）、客户成本（customer cost）、购物的便利性（convenience），以及与营销人员更好的交流（communication）等。因此，企业要进行换位思考，可以将4P中由卖方观点产生的P衍生为买方观点的C，即从厂方观念转变为顾客观念。需要注意的是，4C并不排斥4P，而是要从顾客的角度出发以更好地处理4P。

思想评论

科特勒将市场营销看做经济活动的中心环节，拓宽了市场营销的概念，把营销活动从过去仅仅限于销售工作扩大到了更加全面的沟通和交换流程，并把企业关注的重点从价格和分销转移到了满足顾客需求上来。此外，他所提出的营销创新的四个方面更是全方位地向管理者阐述了未来营销的发展趋势，为企业下一步的管理活动指明了方向。

30 杰伊·威廉·洛希、保罗·罗杰·劳伦斯

杰伊·威廉·洛希（Jay William Lorsch, 1932— ），权变理论学派著名代表人之一，出生于密苏里州圣约瑟夫。1955年获得安蒂奥克学院的学士学位，1956年获得哥伦比亚大学的硕士学位，1964年获得哈佛商学院的工商管理博士学位。1956—1959年担任美国陆军财务中心中尉。研究领域主要集中在董事会、薪酬、领导力等方面。曾任哈佛商学院全球公司管理计划主席，是美国艺术与科学协会会员，布伦瑞克公司、萨迪公司等的咨询师及董事会成员。

保罗·罗杰·劳伦斯（Paul Roger Laurence, 1922—2011），权变理论学派的又一代表人，出生在伊利诺伊州新罗谢尔。1943年获得艾尔比奥学院的管理学学士学位，1947年与1950年分别获得哈佛大学的工商管理硕士与博士学位。1950年起在哈佛大学担任助理教授，1956年成为副教授，1960年获评终身教授并成为组织行为学领域的负责人，以及工商管理硕士及高级管理课程项目的领头人。

1967年，洛希与劳伦斯合著的《组织与环境：差异化与整合管理》（Organization and Environment: Managing Differentiation and Interrogation）一书由于最早使用了"权变理论"这一概念，获当年美国管理协会的最佳管理著作奖。

关键词 ▶ 权变理论（contingency theory）
组织结构（organizational structure）
超Y理论（beyond Y theory）

洛希与劳伦斯提倡用差异化和整体化来衡量组织结构的设计，并根据"复杂人"的假设提出了超 Y 理论。他们认为，没有一成不变的组织，没有一成不变的员工，所以不存在最好的组织结构设计。企业组织应该根据外部环境的变化，因时、因地制宜，设计不同的组织结构，采用不同的领导方法和管理手段，以取得企业运营的成功。

一、组织结构理论

1967 年，洛希与劳伦斯合作出版了《组织与环境：差异化与整合管理》一书，分析了各种组织结构理论，高度概括了以权变理论为基础的组织结构理论。他们认为，一个企业的组织结构绝不是一成不变的，相反，它是一个极其复杂、包含诸多影响因素的变量。所以，他们提出了两个关于组织结构设计的构想：一是"差异"（差异化）；二是"综合"（整体化）。

这里所说的"差异"，指由于企业内部不同部门的经理人员具有不同的认识水平和思想高度，所以这些部门在正式组织结构方面也存在差异。洛希与劳伦斯不像古典管理理论学者那样，把分工看做决定企业效率和经济效益的唯一因素，他们认为，企业的每一个生产部门实际上都是自成体系的小单位，这些部门的成员从他们的生产任务和人员素质出发，会很自然地形成本部门独特的发展方向和层级结构。而这里所说的"综合"，指在面对外部环境的压力、挑战和要求时，企业内部需要对不同部门进行协调，使其相互合作。一般来说，企业在组织结构上的差异程度取决于外部环境的稳定程度和差异程度。

在了解了差异和综合的概念后，管理者需要通过三个步骤来将其运用于具体的组织结构设计中：

第一步是按任务划分单位。根据差异和综合的概念，管理者首先要把任务雷同的单位合并在一起，这既有助于消除差异，又可以简化协调和综合任务。其次还需要把那些经常需要协调的单位合并在一起，使其在统一的领导下更加便于协调企业的生产活动。但是，如果有些单位差异程度较低，相互依赖程度也较低，或者差异程度较高，相互依赖程度也较高时划分的任务就会趋于复杂化。在这类情况下，管理者必须作出抉择，即是强调差异程度的准则，还是强调综合程度的准则。

第二步是设计综合的部门。任何企业，其首要和主要的综合部门就是它的经营管理机构，而且按任务划分单位也是要通过经营管理机构进行的。洛希与劳伦斯的研究表明，除了企业的经营管理机构之外，还要有其他一些综合部门，才能有效地组织企业的生产活动。例如，在企业内部设立专职的调配部门或跨部门的监管机构。

第三步是设计好各个下属部门，并建立好运行机制。因为分工明确的部门与良好的运行机制对人的激励问题有着特殊意义。组织必须设计好工作标准和奖励制度，才能使员工发挥最大的工作效率。重要的是，部门领导和监控机制应有利于协调各部门之间的关系，而不是拉帮结派、各自为政。

在进行组织结构设计时，不仅要考虑各部门内部的运行机制，还要考虑使其服务于整个企业的大运行机制；既要建立鼓励差异化的运行机制，也要建立促进综合和协调的运行机制。这样，组织结构才能为解决企业内部矛盾和冲突发挥重要作用。

二、超 Y 理论

麦格雷戈提出的"X—Y 理论"认为，Y 理论较 X 理论来说，能把组织目标和组织成员的个人目标更好地结合起来，提高生产效率。其后，为了验证这一理论的真实性，西方的一些学者对此进行了实验，他们选择了两个工厂和两个研究所：其中一个工厂和一个研究所用 X 理论进行管理，而另一个工厂和研究所用 Y 理论进行管理（见图 30—1）。在实验完成后，研究人员发现在有些组织中应用 X 理论进行管理会有更高的效率，而在另外一些组织中应用 Y 理论进行管理会有更高的效率，这就说明 Y 理论并不是在任何情况下都比 X 理论优越。那么，影响效率高低的真实因素到底是什么？在什么情况下应该采用哪种管理指导思想？洛希与他的另外一个合作者莫尔斯在对上述实验作了分析比较后，提出了超 Y 理论来解释这些问题。

管理方式＼实验对象	工厂	研究所
X 理论	亚克龙工厂（效率高）	卡美研究所（效率低）
Y 理论	哈特福工厂（效率低）	史托克顿研究所（效率高）

图 30—1　X—Y 理论实验结果

超 Y 理论的核心观点是"权变"，洛希和莫尔斯认为：

（1）人们因不同的需要加入工作组织，有不同的需求类型。有的人需要更正规化的组织结构和条例规章，而不需要参与决策和承担责任；有的人需要更多的自治、权力和发挥个人创造力的机会，并且他们都需要获得成就感。

（2）不同的人对管理方式的要求也不同。有些人天生喜欢以 X 理论为指导的管理方式，有些人喜欢以 Y 理论为指导的管理方式。

（3）组织的目标、工作的性质、员工的素质等都对组织结构和管理方式有很大的影响。如果组织结构和管理层次的划分、员工的培训和工作的分配、工资报酬和控制程度的安排等适合工作性质和员工素质，其效率必然就高；而不适合的话效率必然就低。例如，在实验中，亚克龙工厂适宜采用 X 理论，而史托克顿研究所就适宜采用 Y 理论。这表明，在不同的情境下应采用不同的管理方式。

（4）当一个目标完成以后，可以继续激起员工的成就感，使之为达成新的更高的目标而努力。

在实验中，由于工厂与研究所的结构化程度、职务规定的明确程度、正式规划、程序控制、测量系统、业务时间长短、影响力的分配、上下级的关系、同事间的关系、高层管理形式等方面的特点均不相同，所以其适宜采用的管理指导思想必然也不同。超 Y 理论认为，X 理论和 Y 理论只代表了管理假定（人性假设）的两个极端。在现实生活中，员工在工作中的各种表现常常处于这两个极端之间。因为人们参加工作的目的不同，所处的需求层次不同，对不同的组织形式和管理方式所持的态度也不相同。因此，单纯使用 X 理论或 Y 理论去指导管理，并不一定适合不同的具体情况，所以也不存在千篇一律的管理方式，优秀的管理者应根据组织成员的素质、组织工作的性质与环境等特点来决定采用什么样的方式去提高管理效率。

洛希进一步提出，对于非技术性和技术性不强的组织，X理论相对来说比较适合，而对于科学研究、工程技术和文化教育类的组织，采用Y理论则比较适合。总之，超Y理论提倡权宜应变的管理思想，这也使得该理论成为权变管理的理论基础。

思想评论

权变管理理论强调对各种管理学派理论的综合，对管理实践具有更强的指导意义。基于权变理论的思想，洛希与劳伦斯所提出的组织结构理论认为，外界环境越不稳定，企业的组织结构就越应该倾向于分化和灵活的设计；而外部环境越稳定，企业的组织结构就越倾向于整体化和稳定的设计。较以往古典理论中关于组织结构的阐述，这种理论更具有操作性，为现代组织提供了更为实用的设计指导。超Y理论将权变的观点引入人性假设的问题上，有效地解决了X理论与Y理论相互对立的状态，进而提出对员工的管理方式要充分结合组织环境、工作性质、员工素质等特点来制定，可以说是一种真正的动态管理过程。

31 埃尔伍德·斯潘塞·伯法

埃尔伍德·斯潘塞·伯法（Elwood Spencer Buffa，1923—2005），研究现代化生产管理方法和管理科学的著名管理学家，管理科学学派的主要代表人物之一，出生在威斯康星州毕洛伊特市。先后在威斯康星大学获得机械工程学士学位和工商管理硕士学位，1948年硕士毕业后进入柯达公司，1957年在加利福尼亚大学获得生物工程博士学位。曾担任伊利诺伊大学香槟分校的助理教授，加利福尼亚大学管理科学和经营管理教授、管理学系主任助理和副主任、校学术委员会主席，并在哈佛大学商学院兼任客座教授。2005年因帕金森病的并发症去世。其代表作有1961年出版的《现代生产管理》（Modern Production/Operations Management），1968年出版的《生产运作管理：问题和模型》（Operations Management：Problems and Models）以及1975年出版的《生产管理基础》（Basic Production Management）。

关键词▶ 生产管理（production management）
　　　　　管理科学（management science）
　　　　　数学模型与程序（mathematical model and procedures）

伯法是20世纪60年代管理科学学派的代表人物，其理论与泰勒的科学管理理论实际上是属于同一思想体系，但其研究范围已远远不是泰勒时代的"操作方法"和"作业研究"，它运用了更多的现代自然科学和技术科学的成就，研究的问题也更为广泛和复杂。伯法认为管理过程要借助数学模型与程序来表达计划、组织、控制和决策等活动，以求得最佳解决方案，实现企业经营的目的。

1. 生产管理系统

伯法认为，系统是指一群相互作用或者相互依存的要素，为着某种目标形成的一个统一整体，一个系统内的各个组成部分都对组织内"输入——转换——产出"这个过程有所贡献，其又可以分为开放系统和封闭系统两类。开放系统的特点在于输出对输入作出反应，但并不影响新的输入，即过去的行为并不控制未来的行为；封闭系统则相反，即过去的行为会控制未来的行动。对于第二种封闭式的、反馈式的系统来说，存在两种运行模式：一是消极反馈，目的在于保持系统的稳定；二是积极反馈，目的在于寻求更大的增长。伯法认为，系统概念对管理学的巨大贡献主要表现在两个方面：一是帮助管理者了解本来很复杂的情况，使其具有秩序和组织形式，并将其简化为一个框架图，用来表示影响这个系统的各种要素的相互关系和相互作用。二是用来求得问题的答案并评价其后果，设计出可供选择的各种系统。管理人员如果可以把系统的概念运用于日常工作中，就能够加深自己对管理任务的全面理解。

伯法还强调了系统中的次优化问题。所谓次优化，即指从子系统来看是最优的，但对整体系统来说却是不好的。当一个人狭隘地仅从自己管辖的部门出发考虑问题，而不顾大局时，就会出现次优化现象。管理人员在作决策时，需要克服次优化问题，运用系统的概念，宏观地进行权衡，从整体利益出发来保证部门之间的双赢。

2. 生产系统的决策

伯法认为，生产系统中所面临的问题需要两种决策来解决：一种是长期决策，它关系到生产系统的设计，如产品的选择和设计、设备和生产过程的选择、加工对象的生产设计、作业设计、生产系统的地址选择、设备平面布置等；另一种是短期决策，它关系到生产系统的运行和控制，如库存和生产控制、生产系统的维修和可靠性、质量控制、劳动控制、成本控制等。无论是长期决策还是短期决策，都涉及财务计划、销售计划、人事计划和生产计划等，这些决策还经常相互交错地同时涉及相关职能系统。因而，如何运用科学和数学工具，根据现实世界建立起决策的逻辑结构，从而作出合理的决策，是生产管理理论的重要内容。

伯法进一步提出，决策理论中的决策分类应该按照可供选择方案发生概率的现有信息量来划分：第一种是确定型决策，即信息量最充分的决策。决策者已经掌握着决策涉及的全部信息，也就是能够确定未来制约决策实施的各种条件，能够准确列举出决策涉及的全部事实，决策有多个可供选择的方案，且每一个行动方案所达到的效果都是可知的。第二种是风险型决策，即信息量不够充分，但决策者掌握了最基本的信息，虽然不能确定未来制约决策实施的所有条件，但可以依据决策涉及的主要事实和统计规律掌握未来自然状态发生的概率分布。在这种情况下，决策者可以在多个方案中依赖概率进行选择，不过要承担一定的风险。第三种是非确定型决策，即信息量最少，决策制约条件不明，只能"摸着石头过河"。决策者所掌握的信息不足以推算出未来相关情况出现的概率，只能根据自身的因素在多个方案中进行选择。这种决策的风险大于其他决策。一般来说，企业中那些没有先例的、一次性的、缺乏固定模式的决策，多属于这一类。第四种是博弈型决策，即竞争型决策。在这种决策中，决策者无法控制对手的行动，但又必须根据对手的策略在多个方案中作出自己的选择。所以结果有可能是零和的，也有可能是非零和的。这种决策分类法已经成为现代决策研究中的典型方法。

3. 生产管理的分析方法

伯法认为，在谈到生产系统的分析和设计时，管理者应当根据实际情况、实际条件寻求适当的、实用的系统分析方法。在现实中，并非越先进的方法就越好，有时候由于条件的特殊性，使用传统的分析方法可以达到更好的效果。在《生产管理基础》一书中，伯法列举了成本分析、线性规划、排队模型、模拟模型、统计分析、图解分析、网络计划模型、启发式方法和计算机模拟以及其他特殊模型等，并指出了这些方法在生产系统各个方面的适用性。而所有这些运用数量方法研究生产问题的模型，都可以简单地概括为一个公式：$E=f(x, y)$。式中，E 为效率，f 为函数关系，x 为可控变量，y 为非可控变量。可控变量是指那些可以在很大程度上按照管理者的意愿操纵调节的因素。非可控变量是指那些管理者不能控制的因素。这个公式的含义为：效率可以表示为那些限定该系统变量的函数。模型建立后，就可以用效率作为衡量生产行动中各种可供选择方案效率的尺度，并在分析的基础上产生可供选择的各种方案，这就是作业系统分析方法结构体系模型，如图31—1所示。

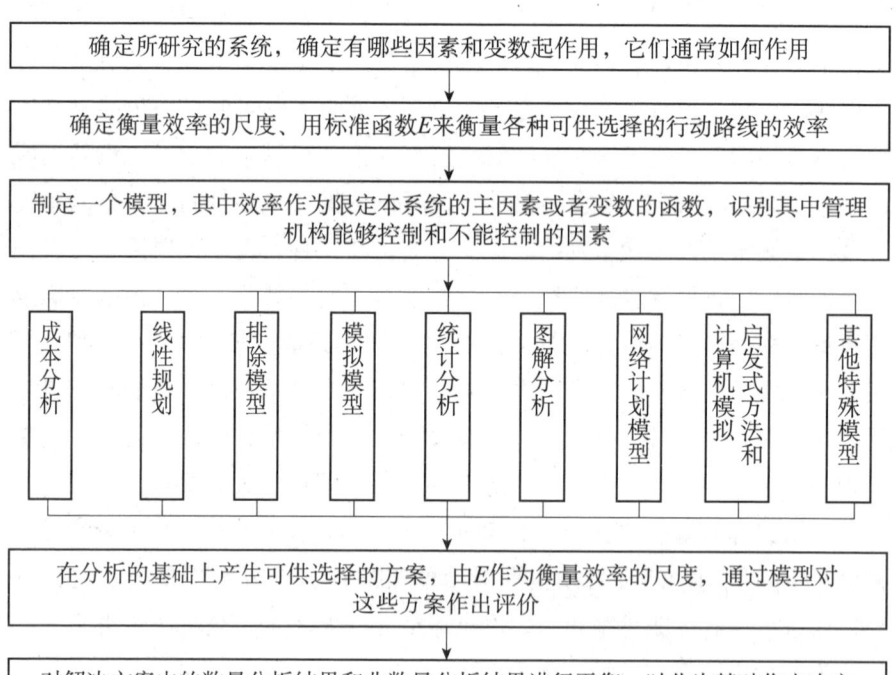

```
┌─────────────────────────────────────────────────────────┐
│ 确定所研究的系统，确定有哪些因素和变数起作用，它们通常如何作用 │
└─────────────────────────────────────────────────────────┘
                            ↓
┌─────────────────────────────────────────────────────────┐
│ 确定衡量效率的尺度、用标准函数E来衡量各种可供选择的行动路线的效率 │
└─────────────────────────────────────────────────────────┘
                            ↓
┌─────────────────────────────────────────────────────────┐
│ 制定一个模型，其中效率作为限定本系统的主因素或者变数的函数，识别其中管理 │
│                机构能够控制和不能控制的因素                │
└─────────────────────────────────────────────────────────┘
                            ↓
┌────┬────┬────┬────┬────┬────┬────┬──────┬──────┐
│成本│线性│排除│模拟│统计│图解│网络│启发式│其他  │
│分析│规划│模型│模型│分析│分析│计划│方法和│特殊  │
│    │    │    │    │    │    │模型│计算机│模型  │
│    │    │    │    │    │    │    │模拟  │      │
└────┴────┴────┴────┴────┴────┴────┴──────┴──────┘
                            ↓
┌─────────────────────────────────────────────────────────┐
│ 在分析的基础上产生可供选择的方案，由E作为衡量效率的尺度，通过模型对 │
│                这些方案作出评价                          │
└─────────────────────────────────────────────────────────┘
                            ↓
┌─────────────────────────────────────────────────────────┐
│ 对解决方案中的数量分析结果和非数量分析结果进行平衡，以此为基础作出决定 │
└─────────────────────────────────────────────────────────┘
```

图31—1　作业系统分析方法结构体系模型

4. 生产系统的设计

在生产分析的基础上，还需要对系统进行生产设计。只有经过生产设计，管理者才能根据成本效益比来从各种不同的成本费用方案中选出成本费用最小、效用相对最大的方案来进行生产。伯法认为，在决定选择材料和初次加工形式（如铸造、锻制、压铸）的产品设计阶段时，管理者必须着眼于基本流程设计，从细节上确定各个生产环节的衔接顺序，并使其与工厂的选址和内部布局相契合。而且，随着计算机和自动化的不断发展，人在生产系统中的作用也发生了根本的变化：在手工系统中，人是手工操作的动力源泉;在半自动化系统中,人使用一套操纵器来启动、调整或停止机器,是控制者;而在全自动系统中,人只是监控者,一切感觉、信息处理、决策和行动等功能,全由机器来做。因此,只有找到一种高效的人与设备的组合,并对其进行合理设计,才能充分发挥系统的作用。

5. 生产的计划与控制

在生产系统设计完成后,接下来就要对系统的具体问题进行考察,建立起生产系统运行所必需的信息系统和控制程序。伯法主张对生产系统运行中的信息、原料、能源、现金、人员、资本设备等六个关键流程进行计划和控制。只有控制好这六个关键流程,才能切实达到增效、节约的目的。而对这六个关键流程的计划和控制,主要反映在库存管理控制,生产进度计划和控制,数量、质量和成本控制等方面。

在控制库存水平方面,管理者需要使其符合最低生产成本的计划安排,并保持生产流程的顺畅和系统运行的合理,而不是一味地减少库存;在生产进度计划和控制方面,管理者可以在实施计划的过程中使用交叉分类表、进度计划表、甘特图等工具,根据反馈信息对实际生产情况进行分析,发现计划的执行偏差,并对偏差进行适当调整;在数量控制方面,管理者需要着重关注生产率水平,使生产数量与企业生产水平相协调;在质量控制方面,管理者不能仅仅局限于对原材料的质量进行控制,而应对质量水平、质量规格、售后服务等方面进行全面控制;在成本控制方面,伯法提倡管理者应该根据实际生产成本与计划成本的差异,及时分析造成偏差的原因,采取纠正措施或调整。对非正常的偏差,应该追究相关人员的责任,通过惩罚或者奖励措施对成本结果进行评价,使成本控制在合理的范围内。

思想评论

伯法全面阐述了管理科学的思想,开创了管理科学学派。他分析了系统的概念并设计了生产系统,对现代生产管理的理论和实践进行了全面的论述。伯法提倡通过量化的数学模型以及电子计算机的信息处理等方法取代主观分析和经验判断,以减少管理者在工作中的失误。这也进一步提高了管理者在计划、组织、控制与决策等方面的效率。

32 伦西斯·利克特

伦西斯·利克特（Rensis Likert，1903—1981），美国著名行为科学家、组织心理学家和教育学家，出生在美国怀俄明州夏延。1926年获得密歇根大学的经济学与社会学学士学位，1932年获得哥伦比亚大学的心理学博士学位。利克特曾在怀俄明州的联合太平洋铁路公司与康涅狄格州的人寿保险机构管理研究协会工作。1930—1935年在纽约大学心理学系任教，1939年进入美国农业经济局下属的计划调查处工作。在计划调查处工作时，他发展了谈话、编码和取样调查等方法，成为当今社会学研究的基础。1946年，他与自己的研究小组在密歇根大学成立了调查研究中心，1949年该中心与著名心理学家多温·卡特莱特（Dorwin Cartwright）从麻省理工学院迁至密歇根大学的群体动力学中心合并，改名为社会研究所。1970年从密歇根大学退休后，利克特建立了一家以他的名字命名的咨询机构——伦西斯·利克特服务社，将他的研究成果应用于实际管理和组织领域。其代表作有1961年出版的《管理的新模式》（New Patterns of Management）、1967年出版的《人群组织：它的管理及价值》（The Human Organization: Its Management and Value）以及1976年与简·利克特合著的《管理冲突的新途径》（New Ways of Managing Conflict）。

关键词▶ 管理新模式（new patterns of management）
　　　　第四系统（system 4 management model）
　　　　支持关系理论（support relation theory）
　　　　"联结销"（linking pin）
　　　　利克特量表（Likert scales）

利克特提出了新型管理系统理论，该理论的核心是构建以支持关系为基础和以工作集体为基本单元的新型组织机构。在此基础上，利克特于1967年提出了领导的四系统模型，主张管理者将工作重点放到对人的领导上，积极培养民主参与式的管理氛围。此外，他提出的利克特量表设计简便且易于操作，大大简化了态度的分级方法。

一、新型管理系统

利克特认为，20世纪60年代的高效企业和政府部门由于环境的变化，正在创造一种不同于50年代管理系统的新的管理方式，其核心是如何有效地管理企业的人力资源。这种新型组织机构通常具有以下特征：

（1）组织成员不论是对待工作、对待组织目标还是对待上级经理，都会采取积极和合作的态度，他们互相信任，与组织融为一体。

（2）组织的领导者采用物质上和精神上的双重激励来调动员工的积极性。这样可以使员工在拥有安全感以后认识到自我的重要性和价值，进而充分发挥自身的探索和创新精神。

（3）组织中存在一个紧密而又有效的社会系统。这个系统由互相联结的许多工作群体组成，系统内充满协作、参与、沟通、信任、互相照顾的气氛和群体意识，信息畅通，运转灵活。

（4）对工作群体的成绩进行考核主要用于自我导向，而不是单纯实施监督、控制。许多企业采取了参与式管理和集体决策的制度，要求所有成员分享考核的结果，使其在比较的过程中对自身工作有更深的了解。

（5）重视经典管理理论的各种原则和方法。管理者不仅重新开始关注时间动作研究、预算和财务控制等方面，也将经典理论中较为科学的管理方式应用到工作中，以形成一个更加高效的工作氛围。

（6）高效经理人员大多倾向于参与式管理原则，并将其运用于确立目标、制定预算、控制成本、设计组织结构等许多方面。他们创造的新型管理模式最核心的特征是：将组织转变成高度协调、高度激励和合作的社会系统。

利克特认为，员工如何作出反应在很大程度上并非根据客观事实，而是根据他们主观上感觉到的"事实"，所以不可避免地会受到他们自身背景、文化、经历、期望等因素的影响。而且，员工一般都喜欢领导者的行为表现与其个性一致，即表现出真实、本色的一面。因此，领导者的行为方式必须适应具体环境的要求，让下属从自己的经历中体会到领导者与他们的关系是支持性、建设性的。以这种支持关系为假设基础与以工作集体为基本单位的组织机构理论是利克特的新型管理系统理论区别于传统管理理论的主要方面。

二、领导风格理论

1967年，利克特基于对大量组织员工和领导行为的研究，提出了著名的领导风格理论。他将领导风格划分为四种类型：专制权威式、温和专制式、民主协商式以及民主参与式。最后一种民主参与式就是著名的第四系统（见表32—1）。

表32—1　　　　　　　　利克特领导风格系统

第一种系统	第二种系统	第三种系统	第四种系统
专制权威式	温和专制式	民主协商式	民主参与式

专制权威式领导风格的基本特征为：（1）管理层自行决策并经常采取威胁和强制性措施下达和执行决策；（2）管理者与下属之间关系紧张，彼此互不信任；（3）工作僵化、效率低下；（4）非正式组织一般都反对正式组织的目标。

温和专制式领导风格的基本特征为：（1）决策主要由高层管理者作出，部分由较低层的管理者作出；（2）管理者与下属的关系较为和谐，但不自然，类似于主仆关系；（3）虽然管理者态度较为谦和，但下属仍对上司存有戒心，不充分信任；（4）非正式组织未必反对正式组织的目标。

民主协商式领导风格的基本特征为：（1）允许较低层管理者以及下属参与对一些具体问题的决策；（2）管理者与下属的关系和谐，彼此有较高的信任；（3）在这种组织中，非正式组织基本支持正式组织的目标，仅存在微弱的对抗。

民主参与式领导风格的基本特征为：（1）实行高度分权决策；（2）管理者与其下属的关系和谐、自然，彼此充分信任；（3）组织内信息沟通顺畅，鼓励下属参与管理；（4）非正式组织的目标同正式组织的目标完全一致。

通过对四种类型风格的分析，利克特认为只有第四种系统才能实现真正有效的领导，才能正确地设定组织目标和有效地达成目标。他强调，一个企业的领导者如果在管理中以员工为中心（即领导者不仅关心员工的工作，而且较多关心员工的需要和愿望），则该企业的生产率较高；如果以工作为中心（即领导者主要关心员工的工作，而较少考虑员工的需要和愿望），则该企业的生产率较低。而且，一个企业的领导方式越是民主、合理，采取参与式管理的程度就越高；而其越是专权、不合理，采取权力主义的程度就越高，进而造成生产率低下。

在对领导风格理论的研究中，利克特还提出了"联结销"的概念。他认为，组织中传统的个人对个人的关系，可以用更精确的群体对群体的关系来代替。由于组织是由互相关联、交叠的群体所组成的，而这些群体又由位于几个群体交叠处的个人来联结，这几个人就称为"联结销"。作为"联结销"的个人，要把上级和自己所在的单位联结起来，起到承上启下的作用，他既是上级组织的成员，又是本单位的领导人。这样就突破了古典组织理论一人一岗，各个部门之间有严格界限的概念。所以，管理人员不能只求完成管理者的工作，还要做好联络工作。"联结销"结构的组织，具有一种向上的倾向性，凡沟通、管理的影响、目标的达成都是向上看的，这与古典组织的层级结构相反。这种组织理论的提出假设人能意识到个人是这个群体的组成部分，他易于忠于这个群体，易于接受这个群体的决策，促进信息的沟通。而在实际研究中，也证实了这种组织形式确实可

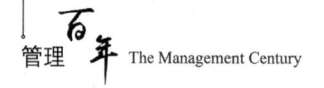

以鼓舞士气,提高绩效。

三、利克特量表

利克特在读博士期间,简化了瑟斯顿量表,发展出一种简便且可靠的量表——利克特量表。利克特量表是一种在现代调查研究中普遍采用的态度测量表。它的基本形式是给出一组陈述,而这些陈述都与某人对某个单独事物的态度有关,并要求调查对象选择"强烈赞同"、"赞同"、"反对"、"强烈反对"或"未决定"等五种态度,词语表述根据需要可略有不同。标准的利克特量表共分5个等级,也可以根据需要简化或增加等级。利克特量表有积极性陈述和消极性陈述两种,如果答案选择为"完全同意""同意""不一定""不同意""完全不同意",则为积极性陈述,分别记为5分,4分,3分,2分和1分;消极性陈述的评分正好相反。被试作答后,把分数相加就可得出总分。因此,利克特量表有时也称求和量表。

由于利克特量表的设计简便且易于操作,大大简化了态度分级方法,因此最终成为应用极为广泛的一种调查量表形式,在许多调查与研究中均发挥着重要作用。

思想评论

利克特以管理风格研究和他设计的利克特量表而闻名。他从探讨领导风格和领导方式入手,对领导风格进行划分进一步说明了民主参与式风格的优越性。除此之外,利克特量表设计与应用的简便性也使其在调查研究中得到了非常广泛的应用,并带动了社会科学中定量研究方法的发展。

33 罗伯特·罗杰斯·布莱克、简·思莱格雷·默顿

罗伯特·罗杰斯·布莱克（Robert Rogers Blake，1918—2004），美国行为科学家，管理方格理论创始人之一，出生在马萨诸塞州布鲁克莱恩。1940年获得贝利学院的学士学位，1941年获得弗吉尼亚大学的心理学硕士学位。第二次世界大战期间曾在美国空军服役3年，1947年获得得克萨斯大学的心理学博士学位，随后成为该校心理学教授。1949—1950年成为富布莱特学者，1951年起任得克萨斯州奥斯汀市社会科学方法公司总裁。1997年把公司卖给方格国际公司，并继续担任该公司顾问。除此之外，他还是英国利兹大学客座教授，美国心理学会特别会员，国际应用社会科学家协会会员等。

简·思莱格雷·默顿（Jane Srygley Mouton，1930—1987），管理方格理论创始人之一，出生在得克萨斯州阿瑟港。1950年获得得克萨斯大学的数学教育学士学位，1951年获得佛罗里达州立大学的理学硕士学位，1957年获得得克萨斯大学的心理学博士学位。她曾是布莱克的学生，与其一同创办了社会科学方法公司，并从1961年开始任公司副总裁，1982年成为公司总裁。她也是美国科学促进协会会员与美国心理学会会员。

他们合著有《管理方格》（The Managerial Grid）、《万能管理者：管理方格轮廓》（The Versatile Manager：A Grid Profile）、《教育行政方格》（The Academic Administrator Grid）与《秘书方格》（The Secretary Grid）等书。

关键词▶ 管理方格模型（managerial grid model）
　　　　 贫乏型管理（impoverished management）
　　　　 中庸之道管理（middle-of-the-road management）
　　　　 任务型管理（produce or perish management）

20世纪60年代的管理学界，领导方式常常出现极端化：要么以X理论为指导，以生产为中心；要么以Y理论为指导，以人为中心。为了避免这种极端化现象，布莱克与默顿在1964年出版的《管理方格》一书中提出了管理方格理论（也称领导方格理论），用来克服以往各种领导方式中非此即彼的绝对化观点，研究不同的企业领导风格及其有效性。

管理方格理论指出，在对生产关心的领导方式和对人关心的领导方式之间，可以有二者在不同程度上相互结合的多种领导方式。为此，布莱克与默顿绘制出了一张纵轴与横轴各九等分的方格图，纵轴代表组织领导者对人的关心程度，横轴代表其对生产的关心程度，第一格表示关心程度最小，第九格表示关心程度最大，进而将领导风格分成了五种基本类型，如图33—1所示。

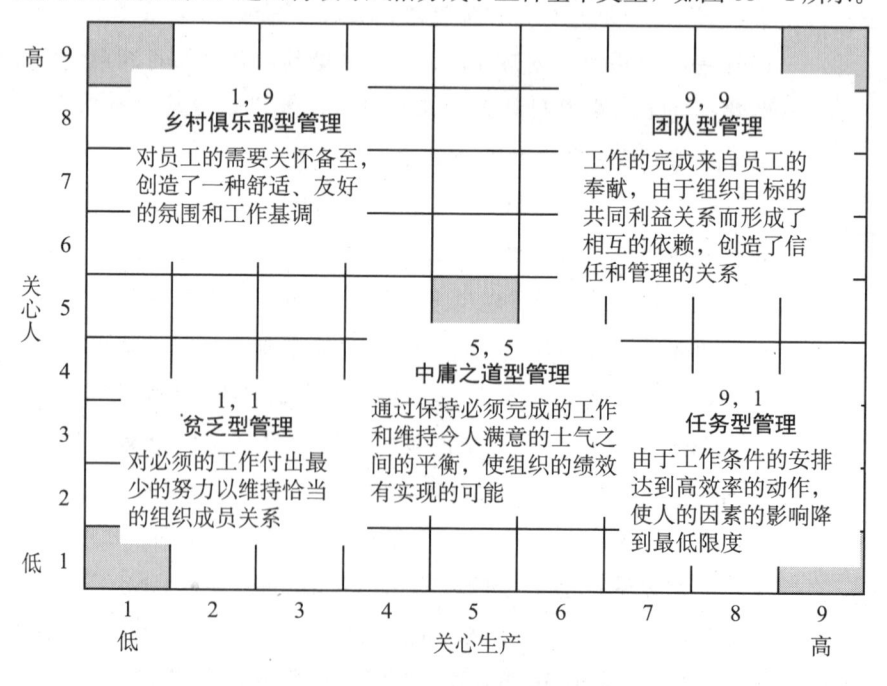

图33—1　领导方格理论

(1)（1,1）型管理，又称贫乏型管理。采用这种方式的管理人员对生产与人的关心程度都最低，对工作进度不强求。在实际工作中，这样的领导方式很大程度上只是为了维持组织成员之间的关系。

(2)（1,9）型管理，又称乡村俱乐部型管理。采用这种方式的管理人员对人员的关心体贴周到，上下级之间会形成良好的人际关系，使得组织中产生舒适而友好的气氛，从而提高组织绩效。

(3)（5,5）型管理，又称中庸之道型管理。采用这种方式的管理人员对生产和人员的关心能达到一个恰到好处的平衡度，可以在完成组织绩效的情况下，将士气保持在一个适当的水平上，通常会达成较好的组织绩效。

(4)（9,1）型管理，又称任务型管理。采用这种方式的管理人员对生产高度关心，会努力创造和安排最佳的工作条件，并用严格的制度把人的干扰因素降至最低限度，以提高作业效率。

(5)（9,9）型管理，又称团队型管理。采用这种方式的管理人员对生产与人都极度关心，使承担任务的人员明确其个人目标与组织目标之间共同的利害关系，因而能在组织内部建立起一种互相信任和尊重的人际关系，从而协调地完成工作。

从以上描述可以看出，团队型管理是这五种管理方式中最理想的，也是布莱克与默顿最推崇的，且是可以实现的一种领导方式。如果一名管理人员想要将自身的领导方式变为这种类型的话，必须重视以下五个重要因素：

(1)理论。管理人员要充分理解管理方格理论，明白各个不同领导风格之间到底有什么样的区别，把握好各个框架之间的界限与定义。

(2)价值观。每一种领导风格都有与其对应的独特的价值观，如任务型管理重视最后的工作绩效，乡村俱乐部型管理重视人与人之间的关系与组织内部的氛围。管理人员要想将管理方式变为团队型，也同样需要使自己的价值观与团队型相一致。

(3)克服自欺心理。许多管理者并没有按照团队型管理的原则行事，但却认为自身的行为符合这种方式，是一种针对不同情境的变通。但事实上，他们没有明确团队型管理的精髓，也没有明确转变领导方式的目的。

（4）差距。在明确了目标之后，管理人员要明白自己现在位于哪一阶段，与所想要到达的团队型管理还有哪些差距，这样才能快速、有效地完成转变。

（5）社会支持。当一名管理人员在将自己的领导方式向团队型管理过渡时，一定会需要上级领导者与部门下属明确而积极的支持。而且，在取得自身部门支持的这一过程中，就已经是将其转变为更有凝聚力的团队的过程。

在理解了各种重要因素后，企业的领导者可以客观地分析企业内外部情况，通过不同的阶段逐步地将自己的领导方式转变为团队型管理，布莱克与默顿总结了如下几个步骤：

（1）群体学习。管理人员可以要求所有的下属进行管理方格的学习，使其在这方面与自己具有相同的知识储备点，并让下属在理解方格理论后对自己的行为不断地提出评价，找出与理想模式的差距。

（2）团队建设。除让下属学习之外，管理人员还需要进行班组建设，确定好团队与个人的具体目标，并制定出绩效的标准，建立起新的团队文化来代替旧的传统文化。

（3）关系开发。管理人员要采取一种系统性的思维来分析群体之间的协调性问题，利用不同群体之间存在的不同关系，来实施一种有控制性的对抗，从而找到在建立组织一体化过程中必须解决的管理问题，为下一步制定计划打好基础。

（4）模型设计。管理人员或领导小组在找到管理问题之后，可以通过检查现行的商业逻辑，抛弃过去已经不能为企业赢得利润的业务，改变不适合工作发展的组织结构，设计出新的战略模型。这种新的战略模型要能达到以下几项目标：可以最优化企业的财务目标；可以描述未来将要从事的业务活动的特征及性质；可以界定市场的范围、特征及深度；可以建立起把各个业务工作组织起来，结合成有机整体的组织结构；可以确定坚持推进、避免拖沓的发展要求；可以指导未来进行业务决策的政策。

（5）贯彻实施。在设计出模型之后，管理人员就可以要求组织上下对其进行贯彻与实施。由于在模型设计过程中，无法考虑到其在具体运用中出现的全部问题，所以在实施期间一定要记录好模型在应用中所暴露出的缺点，并逐步对其进行改进，使其完美契合于组织。

（6）成果巩固。在最后的步骤中，管理者需要对模型在实施过程中所进行的各种改进予以巩固，将其变为一个确定的成果并持续应用。

布莱克与默顿认为，研究管理方格最终的目的就是要将领导方式变为最理想的团队型管理模式，他们还对管理人员的动机与行为、部属的反应与组织中的冲突现象等进行了专门的探讨，在此不做赘述。

思想评论

从理论上看，布莱克与默顿提出的管理方格理论为领导风格概念化提供了框架，可以有效避免在企业管理工作中出现趋于极端的方式；从实践上看，管理方格理论为经理人员在实际工作中提供了一个卓越的自我检测和训练系统，进而为领导理论的进一步发展打下了良好的基础。管理方格理论的软肋在于布莱克和莫顿相信存在一种最优化的领导风格，而忽略了情境因素。

34 弗雷德·爱德华·菲德勒

弗雷德·爱德华·菲德勒（Fred Edward Fiedler，1922— ），美国著名管理学家和心理学家，出生于奥地利的维也纳，1938年移居美国。1949年，获得芝加哥大学的临床心理学博士学位，随后留校任教；1951年在伊利诺伊大学任心理学教授和群体效能研究室主任；1969年在华盛顿大学任心理学与组织管理学教授。同时，他还兼任荷兰阿姆斯特丹大学与比利时卢万大学的客座教授。其代表作有1967年出版的《领导效能理论》（A Theory of Leadership Effectiveness）、1976年出版的《提高领导效率：领导者匹配概念》（Improving Leadership Effectiveness: The Leader Match Concept）与1987年出版的《提高领导有效性的新途径：认知资源和组织绩效》（New Approaches to Effective Leadership: Cognitive Resources and Organizational Performance）。

关键词▶ 领导权变理论（leadership contingency theory）
最难共事者问卷（least-preferred coworker questionnaire，LRC）
认知资源理论（cognitive resource theory）
菲德勒权变模型（Fiedler contingency model）

菲德勒提出了领导权变理论，他认为领导风格是与生俱来的，不可能改变领导风格去适应变化的情境。因此，提高领导者的有效性实际上只有两条途径：第一，替换领导者以适应环境。第二，改变情境以适应领导者。在对领导权变理论研究的基础上，菲德勒提出了认知资源理论。

一、领导权变理论

1967年，菲德勒提出了领导权变理论。他认为，任何形式的领导方式都可能有效，而其有效性完全取决于领导方式与环境是否适应。如何确定有效的领导方式，可以考察以下三个具体步骤：

1. 确定个体的领导风格

菲德勒把领导风格分成两种：一种是关系取向型，在组织中比较关心人的因素；另一种是任务取向型，在组织中比较关心工作的因素。为了确定某一个领导是属于任务取向型还是关系取向型，他开发了最难共事者问卷这种测量工具（见表34—1）。

表34—1　　　　菲德勒的最难共事者问卷（LPC）

快乐	—	8	7	6	5	4	3	2	1	—	不快乐
友善	—	8	7	6	5	4	3	2	1	—	不友善
拒绝	—	1	2	3	4	5	6	7	8	—	接纳
有益	—	8	7	6	5	4	3	2	1	—	无益
不热情	—	1	2	3	4	5	6	7	8	—	热情
紧张	—	1	2	3	4	5	6	7	8	—	轻松
疏远	—	1	2	3	4	5	6	7	8	—	亲密
冷漠	—	1	2	3	4	5	6	7	8	—	热心
合作	—	8	7	6	5	4	3	2	1	—	不合作
助人	—	8	7	6	5	4	3	2	1	—	敌意
无聊	—	1	2	3	4	5	6	7	8	—	有趣
好争	—	1	2	3	4	5	6	7	8	—	融洽
自信	—	8	7	6	5	4	3	2	1	—	犹豫
高效	—	8	7	6	5	4	3	2	1	—	低效
郁闷	—	1	2	3	4	5	6	7	8	—	开朗
开放	—	8	7	6	5	4	3	2	1	—	防备

该问卷共有16个项目，每个项目都有正反两个方面，共分为八个等级，分别为1~8分，要求答卷者对其过去和现在的同事中最不喜欢的一位作相关方面描述。例如，根据和前同事相处的快乐程度，答卷者可以在快乐到不快乐的8个等级中选择最合适的一个，等级数就是该项的分数。把

这 16 项的分数加起来再除以 16，如果平均分数为 4.1~5.7，即分数很高，代表此人的领导风格属于关系取向型；如果平均分数为 1.2~2.2，则是很低的分数，代表此人的领导风格属于任务取向型。

2. 确定情境

菲德勒认为，决定领导方式有效性的环境因素有三个：一是领导者与成员的关系，即领导者受爱戴的程度；二是任务结构，即工作任务规定的明确与程序化程度；三是职位权力，即领导者所处职位可以提供的权力程度。这三种因素的好差、高低以及强弱程度，对领导方式的选择影响很大。这三种权变变量经过不同组合后可以得到 8 种不同的情境类型，而每个领导者都可以从中找到自己的位置（见图 34—1）。

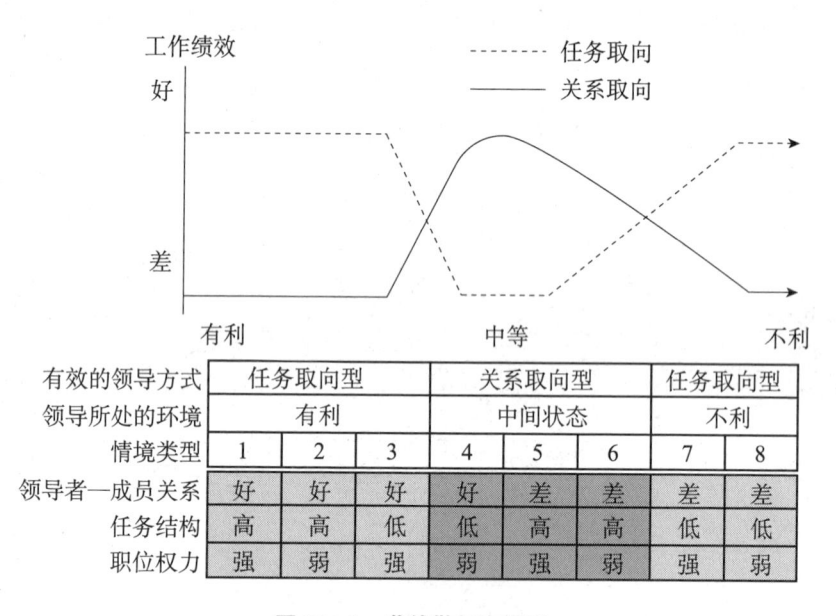

有效的领导方式	任务取向型			关系取向型			任务取向型	
领导所处的环境	有利			中间状态			不利	
情境类型	1	2	3	4	5	6	7	8
领导者—成员关系	好	好	好	好	差	差	差	差
任务结构	高	高	低	低	高	高	低	低
职位权力	强	弱	强	弱	强	弱	强	弱

图 34—1 菲德勒权变模型

3. 使领导者与情境匹配

菲德勒认为，领导风格是与生俱来的——你不可能改变你的风格去适应变化的情境，因此提高领导者的有效性实际上只有两条途径：

第一，替换领导者以适应环境。比如，群体的工作绩效非常低，而目前又是由一个关系取向型的管理者进行领导，那么替换为一个任务取向型的管理者则能更好地提高群体绩效。

第二，改变情境以适应领导者。对此，菲德勒提出了一些改善领导者与成员关系、任务结构和职位权力的建议。例如，领导者与下属之间的关系可以通过改组下属的组成加以改善，使下属的经历、技术专长和文化水平更为合适；任务结构可以通过详细布置工作内容而使其更加定型化，也可以对工作只作一般性指示而使其非程序化；领导的职位权力可以通过变更职务或明确宣布职权而增加其权威性。

在经过调查、分析、总结后，菲德勒得出了以下结论：

（1）在非常有利与非常不利的情境下，即面对1，2，3，7，8这五种类型时，以工作为中心的领导方式效率较高；而在中等有利的情境下，即面对4，5，6这三种类型时，以人际关系为中心的领导方式更为有效。所以，在工作中不能简单地说哪种领导方式好或不好，而必须把环境、领导者和下属的关系、工作类型等方面的因素综合起来考虑，因为不同的情况适用于不同的领导者。

（2）要提高领导效率，可以从决定领导效率高低的两个方面着手：一是改变领导者的个性和领导方式；二是改变情境。具体是：改变领导者同下属的关系，改变工作任务结构化程度；改变领导者的职位权力。

二、认知资源理论

1987年，菲德勒在对领导权变理论研究的基础上，提出了认知资源理论。这一理论的核心是：压力是理性的敌人。在压力状态下，不论领导者还是普通人，都很难进行理性的、分析性的思考。在这一理论中，他将与领导者相关的个人认知能力列入权变领导的考虑项目里，包括智力、承受压力的能力以及领导者的经验，这也是对权变理论的一种扩展和重新界定。其基本假设有两点：一是睿智而有才干的领导者相比德才平庸的领导者能制定更有效的计划、决策和活动策略；二是领导者通常通过指导他人的行为来传达这些计划、决策和策略。

为了验证这一理论，菲德勒在上述两点假设的基础上进行了以下三个步骤的预测：第一，在领导者感到无压力的情境中，领导者的智力水平与群体绩效正相关。第二，在无压力的领导环境下，领导者的指导行为只有与其优秀的认知能力结合起来，才会导致高水平的绩效；第三，在高压力环境下，工作经验与工作绩效之间正相关。认知资源理论认为，首先，领导者的智力、经验和环境压力都是重要的，如果领导者属于指示命令型，他的智力可能对团队绩效起到一种积极作用。换句话说，如果下属的工作是通过领导指挥的话，整个团队都能得益于领导者的高智力，尤其是在团队执行一个复杂任务时，领导者的智力与团队绩效显著相关。其次，压力会使得智力与绩效之间的关系变得不明显，如果处于一种无压力的情境下，领导者的智力对组织是一种"资产"；如果处于一个高压环境中，领导者的智力可能会失去作用，甚至不会对团队绩效产生影响。最后，认知资源理论提出，在一种高压环境下，领导者的经验与绩效正相关，而在一个没有压力的环境中却不是这样。因为在面对一种高压情境时，有经验的领导者可能凭借他们的可靠方法，帮助团队顺利完成任务；然而同样是一个经验丰富的领导，在一个没有压力或者压力较小的环境中，可能会对经验有太多的依赖，导致组织绩效的下降。

认知资源理论是相当新的一种理论，对实践来说，这一理论最大的贡献就是说明了不同情境对领导者智力和经验发挥的影响。由于在工作中对经验的定义以及测量存在很大的难度，所以菲德勒对组织及其领导者提出如下建议：应用理论时，不能仅仅认识到压力在领导情境中的作用，还要使压力管理成为领导培训的一个重要组成部分，尤其是对拥有高认知能力的领导者来说，控制压力可以使他们在现有的基础上更好地领导团队。

思想评论

菲德勒认为领导风格是与生俱来的，并不存在一种绝对的、最好的领导风格。他反对以往不顾具体的外部环境、一味追求最好的管理方法、寻求万能领导模式的教条主义做法，强调要针对不同的具体条件，采用不同的组织结构、领导模式、管理技术等。领导者必须了解自身的领导风格，通过改变情境，提高领导效率。管理层在选择领导者时，需要依据实际情况挑选领导风格适合的领导者。

35 保罗·赫塞、肯尼斯·布兰查德

保罗·赫塞（Paul Hersey，1930—2012），美国著名组织行为学大师，全球领导力大师，情境领导理论创始人之一，出生在纽约布鲁克林。曾先后获得西顿霍尔大学的理学学士学位、芝加哥大学的工商管理硕士学位、麻省理工学院的教育学博士学位，先后任教于北伊利诺伊大学、加利福尼亚美洲大学、阿肯色大学与俄亥俄大学。在加利福尼亚美洲大学任教时，他还担任管理学系系主任与商学院院长。1975年创建美国领导力研究中心，并正式注册了"情境领导"这一商标。

肯尼斯·布兰查德（Kenneth Blanchard，1939— ），美国著名商业领袖，管理寓言的鼻祖，情境领导理论创始人之一，出生在新泽西州橘子县。1961年获康奈尔大学的政府与哲学学士学位，1963年获科尔盖特大学的社会学与咨询学硕士学位，1967获康奈尔大学的教育管理与领导学博士学位。曾担任马萨诸塞大学领导学与组织行为学教授，并在1979年创办了肯·布兰查德培训和发展公司，主要从事情境领导理论的培训和咨询。

两人1969年合著有《组织行为学》（Management of Organizational Behavior：Leading Human Resources），赫塞1984年出版《情境领导者》（The Situational Leader），布兰查德1983年出版《一分钟经理人》（The One Minute Manager）。

关键词 ▶ 情境领导理论（situational leadership theory）
　　　　　领导力研究中心（center for leadership studies, CLS）

　　1969年，赫塞与布兰查德在《组织行为学》一书中提出了情境领导理论，为领导者选择行为提供了指导与借鉴。与菲德勒"风格难改"的理论假设不同，赫塞与布兰查德的理论假设是领导风格可以改变，其理论的基本观点是：领导者可以根据下属的成长情况表现出不同的领导风格，进而根据不同侧重和不同量级的任务行为和关系行为影响下属，使下属达到工作目标。

　　1. 领导风格

　　赫塞与布兰查德认为，领导风格是他人所能感知到的领导者的行为模式，包括动作模式与语言模式两方面。通常来说，领导者在管理下属时有两种行为：一是对于工作上的指导，包括告诉人们应该做什么，如何做，什么时间做，在哪里做等，这些可以称为工作行为；二是对于心理上的指导，包括倾听、鼓励、协助、提供工作说明以及给予社交方面的支持等，这些可以称为关系行为。通过调整工作行为与关系行为的比例，领导风格可以简化为四种模式（见图35—1）：

　　（1）指示（高任务低关系）。这是一种指令性很强的领导模式。领导者把交流的重点放在目标的达成上，他们通常先向下属指出什么是目标以及如何才能达成目标，然后对其工作进行认真的监管。

　　（2）推销（高任务高关系）。领导者既重视目标的达成，又关注员工的社会情感需要。领导者和下属通过双向沟通，交流信息，相互支持。这种模式要求领导者自己决定团队的目标，并完成策划方案。

　　（3）参与（低任务高关系）。此模式下，领导者通过自己的支持行为来促进员工提高工作技能，激发其工作热情，并与下属共同决策。领导者的主要角色是提供便利条件和沟通渠道。

　　（4）授权（低任务低关系）。领导者既不提供目标达成方面的意见，也不用支持激发员工完成任务的信心和热情。

　　2. 下属的成熟度

　　赫塞与布兰查德将成熟度定义为下属完成某项特定的工作所表现出来

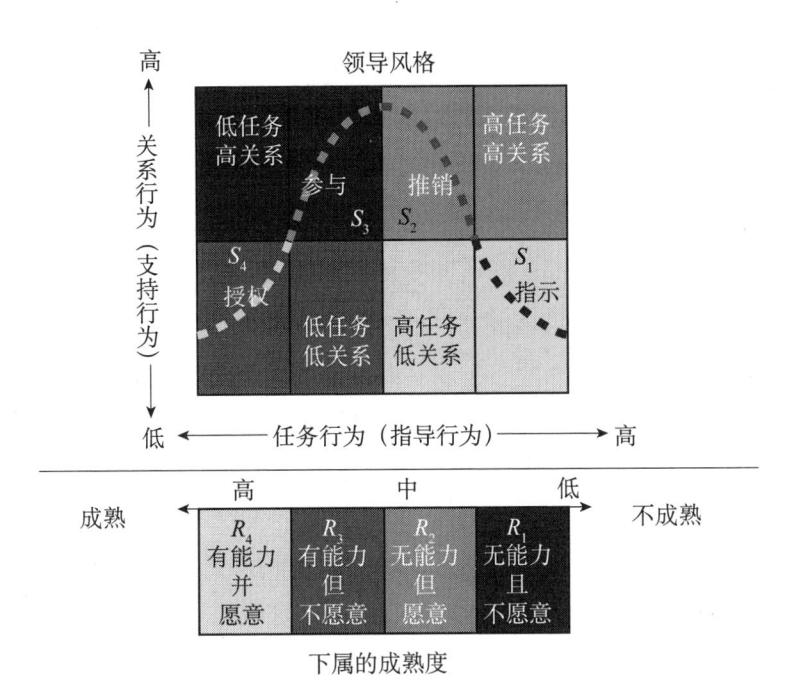

图 35—1　情境领导模型

的能力与意愿水平，并根据完成任务的能力和意愿的不同组合划分出了 R_1，R_2，R_3 与 R_4 四种不同的成熟度水平，其中：

R_1 指员工没有能力也不愿意承担某项工作任务；

R_2 指员工愿意承担任务，但是缺乏完成任务的能力；

R_3 指员工有能力完成工作任务，但却不愿意从事此项工作；

R_4 指员工既有能力又有兴趣来完成某项任务。

需要注意的是，由于工作任务的特征不同，下属的成熟度也会有变化。成熟度并不是一种对个人特征、个人价值、个体年龄或工作经验的评价，而是其在某一项特定工作中的表现。

3. 选择合适的领导风格

识别对员工的任务和要求后，领导者需要根据实际情况判断员工的成熟度究竟属于 R_1，R_2，R_3 或 R_4 的哪一种，从而根据员工的具体状况来选择领导方式：

（1）当下属的成熟度为 R_1 水平时，他们常常是刚刚入职的新手。这时领导者不应表现出过多的关系行为，因为这样会使下属产生误解，认为领导者能够容忍他们不良的表现。在这种情况下领导者可以选择指示型领导风格。

（2）当下属的成熟度为 R_2 水平时，他们对工作充满信心，对组织已经产生了一定的认同感。这时领导者应给员工以心理上的支持或鼓励，避免让其产生挫败感；同时，领导者还要对其工作予以恰当的指导，来帮助员工提高工作能力。在这种情况下领导者可以选择推销型领导风格。

（3）当下属的成熟度为 R_3 水平时，他们已经能够较好地应对任务，但还不敢主动面对复杂的局面。这时领导者对具体任务可以放手，但要注意加强与员工的沟通和激励。在这种情况下领导者可以选择参与型领导风格。

（4）当下属的成熟度为 R_4 水平时，他们具有的知识和技能完全可以胜任工作，而且也不需要过多的鼓励与沟通。这时领导者不需要对其进行任何指导，而主要应该对其工作结果进行合适的评价。在这种情况下领导者可以选择授权型领导方式。

总的来说，如果下属成熟度水平低，领导者就应该经常对其工作予以指导，并注重激发其自信心；而随着下属成熟度水平的提高，领导者的工作行为与关系行为都应该相应减少，既不用过多指导工作，也不必太注重沟通交流，因为这时的员工已经可以凭借较高的能力与意愿独立完成工作。

思想评论

赫塞和布兰查德提出的情境领导模型简单而具有吸引力，在实践中具有独到的贡献，尤其是在对员工的重视程度上。该理论的目的并不在于确定哪种领导风格最佳，但可以帮助领导者在了解下属工作成熟程度的情况下，选择与之相宜的领导风格。这一理论被广大管理者所推崇，并广泛地运用于领导力的培训中。

36 维克多·哈罗德·弗鲁姆

维克多·哈罗德·弗鲁姆（Victor Harold Vroom，1932— ），著名心理学家和行为科学家，期望理论和领导者—参与模型的创始人，出生在加拿大蒙特利尔。1953年与1955年先后在加拿大麦吉尔大学获得心理学学士与硕士学位，1958年获得密歇根大学的心理学博士学位。相继执教于宾夕法尼亚大学、卡内基梅隆大学与耶鲁大学。1972年，弗鲁姆任耶鲁大学管理科学系系主任和政策研究所副主任。1976年耶鲁成立管理学院时，他成为永久执行理事。除在学术上的造诣外，他还为贝尔实验室、联邦快递、通用电气等知名组织提供过咨询服务；担任过美国管理协会主席、美国工业与组织心理学会主席等。1998年获美国工业与组织心理学会颁发的杰出科学贡献奖，2004年获美国管理协会颁发的杰出学术贡献奖。其代表作有1964年出版的《工作与激励》（Work and Motivation）与1973年出版的《领导和决策》（Leadership and Decision Making）。

关键词▶ 期望理论（expectancy theory）

激励力（motivational force）

领导者—参与模型（leader-participation model）

弗鲁姆对管理理论的贡献集中在两个方面：一是深入研究组织中个人的激励和动机，率先提出了比较完备的期望理论，较为真实地还原了有效激励的本质过程；二是从分析领导者与下属分享决策权的角度出发，划分不同的领导风格，建立了领导者—参与模型，为管理者充分调动员工的积极性提供了极具针对性的理论指导。

一、期望理论

弗鲁姆认为，人之所以能够从事某项工作并达成组织目标，是因为这些工作和组织目标会帮助他们达成自己的目标，满足自己某方面的需要。而目标在尚未实现时，则表现为一种期望，这种期望反过来对个人而言又是一种激发的力量，其大小取决于目标价值和实现概率（期望值）的乘积。这就是激励研究中的期望理论，用公式表示为：$M=V\times E$。式中，"M"代表激励力，即直接推动人们采取某一行动的内驱力，它反映了调动个人积极性、激发其潜力的强度。"V"代表目标价值，这是一个心理学概念，指目标对个人的价值，这种价值越高，对个人的激励力量就越大。"E"代表实现概率或期望值，指某一特定行动将会导致价值实现的可能性。

根据上述期望公式，只有当人们对某一行动成果的目标价值和期望值同时处于较高水平时，才有可能产生强大的激励力；如果其中一个变量为零，哪怕另外一个变量再高，激发力量也一定为零。而且，期望公式还可进一步发展为：$M=V\times E\times I$。其中的"I"代表工具配合度，指工作过程中非个人因素的配合度，如环境的好坏、工具是否先进等。

在期望理论中，包含三种关系（见图36—1）：

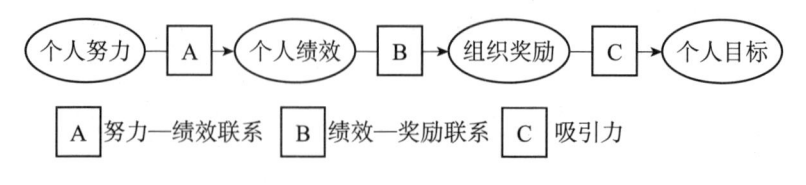

个人努力 —A→ 个人绩效 —B→ 组织奖励 —C→ 个人目标

A 努力—绩效联系　B 绩效—奖励联系　C 吸引力

图36—1　简化的期望理论

（1）个人努力与个人绩效的关系，即个人认为通过一定努力会带来一定绩效的可能性。人总是希望通过一定的努力达到预期的目标，如果个人主观认为达到目标的概率很高，就会激发出很强的工作力量，并充满信心地干好工作；反之，如果他认为目标太高，通过努力也不会有很好的绩效时，就失去了内在的动力，导致工作消极。

（2）个人绩效与组织奖励的关系，即个人相信一定水平的绩效会带来奖励结果的程度。人们总是希望取得成绩后能够得到奖励，包括物质上的与精神上的。如果一个人认为取得绩效后能得到合理的奖励，就可能产生工作热情；反之，如果没有奖励或者奖励水平偏低，人们就会失去或降低积极性。

（3）组织奖励与个人目标的关系，即组织奖励满足个人目标或需要的程度以及这些潜在的奖励对个人的吸引力。人们总是希望自己所获得的奖励能满足自己某方面的需要，由于在年龄、性别、资历、社会地位和经济条件等方面存在差异，他们对各种需要要求得到满足的程度也就不同。因此，对于不同的人，采用同一种奖励办法能满足的需要程度不同，能激发的工作动力也就不同。

从期望公式可以看出，激励力促使行动，行动取得成果，通过成果得到奖励，而奖励又反馈到激励力的形成，影响到下一次的激励力和行动（见图36—2）。所以，为了激励员工，管理者应该一方面提高某项工作对员工的价值，另一方面，采取措施帮助员工提高其期望值，以提高激励力。由于目标价值和期望值这两种主观估计在实践过程中会不断修正和变化，因此期望理论属于过程型激励理论。

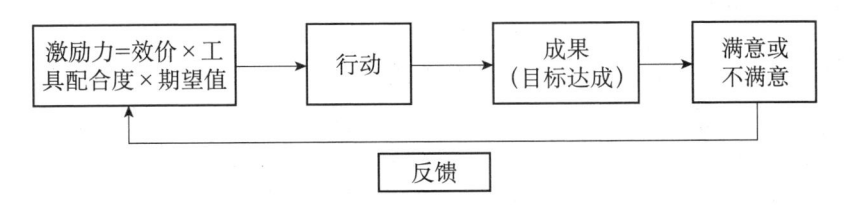

图36—2 期望激励过程

二、领导者—参与模型

1973年,弗鲁姆和耶顿合作提出了一种新的领导权变理论,即领导者—参与模型,该模型将领导方式与员工参与决策程度相联系,并提供了根据不同的情境类型而遵循的一系列规则,以确定参与决策的类型和程度。根据员工参与决策程度的不同,他们把领导风格分为三类五种,其中:独裁专制型两种、协商型两种、群体决策型一种。有效的领导者应根据不同的环境来选择最为合适的领导风格(见表36—1)。

表36—1　　　　　　　领导风格分类(部分)

类型	领导风格(决策方式)	员工参与程度	代码
独裁专制型(A)	领导者运用手头现有的资料,自行解决问题,作出决策。	最低	AⅠ
	领导者向下级取得必要的材料,然后自行决定解决问题的方法;向下级索要资料时,可以说明情况,也可以不说明;在决策过程中,下级只向领导者提供必要的资料,而不提供或评价解决问题的方案。	较低	AⅡ
协商型(C)	以个别接触的方式,让有关下级了解问题,听取他们的意见和建议,然后由领导者者作出决策,决策可以反映下级意见,也可以不反映。	中等	CⅠ
	让下级集体了解问题,并听取集体的意见和建议,然后由领导者作出决策;决策可以反映下级意见,也可以不反映。	较高	CⅡ
群体决策型(G)	让下级集体了解问题,并且与领导者共同提出和评价可供选择的决策方案,努力就决策方案的选择取得一致;讨论过程中领导者仅作为组织者而不用自己的思想去影响群体,并愿意接受和落实任何一个集体支持的方案。	最高	GⅡ

说明:表中的A代表专权,C代表协商,G代表群体;英文字母后面的罗马数字代表该种类的各种变形。

弗鲁姆认为，各种类型决策最终的有效性取决于决策者对决策质量、决策的可接受性以及决策耗时等因素的重视程度，同时也取决于采用不同的决策方法所获得最终结果的差别程度，因为决策方法本身不会随环境变化，所以也不存在对任何环境都适用的领导或决策方式。管理者在进行决策时，应当将精力集中在对环境特征性质的认识上，以便更好地针对环境要求选择领导方式和制定决策。为了保证决策质量和决策的可接受性，弗鲁姆还提出了以下七项基本法则：

（1）信息法则。如果决策的质量很重要，而管理者又没有足够的信息或单独解决问题的能力，就不要采用 AⅠ方式。

（2）目标合适法则。如果决策的质量很重要，而下属又不将组织目标当做大家的共同目标，就不要采用 GⅡ方式。

（3）接受性法则。如果下属对决策的接受是有效执行决策的关键，而由领导者单独作出的决策不一定能得到下属接受的话，就不要采取 AⅠ与 AⅡ方式。

（4）公平合理法则。如果决策的质量并不重要，而决策的可接受性却是关键时，最好采用 GⅡ方式。

（5）可接受性优先法则。如果决策的可接受性是关键，而下属是值得信赖的，应采用 GⅡ方式。

（6）非结构性工作问题法则。如果决策的质量是重要的，但却缺乏足够的信息和专门知识独立地解决问题，而工作问题又是非结构性的，就排除采用 AⅠ，AⅡ，CⅠ这三种方式。

（7）冲突法则。如果决策的可接受性很重要，而领导者的个人决策不一定被下属接受，下属对于何种方案更适合可能抱有互相冲突的看法，这时不要采取 AⅠ，AⅡ，CⅠ方式。

对某一个特定的工作问题，如果应用这些基本法则进行选择，决策者可以得到一组可行的决策方式，这恰恰是弗鲁姆的领导理论与其他领导理论相比的优势所在：该模型在几乎任何决策环境中，都能满足决策者的要求，更接近实际，更具有实用价值。

领导者—参与模型提出后，在社会上产生了巨大的影响，许多管理者在应用后都对其效果进行了反馈。1988 年，弗鲁姆在与亚瑟·贾格（Arthur G. Jago）合作出版的《新领导：组织中的管理参与》（New Leadership：Managing Participation in Organizations）一书中，对原来的模型进行了改进，并利用计算机程序化运行，简化了实际操作过程，使其随着时代的发展与技术的进步不断改进。

思想评论

弗鲁姆提出的期望理论作为一种权变模型，关键是了解个人努力与绩效、绩效与奖励、奖励与个人目标满足之间的关系，提示管理者不存在"放之四海而皆准"的激励机制。而他的领导者——参与模型充分利用了决策研究的成果，把规范模型与描述模型结合，把社会学的研究路径和方法运用于管理活动，使管理者在充分判断环境制约因素的基础上选择更为有利的领导风格与决策方式。

37 约翰·斯塔西·亚当斯

约翰·斯塔西·亚当斯（John Stacey Adams，1925— ），美国行为科学家和管理心理学家，公平理论创始人。亚当斯是北卡罗来纳大学著名的行为学教授，于1965年提出了公平理论。其代表作有1962年出版的《工人关于工资不公平的内心冲突同其生产率的关系》（The Relationship of Worker Productivity to Cognitive Dissonance about Wage Inequities）、1964年出版的《工资不公平对工作态度和绩效的影响》（Effects of Wage Inequity on Work Attitudes and Performance）与1965年出版的《社会交换中的不公平》（Inequity in Social Change）。

关键词▶ 公平理论（equity theory）
　　　　工作输入（work inputs）
　　　　分配公平（distributive equity）
　　　　程序公平（procedural equity）

作为过程型激励理论的重要代表，亚当斯提出的公平理论与弗鲁姆提出的期望理论分别占据了激励过程的尾首两端。与之前的理论相比，公平理论把个人知觉与判断放到了更重要的位置，通过社会比较探讨个人的贡献与所得奖酬之间的平衡关系对个人公平感的影响，进而探讨个人工资报酬分配的公平感对员工工作动机和行为的影响。

1. 公平理论的概念

公平理论又称社会比较理论，由亚当斯在1965年出版的著作《社会交换中的不公平》中提出。它反映了"每一个人都应公平地得到报酬"这一古老原则在激励方面的重要作用。该理论的基本要点是：人的工作积极性不仅与个人实际报酬的多少有关，而且与人们对报酬的分配是否感到公平关系更为密切，在对这种比较作出评价后所感受到的公平感高低直接影响员工的工作动机和行为。因此，亚当斯认为，动机的激发过程实际上是人与人进行比较，作出公平与否的判断，并用这种判断指导后续行为的过程。

在公平理论中，公平感是个体的主观心理感受，按照不同的标准可以将其区分为不同的类型。如果按照比较对象区分，公平感可以分为"分配公平感"和"程序公平感"。其中，分配公平感是指一个人在他的收入或工作结果上，感觉到的是否得到公平对待的程度；而程序公平感是指人们在工作中，感觉到的在决策程序上是否得到平等对待的程度。如果按照比较值为标准，公平感可以区分为绝对公平感和相对公平感。其中，绝对公平感是指人们将工作所获得的实际所得与自己认为应该获得的所得相比较，感觉到是否公平的程度；相对公平感是指人们将自己工作的实际所得，与别人在同一情境下的所得进行比较，感觉到是否公平的程度。

2. 公平理论的表现

根据公平理论，每个人都会在工作投入与产出之间寻找平衡感。亚当斯把这种投入与产出称为典型的工作输入与输出（见表37—1）。总体来说，如果人们感觉到自己在输入方面的付出得到了公平、全面的报偿，那么他们就会更加乐于工作，并会继续在工作中投入同等甚至更多的输入。但如果人们感觉到自己的输入高于得到的输出，心中就会产生不平衡感。对于这种不平衡感，人们往往有多种反应：有的人会降低努力和专注程度，在生活中变得难以相处，在心理上出现沮丧、叛逆，甚至破坏和分裂倾向等；一些人则会通过抱怨、抗争等行为要求更多回报，或者更换工作来提高得到的输出。

表 37—1　　　　　　　　　典型的工作输入和输出

典型的工作输入		典型的工作输出
努力、忠诚、勤奋工作、承诺、技能、能力、适应性、灵活性、容忍、决心、精神与情感、热情、对老板与上级的信任、对同事与下属的支持、个人牺牲等	人们需要在输入与输出之间找到平衡感	经济奖励：工资、薪水、报酬、补贴、津贴、退休金、红利和佣金等 精神奖励：认可、名誉、表扬、感谢、兴趣、责任、激励、出差、培训、得到发展、成就感和先进感、升职等

在进行比较时，员工所选择的参照对象一般有三种：他人、制度以及自我。他人包括同一组织中从事相似工作的其他个体，还包括朋友、邻居及同行等；制度指组织中包括工资、奖金、晋升等激励方面的具体措施与运作程序；自我指员工在工作中付出与所得的比率。员工在工作中会不断地通过与这三种参照对象进行比较，来确定自己所获得的报酬究竟是否合理，而这一比较的结果将直接影响今后工作的积极性。

3. 公平理论的应用

（1）与他人进行比较。与他人的比较是一种横向比较，即个体将自己获得的报酬（包括金钱、工作安排以及获得的赏识等）与投入（包括教育程度、所作努力、用于工作的时间、精力和其他无形损耗等）的比值与组织内其他人作社会比较的过程，只有在二者相等时，这名员工才会认为公平。如果用 O_p 代表自己所获报酬，O_c 代表他人所获报酬，I_p 代表自己的投入，I_c 代表他人的投入，这时公平的公式是：

$$O_p/I_p=O_c/I_c$$

当 $O_p/I_p<O_c/I_c$ 时，可能出现以下两种情况：第一，人们可能要求上级给自己增加收入，或者主动降低自己今后的努力程度，以使 O_p 增大，I_p 减少，进而使上式左边变大，与右边趋于相等，满足自己的公平感；第二，人们可能要求组织减少比较对象的收入，或者让比较对象今后增大努力程度，以便 O_c 减少，或者 I_c 增大，进而使右边降低，与左边趋于相等。此外，他还可能另外找人作为比较对象，以达到心理上的平衡。

当公式的左边大于右边时，即出现 $O_p/I_p>O_c/I_c$ 的情况时，人们为了不遭到周围人的嫉妒与孤立，可能会要求减少自己的报酬，或者主动多做些工作，使左边降低，与右边趋于相等。但大多数时候，他会重新估计自己的技术和工作情况，觉得自己确实应当得到那么高的待遇，并很快习以为常。

（2）与自我进行比较。除了横向比较外，人们也经常作纵向比较，即个体把自己目前投入的努力与所获报酬的比值，同自己投入的努力与过去所获报酬的比值进行比较。同样，只有在相等时，他才认为公平。如果用 O_h 代表自己过去获得的报酬，I_h 代表自己过去的投入，这时公平的公式是：

$$O_p/I_p = O_h/I_h$$

当上式左边小于右边，即出现 $O_p/I_p < O_h/I_h$ 的情况时，人们会有不公平的感觉，可能导致工作积极性下降。但如果左边大于右边，即出现 $O_p/I_p > O_h/I_h$ 的情况时，人们常常不会产生不公平的感觉，也不会觉得自己多拿了报偿从而主动多做一些工作。

亚当斯认为，不公平会导致个人的内心紧张，而紧张是一种使人不愉快的感觉，所以人们必然会采取一些措施或行为来减少它，直到其成为一种可以容忍的状态。这些行为总结起来有：提高或降低自身的投入，离开组织或要求调到新部门；改变对比群体；曲解自己的投入和收益；曲解别人的投入和收益等。

除分配公平外，程序公平也是影响公平的很重要因素。研究发现，在整个组织内部，包括明文规定的制度和不成文的规定，都会影响到员工的行为。如果这些制度和规定是不公平的，或者是非理性的，员工对组织的忠诚度就会受到非常大的影响。因此，管理者都期望使用标准程序来形成政策和决定，避免让员工产生不公平感。但是，由于人天生存在的自利性，当员工觉得某个决策对他不利，或者某个规定制约了他的发展时，他依然会觉得不公平。

思想评论

亚当斯的公平理论在报酬分配制度设计上的应用不仅得到了学界的一致认同，而且在实践中得到了广泛的验证。公平理论给了管理者以下几点启示。首先，影响激励效果的不仅有报酬的绝对值，还有相对值；其次，在激励过程中应该注意到对被激励者公平心理的引导，帮助其树立正确的公平观，使其明白绝对的公平是不存在的，所以不要盲目攀比；最后，按劳付酬中"劳"的模糊性是造成公平问题难以解决的原因，许多企业采用工资保密的方法，避免员工因相互比较而产生不公平感。近年，亚当斯公平理论中的程序公平也成为组织研究中的热点。

38 沃伦·甘梅利尔·本尼斯

沃伦·甘梅利尔·本尼斯（Warren Gamaliel Bennis，1925—2014），美国当代著名组织理论和领导理论大师，出生在美国纽约。1943年加入美国陆军，因作战勇猛先后获得紫心勋章与铜星勋章。1951年获得安蒂奥克学院的学士学位，并在安蒂奥克学院的院长道格拉斯·麦格雷戈的推荐下进入麻省理工学院。1955年，在拿到麻省理工学院的经济学博士学位后，留校任教。1967—1971年担任纽约州立大学布法罗分校的教务长与副校长，1971—1978年担任辛辛那提大学的校长。除此之外，本尼斯还是四任美国总统的顾问团成员，并身兼多家大学与公司的名誉教授及顾问。其代表作有1966年出版的《组织发展与官僚体系的命运》（Organizational Development and the Fate of Bureaucracy）、1969年出版的《组织发展》（Organization Development：Its Nature，Origins，and Prospects）与1997年出版的《领导力实践》（Learning to Lead：A Workbook on Becoming a Leader）。

关键词▶ 组织发展（organization development）
有机适应型组织（organic and adaptive organization）
领导力（leadership）

本尼斯认为，组织要想生存下去，必须完成两项相互关联的任务：维持内部系统的运转与适应外部环境。在这一假设基础之上,他提出了组织发展理论,认为组织理论变化的着眼点要放在外部适应性上,他将现代组织面对的核心问题分为五大类,列举了有机适应型组织结构所具有的特点,并预言其将逐步取代传统的官僚组织体制。此外,本尼斯还研究了转型领导力,提出了领导活动的四大主题。

一、组织发展理论

在管理理论的发展中,一直存在由官僚体系与个人发展的冲突造成的二元对立,包括个人与组织、民主与法制、社会平等与金字塔结构、参与管理与等级层次、人际关系与科学管理、正式与非正式、外向与内向、机械论与有机论、关心人与关心生产等。本尼斯认为,随着社会的进步与管理理论的发展,新的组织理论应该从这种二元对立中走出来。而且,麦格雷戈的Y理论、巴纳德的诱因—贡献平衡理论、梅奥的人际关系理论、利克特的工作集体理论以及阿吉里斯的个性发展理论等,都为新的组织理论出现提供了前提。在此前的研究中,组织理论的代表为官僚制,着眼于组织内部,而在新形势下官僚体系崩溃的原因在于外部环境的变化。所以本尼斯提出,组织理论变化的着眼点要放在外部适应性上,他将现代组织面对的核心问题分为五大类:

(1) 整合,即如何将个人需求与组织目标统一起来,在重视个人的前提下实现组织的发展。

(2) 群体关系,即在自主性日益重要时如何进行集权与分权。

(3) 协作,即如何应对和解决组织内部冲突问题,在承认个人差异的前提下实现良好的合作。

(4) 适应,即组织如何面对动荡和不可预测的环境。

(5) 复兴,即组织如何重获力量,并完成自我更新。

在对现代组织问题进行总结的基础上,本尼斯展望了1966年之后的25~50年的组织生活,提出了组织发展理论。他认为,未来的组织形态绝对不是自上而下的金字塔式组织,而可能是网络、集群、跨职能团队、临时系统、专门工作组、模块或矩阵等多种新型模式,其总体趋势将变得更加简练，层级将会更少，而且具有十分良好的灵活性来对外部环境作出反应。他把这类组织统称为有机适应型组织，并认为其具有如下特征：一是围绕待解决的问题而成立，以任务为中心；二是由具有不同专业技能的人组成，重视团体协作；三是按有机模式而非机械模式管理，避免官僚主义；四是领导者一定是有能力解决问题的人，而非论资排辈选出。这种有机适应型组织不仅可以解决组织适应环境的问题，也可以解决组织目标与个人需要之间矛盾冲突的问题。

二、领导理论

1. 转型领导力

本尼斯认为，组织和领导是无法分开的，在新型组织出现后，必然会出现新的领导方式。流行的领导理论认为，领导有两种：一种是伟人，即创造趋势与市场的人；一种是英雄，即在特定时势下顺应潮流的人。本尼斯提出，这两种理论都经不起时间与事实的考验，他进而提出了转型领导力的概念。这种新的领导力需要领导者对员工创意与想象力的极度重视，需要领导者充分调动员工的热情，使员工在工作中得到满足感与成就感，最重要的是，这种领导力需要领导者充分发挥员工的自主性，容忍其错误与失败，以培养员工成为未来的领导者。

2. 领导者的品质及领导力学习

本尼斯认为，一个高级管理者能够走到其所在的位置，一般不会缺少相应的技术能力、概念能力和业务能力。在未来的社会中，领导者将因包括人际能力、鉴赏力、决断力和人格魅力在内的"软能力"而显得优秀、超群。而且，领导者的素质与能力是可以习得的，其关键是要了解自己，了解世界。

第一，在了解自己方面，领导者需要意识到这是一个认识自己、创造自己的过程。在这个过程中，领导者首先需要知道自己该成为什么样的人，通过学习来挖掘自身的潜力，充分表现自己，负起责任，而且要经常对过去的经历进行反思，从往事中学习。除此之外，还要充分考虑他人的感受与接纳他人对自己的反馈,并对新观念与新事物持开放态度。

第二,在了解世界方面,本尼斯提出了三种学习模式。首先是维持性学习,即用已知的知识、见解和规则,来维持和适应现有的生活状态;其次是震撼性学习,当遇到危机和大事时,要因其带来的冲击而引发学习,重新认识所处环境,以应对下一次危机和重大事件;最后是创新性学习,即在生活和工作中进行自我引导,做一个主动学习者,这种学习方式能够真正做到有意识的参与和转变,是领导力习得的最重要方式。

3. 领导活动的四大主题

在现实工作中,领导者具备良好的个人品质是一回事,而其是否可以在组织中发挥领导作用又是另外一回事。如何把领导者的有效性转移到组织的有效性上来,什么是优秀的领导者应该进行的工作,一直都是领导理论研究的重点之一。为了解答这一问题,本尼斯花了两年时间调研及访谈了90位领导者(其中,60人是成功的首席执行官,30人是公共服务领域的优秀领导者),并根据访谈内容撰写了《领导者》一书,进而提出了领导活动的四大主题:

(1) 提出愿景。一方面,愿景可以指明组织前进的方向,凝聚人心,产生行动的动力;另一方面,愿景是组织有效性的一个标尺,帮助组织成员辨识各种事物对组织的利弊,指导和协调人们的行为。杰出的领导者通常兼具构筑愿景的想象能力和实施愿景的管理能力。在构筑愿景之后,领导者所要做的就是向组织成员传达愿景,使其融入组织文化,渗透于组织的血脉之中。

(2) 强调沟通。若愿景只是领导者个人的愿景,那它的影响范围是很有限的。领导者需要在提出愿景后将其传递到全体成员之中,使员工认同并追寻组织愿景。这时,与员工的沟通就变成重要的传播载体。领导者一定要建立一个良好的沟通制度,以使员工对愿景理解深刻,并保证其实施过程中不会出现信息失真等情况。

(3) 建立信任。在本尼斯看来,信任是组织良好运作的基本条件,它把领导者和追随者黏合在一起。为了建立起这种重要的关系,领导者首先要对自己提出的愿景有着坚定的信念,其次要保持自身行为与价值观的一致,而且在关键时刻、危难时刻能够挺身而出,支持和帮助自己的员工。

最后，在任务完成后，领导者要兑现自己的誓言与承诺，使信任关系得到良性循环发展。

（4）自我调整。领导者要用宏观的眼光，结合组织的实际情况，形成学习型组织，来帮助员工与时俱进，适应外部环境的变化。

在四大主题的基础上，本尼斯总结，领导风格有不同模式。领导者在官僚制结构和新型组织结构中的领导风格是不一样的，前者是COP范式，即控制（control）、命令（order）、预测（predict）；后者是ACE范式，即联合（align）、创造（create）、授权（empower）。在COP范式中，领导者起推动作用；在ACE范式中，领导者起拉动作用，拉动的方式是用愿景吸引人，使目标得到组织成员的认同，使领导者和追随者为共同目标而奋斗。虽然领导活动的四大主题不会变，但领导风格从原先的官僚制结构进入到新型组织结构中必然需要新的变化，这一转变将会是一个长期而艰巨的过程。

思想评论

在对传统的官僚组织体系进行分析与批判后，本尼斯提出的新型组织理论为解决组织适应环境和组织目标与个人需要之间矛盾冲突的问题提供了新的思路。本尼斯在领导理论方面的成果使他被称为"领导学大师们的院长"，他提出的"领导者做正确的事，管理者把事做正确"的观点与"提出愿景、强调沟通、建立信任、自我调整"的领导活动四大主题广泛地影响了各类组织的领导实践活动。

39 阿尔弗雷德·普里查德·斯隆

阿尔弗雷德·普里查德·斯隆（Alfred Pritchard Sloan，1875—1966），曾任美国通用汽车公司总裁，事业部制结构创始人，出生在康涅狄格州纽黑文。1892年，17岁的斯隆获得麻省理工学院的电子工程学位。1898年以5 000美元买下海厄特滚珠轴承公司并任总经理，1916年将公司以1 350万美元的价格出售给联合汽车公司。两年后，通用汽车公司收购联合汽车公司，斯隆出任副总裁，1923年成为公司总裁。1934年创办慈善性质的非营利机构阿尔弗雷德·斯隆基金会，1937年担任董事会主席直至退休。在他的领导下，通用汽车公司的销量超过了福特汽车公司，成为世界上最大的汽车公司。其代表作为1963年出版的自传《我在通用汽车公司的日子》（My Years with General Motors）。

关键词 ▶ 通用汽车公司（General Motors Company，GM）
事业部制（multidivisional structure）
分权制（decentralization）

斯隆的贡献主要集中在组织结构与管理实践方面，他本人被誉为"事业部制的鼻祖"。由其首创的以"集中决策，分散经营"为管理原则的事业部制已成为现代大公司的基本结构，事业部制因此被称为"斯隆模型"。斯隆在通用汽车公司工作时所实施的计划战略、持续经营、财务成长等管理政策也为其他大型公司提供了宝贵的借鉴经验。

一、事业部制

斯隆在通用汽车公司任职时，当时的美国企业界有两种截然不同的领导方式：一种是高度集权制，即把企业的全部权力都集中在最高管理层手中，使得公司效率高、决断快，但随着组织规模的不断扩大和外界环境的复杂变化，问题随之凸显；另一种是高度分权制，在最高管理层几乎没有集中的控制和领导权，导致企业内部诸侯林立，混乱不堪。

斯隆在自己的职业生涯中，对这两种领导方式各自的利弊有着充分的理解。1920年，由于收购了大量汽车公司，通用汽车公司总部无法实施及时、有效的管理，导致总公司不清楚集团的各下属公司对总公司的贡献如何，不清楚各下属公司真实的款项余额，不清楚未来的增长点在哪里。正因为如此，董事会替换掉了当时的董事长，时任副总裁的斯隆提出了新的组织结构模式。为了充分结合集权制与分权制的优点，斯隆设计出了一种新的组织模式——事业部制，使二者在一定条件下得到了较好的平衡。这一制度的特点是：在分权方面，总公司将企业所经营的事业按照产品、地区、顾客等划分部门，设立若干独立的事业部，这些事业部在公司总经理的领导下，实行独立经营、独立核算，具有完全的自主权；在集权方面，总公司董事会选出财务委员会与经营委员会，并为总经理设置个人参谋部，从宏观角度对各个事业部提出的生产采购、技术发展、资本分配等问题进行调查。总经理的决策与事业部经理们在其本身业务范围内的决策有着密切的关系，并定期开会对公司状况进行讨论。

事业部制在实施中有两条注意事项：第一，每一事业部的主要经理人员的职责应该不受限制，每一个组织应具有完备的必要职能，使之能充分发挥主动性；第二，中央组织要在财务与业务方面对各事业部的计划与实施进度进行充分的了解，以进行及时的协调和合理的控制。这一制度的可贵之处在于：总部和下属各个事业部都有各自真正应该拥有的职权，企业的最高领导人主要决定企业的主要目标与战略规划，将精力投入到对公司未来发展有帮助的重大事务上；而事业部各负责人则主要对本单位的生产、工程、销售、采购、会计、人事等具体经营方面负责。

在将事业部制应用到通用汽车公司之后，公司运转良好。斯隆担任公司总裁后，通用汽车的市场占有率从18.8％上升到43.3％，而美国汽车业的霸主福特公司由于忽视管理和组织问题，市场占有率从1921年的55.5％下降到1940年的18.9％。直到2008年的金融危机之前，通用汽车公司一直是美国乃至世界汽车业的翘楚。

二、管理策略

1. 市场

除在组织制度上的巨大创新外，斯隆还在当时竞争激烈的市场中为通用汽车公司提出了有效的经营策略。20世纪20年代起，汽车行业发生了四大转变：分期付款、旧车折价、封闭式轿车和每年更新车型。其中，分期付款让更多的人买得起轿车，增加了销量；旧车折价增加了普通消费者的购买能力；封闭式轿车由于自身的诸多优点，成为行业发展的趋势；各个公司每年推出新一代的车型也为消费者提供了更多选择。

斯隆在任期间，一直坚持三条市场策略：一是产品种类的多样性；二是对研发的重视性；三是与制造商的整合性。在多样性方面，通用汽车引入了众多的生产线，制造各种价格区间的汽车来迎合具有不同购买力的顾客；在研发方面，斯隆把公司的大量资源投入到了新产品的研究方面，而且始终相信新技术是未来汽车行业的发展动力；在整合性方面，斯隆把零配件制造商与不同的制造部门结合在一起，大大降低了生产与运输成本，减少了与外部供应商的合同纠纷，而且使得各部门对其产品的零配件有了更深入的了解。除此之外，通用汽车很早就开始制造彩色车型，接受旧车加差价的以旧换新购车方式，还成立了接受分期付款购车的融资机构等。这些现在看来司空见惯的做法在当时都属于首创。更重要的是，斯隆非常重视与汽车经销商的关系，他反对通常那种把汽车经销商看做利润争夺者的敌对态度，而认为其是自身的战略伙伴，确认双方共生共荣的关系，并尽量使其有利可图。他也十分重视经销商的反馈,经常走出总部遍访全国各地的经销代理,实地了解需要,倾听其意见,这种深入基层的做法在当年也是绝无仅有的。

2. 人事

在人事管理方面,斯隆知人善任,手下常常集结着一批充满活力、积极进取的精英。他认为,人事决策特别值得花费时间和精力,因为如果舍不得用几个小时来讨论一个职位的任用问题而选错了人的话,未来就有可能要花几个月,甚至更久的时间去收拾残局。通用汽车公司的高层工作会议中,有大半的时间都是用在人事决策上,在开会时,斯隆还热衷于倾听各方面专家对候选人的意见,而只把最终的决定权留给自己。在继承人选的确定方面,他将最后的决定权交给了主管委员会,来摆脱自身的影响。在企业中,斯隆尊重每一位员工,但同时又与同事刻意保持一定的距离。而且,公司内部的高级主管们风格迥异、各具特色,为了充分调动每一个人的积极性,不以个人的好恶而影响对企业经营的决策,斯隆故意把自己孤立起来,不与任何主管建立个人关系。

在斯隆的职业生涯中,少数几次迅速、果断的人事决定体现出他在识才、选才方面深刻的洞察力。20世纪30年代,经济面临大萧条的冲击,通用汽车著名的下属公司凯迪拉克亏损累累,于是企业高层召开会议,讨论是否要放弃这个部门。这时凯迪拉克销售部的一名中层经理德雷斯塔特突然推门闯入要求给他10分钟时间,让他提出一个用一年半时间使该部门扭亏为盈的方案。与会者大多大惊失色,以为德雷斯塔特会因此而职位不保。但斯隆却对他所表现出来的责任感、主动性、勇气和想象力大为赞赏,当即决定破格提拔其为凯迪拉克公司的主管。果然,在德雷斯塔特的主持下,不出一年,凯迪拉克公司起死回生,而且成为通用汽车公司最主要的利润来源。

思想评论

组织要想更有效率,一定要使组织结构符合人性,激发员工工作热情;组织要实现远大的目标,必须超越人性的局限。斯隆首创的事业部制现在已成为诸多大型跨国公司的基本结构，其之所以能成功，一是符合人追求成就、追求权力的本性，二是对人性中目光短浅、急功近利的弱点有着清醒的认识。斯隆在通用汽车公司任职期间提出的各种具有创造性的市场竞争策略与人事制度改革等，也成为许多管理学家分析研究的对象。

40 斯坦利·西肖尔

斯坦利·西肖尔（Stanley E. Seashore，1915—1999），美国当代经济学家和社会心理学家，组织有效性评价标准的提出者。1937年获得艾奥瓦大学的经济学学士学位，1939年获得明尼苏达大学的人类学硕士学位，1954年获得密歇根大学的心理学博士学位，毕业后留校任教。其代表作有1954年出版的《工业组织中的团队凝聚力》（Group Cohesiveness in the Industrial Work Group）、1963年与大卫·保尔斯（David G. Bowers）合著的《改变组织结构与功能》（Changing the Structure and Functioning of an Organization, Report of a Field Experiment）以及1967年出版的《如何发挥企业的组织效能》（A System Resource Approach to Organizational Effectiveness）。

关键词 ▶ 组织效能（organizational effectiveness）

西肖尔认为，组织的目标是多种多样并相互矛盾的，且重要性各不相同，组织不可能同时使所有目标值都达到最大，因此必须权衡众多目标的价值。为了帮助组织全面准确地了解自身的经营状况，西肖尔探讨了组织的目标类型及其特点，对组织绩效评价所适用的标准及其用途进行了区分，构建了用以衡量组织经营活动业绩的金字塔形的指标层次系统，并提出了借以描述评价标准体系的系统模式。

1. 评价标准的分类

西肖尔认为，要评价各种标准的相关性，首先应该把不同的标准及其用途加以区分。根据各种标准的性质、特点和所涉及的时间范围，具体区分如下：

（1）目的与手段。有些衡量标准代表的是经营活动的结果或目标（如利润），它们可根据自身的实现程度予以评价。从这个意义来说，它们很接近组织的正式目的。而另外一些标准之所以具有价值，主要因为它们是达到组织主要目的必不可少的手段或条件（如经理人员的责任心）。

（2）时间范围。一些标准考察的是过去的状况（如上一年的利润），一些标准涉及现在的状况（如资本净值）。当然，还有一些标准是预期未来的状况（如计划中的规模增长率）。

（3）长期与短期。有些标准归属于一个比较短的时期，而另一些则属于一个较长的时期。它们可能适用于衡量比较稳定的经营活动（即在短期内变化很小的活动），也可能适用于衡量比较不稳定的经营活动（即在短期内无规律或变化较大的活动）。如果标准所属的时间与通常的或者变量的潜在变化率不相符，那么这个标准的可用度就非常有限。

（4）硬指标与软指标。有些衡量标准是根据实物和事件的特点、数量或发生的频率来计量的，这些可以称为硬指标，如销售额、次品率等。也有些标准是根据对行为的定性观察或进行民意测验的结果来衡量的，这些可以称为软指标，如员工满意度，工作积极性高低，协作关系好坏等。

（5）价值判断。有些变量呈线性变化趋势（越多越好），而另一些变量则呈曲线变化趋势（期望某种最优解）。因此，判断这些变量指标孰优孰劣时，应该与其各自变化的规律和特性相适应。在不能使所有目标同时达到最优的情况下，如何在各个评价指标或变量之间进行权衡、取舍，在相当大的程度上取决于上述曲线的走向和形状。

2. 指标层次体系

西肖尔提出，衡量组织经营活动的标准可以组成一个金字塔形的层次系统。

（1）位于塔顶的是最终标准。它们反映了有效运用环境资源和机会以实现长期和正式目标的程度。一般而言，最终标准除非由历史学家们去作结论，否则无法衡量。但是最终标准的概念却是评价那些直接衡量组织经营业绩的较次要标准的基础。

（2）位于金字塔中部的是一些中间标准。这些标准是较短期的经营效益影响要素或参数，其内容不超出最终标准的范围，可以称作结果性标准。这些标准的度量值本身是企业要追求的成果，它们相互之间可以进行比较、权衡和取舍。将它们以某种方式加权组合起来，其总和就决定了最终标准的取值。对经营型组织来说，在这一层次上的典型指标或变量是销售额、生产效率、增长率、利润率等，通常还包括行为学方面的软指标，如员工满意度、用户满意度等；而对于非经营型组织来说，这些中间标准可能主要是行为学方面的标准。

（3）位于塔底的是一些对组织当前的活动进行评价的标准，这些标准是经过理论分析或实践经验确定下来的，它们大体上反映了顺利和充分实现上述各项中间标准所必需的前提条件。在这些标准中，有一部分是将一个组织描述成一个系统的变量，有一部分则代表与中间标准相关的分目标、子目标或实现中间标准所必需的手段。属于这一层次的标准数目很多，形成了一个复杂的关系网络，虽然有一些标准完全无法进行评价，但可以减少这个关系网中的不可控变化。对经营型组织来说，在这一层次上的硬指标可能包括次品数量、短期利润、生产进度、设备停工时间、加班时间等，而软指标可能包括员工士气、企业信誉、内部沟通的有效性、缺勤率、员工流动率、群体内聚力、顾客忠诚度等。

3. 行为学标准的特征

西肖尔指出，行为学标准是指那些描述组织成员（此处所谓的"组织成员"包括顾客和客户）及其价值观、态度、相互关系和行为的标准，大多位于评价标准网络系统的较低层次，与那些评价组织效能的最终目标相去甚远，或者只是间接相关。但是西肖尔认为，行为学标准的主要作用在于改善硬指标对将来可能发生的变化所作出的预测，也就是说，行为学标准能够预示即将来临的机会和即将发生的问题。另外，在硬指标不全面或用作短期评价不可靠的情况下，行为学标准可以为管理者制定决策提供一个更加均衡、更加广泛的信息基础。而在个别情况下，由于根本没有硬指标的衡量方法可供使用或用起来成本太高,这时就只能运用行为学标准了。

4. 可供选择的理论方法

西肖尔提出,在最后评价企业经营业绩时,要用到描述评价标准体系的系统模式。迄今为止,有两种理论方法可以用来建立这种系统模式:第一种理论方法认为,一个组织要想实现其长期目标,必须连续不断地满足9项基本要求或解决9种基本问题,包括充分的资源输入、规范的整体化程度、缓解组织内紧张和压力的手段、组织内各个部分之间的协调程度等。赞成这种理论的主要是组织社会学家,他们将组织看做富有生命力的活的机体,具有内在的目标和需求。从某种程度上说,这些目标不太可能满足成员作为独立个体所提出的要求。而与第一种理论相反,第二种理论方法以组织的领导人或经理人员的个人价值观为出发点,要求组织关注个人的需要,使得在对以组织个人为单位进行评价的同时客观地评价组织绩效。

西肖尔强调,经理人员的决策要基于对企业经营业绩从各个角度进行多重变量的评估,它不可能同时使所有的目标值都达到最大。所以经理人员在对一个行动方案的最终结果进行预测时,必须先确定各种影响因素(变量)的权重及其相关值。

思想评论

组织效能评价一直是各级各类组织所关注的问题,随着战略管理理论的不断发展,依照企业组织战略方向建立评价体系变得非常具有实际意义。西肖尔所提出的组织多重目标体系,对组织效能进行综合评价的金字塔式层次系统,以及评价过程中要有行为学指标等思想,使得人们可以将组织放到社会与其他环境中去考察,进一步提高了组织绩效管理和评价工作的效率。

41 欧内斯特·戴尔

欧内斯特·戴尔（Ernest Dale，1917—1996），美国著名管理学家，管理学经验主义学派的主要代表人物之一。出生在德国北部的海港城市汉堡。20世纪30年代后期获得剑桥大学工商管理学士学位和文科硕士学位，1950年在耶鲁大学获得经济学博士学位。1950—1964年间，戴尔先后到康奈尔大学和哥伦比亚大学任教，讲授工商管理课程。在此期间，曾担任杜邦公司、IBM公司和联合利华公司的顾问，并且是普强药厂、好利获得公司和雷诺公司董事会成员。1964年，戴尔转到享有现代MBA发源地之誉的宾夕法尼亚大学沃顿商学院任教，直至退休。他曾担任欧内斯特·戴尔协会主席和美国管理协会主席；获得纽克曼奖和麦肯锡奖。他的代表作有1952年出版的《公司组织结构的计划和发展》（Planning and Developing the Company Organization Structure）、1960年出版的《伟大的组织者》（The Great Organizers）以及1965年出版的《管理读本：里程碑与新领域》（Readings in Management: Landmarks and New Frontiers）。

关键词▶ 经验主义学派（the empirical approach）
比较方法（comparative approach）
公司经验研究（study of company experience）

作为经验主义的重要代表人物，戴尔认为不存在任何有关组织与管理的"普遍原则"，坚决反对追求"放之四海而皆准"的普适性理论，强调管理知识的真正源泉就是大公司中"伟大的组织者"的经验，主张用比较方法对企业管理进行研究，而不是从一般原则出发。

1. 比较方法注意事项

在研究中，戴尔用比较方法研究了杜邦公司、通用汽车公司、国民钢铁公司和威斯汀豪斯电气公司等四家大公司的领导者，包括皮埃尔·杜邦、阿尔弗雷德·斯隆、欧内斯特·韦尔、罗伯逊等人。在对他们的成功经验进行总结后，他发现并描述了各种不同组织结构的"基本类似点"。把这些"基本类似点"收集起来并予以分析后，可以得出一些结论，应用于其他类似或可比较的情况中，作为一种对发展趋势作预测的手段。比较方法并不是用少数的定理来说明所有组织的全部问题，而至多只是在某些范围有限的问题上得出一些一般性的结论，例如分权化对管理费用的影响，"专权管理"或个人控制对管理潜力发展的影响，"平等主义"或委员会组织对高层管理效率的影响等。戴尔强调，要想让比较方法提供精确的预见性，研究人员需要注意下列事项：

（1）要形成一个概念的框架。首先，在"小心求证"之前要有相应的"大胆假设"，研究者必须选择在不同情境中要考察的各种变数。换而言之，研究者必须选择特定的分析角度，例如对组织的分析可以采取角色分析，并进一步划分为不同的亚角色，以此研究管理者的行为。

（2）注意可比较性。运用比较方法研究的组织，必须有比较的价值和意义。如果对两个各个方面差别都很大的组织进行比较，其意义显然不大。

（3）以组织目标为基准。对组织进行研究，势必会涉及评价问题。戴尔认为，如果忽视组织自身的目标，那么对组织的评价工作将无法展开。以乡村俱乐部和通用汽车公司为例，乡村俱乐部的目标可能更多地在于使成员之间互相了解，增进感情和友谊；而通用汽车公司的财务目标则必然定位于获取更高的利润。如果我们在对组织的分析评价中忽视了它们自身的目标，以通用汽车的财务目标去衡量乡村俱乐部的目标，显然会使结果趋于偏颇。

（4）注意比较结论的恰当性。戴尔强调，比较分析最后并不需要得出放之四海而皆准的真理，而是要求得出的结论在特定的条件之下可以适用于特定的情况，从而为"准则"的进一步完善预留空间。因此，运用比较方法要防止普适主义倾向，不能把某一公司在特定条件下的成功经验扩大到其他背景和情境不同的公司。

2. 大型企业的管理"准则"

杜邦公司、通用汽车公司、国民钢铁公司和威斯汀豪斯电气公司虽然分属于不同的行业，但都是美国甚至全球的著名企业。其中，杜邦公司是化学、化工领域的百年老店，历经两个多世纪（创立于1802年）的风雨依然充满活力；通用汽车公司在很长一段时间内占据着美国乃至世界企业排行榜的头把交椅，成为美国自由企业制度成功的重要象征；国民钢铁公司是当年美国数一数二的钢铁企业，在1929年爆发的经济大萧条中逆势而上，奇迹般地不断发展壮大；威斯汀豪斯电气公司则是少数几家能够同通用电气展开百年抗争的美国公司。通过对这些公司的比较，戴尔总结出了大型企业的如下几条管理"准则"。

（1）通过责任会计制可以达到有盈利的控制。为了克服当时面临的控制成本、沟通不畅等困难，责任会计制首先由杜邦公司的唐纳森·布朗、皮埃尔·杜邦等人创立，后来被通用汽车公司借鉴，随着杜邦和通用汽车的成功逐渐普及到全美甚至全世界。

（2）使作业分权化，并在控制上进行协调。戴尔提倡由阿尔弗雷德·钱德勒、彼得·德鲁克等人总结的"联邦分权制"（又称事业部制、M型组织结构），这种组织结构既能充分发挥各事业部的优势和积极性，又能使总部的职能充分发挥，有效协调各事业部的工作，使之向着共同的目标迈进。

（3）由集团控制代替一人控制。戴尔认为，企业里应该及时建立有效的高层管理团队，使得集团成员在见解相同、能力不等、地位平等时能取得最好的效果，以代替企业发展初期创始人大权独揽、事无巨细的"恺撒式管理"。

（4）所有者与管理者要有制衡机制。公司所有权与管理权的互相制衡，有利于维护成员的自由，避免因专断权力导致的决策失误。

（5）为企业制定一个长远的发展规划。戴尔认为，当企业处于转型阶段时，长远规划有利于避免过于重视眼前利益而忽视长远利益。

上述五条管理准则来自经理人员的实际经验,所以戴尔非常强调这些准则适用的环境和条件,一旦环境和条件发生变化,准则必须进行相应的调整。

3. 伟大组织者的共性

在对公司进行研究的同时,戴尔也通过比较归纳出了这些公司的组织者所拥有的一些共同特质。他指出,这些人取得成功的方法可以概括为以下几点:

(1) 他们都有经过概略衡量的目标。不同公司面对的环境和任务是不一样的,所以公司目标也大不相同。但是这些公司的管理者都能够以高度理性的方式来确定公司的目标,恰当协调与运用手中的资源。这种对于目标的确定与衡量,必须注意当前相应的社会环境、法律环境、人员情况以及公共习俗等差异。

(2) 分工只是一种手段,而且不是事先就能计划确定的。分工从属于组织目标,对于伟大的组织者而言,组织工作是打造业绩的工具,需要在实践中不断调整。

(3) 组织和管理工作是一种艺术,而不是科学。伟大的组织者有自己的一些工作准则,但这些"准则"不是公式或者教条,而是以工艺技术、环境条件、人员情况为依据的,是随着各种因素的变化而不断调整修正的。

思想评论

戴尔作为经验主义学派的重要代表,他的研究的主要目标是向企业的管理者提供管理企业的成功经验和科学方法。他牢牢立足于经验主义的人事论,认为管理理论的来源只能是也必须是管理经验,所以他的思想都是以大企业的管理经验为主要研究对象提出的。他的咨询经历为管理学界带来了丰富的实践经验,同时发展了某些调查研究技术。与同为经验主义学派的彼得·德鲁克相比,戴尔的管理研究始终没有超出工商管理的范围。德鲁克的研究视野更为开阔,更加富有远见,而戴尔则更加专精。

42 劳伦斯·约翰斯顿·彼得

劳伦斯·约翰斯顿·彼得（Laurence Johnston Peter, 1919—1990），美国教育学家、心理学家和管理学家，现代层级组织学的奠基人，出生在加拿大的温哥华。1957年获得华盛顿州立大学学士学位，1963年获得该校教育学博士学位。先后担任艾芙琳·弗里登中心的规范性教学主任与南加利福尼亚大学治疗情绪失常儿童的辅导员。1968年，他的著名作品《彼得原理》(The Peter Principle) 面世，好评如潮，持续占据美国畅销书榜单榜首达20周。此书的出版标志着层级组织学的诞生。

关键词 ▶ 彼得原理 (the peter principles)
层级组织 (hierarchical organization)

彼得认为，人类具有组织阶层化的本能，即非常习惯于将自己划分为各种阶层。在此基础上，他提出了"层级组织"的概念，这一词起初用于形容宗教的阶层制度（即将牧师分为各种不同的等级），彼得将其意义延伸到任何具有等级制度的组织中，认为它适用于任何公共或私人组织的管理。而层级组织的核心内容，就是彼得原理。

1. 彼得原理的含义

彼得原理是指，在一个层级组织中，如果有足够的时间而且组织有足够的级别，每位雇员都倾向于不断晋升，直到晋升到他不称职的层级，并一直在这个位置上。在对政治、法律、教育、工业等各类型层级组织中的数百个不称职案例作了分析之后，彼得得出了这一结论。他认为，每个人的晋升都是从一个能够胜任的职位升向另一个更高的职位，而在新的职位上的胜任又使他们有资格再次被提升。这样一来，称职的人会不断得到晋升，直至他变得不称职为止，即每个人晋升的最后一步都是从称职的级别升向不称职的级别。因此，层级组织中的工作主要是由尚未达到其不称职级别的雇员完成的，而每一个职位最终都会由对工作不胜任的员工把持，这也是许多组织与管理人员在发展到一定阶段时出现问题的原因。

彼得进一步指出，每一个员工最终都将达到"彼得高地"，在该处他的提升指数为零。而且，在到达高地之前，有两种可以加速上升的方法，一是靠上面的"拉动"，即依靠裙带关系和熟人等；二是靠自我的"推动"，即自身努力训练和学习等，而前者在世界上各个国家的组织中都被普遍采用。彼得认为，在层级组织中资历因素的向下压力抵消了个人奋斗的向上推力，而依靠提携常常可以克服资历因素的影响。所以，他提出了五条建议给那些想被提携的人，这些建议包括：寻找靠山、利用靠山、弃暗投明、灵活善变、获取多方庇护。

2. 彼得原理的例外情况

在阐述了彼得原理之后，彼得还指出了五种不符合彼得原理的例外情况，包括：

（1）明升暗降（percussive sublimation）。这是一种假晋升，是将已不称职的人员以提高官职的名义调离现职位，但实质上新的官职所拥有的权力更小。

（2）平调增衔（lateral arabesque）。这种调动不提高官职，有时甚至不增加工资，只是给不称职的雇员以一大串新头衔。同明升暗降一样，平调增衔也是一种假晋升，而且层级组织越大就越容易实行平调增衔。

（3）彼得倒置（Peter's inversion）。这是指内在的墨守成规被看得比有效的工作更有价值的情况。在组织中常常有非常遵守职业教条的人，这种人缺少判断的能力，颠倒了手段和目的之间的关系。从层级制组织的角度来看，他是称职的；但从真正的领导方式来看，这种人的领导是不称职的。在现实工作中，常常有这样的彼得倒置者因为领导的赏识而不断晋升，可一旦到了一个需要他自己作出决断的位置上，大家才会发现他的不称职。

（4）工作过度（hierarchal exfoliation）。这是指在组织中有些人的行为无法被解释，其可能会出现过度称职与过度不称职的现象。这样的人在组织中往往会很快被解雇，因为他们扰乱了组织的规矩，增加了组织的负担。

（5）裙带关系（hereditary upgrade）。这种裙带关系常常指当上下级是亲属、朋友或是校友关系时，下属即使不胜任也往往能得到较快的提拔。

如果从深层次分析这五种情况，我们会发现恰恰是彼得原理在从根本上起着作用，因为彼得原理中所指的晋升是从现在已经称职的位置上真正地向另外一个权力更高的职位晋升，这种晋升有时不仅需要能力，还需要晋升者本身拥有相应的社会资源。

3. 不称职的类型和表现

对于大多数人来说，即使提拔到了不称职的岗位上，他仍然想努力学习，以使自身早日适应工作，使自己成为称职的管理者，但有些生理或者心理上的限制会使得他们在十分努力的情况下依然无法达到想要达到的状态。彼得对这种现象进行了研究，并把自身所提到的不称职的人总结为四种不同的类型，其分别是：身体状况达到所能承受的限度、社会经验达到所能承受的限度、心理成熟度达到所能承受的限度、才能达到所能承受的限度。当这些重要的素质达到一定程度时，平时的工作很难使其再有较大幅度的提高。

为了观察不称职者在日常工作中的表现，彼得花费了许多时间与公司里各个层级的管理者和客户交谈，在此过程中，他发现了几个有趣的现象：

（1）不称职者常常缅怀逝去的好时光，即他们在原先官阶较低、自身充分称职的岗位上工作的那些日子。而且虽然宣称目前的职位使得自己深受其苦，但是他们绝不会放弃这一职位。

（2）在不称职的雇员中，很多人对编制工作进程表和作业图异常偏好，他们坚持每件琐碎的事情都必须严格按照图表的程序和箭头进行，不管这会产生怎样的延误或损失。

（3）一些雇员在达到了他们不称职的层级以后，就想方设法让下级心慌意乱、六神无主，借以掩饰自己的不安全感。

（4）不称职者也常常表现出优柔寡断，他们可以没完没了、谨小慎微地权衡一个问题的利弊得失，但却飘忽不定，没有立场。

有一些雇员能清醒地认识到他现在的位置已经达到了自己的不称职层级，并且承受了过多他力所难及的工作。能够认识到这个事实的雇员，倾向于将不称职和懒惰等同起来，认为自己如果工作再努力一些的话，就会克服现在面临的困难，从而成为一个胜任者。但事实上他们已经达到了自己可以达到的极限，如果继续下去，很可能会出现各种不适应，扰乱自己的正常生活。针对这一现象，彼得提出了一些建议来使他们解决自己所不胜任的事项：一是多做些事前准备，例如研讨行动方案、广泛征求意见等，以增加自己对事项的了解；二是多关注自身有把握做好的小事，而将不胜任的事项交给有资格的下属去做，以使自身创造出新的成绩；三是用自身的形象与态度感染他人，使他们对自己的关注点发生变化，激励他们去做自己所不胜任的事项。

除此之外，彼得还将自己的原理从层级组织的狭窄视野跳出来，将其放在一个更加宏观的角度上思考，并称之为"彼得历史通论"，即现在的人类总有一天会到达自己生存不胜任的阶段。因为随着技术与社会的发展，人类可以造成的灾难越来越大，而对环境的适应力则变得越来越差。所以他提倡，不论是在工作还是生活中，享受自己可以胜任的状态才是最好的一种方式。

思想评论

彼得原理告诉我们，在各类组织中，雇员总是趋向于晋升到不称职的职位，比如提拔技术骨干成为技术主管、提拔销售明星成为销售主管，但提拔后他们却无法胜任这种职位。主要的问题并非出在提升模式上，而是培养计划上。在提升之前，组织并没有有意识地培养这些人的管理能力，甚至根本没有搞清楚如果他们承担管理职务，需要加强哪些方面的训练。同时，绝大多数组织又太过于依赖中层管理人员，而中层管理人员又不可能在业务规划、内部流程管理、人力资源管理等方面都能胜任，这就必然导致管理上出现各种问题。彼得曾说：许多人爬到梯子顶端，却发现梯子架错了墙。这正是对组织中培养制度的缺失最生动的解释。

43 哈罗德·哈丁·凯利

哈罗德·哈丁·凯利（Harold Harding Kelly，1921—2003），美国社会心理学家，出生在爱达荷州博伊西。1942年获得加利福尼亚大学洛杉矶分校的心理学学士学位，1943年获得该校的心理学硕士学位。第二次世界大战时在美国陆军工作，从事航空心理学计划方面的研究工作。战争结束后到由库尔特·勒温领导下的麻省理工学院群体动力学研究中心进行学习，并于1948年获得麻省理工学院的群体心理学博士学位。1950年任耶鲁大学助理教授，1955年成为明尼苏达大学教授，并建立了明尼苏达大学的社会关系研究实验室。1961年起，凯利就任于加利福尼亚大学洛杉矶分校直到1991年退休，并在1978年成为美国国家科学院院士。他于1971年获得美国心理学会颁发的心理学杰出贡献奖，并是美国艺术和科学研究院成员。代表作有1953年出版的《传播与说服》（Communication and Persuasion）与1959年出版的《群体社会心理学》（The Social Psychology of Groups）。

关键词 ▶ 归因理论（attribution theory）
社会交换理论（social exchange theory）

凯利提出的归因理论有助于了解人们的归因方式与归因规律，并有助于指导和训练正确的归因倾向。这不仅可以帮助管理者正确地总结工作中的经验和教训，还能更好地调动员工的工作积极性，提高工作效率。他还发展了社会交换理论,在看待与员工的关系问题上为管理者提供了新的视角,同时也为社会中人与人之间的关系提供了一种科学、理性的解释。

一、归因理论

在生活中,当人们观察他人的行为时,总是试图进行推断和解释。1958年,美国心理学家海德提出了归因理论,对此现象进行了解释:所谓归因,就是指观察者为了预测和评价人们的行为,并对环境和行为加以控制,而对他人或自己的行为过程所作出的因果解释和推论。1967年,凯利发表《社会心理学的归因理论》一文,提出了新的三维归因理论(也称三度理论),对海德的归因理论进行了扩充和发展。他将归因现象区分为两类:一类是进行多次观察后才能做出归因的情况,称为多线索归因;另一类则是依据一次观察就作出归因的情况,称为单线索归因。凯利认为,人们对行为的归因总是涉及三个方面的因素:一是行为发出者本身;二是客观刺激物;三是所处的情境。其中,行动者的因素属于内部归因,而客观刺激物和所处的情境属于外部归因。至于一个现象到底应该归结为内部原因还是外部原因,要依据以下三个标准来决定(见图43—1):

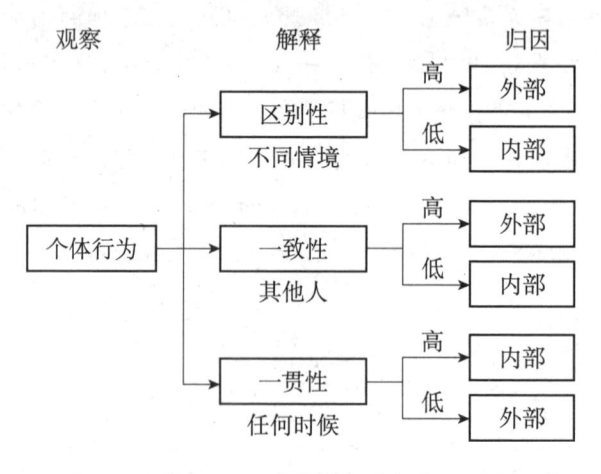

图43—1 归因的三个标准

(1)区别性,指行动者是否对同类的其他客观刺激物作出相同的反应;是在众多场合下都表现出这种行为,还是仅在某一特定的情境下表现出这一行为。如果行为的区别性低,则观察者可能会对行为作内部归因;如果行为的区别性高,则行动者的原因可能会被归于外部。例如,一名员工某天上班迟到,如果只有一次如此,管理者会认为这是堵车或者生病等外部原因引起的;但如果天天迟到,管理者一定会认为此人态度散漫、不遵守纪律。

(2) 一致性,指针对同一刺激物,其他人是否也会作出与行为者相同的反应方式。当每个人面对相似的情境都有相同的反应时,该行为就表现出了一致性。如果一致性高,人们就会对其进行外部归因;而如果一致性低,人们就会对其进行内部归因。例如,某天所有走相同路线来上班的员工都迟到了,这一定是外部因素引起的;而如果走相同路线的其他员工都准时到达了,只有一名员工迟到,则应该认为该员工迟到的原因来自其自身内部。

(3) 一贯性,指行动者是否在任何情境和任何时候都会对同一刺激物作出相同的反应。一贯性高,人们对其行为就会作出内部归因;一贯性低,人们往往就会对其作出外部归因。例如,如果一名员工有7个月从未迟到过,突然有一天迟到了,我们会认为这是一个特例,其行为的一贯性低,代表迟到的行为应该被归于外部;而如果他每周都迟到两三次,有一天又迟到了,则说明行为的一贯性高,我们会对其作出内部归因。

凯利还研究了归因中的错误与偏见。尽管我们在评价他人的行为时常常有着充分的证据支持,但人们总是倾向于低估外部因素的影响而高估个人因素的影响,这被称为基本归因错误。人们还有一种倾向是把自己的成功归因于自身的努力与上进心,而把失败归因于外部因素,这被称为自我服务偏见。

二、社会交换理论

1959年,凯利在其著作《群体社会心理学》一书中,利用博弈矩阵中一方行为对另外一方行为有影响的动态特点,结合心理学中的强化理论与经济学的概念,对人际关系以及复杂的社会组织结构进行了分析,进而对社会交换理论进行了发展。他提出,人与人之间形成关系的目的是满足相互的需求，所以该理论强调，社会互动过程中的社会行为本质上是一种商品的交换，任何人际关系皆可凭借互动过程中获得报酬和付出代价的交换而得到解释。这里提到的报酬包括物质性的，以及能满足对方心理需求的语言或非语言活动，如良好的感觉、声誉、经济收益、情感满足等；而代价是对方在此过程中不想蒙受的损失，如时间、金钱、精力、焦虑等。在人际交往的互动关系中，人们通常期待高报酬与低代价的互动。

在认知社会交换理论中，报酬与代价这一对概念非常重要，因为在凯利进行分析的矩阵中，对双方相互行为的分析结果是以这两个概念来表示的。这二者不仅仅是双方互动中独立或联合行为的结果，还是双方价值观和情感的真实反映。凯利认为，在互动中，由于每一方的行为都要付出报酬与代价，因此主要决定报酬与代价高低的因素不是自身对行为价值的评估，而是对方的行为。而且，影响互动中双方报酬与代价的因素是多种多样的，其中一些因素是互动行为以外的，可以称为外源因素；另外一些则是产生于互动行为或过程之中的，可以称为内源因素。外源因素包括互动者的自身需要、能力、互动前已存在的对对方的态度、价值观方面的相似或差异以及互动的情境等。在社会互动中，被对方选为互动伙伴的人通常首先会具有某种能力或资源等可以为对方带来更多报酬的潜能；其次，具有相似的价值观和态度倾向的个体更易于彼此选择作为互动对象；最后，双方在物理上的接近等外源因素也会为二人互动带来更大的可能性。在生活中，尽管人们通常不愿意承认自己与好友之间的关系是一种利益交换关系，但在潜意识中还是会在作出某些行为时考虑对方的利益与感受。

思想评论

凯利提出了关于归因过程的严密的逻辑分析模式，对人们的归因过程作了比较细致、合理的分析和解释。经验表明，在许多情况下，人们对于所发生的事件，并不是通过多方观察、收集足够的信息后进行归因，而往往是利用在生活经验中形成的某些固定的联系，根据自己的需要、期望，凭借有限的信息，对行为结果经济、迅速地作出归因。归因理论不仅有助于了解人们的归因倾向，掌握其归因规律，还有利于指导和训练正确的归因倾向，正确总结工作中的经验教训，从而调动工作积极性。此外，凯利还进一步发展了社会交换理论，他认为可凭借社会互动过程中获得报酬和付出代价的交换对存在于社会互动过程中的人际关系进行解释。

20世纪70年代管理思想

#			
1	埃里奥特·杰奎斯 Elliot Jaques	组织理论	罗伯特·汤森德 Robert Townsend
2		管理决策学派	罗纳德·埃伯特 Ronald J. Ebert
3	克莱顿·阿尔德弗 Clayton P. Alderfer	激励理论	阿尔伯特·班杜拉 Albert Bandura
4	特伦斯·米切尔 Terence Mitchell / 罗伯特·豪斯 Robert L. House	领导理论	维克多·弗鲁姆 Victor H. Vroom / 詹姆斯·伯恩斯 James Burns / 亚伯拉罕·扎莱兹尼克 Abraham Zaleznik
5		经验主义学派	彼得·德鲁克 Peter F. Drucker
6	罗伯特·卡茨 Robert L. Katz	管理思想史研究	丹尼尔·雷恩 Daniel A. Wren
7	布鲁斯·亨德森 Bruce Henderson	战略管理学派	
8	杰克·特劳特 Jack Trout	营销管理学派	
9	弗雷德·卢桑斯 Fred Luthans	权变理论学派	
	亨利·明茨伯格 Henry Mintzberg	经理角色学派 The Managerial Roles Approach	

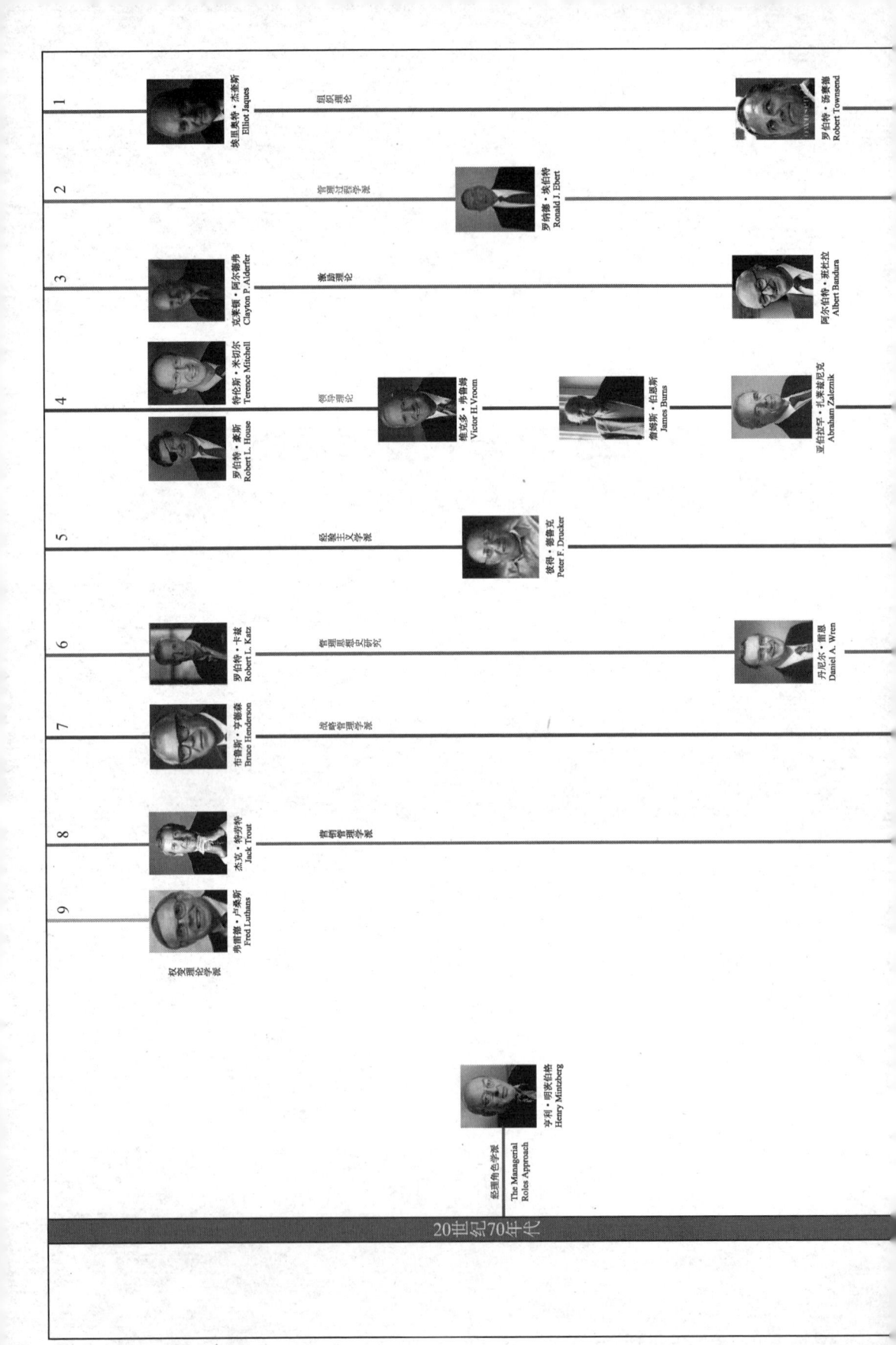

20世纪70年代

20世纪70年代的西方国家,进入了一个不寻常的经济社会繁荣时期。但是,盛世背后总是隐藏着危机:一方面,随着石油危机的爆发,资本和生产更加集中,企业的规模日益扩大,企业内部的组织结构也愈加复杂,如何从企业整体的要求出发,处理好组织内部各个单位或部门之间的相互关系,保证组织整体的有效运转成为亟待解决的问题;另一方面,由于企业经营活动范围的进一步扩大,多元化与国际化程度不断提高,如何使企业组织适应外部环境的变化也变成管理学家研究的热点。在这种背景下,经理角色学派应运而生,进一步丰富了现代管理理论的内容。此外,权变管理、营销管理、战略管理、领导理论、行为科学、管理过程、组织理论、管理思想史等学派适时地进行理论创新,以满足管理实践的迫切需求。

20世纪70年代,著名的经理角色学派开始登上历史舞台,其代表人物亨利·明茨伯格于1973年出版的《经理工作的性质》一书是这一学派最早出版的经典著作。不同于一般领导理论的是:经理角色学派通过对经理所担任角色的分析来考察经理的职务和工作,以求提高管理效率。明茨伯格认为,不论哪种类型的经理,其工作都具有工作量大、步调紧张、活动短暂、多样而琐碎等特点;经理一般担任人际关系、信息传递和决策三类共十大角色;影响经理职务的有环境、职务、个人和情境等方面的因素。经理角色理论对经理的角色、工作性质、职能以及培养做出了深刻论述,对如何提高经理工作效率具有重要意义。

除了经理角色学派大放异彩,其他既有学派在这一时期也得到了丰富和发展。权变理论学派的杰出代表人物弗雷德·卢桑斯强调管理与环境的妥善结合,以及管理理论贴近管理实践。他提出了"如果—就要"理论,认为如果某种环境存在或出现,就要采取与其对应的管理思想、管理方法和管理技术,以有效地实现组织目标。这一时期的营销管理学派侧重于品牌的定位,这源于营销大师杰克·特劳特的贡献。作为"定位之父",特劳特强调企业一定要切实厘清自己的区隔,按照分析行业环境、寻找区隔概念、找到支持点、传播与应用这四个步骤来建立自己的品牌定位。他认为品牌定位的目的就是要借助持续、简单的信息使企业在顾客心智中立足。这种"将产品置位于消费者心中"的观念自特劳特提出后在世界上风靡一时,对营销管理理论和实践的发展产生了深远影响。

继安索夫和钱德勒之后，布鲁斯·亨德森成为战略管理学派在这一时期的杰出代表。亨德森的理论成果主要有两个：其一是经验曲线，阐明了企业经验的获得可以使生产累积增长，进而使单位成本下降这一重要规律。其二是波士顿矩阵，即一种通过测量企业产品的市场增长率和市场份额来分析和评估公司投资组合的有效模式，用以帮助管理者以前瞻性的眼光观察企业各项业务活动的联系，因此广受管理咨询界人士的青睐。

这一时期同样是领导理论学派的多产时期，主要代表人物及其理论成果包括：罗伯特·豪斯和特伦斯·米切尔提出并完善了路径—目标理论，认为领导者应当考虑任务结构、工作群体等环境因素，选择最适合下属特征和工作需要的领导风格，帮助下属通过一定的路径来实现目标；维克多·弗鲁姆和菲利普·耶顿提出了领导者—参与模型，他们根据员工参与决策程度的不同，把领导风格（决策方式）分为三类五种，并设计了通过决策环境描述来筛选一个或若干个可行决策的判断选择模型；亚伯拉罕·扎莱兹尼克从"人性"的角度出发，在对目标的态度、工作的概念、与他人的关系、自我意识及领导者的培育等方面详细区分了领导者和管理者之间的区别。伯恩斯将领导理论研究的关注点从领导特质论、行为论转向了领导交互论、利益论，其提出的交易型领导理论与变革型领导理论是领导理论研究的重大突破。这些卓有成效的研究在很大程度上深化了领导理论，自此以后，领导职能研究开始包含丰富的人性内容，领导的内涵从简单的权力应用扩展到激励、沟通和解决冲突等人文领域，实现了从重"物"的管理思想向重"人"的管理思想的转变。

行为科学学派在这一时期的理论成果主要包括克莱顿·阿尔德弗的 ERG 理论、阿尔伯特·班杜拉的自我强化理论以及社会学习理论。克莱顿·阿尔德弗修正和发展了马斯洛的需求层次理论，将其压缩为生存（E）、关系（R）和成长（G）三种需求，并指出人的需求虽有层次，但不一定严格地按照由低层次向高层次发展的顺序，当高层次需求受挫难以实现时，需求重点有可能转向较低层次。他还认为，在任何时间里多种层次的需求都会产生激励作用，更加符合实际。在斯金纳强化理论的基础上，阿尔伯特·班杜拉提出了用于行为修正的自我强化理论，即除了外部强化，行为主体还可以对自己的行为进行内部自我强化。他还提出了社会学习理论，强调观察学习、榜样、自我调节以及奖励等在人的行为获得中的作用。这些激励理论不仅更为切合实际地分析了人类动机的真实状况，而且从环境和人类自身的角度深刻剖析了有效激励的实施过程，实现了激励研究在理论内涵及外延上的深化与拓展。

经过长达十年的沉寂之后，以罗纳德·埃伯特等为代表的管理过程学派在这一时期重新出现在管理世界中。他们对传统生产制造系统的管理工作做了精辟的阐述，涉及生产经营中人的作用、管理理论和方法的变迁、生产制造系统理论等内容。他们既强调把生产管理的原理和方法推广应用于服务部门的必要性，又指出在生产与业务管理中对模型的分析研究和对行为的分析研究并重的必要性，为管理理论的发展和应用作出了重要贡献。

在20世纪70年代的组织理论领域，埃里奥特·杰奎斯在冰川金属公司试验研究的基础上取得了重大的理论成就。他突破了传统的仅以部属人数为标准确定管理幅度的做法，提出以责任时间幅度作为管理幅度和组织层级设计标准的思想，深化了组织理论的研究。此外，他还从个人能力、工作所需能力、个人薪酬三者关系的对称性角度系统分析了组织中六种不公平现象，为有效管理员工提供了科学依据。罗伯特·汤赛德于1970年出版的《提升组织》一书，揭露了现代组织的臃肿，发现了企业的惰性。

管理思想史研究在这一时期出现了两位影响深远的人物。罗伯特·卡兹对管理思想史上的各种理论加以收集整理，编写成《哈佛管理论文集》，对后来的管理学研究具有积极的意义；丹尼尔·雷恩在《管理思想的演变》中按照时间顺序对有重大贡献的管理学者的活动背景、思想和影响进行了详细阐述，将管理学的思想魅力体现得淋漓尽致，为后人把握管理学提供了极大便利，该书堪称目前管理学界最为经典的管理史学著作。

概括起来，一方面，新兴学派以系统和权变的观点来考察组织内部各要素之间的相互联系及其与外部环境的相互协调，使管理研究修正了以往所存在的顾此失彼的缺陷。同时基于理论构建的需要，还就各种管理基本原理的统一进行了有益尝试。另一方面，既有学派致力于理论创新，提出了一系列崭新的思想、方法和模型。尽管有些观点在经受实践检验之后尚显得不够成熟，还有待于进一步完善，但是这些新旧学派在20世纪70年代的学术成就对日后的管理思想及实践产生了重要影响。

44 亨利·明茨伯格

亨利·明茨伯格（Henry Mintzberg，1939— ），加拿大管理学家，西方管理学经理角色学派的主要代表人物，出生在加拿大的蒙特利尔。1961年获得麦吉尔大学的机械工程学士学位，后又于1965年与1968年先后获得麻省理工学院的管理学硕士与博士学位。拿到博士学位后，他回到麦吉尔大学任教，1978年成为麦吉尔大学的管理学教授。明茨伯格还在美国创办了战略管理协会，并于1988—1989年任该协会主席。他是第一位当选为加拿大皇家社会学协会会员的管理学研究方面的学者，其1975年发表的论文《管理者的工作：传说与事实》（The Manager's Job: Folklore and Fact）与1987年发表的论文《手艺式战略》（Crafting Strategy）使他两次荣获《哈佛商业评论》的麦肯锡奖。1998年加拿大政府颁给他国家勋章与魁北克勋章；2002年管理科学年会颁给他杰出学者奖；2003年美国培训与发展协会颁给他终身成就奖。他的代表作品有1973年出版的《经理工作的性质》（The Nature of Managerial Work）、1983年出版的《卓有成效的组织》（Structure in Fives: Designing Effective Organization）与2004年出版的《管理者非MBA》（Managers Not MBAs）。

关键词▶ 经理角色 (manager role)
战略管理 (strategic management)
管理工作 (managerial work)

作为经理角色学派的主要代表人物,明茨伯格全面阐述了经理工作的特点、经理所担任的角色、经理工作中的变化及经理职务的类型、提高经理工作效率的要点、经理工作的未来等,并评介了其他管理学派有关经理职务的各种观点。除此之外,明茨伯格还梳理了战略管理出现以来的各种思想,划分出了战略形成的十大学派。

一、经理角色理论

1973 年,明茨伯格的著作《经理工作的性质》出版,标志着经理角色理论的诞生。该书在介绍和评价了关于经理工作的八个主要学派——古典学派、伟人学派、企业家学派、决策理论学派、领导者效率学派、领导者权力学派、领导者行为学派和工作活动学派的主要观点后,全面阐述了经理角色理论。这里的"经理",是指一个正式组织或组织单位的主要负责人,拥有正式的权力和职位。而且,"角色"这一概念是行为科学从舞台术语中借用到管理学上的,指属于一定职责或地位的一套有条理的行为。

1. 经理工作的共同特点

按照明茨伯格的介绍,经理工作的共同特点包括以下几点:

(1) 大量的工作与极少的空闲时间;

(2) 工作活动具有简短性、多样性和琐碎性等特点;

(3) 喜爱口头的交谈方式;

(4) 倾向于将工作更活跃的部分——现实的、具体的、明确的、非例行的活动放在优先地位。

(5) 与顾客、供应商、业务伙伴、同级人员以及其他人的外部联系要消耗其近一半的联系时间,与下属的联系要占用其近 1/3 的联系时间,而与其上级的联系时间通常只占 10%。

(6) 经理的职务反映了责任与权力的混合。经理对许多工作做出的初步决定负责,而且这些决定又使他们要承担许多义务,但他们可以通过获取信息、行使领导职务等许多方式从这些义务中获得好处。

2. 经理的角色

明茨伯格认为,经理一般担任十种角色,大致可分为三类:第一类是人际关系方面的角色,包括挂名首脑、联络者和领导者的角色;第二类是信息方面的角色,包括监听者、传播者和发言人的角色;第三类是决策方面的角色,包括企业家、混乱驾驭者、资源分配者和谈判者的角色。

这十种角色是一个相互联系、密不可分的整体。人际关系方面的角色产生于经理在组织中的正式权威和地位,这种地位又使他成为组织内部信息传播的重要神经中枢,而获得信息的独特地位又使经理在组织作出重大决策中处于中心地位,使其得以担任决策方面的四个角色。这十项角色表明,经理从组织的角度来看应该是一位全面负责的人,但事实上却要担任一系列的专业化工作,其既是通才又是专家。而各种角色通常会赋予经理以下五项任务:保证组织有效率地生产出某些产品和服务;设计并维持组织业务的稳定性;使组织以一种可控制的方式适应变动中的环境;组织及其环境之间的关键的信息传递环节;使组织的等级制度正常运转。

3. 提高经理工作效率的要点

在明确了经理工作的特点与经理的角色后,经理可以利用以下几个要点来提高工作效率:一是及时与下属共享信息,在共享信息的基础上,由两三个人来分担经理的职务;二是尽可能地利用各种职责为组织目标服务,但这需要摆脱某些非必要的工作;三是以适应于当时具体情况的角色为重点,在掌握具体情节的基础上把握好全局观念,采取不同的方式进行管理。

经理角色理论不仅对人们理解经理的角色、工作性质、职能以及培养具有启发性,而且对如何提高经理工作效率,尤其是对改革我国传统的经营管理体制等(如激励机制、监控机制、决策机制)具有重要的意义。

二、战略学派划分

1998年,明茨伯格与他人合作出版了《战略历程》一书,该书介绍并剖析了战略形成的十个学派,并将十个学派归结为说明性、描述性和结构性三大学派。这十个学派分别从不同的角度或层次分析或反映了战略形成的客观规律，对战略管理理论作出了贡献，它们互相补充，共同构成了完整的战略管理理论体系。同时，明茨伯格用战略动物园这一形象化的比喻，来说明战略学派的多样性。

(1) 设计学派。该学派的代表人物是钱德勒和安德鲁斯，他们认为战略形成过程实际上是把企业内部优势和劣势与外部机会和威胁进行匹配的过程。设计学派好像蜘蛛，只是在专心致志地编织自己的网。

(2) 计划学派。该学派的代表人物是安索夫，他认为战略产生于一个受控的、正式的过程，该过程可被分解成清晰的步骤，每个步骤都可采用核算清单进行详细的描述，并由分析技术来支撑。计划学派好像松鼠，一心收集资源为未来做准备。

(3) 定位学派。该学派的代表人物是迈克尔·波特，他第一次将战略分析的重点由企业转向了产业，强调了外部环境的重要性，认为战略形成是一个分析过程。波特的五力模型、三种通用战略、价值链模型是定位学派的主要分析工具。定位学派是庞大的水牛，凭借自己强壮的身躯傲视一切。

(4) 企业家学派。该学派认为战略形成是一个构筑愿景的过程，其形成过程集中在少数凭借其直觉、智慧、经验以及洞察力等进行直觉判断以决定企业活动领域和发展方向的企业领导人身上。企业家学派认为，企业家是可以独力战胜水牛的狼。

(5) 认知学派。该学派认为，由于现实中不同的认知视角，包括概念、计划和框架等决定了人们如何处理环境中的输入信息，所以战略形成是一种发生在战略家思想中的认知过程。认知学派好像猫头鹰，只是把这一切都看在眼里，进而编织自己的心灵世界。

(6) 学习学派。该学派的代表人物是查尔斯·林登布洛姆（Charles Lindblom），他认为战略形成是一个自发过程，而且由于组织所处环境的复杂性和不可预测性，战略的制定只能在不断学习的过程中形成和执行，而战略形成与发展的过程就是思想与行动、控制与学习、稳定与改变相结合的艺术性过程。学习学派则好比是猴子，灵巧地寻找树上的果实。

(7) 权力学派。该学派认为，战略的形成是一个协商的过程，其不是某一个人制定的结果，而是组织内部各种权力冲突或与组织外部各种控制力量相互妥协、谈判的结果。权力学派像狮子一样，盯上了战略动物园以外的羚羊。

（8）文化学派。该学派的代表人物有彼得斯和沃特曼，他们认为战略是一种观念，而其制定过程本质上是根植于组织中的文化及社会价值观的作用。文化学派好像孔雀，只关心自己漂亮的羽毛。

（9）环境学派。该学派认为，环境在战略形成的过程中扮演了重要角色，组织必须适应环境，并在适应环境的过程中找到自己生存和发展的位置，其重点研究组织所处外部环境对战略制定的影响。环境学派与文化学派有点类似，就像不愿看到危险的鸵鸟。

（10）结构学派。该学派属于综合性的学派，汇集了多个学派的观点，认为战略形成是一个变革过程。它提供了一种调和不同学派的方式，认为不同学派理论的出现都受当时的社会与经济环境影响，所以随着管理学的发展，战略管理还将不断地进步。结构学派则像善于变化的变色龙，外观在不停变化，而实质则始终如一。

这十个学派总体可以划分为三类，其中前三个为第一类，都属于说明性学派，它们关注的是战略应如何明确地表述，而没有关注战略形成过程中的一些必要工作。随后的六个学派是第二类，属于描述性学派，它们对战略形成过程中的具体方面进行了思考，侧重于描述战略的实际制定和执行过程，而不是侧重于描述理想的行为。最后一类是结构学派，这一学派崇尚综合，将出现于不同时代与阶段的战略管理的各个部分，如战略制定过程、战略内容、组织结构和组织关系等集中起来，从而为下一步的研究作出铺垫。

也许，随着管理学的发展，战略动物园里还会出现更多的新动物，旧有动物也会不断演化出新的亚种，但象征着统一的大象在哪里，似乎还没有找见。明茨伯格的结论是，每个学派都为战略作出了贡献，这些学派关注的点就像大象的象牙、身躯、尾巴等各个部分。但更重要的是，管理者与学者需要超越每个学派的狭隘，把这些学派乃至更多的学派结合到一起，来掌握战略这只大象。

思想评论

作为经理角色学派的创立者,明茨伯格的思想极为独特。他总是能在严格的学术研究与理论思辨后,把自己精彩的观点以宣泄式、前卫式的手段表达出来。其代表性与突破性的思想,不仅体现在经理工作角色、战略管理与管理教育上,更是深刻地镶嵌在当代管理学进程的方方面面中。明茨伯格谈道:"我们要关心过程与内容、静态与动态、约束与启示、个人的认知与集体的思维、计划与学习、经济与政治。换句话说,除了探索局部,我们还必须对战略形成的整体给予更多的关注。我们可能永远也找不到它,永远也不会真正地看见它的全貌。但我们肯定能看得越来越清楚。"

45 杰克·特劳特

杰克·特劳特（Jack Trout，1939—　），全球最顶尖的营销战略家，被誉为"定位之父"。他在通用电气公司的广告部开始其职业生涯，随后在美国尤尼罗尔公司分公司担任广告部经理，后来加入阿尔·里斯的广告和营销战略公司，从此与里斯两人合作长达26年之久。在此之后，特劳特创建了特劳特合伙公司，并担任公司总裁。该公司现已发展成为战略定位咨询领域的全球领导性公司，在10多个国家设有分支机构，客户包括IBM、宝洁、西南航空、西尔斯以及其他《财富》500强企业。其代表作有1972年与里斯合作的《定位时代》（The Positioning Era）、1981年出版的《定位》（Positioning: The Battle for Your Mind）以及1997年出版的《新定位》（The New Positioning）。

关键词▶ 定位（positioning）

　　　　　营销战略（marketing strategy）

特劳特提出了"定位"这一概念，强调企业一定要切实厘清自己的区隔，按照分析行业环境、寻找区隔概念、找到支持点、传播与应用这四个步骤来建立自己的品牌定位，借助持续、简单的信息使企业在顾客心中立足，使消费者在提到相关领域时第一时间想到本企业的品牌。这种"将产品置位于消费者心中"的观念自特劳特提出后在世界上风靡一时，对营销管理理论发展和企业营销的实践均产生了深远影响。

1. 定位的概念

特劳特在 1969 年发表的《定位：同质化时代的竞争之道》("Positioning" is a Game People Play in Today's Me-too Market Place)一文中首次提出了商业中的定位概念，后又于 1972 年发表《定位时代》一文，开创了定位理论。定位（positioning）是指企业根据竞争者现有产品在市场上所处的位置，针对顾客对该类产品某些特征或属性的重视程度，为本企业的产品塑造与众不同的、给人鲜明印象的形象，并将这种形象生动地传递给顾客，从而使该产品在市场上确定适当的位置。市场定位可分为对现有产品的再定位和对潜在产品的预定位。对现有产品的再定位可能导致产品名称、价格和包装的改变，但这些外表变化的目的是保证产品在潜在消费者的心目中留下值得购买的形象。而对潜在产品进行预定位时，营销者必须从零开始不断地学习与探索，使得新产品的特色充分符合所选择的目标市场。公司在进行市场定位时，一方面要了解竞争对手的产品具有何种特色，另一方面要研究消费者对该产品各种属性的重视程度，然后根据这两方面进行分析，选定本公司产品的特色和独特形象。

2. 定位的五个基本方面

（1）消费者定位。在对具体产品进行定位之前，企业需要首先定位目标消费群体。消费者定位就是企业寻找消费者的特殊需求，并不断满足这种需求的过程。通常来说，影响顾客心理需求与购买动机的因素有以下五种：一是消费者的价值心理，即企业的产品或服务的价值能够满足顾客对其品质的期待；二是消费者的规范心理，即顾客接受的营销方式要符合其道德行为准则；三是消费者的习惯心理，即企业的产品或服务能够迎合顾客的日常行为、消费习惯；四是消费者的身份心理，即顾客购买的产品或服务可以彰显自己的身份或地位的心理；五是消费者的情感心理，即企业提供的产品或服务能够影响顾客的情感取向。不论是厂家还是商家，只有针对消费者的心理需求与购买动机，准确对其进行定位，"投其所好"，营销模式才有可能取得成功。

（2）产品定位。产品定位是将某个产品定位在消费者心中，使消费者一旦产生类似的需求，就能立即联想起该产品。一件产品的内容应该包含五个层次：第一层次是核心产品，也就是顾客真正想要购买到的、可以满足自己用途的利益；第二层次是形式产品，指的是产品实在的形体及外观，它是核心产品的载体；第三层次是期望产品，也就是顾客购买产品时的一整套属性和条件；第四层次是附加产品，指购买这种产品的顾客所得到的附加利益和服务，如产品使用说明、质量保证、售后服务等；第五层次是潜在产品，即该产品将来可能的所有增加和改变，例如许多购买了苹果手机的人年年换代新的苹果手机。所以，为了取得强有力的竞争地位，企业必须围绕其产品的五个层次做文章，使自己的产品在这五个层次上具有一个或者多个不同于竞争对手产品的特征，让顾客感觉这是市面上"独一无二"的产品。值得注意的是，虽然在与其他同类产品进行比较时差异越多越好，但企业并不一定必须在多个方面同时表现出差别，有些时候只需要一个方面就行，例如"价格低"、"质量高"或"技术领先"等。

（3）价格定位。价格是产品构成的关键要素，但绝不是决定性因素。人们经常可以看到，市场上卖得最好的产品往往是那些质量优、服务好、价格高的产品，而绝不是质量一般或低劣、价格相对便宜的产品。因此，价格的定位并不是越便宜越好，而是要取决于厂商的战略定位和未来产品及市场发展的方向。

（4）市场定位。市场定位就是参考目标消费群、消费力、消费特点、销售渠道、传播方式等因素，并根据这些指标进行市场推广的过程。产品的市场定位，决定了产品的发展方向，其市场定位的准确与否，关系到产品推广的成败。好的产品，必须有好的市场定位，任何一方的偏颇，都有可能导致全局皆输。在进行市场定位时，企业需要参考的变量有目标消费人群、当地消费能力、消费特点、销售渠道、传播方式等。

（5）广告定位。产品要想在市场上具有良好的表现，不仅要有过硬的质量，而且需要好的"吆喝"，即要有好的广告创意，这就需要广告定位。好的广告定位要遵循以下"九字经"：对谁说（选择目标消费者），说什么（广告内容、创意、产品诉求点），怎么说（艺术风格及表现形式）。独特的广告也是产品区别于竞争对手、创造独特优势的一种有效手段，是差异化策略的具体表现。

3. 定位的四个步骤

在消费者选择的时代，经营者要么想办法做到差异化定位，要么就只能定一个很低的价格，靠着薄利多销生存下去。其中的关键之处在于能否使品牌形成自己的特色，在某一方面占据主导地位。企业在进行定位时，必须切实厘清自己的区隔，并按照以下四个步骤来建立定位。

（1）分析行业环境。企业不能在真空中建立区隔，由于周围的竞争者都有着各自的特色，因此产品或服务要切合行业环境才行。首先，企业应该从市场上的竞争者开始，弄清楚他们在消费者心中的大概位置，以及他们的优势和弱点。其次，企业需要知道市场上正在发生的情况，以判断推出自身区隔的时机是否合适。只有把握住最佳时机，才有可能得到一个好的区隔。

（2）寻找区隔概念。在分析了行业环境之后，企业还要寻找一个具体的概念，使自己与竞争者区别开来。

（3）找到支持点。有了具体的区隔概念以后，企业还需要找到一个支持点，让自己的区隔真实可信，向消费者证明其实现的可能性。

（4）传播与应用。并不是说有了区隔概念，就可以等着顾客上门。最终，企业要靠传播才能将概念植入消费者心中，并在应用中建立起自己的定位。企业需要在每一方面的传播活动中，都尽力体现出区隔的概念。而且，一个真正的区隔概念也应该是一份真正的行动指南，在企业内部指导员工的行为。

思想评论

特劳特的理论广泛适用于企业战略。他提出的定位就是让顾客对品牌产生某种代表性概念，就像沃尔沃代表"安全"，英特尔代表"微处理器"一样。而目前在中国，定位理论在某种程度上遭到了"教条式"的误读。很多人手持《定位》红宝书宣布，中国的本土品牌要想取得成功，也必须像西方品牌那样（如可口可乐、宝洁等）严格遵守定位法则。而对于已经实施了品牌延伸的企业，这些教条主义者则无视人家的成功，将品牌现状与延伸前的定位作一番比较后称，品牌在消费者心中的定位已经不再清晰。事实上，机械照搬教条只会导致错误的判断，永远也无法给企业的品牌战略带来有效的指导，任何一家明智的企业都需要根据实际情况量体裁衣，审时度势，针对不同的环境来辩证地使用定位理论。

46 布鲁斯·杜林·亨德森

布鲁斯·杜林·亨德森（Bruce Doolin Henderson，1915—1992），波士顿咨询公司创始人，波士顿矩阵、经验曲线、三四规则矩阵的提出者，出生在田纳西州的纳什维尔。1937年获得范德堡大学的工程学学士学位。进入哈佛商学院后，在离毕业90天时离开学校，进入西屋公司，在西屋公司工作近18年，并在37岁时成为西屋公司副总裁，是西屋公司历史上最年轻的副总裁之一。1959年，他离开西屋公司，加入阿瑟·立特尔管理顾问公司。1963年，他离开阿瑟·立特尔管理顾问公司，受波士顿平安储蓄信托公司的委托建立一支为银行业提供咨询的队伍，即波士顿咨询公司的前身。在之后的许多年里，他将这家公司打造成一家世界性的咨询公司，并担任董事长直到1985年退休。退休后在范德堡大学的欧文管理学院（Owen Graduate School of Management）执教。其代表作有1982年出版的《亨德森论公司战略》（Henderson on Corporate Strategy）与1986年出版的《公司战略的逻辑》（Logic of Business Strategy）。

关键词▶ 波士顿矩阵（BCG matrix）
经验曲线（experience curve）
现金牛产品（cash cow）
问号产品（question marks）

亨德森提出了波士顿矩阵、经验曲线、三四规则矩阵等众多管理模型，他认为企业的管理者需要根据内外部环境和资源的变化趋势不断地对产品或业务进行分类，及时掌握产品结构的现状，并对其采取不同的经营战略，来增加在市场上的竞争优势。这也为波士顿咨询公司在战略咨询领域的领先地位奠定了智力基础。

一、波士顿矩阵

亨德森认为，如果一个组织拥有多个事业部或者多种业务或产品，就一定要考虑如何将组织所拥有的资源在各种业务或事业部中进行有效地分配，所以他在20世纪70年代初开发了用来分析公司业务的方法——波士顿矩阵（见图46—1），此方法又被称为波士顿咨询集团法、四象限分析法、产品系列结构管理法等。亨德森提出，决定产品结构的总体要素有两个，一个是产品前景，另一个是产品质量。其中，产品前景是产品结构是否合理的外在因素，可以用该项产品或业务在市场上的增长率来表示；而产品质量则是产品结构是否合理的内在因素，可以用这项产品在市场中占有的市场份额来表示。在波士顿矩阵中，纵坐标表示该业务的销售量或销

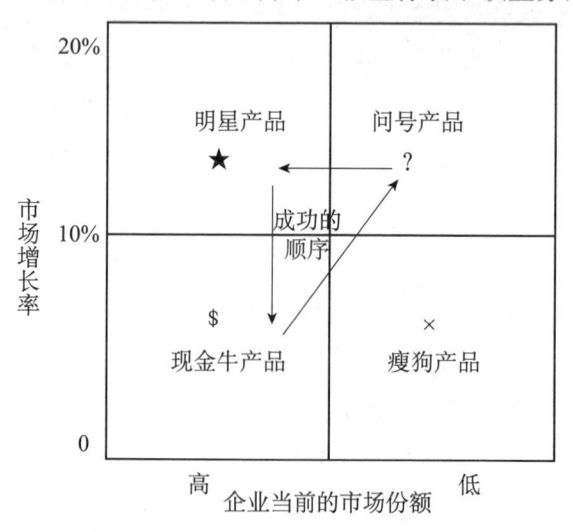

图46—1 波士顿矩阵

售额的市场增长率，用数字 0～20％表示（如果市场增长率超过 10％就是高速增长）；横坐标表示该业务相对于最大竞争对手的市场份额，用于衡量企业在相关市场上的实力。根据横、纵坐标的划分，波士顿矩阵可以被分为四种组合，代表四类不同的产品或业务：

（1）现金牛产品。这种产品有着很高的市场占有率与极低的市场增长率，是已经进入成熟期的产品，其利润率大、销售量大、负债比率低，可以为企业带来大量的现金，以供企业发展新产品，是企业主要的资金来源。

（2）瘦狗产品。这种产品也称衰退类产品，其主要特点是市场占有率低，市场增长率也低。虽然瘦狗产品在账面上也能产生利润，但是这些利润必须依靠向这些产品进行再投资来产生。在大多数情况下，企业的管理者应该将瘦狗产品舍弃，并把资源投入到其他产品或业务中；但也有一些瘦狗产品可以转化为现金牛产品，这就需要管理者的判断力与改造力。

（3）问号产品。这种产品市场占有率低，但市场增长率很高，所以在发展中需要大量资金来进行升级与推广。由于市场占有率低，问号产品产生的利润也非常有限，如果没有后续资金的支持，它就会逐渐失去竞争力，直至在市场中消失。因此管理者对于这一类型产品的未来发展也要慎重考虑，应该花费更多的资金来帮助其提高市场占有率，还是将其放弃，把资源用于其他产品的研发。

（4）明星产品。这种产品指市场占有率高、市场增长率也高的产品。管理者需要加大投资以支持其迅速发展。在长期的发展后，明星产品最终将变成现金牛产品，同样会为企业带来稳定的高利润，而从明星产品中产生的大量资金，可以支持企业的后续发展。

对于不同的产品，所需要的管理者类型也不同：对于现金牛产品来说，管理者应是营销方面的专家，维持这类产品的高市场占有率；对于明星产品来说，管理者应是技术与营销方面的双重专家，使这类产品不断加强竞争地位，来获得高额的利润；对于问号产品来说，应该有一个专业项目团队来进行管理，并选拔出有规划能力与敢于冒险的负责人；对于瘦狗产品来说，管理者只需要对其做出判断后进行撤销或转型。在实际经营中，企业的管理者需要及时掌握产品结构的现状，根据外部环境与内部资源的变化趋势不断地对产品或业务进行分类，并对其采取不同的经营战略。

二、经验曲线

经验曲线又称经验学习曲线、改善曲线，是亨德森在 1960 年提出的。它分为狭义的与广义的两种：狭义的经验曲线是一种表示生产单位时间与连续生产单位之间关系的曲线，即当个体或组织在一项任务中习得更多的经验时，他们完成任务的时间会变得更短，效率会变得更高；而如果将经验曲线运用到生产成本与产量的关系上，就有了广义的经验曲线效应（experience curve effect）（见图46—2），即当产量增加时，产品的单位成本会不断下降。在不同的行业中，成本随产量下降的比率是不一样的，管理者发现这一比率后，可以有目的地通过控制产量来控制成本。

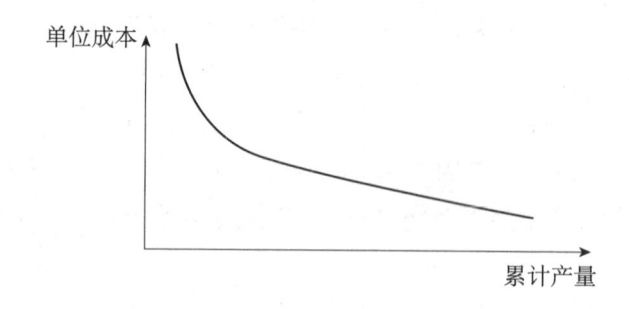

图 46—2 经验曲线

一般而言，形成经验曲线效应的原因有三项，分别是：

（1）学习效果，即工人在大量的重复工作后，对产品的生产制造流程有了非常清楚的了解，进而可以用最高的效率完成工作；

（2）科技进步，即工人在从事一项工作一段时间后，可以根据实践经验与问题对生产过程作出改善；

（3）产品改善，即企业的产品销售一段时间，并得到顾客反馈后，企业就可以清楚地了解顾客的偏好，进而对产品进行设计与改善，在不影响功能的情况下减少成本。

亨德森将这一模型应用在战略中后，发现当总体所积累的经验扩大一倍时，在排除通货膨胀的前提下，新增价值的成本每次将会显著下降25%~30%，而这正是上述三个原因所造成的结果。根据这种观点，在其他条件相同的情况下，当一个新市场出现时，第一个进入的企业首先应该迅速扩大产量来得到优于其竞争对手的成本优势，然后再进行产品升级等后续工作。

三、三四规则矩阵

亨德森在对波士顿咨询公司的大量客户的生存状态进行总结后发现，在一个稳定的竞争市场中，市场竞争的参与者一般可以分为三类：领先者、参与者、生存者。其中，领先者一般是指市场占有率在15%以上，可以对市场的产量、价格等方面的变化产生重大影响的企业；参与者的市场占有率一般介于5%~15%之间，这些企业虽然不能对市场产生重大的影响，但是它们是市场竞争的有效参与者，总体实力也对市场上的供需状态有一定影响；而最后的生存者一般是局部细分市场的填补者，这些企业的市场份额都非常低，通常小于5%。

一般来说，市场上非常具有影响力的领先者数量不会超过三个，而在这三个企业之中，最有实力的竞争者其市场份额又不会超过最小者的四倍，这就是著名的三四规则矩阵（见图46—3）。上述关系是由下面两个条件决定的：一是在任何两个竞争者之间，几乎都存在2:1的市场份额均衡点，在这个均衡点上，无论哪个竞争者要增加或减少市场份额，都显得不切实际而且得不偿失；二是如果一个竞争者（例如图46—3中的C）的市场份额小于最大竞争者（图46—3中的A）的1/2，它就不可能非常有效地参与竞争。

在经验曲线的效应下，成本是市场份额的函数，倘若两个竞争者拥有几乎相同的市场份额，那么谁能提高相对市场份额，谁就能同时取得产量和成本两个方面的增长，这与他们为了得到份额所付出的代价相比会更多。而在主要竞争者进行激烈争夺的情况下，最有可能受到伤害的却是市场中最弱小的生存者。

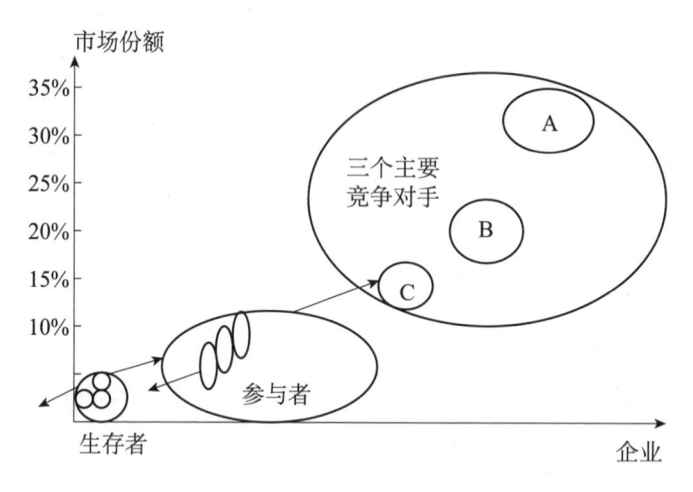

图 46—3　三四规则矩阵

思想评论

亨德森的理论模型非常具有实用性：波士顿矩阵的提出，使得管理者可以使用一种通过测量企业产品的市场增长率和市场份额的工具来分析和评估公司投资组合的有效模式，进而使其以前瞻性的眼光观察企业各项业务活动的联系；经验曲线阐明了企业经验的获得可以使生产累积增长，进而使单位成本下降这一重要规律；而三四规则矩阵则为管理者分析企业的竞争地位提供了更为直观的工具。

47 丹尼尔·雷恩

丹尼尔·雷恩（Daniel A. Wren，1932— ），美国管理学家和管理史学家，出生于密苏里州的哥伦布。1954年获得密苏里大学的工业与个人管理学学士学位。第二次世界大战时加入美国空军后备军官训练团，驻扎在德国作战。战后回到密苏里大学取得管理学硕士学位，1964年获得伊利诺伊大学的商学博士学位。从1963年开始，雷恩在佛罗里达州立大学执教，并在这里晋升为正教授。1973年他前往俄克拉何马大学任教，1989年在此处被任命为戴维·博伊德管理学教授，2000年起成为戴维·博伊德名誉退休教授。他是美国南方管理学会的会员，也是美国管理协会会员，并担任过南方管理学会的主席和美国管理协会管理史分会主席。代表作有1972年出版的《管理思想的演变》（The Evolution of Management Thought，此书曾多次改版，在第5版时改名为《管理思想史》）与1984年出版的《管理：过程、结构和行为》（Management：Process，Structure and Behavior）。

关键词▶ 管理学（management）
管理思想史（the history of management thought）

雷恩对管理思想史进行了研究。他认为，管理活动古已有之，有关人、管理和组织的思想，是根据整个历史中各种不同文化道德准则和制度的变化而发展的，有关如何进行管理的知识体系的发展也是根据各种文化中经济、社会、政治等方面的变化而演变的。管理思想既是文化环境的一个过程，也是文化环境的产物。此外，从本质上看，人们在经济、社会和政治方面的需求，要通过有组织的努力去满足，所以管理是在人们谋求通过集体的行动来满足其需求时所产生的一种必不可少的活动。雷恩将管理思想的演变分为以下四个阶段。

1. 早期管理时代

在工业化以前，主流的管理思想主要是反对商业、反对获取成就，尤其是反人道的文化价值准则。组织通常是靠教义对虔诚教徒的号召力或者军队中严格的纪律来进行管理。在这种环境中，完全没有创立正式的管理思想体系的需要。而工业化的新时代是由新教伦理、自由伦理和市场伦理三种力量的相互作用而产生的。其中，新教伦理是对教会的精神禁锢的挑战，要求人们获得现世的需求；自由伦理是对当时的集权政府的挑战，要求获得个体的权利；市场伦理是对支持重农主义的地主贵族的挑战，要求主张民间经济的发展。文化的新生为工业化创造了先决条件，因而也需要建立一个合理的、正式的、系统的管理知识体系。在工业革命发生后，新的文化环境和新的管理问题也随之诞生。由于劳动分工的出现与市场竞争的需要，管理成为提高生产的第四种要素（其他三种是土地、劳动力和资本）。

在工业革命期间，铁路是美国的第一大行业，所以最早倡导系统性管理思想的都同铁路公司有关。例如丹尼尔·麦卡伦（Daniel McCallum）对纽约铁路公司的管理原则是：适当地划分职责；对下属授予充分的权力；掌握能够了解是否切实承担起责任的手段；迅速报告一切玩忽职守的情况；设立每日报告和检查制度等。此后，随着生产力的发展，在铁路行业最早运用的管理原则被快速传播到其他行业及公司，进而为科学管理时代的开始奠定了基础。

2. 科学管理时代

1911年，泰勒的巨著《科学管理原理》出版，标志着管理学进入了科学管理时代。而他的追随者们则提供了一种推动力，促使科学管理的影响不断扩大。在理论方面，法约尔贡献的管理原则和管理要素为管理理论提供了基础,韦伯提倡的官僚制为组织理论绘制出了蓝图;在实践方面,科学管理的出现促进了商业政策和经营哲学的形成,为将科学管理运动从车间管理扩展到其他领域准备了条件。科学管理时代不仅关注效率,也关注人的因素:社会科学家和社会心理学家从科学管理中获得了灵感和启发,对选拔和指导雇员进行了系统的研究;吉尔布雷思夫妇从人的身体构造入手,研究了动作标准的制定等问题;孟斯特伯格将心理学与管理学相结合,提出了工业心理学,研究工人的心理与积极性。而维尔弗雷多·帕雷托(Vilfredo Pareto)更是在这一时代提出了社会系统的概念,并分析了社会在某一特定时刻以及在一个时期内接连改变中的不同状态,为下一步社会人时代的来临作出了理论上的铺垫。

3. 社会人时代

从调查工厂照明与工人产量之间的关系开始,梅奥与罗特利斯伯格通过霍桑实验发现了人与人之间关系的重要性。他们发现,注重于人际关系的管理者能够克服制度对人心理的不利影响,并使得集体团结,从而在满足个人的社会需要的同时达成组织的目标。在社会人时代,霍桑实验推动了有关社会行为和社会系统的研究,而福莱特和巴纳德则介绍了权力性质新概念的发展以及协作努力的重要性。可以说,福莱特和巴纳德是科学管理和社会人这两个时代之间的桥梁。福莱特生活和工作于科学管理时代,引进了有关人类的群体观点和格式塔心理学;巴纳德推进了正式组织的分析,同时介绍了非正式组织在获得平衡中的作用。

这一时代关于"人与组织"的关系可分为两个层面:第一,在微观层面上研究社会测量、群体动力、决策参与、领导以及对群体成员的激励;第二,在宏观层面上寻找分析工具和模型概念以解释组织中的正式方面与非正式方面的互动。而且,社会人时代的学者对以前的管理概念提出了许多修正,如强调人们的社会需要与群体归属需要,提倡扩大工作范围以抵消劳动过分专业化的不利影响,号召实行参与式的管理等。在组织结构设计方面,穆尼从历史中找出了组织的一些通用原则,丹尼森致力于建立能使人们在工作中感到更满意的灵活的整体结构;古利克、厄威克等人倾向于使关系形式化来减少组织的混乱并增强其稳定性与确定性;戴维斯则通过其有机职能观点来体现管理思想从车间组织向高层组织的转变;还有许多人认识到了大型组织中所有权和控制权相分离的问题。

4. 现代

第二次世界大战后，管理理论又重新回归到一般管理理论上来。市场的扩大与组织的持续增长要求管理人员在更健全的理论基础上来经营，所以管理已不只是生产管理与业务管理，还是一个长期的、动态的、面向未来的过程。在管理实践中，管理者试图在卓越的组织中找到一种通用的实践经验，但是发现"卓越"本身并不是那么容易测量和实施的。在总结过去研究的基础上，孔茨提出了管理理论的丛林，发现管理学方面出现了更多的学派；波特和麦基宾报告了管理教育的当前状况，对学术界正在经历的随波逐流现象提出了批评；德鲁克强调了改进管理实践的需要，并对常见的缺乏创造性的学术研究成果提出了纠正；而法约尔的一般管理理论又在此时为商业政策向战略管理的变迁提供了经典的分析框架。现今的时代使得管理者的角色变得更加复杂，他们需要不断扩大概念框架，为物质资源和人力资源的分配和应用寻找更好的方法。

雷恩认为，管理思想的演变才刚刚开始，它既是环境的产物，又是环境中的一个过程。从内部来说，管理思想经历了三个阶段：强调人的阶段、强调组织的阶段和强调方法的阶段；从外部来说，管理思想一直被不断发展的技术、不断变化的人性假设，以及经济、社会和政治价值的动态演变影响。但不变的一点是，人们仍在像从前一样不断寻找更好的管理理论和管理实践，这也使得对管理的研究成为一种最有价值的智力和实践活动。

思想评论

雷恩的《管理思想的演变》在当时堪称管理学界最为经典的管理史学著作，他按照时间顺序对有重大贡献的管理学者的思想和影响进行了详细阐述，而且为每个学派的诞生及其发展都提供了关于经济、社会与政治的历史背景，使管理学变得更加清晰可读，为后人理解管理史提供了更为便捷的方式。

48 罗伯特·豪斯、特伦斯·米切尔

罗伯特·豪斯（Robert House，1936— ），美国著名组织行为学专家，路径—目标理论创始人之一。先后于1955年和1958年获得底特律大学的理学学士、工商管理硕士学位；1960年在俄亥俄州立大学获得管理学博士学位。先后执教于美国纽约市立大学伯纳德·巴鲁克学院（CUNY-Baruch College）、密歇根大学、俄亥俄州立大学和加拿大多伦多大学。1965—1968年间出任麦肯锡管理学研究基金会执行理事。1991年被美国管理协会授予管理学杰出贡献奖。

特伦斯·米切尔（Terence Mitchell），美国著名组织行为学专家，路径—目标理论创始人之一。1964年获得杜克大学的心理学学士学位，1967年与1969年又先后于伊利诺伊大学获得社会心理学硕士与博士学位。1969年起执教于华盛顿大学，之后成为管理学与组织行为学教授。他是美国管理协会及心理协会会员，先后担任新西兰坎特伯雷大学、西澳大利亚大学以及荷兰阿姆斯特丹大学等著名院校的访问学者及客座教授，并兼任美国海军办公室、原子能委员会、国家科学基金会、花旗银行等组织的首席调查员。

二者的代表作有豪斯1971年独立撰写的《有关领导效率的路径—目标理论》（A Path-Goal Theory of Leader Effectiveness）与两人1974年合著的《有关领导方式的路径—目标理论》（Path-Goal Theory of Leadership）。

关键词▶ 路径—目标理论（path goal theory）
　　　　　指示型领导（directive leadership）
　　　　　成就型领导（achievement-oriented leadership）

1971年，豪斯在《有关领导效率的路径—目标理论》一文中提出了领导方式的路径—目标理论。该理论认为，领导者应采用特定的措施来帮助下属通过一定的路径实现目标，而这些措施应适合下属的需求和下属工作的环境。这一理论的来源是弗鲁姆的期望理论。期望理论认为，激励力的大小取决于目标价值和期望值，而豪斯认为，领导活动正好就是要影响下属的这两个方面。作为领导者，无非就是要做好两件事，一是要让下属清楚，他们的努力能够得到相应的报酬，二是要帮助下属找到可以最大限度实现这种期望的路径。

1. 不同的领导者行为

路径—目标理论将领导划分为四种不同的类型（见图48—1）：

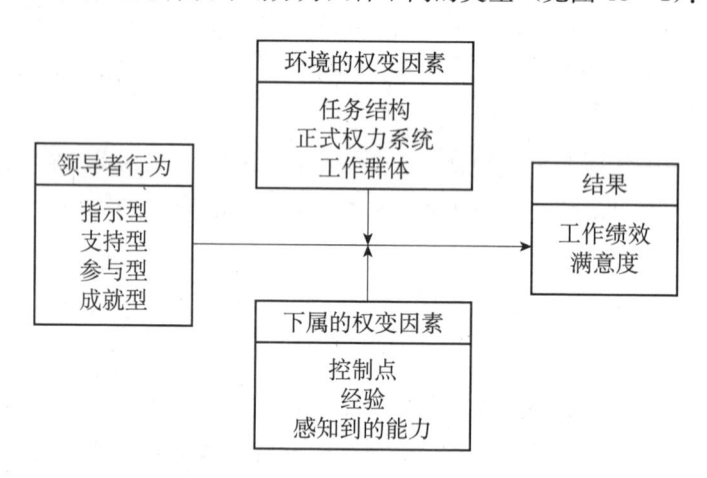

图48—1　路径—目标理论

（1）指示型领导。这一类型的领导者通常会对下属需要完成的任务进行详细说明，包括任务标准、完成任务的方式、完成任务的时间限制等。

（2）支持型领导。这一类型的领导者对下属的态度通常非常友好，他们关注下属的福利和需求，平等地对待下属，并尊重下属的地位。

（3）参与型领导。这一类型的领导者喜欢邀请下属一起参与决策，同下属进行探讨，征求下属的想法和意见，并将这些建议融入组织将要执行的决策中。

（4）成就型领导。这一类型的领导者对下属期望很高，通常会制定很高的工作标准，在不断改进工作方法的同时，还信任下属有能力制定并完成具有挑战性的目标。

与赫塞和布兰查德的情境领导理论相似，豪斯与米切尔主张领导方式的可变性。他们认为，领导方式是有弹性的，这四种领导方式可能在同一个领导者身上出现，因为领导者可以根据不同的情况斟酌选择，在实践中采用最适合于下属特征和工作需要的领导风格。他们强调，领导者的责任就是根据不同的环境因素来选择不同的领导方式。如果强行用某一种领导方式在所有环境条件下实施领导行为，必然会导致领导活动的失败。

2. 下属的权变因素

对于不同的下属而言，需要的领导方式也不一样，其权变因素主要包括控制点、个人经验和感知到的能力等。人们的个性结构通常可以分为内在控制和外在控制两个维度，内在控制型的人相信他们控制着自己生活中发生的事情，而外在控制型的人相信机会、命运或者外在的力量才是生活中事件的决定因素。所以对于内在控制型的下属，建议采用参与型领导方式，因为它可以使下属感到自己控制着自己的工作；而对于外在控制型下属，则最好实行指示型领导，因为它与下属希望外在力量控制的潜意识相一致。更进一步来说，对于拥有强烈归属需求的下属，建议采用支持型领导方式，因为友好和关心的领导行为是下属满意的来源；对于需要在不确定的情境中工作的下属，建议采用指示型领导方式，来为下属明确任务以及澄清实现目标的路径。而且，下属的权变性还体现在工作过程中的动态性，因为随着工作经验与能力的增长，下属希望的领导方式也是不一样的。

3. 环境的权变因素

环境的权变因素包括下属的任务结构、组织的正式权力系统以及下属的工作群体等，这些因素共同对下属起激励作用。当情境提供了明确的具有结构层次的任务、严格的团体规范和已经建立起来的权力系统时，下属就会发现实现预期目标的路径是显而易见的，并不需要领导者多余的教导；当任务不明确或者含糊不清时，领导者必须要加以组织并进行指导；当下属需要完成高度重复的任务或组织不团结时，其士气便会下降，这时需要领导者提供必要的物质与心理支持；当正式权力系统较弱时，领导者还需要帮助下属弄清工作规则和工作要求。路径—目标理论强调领导者帮助下属克服或者绕过障碍，这里所指的障碍包括工作情境中任何妨碍下属工作的事物。所以对于领导者而言，要准确分析当前环境的情况，才能选择出帮助组织提高绩效的最佳领导方式。

路径—目标理论虽然在理论上比较复杂，但实用性却比较强。在理论上，它提供的一系列理论假设都是围绕着领导风格、下属特征和工作情境展开的。在实践上，该理论为领导者提供了方向，让他们知道下属才是执行命令的一线工作者，领导者的任务很大程度上就是帮助下属以满意的方式完成工作。

4. 路径—目标理论的后续发展

随着时代的发展，豪斯与米切尔并没有固守这一理论原有的思想而止步不前。20世纪90年代中期，他们根据多年的实证研究，在路径—目标理论的基础上提出了以价值为基础的领导理论。该理论综合了领导特质理论、领导行为理论以及领导权变理论的特点，以组织愿景替换并充实原来的"路径—目标"，围绕着价值这个核心概念，阐述了什么样的行为能有效地帮助领导者形成组织的共同价值，以及这些行为的实施条件。

经过发展后的理论认为，下属对领导者所信奉的、已融入企业文化中的价值观的共享和认同程度越高，领导行为就越有效。也就是说，持有明确价值观的领导者，需要通过明确表达愿景，向组织和工作注入自己的价值观，使之与下属所持有的价值观和情感发生共鸣，唤起下属对集体目标和愿景的认同，进而使下属提高自身的努力程度，更好地提高领导行为的有效性。大量的实证研究表明，以价值为基础的领导行为所达到的激励效果，比简单的物质奖励与地位提升更为有效，因为当下属对领导者所信奉和倡导的价值观达到认同后，这种认同会逐渐内化成为其自身价值观的一部分，成为其为人处世的相关原则。而且，以价值为本的领导行为能使组织成员自觉地朝着共同价值指引的方向去努力，并形成一种和谐的、更有利于沟通与合作的氛围。这种氛围可以使组织中的技术创新、组织变革更容易被成员接受，从而使组织更加适应环境的变化。

思想评论

　　路径—目标理论提倡领导者依据环境和下属的权变因素选择恰当的领导风格，来提高下属对成功的期望和满意度。这同以往各种领导理论的最大区别在于：它立足于下属而非领导者。从某种程度上说，路径—目标理论与利克特的支持关系模型有一定的相似之处。二者的区别是，利克特单纯强调领导者与下属的关系，而豪斯还考虑到了领导活动中的各种情境因素。从坚持权变观点的角度看，豪斯与菲德勒也有一定程度的理论重合。但是，菲德勒把注意力集中于情境因素的权变，而豪斯则强调领导者本身的权变。

49 詹姆斯·麦格雷戈·伯恩斯

詹姆斯·麦格雷戈·伯恩斯（James MacGregor Burns, 1918—2014），美国著名历史学家与政治学家，领导学研究权威专家，出生于马萨诸塞州的伯林顿。1939年，伯恩斯获得威廉姆斯文理学院的学士学位，第二次世界大战开始后在美国陆军服役，并获得铜星勋章。1947年，他获得哈佛大学的政治学博士学位，同年进入威廉姆斯文理学院任教，直到1986年退休，期间曾担任美国政治学会与国际政治心理学会的主席。20世纪90年代初，伯恩斯开始在马里兰大学帕克校区公共政策学院执教，代表作有1970年出版的《罗斯福：自由的战士》（Roosevelt: The Soldier of Freedom）与1978年出版的《领袖论》（Leadership）、《变革型领导：幸福新追求》（Transforming Leadership: A New Pursuit of Happiness），其中《罗斯福：自由的战士》一书获得1971年的普利策奖。

关键词▶ 变革型领导（transformational leadership）
交易型领导（transactional leadership）

伯恩斯将领导定义为：具有特定动机和目的的人们在与他人的竞争和冲突中，调动各种制度的、政治的、心理的和其他资源，去激发、吸引和满足追随者的动机的过程。伯恩斯将领导理论研究的关注点从领导特质论、行为论转向了领导交互论、利益论，同时对领导进行了概念化。他在定性分类研究的基础上，将领导者分为变革型领导和交易型领导两种类型，并阐述了二者的联系与区别。

一、领导的概念与产生根源

伯恩斯认为，权力的本质是一种关系，人们在这种关系中运用自身所拥有的不同资源激发各自与对方的动机。所以，天才领导人会不断察觉下属价值观念与动机的变化，并根据其变化采取不同的诱导方式。对于领导者，尤其是政治领导人如何产生，伯恩斯认为有以下几点根源：

（1）家庭。对于儿童来说，父母是自己接触时间最久的人，所以父母行为与人格的示范作用对孩子的影响最为强烈。在孩子不断长大的过程中，父母要使他们解决各种危急性的任务，来渐渐地摆脱父母影响力的束缚，从而使他们的角色由原先被动的追随者变为可以掌握主动权的领导者。

（2）学校。在孩童的成长时期，学校的教育被视为影响他们形成自身价值观和行为的主要方式。在不同的学校中，存在不同的师资力量、课程设置方式、学习传统和学校文化，而这些区别会着重影响到孩童对社会阶层中所存在差别的感知，以及对争议性问题的理解。通常来说，在学校过早表现出领导潜质的孩子，有很大可能在日后成为一个出色的领导者，并对他人施加影响。

（3）社会角色。在成人以后，人们需要承担社会角色赋予的各种义务，学习社会角色需要其学习的各种能力，以保持其自尊心不被伤害。而保护自尊心的完整，也正是人类不断追求权力的潜在要求。伯恩斯将"领袖角色"分为三种：第一种角色是对组织精神的缔造、诠释和演绎；第二种角色是对组织的内部控制；第三种角色是行使某种特殊的权力。

与很多人所想的不同，对于许多领导者来说，他们的领导才能不是在进入社会以后才形成的，而是在很大程度上受孩童时期的经历影响。所以在培养领导者，或分析领导者的特质时，以上几点根源都应该成为被考虑的对象。

二、交易型领导与变革型领导

1. 交易型领导

伯恩斯认为,传统的领导可以被称为一种交易型领导,即在一定的体制和制度框架内,领导者和被领导者总是进行着不断的交换。在交换的过程中,以领导者的资源奖励(包括有形资源奖励和无形资源奖励)和被领导者对领导者的服从作为交换的条件,双方在一种"默契契约"的约束下完成获得满足的过程。整个过程类似于一场交易,所以传统领导也被称为交易型领导。交易型领导鼓励追随者追求他们的自我利益,但是交换的过程以追随者对领导者的顺从为前提,并没有在追随者内心产生一种积极的热情,其工作的内在动力也是有限的。因此,交易型领导不能使组织获得更大程度的进步。

2. 变革型领导

与交易型领导者不同,变革型领导者是能够激发追随者的积极性,从而更好地实现领导者和追随者目标的领导者。伯恩斯以马斯洛的需求层次理论为基础,对变革型领导的概念予以界定,认为"变革型领导是领导者与成员相互提升道德及动机到较高层次的过程"。领导者在该过程中的主要表现是:重视提升成员的内在动机,希望将下属的需求层次提升到自我实现的境界,从而超越原先的工作期望,而不仅仅局限在利益的交换上面;通过提出更高的理想和价值,如自由、正义、公平及人道主义等,唤起下属的自觉,进而协助他们满足较高层次的内在需求,使下属能由"平凡自我"(everyday selves)提升到"更佳自我"(better selves),从而愿意为团队、组织和更大的政治利益超越个人利益。

变革型领导的最大特点是有能力带来巨大的变革,领导者通过让员工意识到所承担任务的重要意义和责任,激发下属的高层次需求或扩展下属的需求和愿望,使下属能更多地考虑到团队、组织的利益,而不是个人的利益。这种领导方式是一种未来的发展趋势,可以激发追随者理解并包容一种新的愿景型领导模式。根据伯恩斯的理论,变革型领导由个人魅力、智力激励以及个人化考虑三个因素构成。

3. 交易型领导与变革型领导的联系与区别

传统的交易型领导重在形式上的"交换"，而变革型领导则重在内在的"转变"。在从"交换"到"转变"的过程中，领导者首先要勾勒出一幅有吸引力的组织愿景来进行积极的宣传，同时向被领导者灌输共同的理想和价值观，不断发展他们的知识和技能，并让他们承担更多的责任，使其对工作的重要性更为敏感，从而进一步增强对组织的认同。通过个人魅力和个性化关怀，领导可以鼓励下属为了组织利益而超越自我利益，而下属也对领导者充满信任与尊敬，从而使组织不断地向更高层次的目标发展。

需要注意的是，交易型领导与变革型领导并非采取截然对立的方法处理问题。变革型领导是在交易型领导的基础上形成的，它导致下属的努力水平和绩效水平比单纯的交易型好得多。变革型领导也更具领袖魅力，领导者试图逐步培养下属的能力，使他们不但能解决那些由观念产生的问题，而且完全能解决那些由被领导者提出的问题。交易型领导往往用"低层次需求"来满足下属，而变革型领导强调如何变革、如何创新以及如何铸造一种新的时代精神，用"高层次需求"来调动下属的积极性。概括起来，两种领导行为的区别如表49—1所示。

表49—1　　　　　　　交易型领导与变革型领导的区别

交易型领导	变革型领导
重视计划	重视使命和愿景
分配责任	传递愿景
控制和解决问题	引起动机和激发鼓励
强调例行事项和均衡	创造变革和革新
维持权力、创造顺从	赋予成员自主力
强调契约性责任	重视个人承诺
重视理性和人身依附	对成员感兴趣并依靠直觉
重视回应环境	重视对环境有前瞻性的预见和改变

思想评论

伯恩斯的领导理论加深了人们对领导过程的理解，扩展了领导学研究的领域，并已成为领导理论研究的新范式。他认为变革型领导和交易型领导这两种领导行为是同一连续体的两个极端，但就领导实践而言，变革型领导已然在企业界成为领导形态的一个主流。所以，组织应重视领导者的变革型领导行为，并采取有针对性的措施来进行领导者行为的训练。

50 亚伯拉罕·扎莱兹尼克

亚伯拉罕·扎莱兹尼克（Abraham Zaleznik，1924—2011），美国领导学研究权威。1945年获得阿尔马学院的文学学士学位，1947年与1951年先后在哈佛商学院获得工商管理硕士与博士学位。毕业后留校任教，并在1962年晋升为正教授。1982年，扎莱兹尼克在日本大阪拜访了松下电器公司的创始人松下幸之助。为了赞助扎莱兹尼克的研究，松下幸之助提供资金在哈佛商学院设立了"松下幸之助领导学教授"席位，扎莱兹尼克从此担任这一职务直到退休。其1977年发表在《哈佛商业评论》上的文章《管理者与领导者：二者有什么不同？》（Managers and Leaders: Are They Different?）曾获麦肯锡奖。代表作有1985年出版的《权力和企业意识》（Power and the Corporate Mind）与1993年出版的《学习领导》（Learning Leadership）。

关键词▶ 领导者与管理者（leaders and managers）

扎莱兹尼克提出，过度重视管理者是导致20世纪七八十年代美国商业滑坡的主要原因，而且在战略管理层面，领导力的缺乏对组织影响很大，甚至能使整个组织瘫痪。其有关领导者与管理者区别的论断，对于美国的商界精英可谓醍醐灌顶，领导力研究进而在美国受到各类组织领导者的重视。1977年，扎莱兹尼克在《哈佛商业评论》上发表了《管理者与领导者：二者有什么不同？》一文，分别从以下五个维度出发阐述了领导者和管理者的区别。

1. 个人特征

领导者与管理者给人最直观的区别就是二者在日常工作中的表现不同，即二者的特征不同。通常来说，领导者强调能量的瞬间爆发，用感性来捕捉灵感；而管理者则强调理性思维与控制思维，不为情绪所左右。领导者在对组织进行思考时，会对各个方面提出许多不同的问题；而管理者则会在仔细分析问题后，找到解决问题的实际方法。领导者在工作中基本上都会保持非常积极的态度，来为组织的产品、服务或未来发展方向提出设想；而管理者则会保持一种相对冷漠的态度，被动地回应这些设想。

2. 对待目标的态度

在对待目标方面，领导者通常会对社会环境大势进行分析，寻求潜在的机会与回报，其目标在很大程度上是源于自身的欲望，而非实际的需要；管理者恰恰相反，其目标一定是源于实际需要，而非个人的欲望。在对待员工方面，具有人格魅力的领导者常常运用自身拥有的非凡魅力来激励下属，鼓励其创新；而管理者一定会从晋升、薪酬等具体方面着手，来保证下属的工作效率与创新度。还有一种领导者由于自身才华横溢而狂妄自大、目中无人，与合作者及下属的关系紧张，这时管理者就会协调各个方面的力量，劝其无视领导者的态度。在工作方面，由于性格原因，大多数的领导者不拘小节，工作环境混乱，工作内容缺少结构性，喜欢用冒险的方式做事、开辟新的途径等；但管理者一定是成熟稳重，工作有条不紊，会用已经使用过或者验证过的方法来做事，保证组织的正常运行。

3. 对工作的概念

在工作中，领导者可以容忍混乱，但容忍不了平凡的、重复的工作状态；而管理者追求秩序，排斥一些混乱的东西，可以常年忍受工作中平庸而又琐碎的小事。在对待长期性问题上，领导者力图拓展自己的思路，希望为人们开启新的选择空间与选择手段，主动追求有风险甚至危险的工作；而管理者倾向于将长期性问题看做由不同阶段的许多小问题组成的趋势，需要调节和平衡各个环节的资源，来保证这些不同阶段中存在的小问题都可以被解决，从而使组织达到长远目标。

4. 与他人的关系

在与他人的关系上，领导者与管理者的区别是最多的。首先，领导者喜欢以自身的角色直接与他人交往，用更富有情感的、爱憎分明的特征来对待不同的人；而管理者常常会依据自己在不同事件或不同环境中需要扮演的角色来与他人交往，极其富有理性，喜怒不形于色。其次，领导者在与他人商讨事情时，喜欢在气势上压倒对方，潜意识里倾向于零和博弈；而管理者在与他人商讨合作时，不会太咄咄逼人，倾向于双赢博弈。最后，领导者在决策时会造成人际关系的动荡与紧张，因为其最注重的就是要达到自己的目标；而管理者在决策时，人际关系还会保持稳定与有序，因为其会注重在决策过程中是否人人都满意，以使日后的工作可以顺利进行。

5. 自我意识

从某种程度上说，领导者与管理者的区别表现在自我意识上，也决定于自我意识上。由于自我意识的存在，领导者常常会表现出与自身环境相隔离的特点，就好像在某一个组织工作，但却不属于这一组织；管理者则会表现出融入环境的特点，他们常常要进行实地考察，寻找与员工的共性。领导者喜欢根据自我的想法新建秩序；而管理者则喜欢保护与规范现有的秩序。有时，领导者还会认为，其不需要依赖组织，提倡通过个人奋斗来谋求发展；而管理者则认为，组织才是实现个人价值最好的方式，提倡借助组织、借助社会来谋求发展。

在现实生活中，领导者与管理者的行为可能由于各种其他因素的影响，会在一些方面出现重叠，不会表现得那么明显。但总的说来，管理者和领导者是有区别的两类人，性格、幼年的生活环境、成长经历、工作内容等方面的差异造就了二者在这五个维度上的不同。扎莱兹尼克认为，在他提到的所有区别中，有一个非常重要的就是领导者与管理者在意识深处对于混乱和秩序所持有的不同态度：领导者可以容忍混乱和缺乏系统性的情况，因而可以暂时保留自己的意见，从而避免对于某些重要问题过早地作出结论；而管理者寻求秩序与控制的特点，常常会使他们在还没有搞清楚许多重要问题的潜在意义之前就已经把问题以一种不恰当的方式处理掉。对于今天这种瞬息万变的环境来说，领导者在这一点上比管理者更重要。

在社会上如此需要领导者的今天，什么才是培养领导者的最佳方法？商界的答案是培养管理者就是培养领导者，这种机制虽然能够保证组织的有序、各方权力的平衡和管理者的充分胜任，却不能保证组织顶层富有想象力、创造性，或者开辟出新的道路。而且，管理者倾向于集体领导，会使企业内部不可避免地滋生出保守主义和官僚主义。所以，对于领导者与领导力的培养是极其重要的。

思想评论

20世纪70年代，美国企业受到日本企业的严峻挑战，迫切需要具有创业和改革精神的领导者，但此时商界却处于对管理者的膜拜之中。在商学院，大多数教授还是在教授科学管理、时间与动作、组织图之类的纯理论。扎莱兹尼克的文章对于这种状态的打破无疑是一枚重磅炸弹。他指出，管理研究和实践缺少了有抱负与愿景的人。从此以后，领导职能研究开始包含丰富的人性内容，领导的内涵从简单的权力应用扩展到了激励、沟通和解决冲突等人文领域，实现了从重"物"的管理思想向重"人"的管理思想的转变。

51　阿尔伯特·班杜拉

阿尔伯特·班杜拉（Albert Bandura，1925— ），美国著名心理学家，社会学习理论创始人，认知理论之父，出生在加拿大的蒙代尔。1949年获得加拿大不列颠哥伦比亚大学的心理学学士学位，后于1951年与1952年分别获得艾奥瓦大学的心理学硕士与博士学位。1953年在斯坦福大学心理系执教；1964年升任正教授；1976—1977年间出任该校心理学系系主任。1972年，班杜拉获得美国心理学会临床心理学分会授予的心理学杰出贡献奖；1973年获加利福尼亚心理学会颁发的杰出科学成就奖；1974年当选为美国心理学会主席；1980年获得美国心理学会颁发的心理学杰出贡献奖。其代表作有1977年出版的《社会学习理论》（Social Learning Theory）与1995年出版的《变革社会中的自我效能》（Self-efficacy in Changing Societies）。

关键词▶ 社会学习理论（social learning theory）
观察学习（observational learning）
自我效能（self-efficacy）

班杜拉首次提出并系统地论述了社会学习理论，并通过一系列科学实验对其给予了证明。这种理论主要通过探讨个人的认知、行为及其与环境的交互作用来分析其对人类行为的影响，重视人的行为和环境的相互作用，是勒温的场论和斯金纳的强化理论的发展。班杜拉还提出了自我效能理论，分析了影响人们工作效能的原因，并提出了相应的解决方案。

一、社会学习理论

1. 理论基础

1977年，班杜拉在其著作《社会学习理论》中提出了社会学习理论。按照班杜拉的观点，以往的学习理论家一般都忽视了社会变量对人类行为的制约作用，他们通常是用物理的方法对动物进行实验，来观察它们对于特定刺激物的反应，并以此来建构他们的理论体系。这对于研究生活于社会之中的人的行为来说，似乎不具有科学的说服力，由于人是生活在一定的社会条件下的，研究人的行为时必须在自然的社会情境中，而不是在实验室里。

他进一步指出，以往的刺激—反应理论最关键的缺陷就是无法解释人类的观察学习现象，这种理论只能解释受测者当时的行为，而不能解释为什么个体在某一个时间点上所表现出的新的行为，也不能解释为什么个体在观察榜样行为后，这种已获得的行为可能在数天、数周甚至数月之后才出现。所以，如果社会学习完全建立在即时的奖励与惩罚的基础之上，那么大多数人都无法在社会化过程中生存下去。为了证明自己的观点，他进行了一系列实验，并在科学实验的基础上建立了社会学习理论。

与刺激—反应理论不同，社会学习理论认为：人的行为，特别是复杂行为，主要是后天习得的。行为习得有两种不同的过程：一种是通过直接经验获得行为反应模式的过程，班杜拉把这种行为习得过程称作"通过反应的结果所进行的学习"；另一种是通过观察示范者的行为而习得行为的过程，班杜拉将它称作"通过示范所进行的学习"，也可以称为"通过间接经验的学习"。社会学习理论中所强调的正是后者这种通过不断模仿而进行的观察学习。

2. 学习过程

观察学习的全过程由四个阶段构成：

（1）注意过程。这是观察学习的起始环节，在此过程中观察者开始注意示范者的行为,而示范者行为本身的特征、观察者本人的认知特征以及观察者和示范者之间的关系等因素都会影响学习的效果。

(2) 保持过程。在这个过程中,示范者不再出现,由于观察者在注意过程中对示范者行为的记忆,示范者的行为仍对观察者施加影响。要使示范行为在记忆中长时间地保持,观察者需要将示范行为以符号的形式表象化。

(3) 行为再现过程。在这个过程中,观察者会把记忆中的符号和表象转换成适当的行为,即再现以前所观察到的示范行为,这涉及运动再生的认知组织和根据信息反馈对行为进行调整等一系列操作。

(4) 动机过程。社会学习理论最大的特点就是观察者会对习得和操作加以区分,并不会将习得的所有反应模式都表现在自己的行动中。在这个过程中,人们是否会模仿从观察中学习到的行为主要受到直接强化、替代强化和自我强化三种模式影响。如果直接体验到、观察到或自我评价某种行为的结果是有价值的,他们就会积极地将习得的行为展现出来;反之,就展现部分行为结果或不展现行为结果。所以,这三种强化作用也被称作学习者再现示范行为的动机力量。

3. 决定因素

在总结出行为习得的过程之后,班杜拉还详细论述了决定人类行为的诸种因素,并将其概括为两大类:第一类是先行因素;第二类是结果因素。先行因素主要包括学习的遗传机制、环境对行为的预期、社会的预兆性线索等在行为发生之前就已存在的因素;而结果因素包括榜样的示范效应与自我的强化效应等行为发出后反馈回来的因素。

在社会学习理论的基础之上,班杜拉对从前二分的环境决定论和个人决定论提出了批判,并提出了自己的交互决定论。环境决定论认为,行为是由作用于有机体的外部环境刺激决定的;而个人决定论则认为,环境取决于个体如何对其发生作用。交互决定论认为,行为、环境与个体认知之间的影响是相互的,强调在社会学习过程中把握好行为、认知和环境三者的交互作用,而不能把某一个因素放在比其他因素更重要的位置上考虑。

二、自我效能理论

1982年，班杜拉提出了自我效能理论，用来解释人们在某些特殊情境下产生动机的原因。这里的自我效能是指个体对自己能否在一定水平上完成某一活动所进行的能力的判断、信念或把握，也即个体在面临某一任务活动时的胜任感及其自信、自尊等方面的感受，还可以称为"自我效能感""自我信念""自我效能期待"等。自我效能的形成主要受五种因素的影响：

（1）行为的成败经验。行为的成败经验是指人们由过去的行为中所获得的信息，是一种直接经验。成功的经验可以提高自我效能感，使个体对自己的能力充满信心；反之，多次失败的经验会使得人们对自己能力的评估降低，进而丧失信心。

（2）替代性经验。替代性经验是指个体通过观察他人的行为与结果所获得的认识，是一种间接经验。由于人们自身的行为有限，在大多数时候采取行动时都要从观察他人，尤其是与自身水平相当的人的行为结果中获取信息，所以替代性经验对自我效能的影响非常大。

（3）言语劝说。言语劝说包括他人的暗示、告诫、建议以及自我规劝。对于还处在少年时期的人，由于对社会、生活的接触较浅，感受较少，所以他人的言语劝说对其自我效能也有着非常大的影响。

（4）情绪。情绪状态在很大程度上会影响生理状态，也影响自我效能的形成。在充满紧张、危险的场合或负荷较大的情况下，情绪易于唤起，而高度的情绪唤起和紧张的生理状态会降低对成功的预期水准。

（5）情境条件。情境条件对自我效能的形成也有一定的影响，某些情境比其他情境更难以适应与控制。当个体进入一个陌生而易引起焦虑的情境中时，会降低自我效能的水平与强度。

班杜拉认为，自我效能的高低对人们感受到的生活幸福度与工作满意度直接相关，而由于其影响因素众多，因此人们还需要进行自我调节。自我调节是指个体通过将自己对行为的计划和预期与行为的现实成果加以对比和评价，来调节自己行为的过程，是一种个人的内在强化过程。因为自我具备提供参照机制的认知框架等能力，所以行为在受外在因素影响的同时，也可以通过自我强化等内在因素进行调节，以保持良好的自我效能。

思想评论

　　社会学习理论主要强调观察与学习在人的行为中起到的作用以及自我调节的作用，其实践意义在于，管理者在单纯依赖外部控制行为进行引导和修正的同时，也应该重视自我强化的作用，因为将这两种强化结合起来以后，人们内心的满足感才可以提高，进而改变自身的行为动机。此外，该理论还对观察学习进行了较细致的分析，有助于人们深入了解观察学习的机制、影响条件和作用。而在对自我效能的形成条件及其对行为的影响进行了大量研究后，班杜拉指出效能预期不仅影响人们对活动和场合的选择，而且决定了人们的努力程度与努力持续时间的长短，所以人们要积极进行自我调节，以保持高效的工作状态。

20 世纪 80 年代管理思想

20世纪80年代

1
- 汤姆·彼得斯 Tom Peters
- 伊查克·爱迪斯 Ichak Adizes — 组织理论
- 查尔斯·汉迪 Charles Handy
- 罗莎贝丝·坎特 Rosabeth M. Kanter

2
管理过程学派 — 斯蒂芬·P·罗宾斯 Stephen P. Robbins

4
- 约翰·科特 John P. Kotter — 领导理论
- 沃伦·本尼斯 Warren G. Bennis
- 伯纳德·巴斯 Bernard Bass

5
经验主义学派

6
管理思想史研究 — 哈罗德·孔茨 Harold Koontz

7
- 迈克尔·波特 Michael E. Porter — 战略管理学派
- 大前研一 Kenichi Ohmae

8
权变管理学派

组织文化学派 The Organizational Culture Approach
- 埃德加·沙因 Edgar H. Schein
- 特伦斯·迪尔 Terrence E. Deal
- 阿伦·肯尼迪 Allan A. Kennedy
- 威廉·大内 William G. Ouchi
- 理查德·帕斯卡尔 Richard T. Pascale — 日美文化比较

品质管理理论 Quality Management Theory
- 威廉·戴明 William E. Deming
- 约瑟夫·朱兰 Joseph M. Juran

未来学派 The Futurology Approach
- 阿尔文·托夫勒 Alvin Toffler
- 约翰·奈斯比特 John Naisbitt

跨国企业研究 Multinational Enterprises Perspective
- 约翰·邓宁 John H. Dunning
- 吉尔特·霍夫斯泰德 Geert Hofstede — 跨文化研究 Cross-culture Perspective

- 松下幸之助 Konosuke Matsushita
- 盛田昭夫 Akito Morita
- 杰克·韦尔奇 Jack Welch
- 哈罗德·吉宁 Harold Geneen

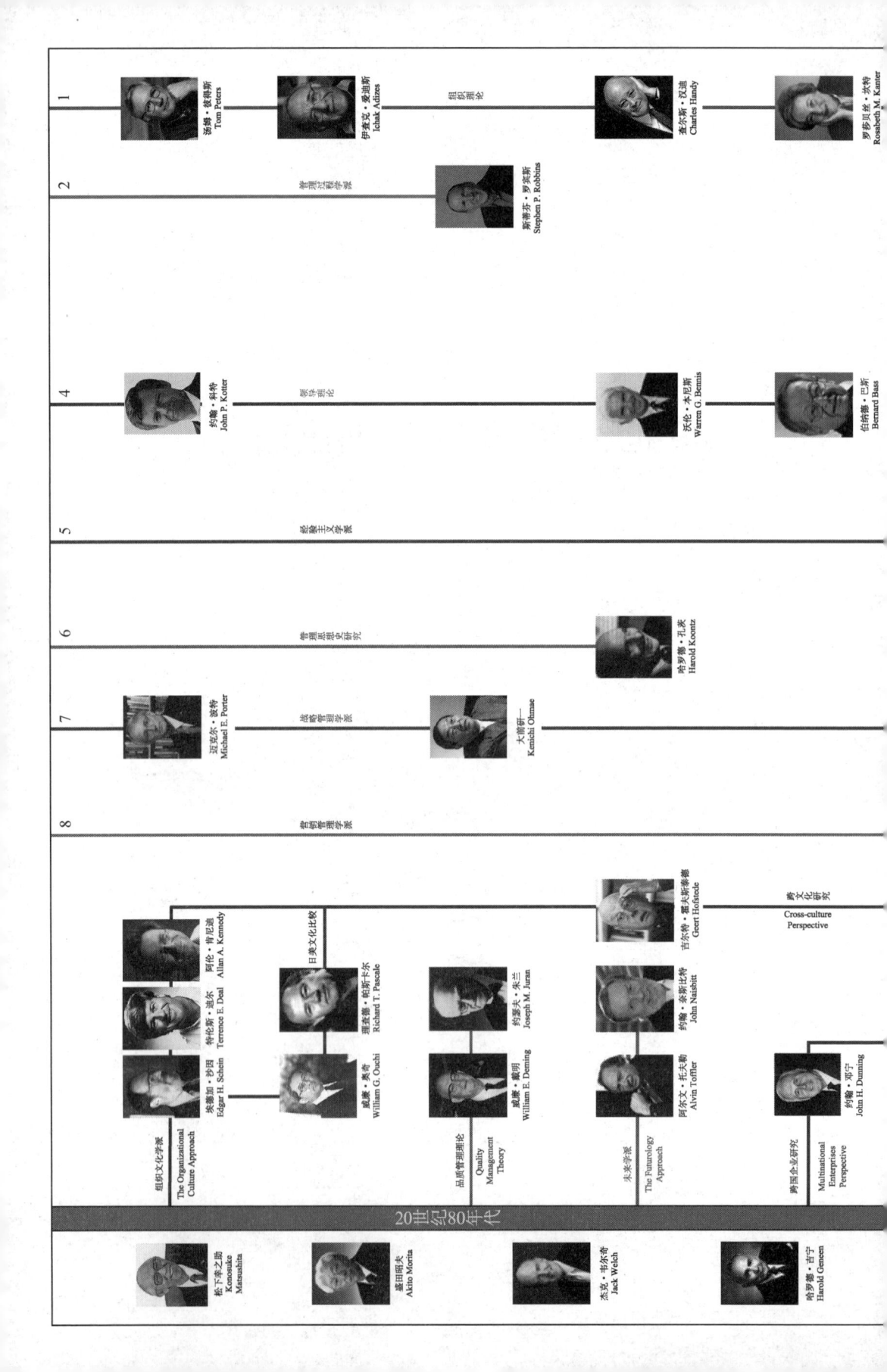

20世纪80年代，旧的世界格局轰然瓦解，新的秩序尚未建立起来，整个世界处于极度动荡之中。人类社会进入了一个布满荆棘但又生机勃勃的历史阶段，管理理论的发展也充分体现了这一时代特点。一方面，美国经济停滞不前，组织的发展何去何从成为管理者日益担忧的重要问题，由此，未来学派顺应时代发展潮流应运而生。另一方面，在美国经济面临严峻挑战的同时，日本经济增长在全球独占鳌头，因而日本企业的管理思想受到了众多管理学者的关注，日本企业研究和品质管理研究风头渐盛。此外，许多学者被经济全球化带给管理实践的挑战和机会深深吸引，纷纷致力于跨国企业研究和跨文化研究，从而使这一时期的管理思想呈现出明显的多元化发展趋势。

对于组织文化的高度关注是20世纪80年代管理思想发展的重要一环，涌现出一大批研究学者。埃德加·沙因在组织文化领域著书立说，他将文化定义为一个特定组织在处理外部适应和内部整合问题的过程中所学习到的，由组织自身发明、创造并且发展起来的一些基本假设。特伦斯·迪尔和阿伦·肯尼迪分析了企业文化的核心、要素，并就企业文化的类型和重塑进行了探讨。由于跨国企业在管理不同民族文化背景的员工时遇到了挑战，跨文化研究顺势产生。荷兰学者吉尔特·霍夫斯泰德认为民族文化对员工与工作相关的价值观和态度有着很重要的影响，为此，他在广泛调查研究的基础上论述了衡量国家或民族文化差异的四维度模型及其在跨文化领域中的应用。

日本企业在这一时期取得的巨大成功也吸引了研究者对日本企业管理的广泛关注，理查德·坦纳·帕斯卡尔和威廉·奥奇是其中的佼佼者。帕斯卡尔与阿索斯在1981年合作出版的《日本管理艺术》中提出7S结构模型，揭示了日本企业成功的主要原因。他们将日本企业成功的原因归结为日本的管理者重视软性的"4S"，即技能、人员、共享价值观和管理风格；相对应的是，他们认为美国则将注意力集中在硬性的"3S"，即战略、结构和体制。此外，帕斯卡尔对如何使企业保持长盛不衰进行了研究，提出了"企业转变"这一概念，并指出了四个可以帮助组织驱走停滞、推动复兴的因素。威廉·奥奇通过对日美两国企业进行的比较分析，从具有日本式管理特点的美国企业的管理方式中归纳出Z型组织的特点，并描述了建

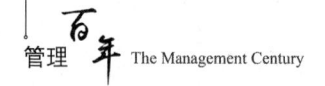

设 Z 型组织的实施步骤，从而使 Z 理论更为系统。

与日本企业管理研究有着相同渊源的品质管理思想，在 20 世纪 80 年代也引起了人们的广泛关注。威廉·爱德华兹·戴明和约瑟夫·摩西·朱兰是品质管理研究领域的大师级人物。戴明学说的核心在于全面质量管理的重要性，他反复强调质量管理与改善并非个别部门的事，需要由最高管理层的推动才能奏效。戴明针对美国企业提出了 14 条质量管理要点。他还最早提出了 PDCA 循环的概念，即著名的"戴明环"，涵盖了质量管理的四个阶段、八个步骤和七种工具，被很多企业奉为圭臬。戴明的思想给美国企业带来了尊重人性的管理革命和体制创新，为美国日后的技术突破和新经济崛起奠定了坚实的基础。作为质量管理界的泰斗，朱兰最早提出和阐释了质量成本和质量环的概念，最早把帕累托原理引入质量管理领域，提出了"80/20 原则"，即质量责任的权重比例问题。他提出的质量管理模式，即计划、控制和改进，被后人尊称为"朱兰三部曲"。他所主编的《质量控制手册》成为当今世界质量控制科学的名著，为奠定全面质量管理的理论基础和基本方法作出了卓越贡献。

20 世纪 80 年代的动荡世界促使了未来学派的兴起。阿尔文·托夫勒和约翰·奈斯比特是这一学派的典型代表，他们凭借精准的判断力，指明了组织发展的未来方向。托夫勒将人类文明划分为三个阶段，即农业文明、工业文明和超工业文明，并指出在第三个阶段中，客户化生产将取代大规模生产，消费者和生产者的界限将模糊不清，公司的结构、目标和责任将发生根本的改变。托夫勒对未来企业运营的有关描述很快被后来的实践证实，使人们不得不叹服他的远见卓识。奈斯比特提出了改组理论，预言未来将实现的十大改组，其中有些预言已被实践证明。奈斯比特不仅对未来进行了预测，还指明了为应对未来变化所应该做的事情，这对于人们把握机遇、规避风险具有重要价值。

随着 80 年代全球化趋势日益加深，很多学者的研究视野超越本国投向世界。英国学者约翰·邓宁在吸收传统国际贸易和投资理论精髓的基础上提出国际生产折中论，将直接投资、国际贸易、区位选择等综合起来加以考虑，克服了传统的对外投资理论只注重资本流动研究的局限性，既肯定了绝对优势对国际直接投资的作用，也强调了诱发国际直接投资的相对优势，在一定程度上弥补了发展中国家对外直接投资理论上的不足。

战略管理学派的研究工作在20世纪80年代取得了突破性进展，竞争战略之父迈克尔·波特是这一成就的重要贡献者。波特的理论成果主要体现在三个方面：第一，对企业、产业和国家层次的竞争优势进行分析，建立了有说服力的五力模型，并阐释了三种基本竞争战略思想；第二，使用价值链分析手段，教导企业如何赢得竞争优势；第三，形成了用于分析一个国家的某种产业为什么会在国际上有较强竞争力的钻石理论。日本学者大前研一另辟蹊径，认为战略的意义在于其创造性。他研究了日本式竞争战略的特点，提出了四种新的战略方法，并首创了"战略三角"（战略3C）的概念。

在领导理论研究方面，这一时期的杰出人物主要是约翰·保罗·科特、沃伦·本尼斯和伯纳德·巴斯。约翰·科特进一步解释了领导者与管理者的区别，总结出了组织变革中的八个步骤与两条重要经验。本尼斯在研究90位领导者特点的基础上，归纳了优秀领导者的共同点，为领导人才的甄选和培养提供了理论依据。巴斯发展了伯恩斯的变革型领导的概念，正式提出了变革型领导行为理论，认为变革型领导和交易型领导是具有独立特征的两个概念。

20世纪80年代的管理过程学派也获得了继续发展。斯蒂芬·罗宾斯以管理过程为研究主线，详尽地阐述了管理的计划、组织、领导和控制职能。此外，他还通过大量的研究材料和案例客观地展现了自己在管理者角色和作用、企业的社会责任、组织结构设计、管理变革、作业管理等方面的观点，为管理实践者领悟管理的真谛作出了有益贡献。在管理思想史研究方面，哈罗德·孔茨在1980年发表的《再论管理理论的丛林》一文中对管理学理论进行了重新梳理，将管理理论流派划分为十一个学派，成为当今管理理论流派划分的基本依据。

这一时期是组织理论硕果累累的多产时期。汤姆·彼得斯极为关注美国的成功企业，指出了优秀企业具有贵在行动、紧贴顾客、不离本行、精兵简政等八大特点，并把人们的视线又重新引回到对人的关注上来。伊查克·爱迪斯首创了企业生命周期理论，分析了企业发展将会经历的两大阶段和十个时期，并对组织体系在演变过程中所展现的行为模式以及管理者应扮演的角色进行了阐述，为企业战略管理提供了一个崭新的视角。查尔斯·汉迪对组织变革的研究主要集中在组织理论和工作结构方面，他提出了所谓的三叶草组织、联邦组织以及3I组织等新型组织形式。罗莎贝丝·坎特以呼吁大公司改革而闻名，她将社会学的因素揉进组织变革和组织创新中，其思想充满了浓厚的人本主义色彩。

在实践领域，这一时期也涌现出许多伟大的人物。其中，松下公司的董事长松下幸之助重视客户服务，提倡"水坝式"经营与专业化经营；索尼公司的董事长盛田昭夫在企业内部提倡家庭化意识，实行内部晋升，树立品牌第一的理念；美国通用电气公司的首席执行官杰克·韦尔奇强力推行的六西格玛质量管理，将通用电气推向了财富神坛；而国际电话电报公司（ITT）的创始人哈罗德·吉宁基于推理的决策、分散化经营以及严格的过程控制思想，更是流传至今，为企业并购及发展提供了许多宝贵的经验与教训。

概括起来，20世纪80年代的世界政治和经济处于深刻的改革与变动过程中，管理思想也随着形势的变化发生了重大的调整，主要体现为从过程管理向战略管理转变，从产品的市场管理向价值管理转变，从行为管理向文化管理转变。管理研究者在丰富和发展既有理论的同时不断开辟新的研究领域，采用新的研究方法和手段，使得管理理论和学术流派的多元化态势更加明显，现代管理理论的丛林更加茂盛。

52 埃德加·亨利·沙因

埃德加·亨利·沙因（Edgar Henry Schein，1928— ），美国社会心理学家、著名职业指导专家、组织心理学和组织文化领域的创始人之一，出生在瑞士的苏黎世。1947年获得芝加哥大学的教育学学士学位，1949年在斯坦福大学获得社会心理学硕士学位，1952年在哈佛大学获得博士学位，毕业后到军队服役。1956年，沙因受道格拉斯·麦格雷戈之邀到麻省理工学院的斯隆商学院工作，现在是斯隆商学院的荣誉退休教授。他是国际上享有盛誉的实战派管理咨询专家，"企业文化"一词被公认为是由他发明的。其代表作有1965年出版的《组织心理学》（Organizational Psychology）、1985年出版的《职业锚：发现你的真正价值》（Career Anchors：Discovering Your Real Values）与1985年出版的《组织文化与领导力》（Organizational Culture and Leadership）。

关键词▶ 组织文化（organizational culture）
睡莲模型（water-lily model）
职业锚（career anchors）

沙因提出的"文化本质上是一种假设"的概念深入人心，他提出了组织文化的三个结构层次、五个分析维度以及三个发展阶段，使人们对文化的形成与同化等过程有了更加清晰的了解。除此之外，沙因还提出了针对管理者职业发展和社会化过程的职业锚理论，来帮助人们进行理性的、科学的职业规划。

一、组织文化

1. 组织文化的定义与结构

沙因认为，许多对于文化的界定不过是深层文化的表象，真正的文化是隐含在组织成员中的潜意识，而且文化和领导者是同一硬币的两面，一个领导者在创造一个组织的同时也创造了文化。基于以上两点，沙因对其的定义是：文化是一个特定组织在处理外部适应和内部整合问题中所学习到的，由组织自身发明、创造并且发展起来的一些基本假设。这些基本假设能够在日常工作中发挥有效的作用，因此可以为组织成员所接受，作为理解和思考工作问题的正确方法。为了进一步解释文化的定义，沙因使用"睡莲模型"来描述组织文化，并进行了详尽的分析。

组织文化的第一个层次如同睡莲浮在水面上的花朵和枝叶，通常是其外在表现形式，包括组织的结构、制度、程序，以及组织成员的语言、行为、物品摆放等直观的信息。由于这些表象可以被人们接触与感知，因此人们可以通过它们形成对组织最直接的认识。

组织文化的第二个层次是睡莲垂直生长在水中的枝和梗，通常是组织公开倡导的价值观，渗透在组织的使命、愿景、行为规范里面。这一层次的文化是组织成员在生产经营活动、人际交往活动中产生的文化，也是组织文化的中间连接层次，人们或许可以透过"水面"看见这一层次，但它始终是模糊的，也是容易被忽视的部分，它的健康程度直接关系到上一层次和下一层次之间的传递。

组织文化的第三个层次是睡莲扎根在土壤中的根系，包括各种被视为当然的、下意识的信念、观念和知觉，是对某一特定情境中适宜行为与反应的无意识的基本假设。这一层次的文化是最深层次的，虽然不为人们所关注，但却是组织文化中最重要的基础。这些潜在的、实际上对人的行为起指导作用的假设，指导群体成员怎样观察、思考和感受事物。作为"根系"，它为组织文化提供了源源不断的营养和牢固的支持。

如同花、叶、枝、梗和根构成睡莲这一有机体一样，这三个层次的要素经过整合，形成了有机统一的组织文化。

2. 组织文化的维度

沙因在综合前人研究成果的基础上，将组织文化的维度分为五个方面的假设：

(1) 关于外部适应性问题的假设。这一假设主要取决于组织的中心人物对组织与环境之间关系的判断，因为组织持有的假定势必会影响组织的战略方向。例如：有些公司认为它们是自己命运的主人，希望控制或改变外部环境；有些公司则比较温顺，愿意顺应外部环境的趋势。

(2) 关于管理内部整合的假设。一个组织的内部成员及其关系如果不协调的话，组织就无法实现持续的发展。所以，管理者要使组织成员对组织内部的基本假设进行了解，例如界定组织边界与成员进出的标准、组织成员权力获取与丧失的标准和规则等。

(3) 关于事实的假设。沙因将事实分为外部事实、社会事实与个体事实。其中，外部事实是指那些能够由客观检验进行测定的事实；社会事实是指组织成员一致认同的、不能经外部或者实证检验的事实；个体事实是指个体通过自身经验所获取的事实。要想保持组织内部成员的行动一致，就要消除他们对于三种事实认定的分歧。

(4) 关于时空本质的假设。人们对于时间与空间的感知与取向常常对其行为产生巨大的影响。例如，办公桌椅距离太近有可能会使员工感觉到自己被冒犯，而太远又可能会使同事关系疏离；而某名成员半天或者七天做完了其他同事认为需要三天完成的工作，同事就会认为他做事太急躁或太拖沓。使组织成员对时间与空间的使用及界定方式协调一致，组织就能更好地完成目标。

(5) 关于人性本质的假设。在组织中，管理者对人性的看法有两种截然不同的观点。有些管理者赞同 X 理论，认为只要躲得过去，人们就会不工作；另一些管理者对于人性的看法则要更加正面，他们努力帮助人们挖掘潜能，认为这样对双方都会有好处。又如，有的人鼓励社会交往，认为扩宽眼界与增加人脉是有帮助的；而有的人则认为，交际是一件浪费精力与金钱的事情，会影响自己钻研主业。这种对人性假设的不同也会从某种程度上影响组织成员的行为与组织文化的形成。

需要注意的是，文化不是一个静止的事物，以上五个方面不是相互排斥的，而是始终处于一种发展和波动的状态。创造和发展企业文化的关键在于该组织所推崇的价值观。

3. 组织文化的三个阶段

沙因将组织文化的发展过程分为三个阶段：

第一阶段是"诞生和早期发展"阶段。在这一阶段里，组织的缔造者主宰了组织文化的建立，而这种文化通常被视为组织个性的源泉与保护组织对抗外部压力的凝固剂。

第二阶段是"组织的中年时代"。在这一阶段里，最初的文化可能已经随着环境的变化而进行了一些改变，如果这时出现一种强有力的文化，组织文化就可能重新组合或从根本上进行改变。

第三阶段是"组织成熟"阶段。在这个阶段里，人们已经完全适应了组织文化，并对其产生了一定的感情，通常不愿意考虑任何改变。这时的组织最为脆弱，文化也从竞争优势和企业个性的源泉变成一种发展的障碍，因为只有随着环境不断进取，组织才能生存。

文化发展的每一阶段都需要一种不同的改变方式。沙因认为，如果管理者希望借助文化的影响力来支持企业的战略，则一定要与员工在核心使命、根本目标、完成任务的手段、衡量进度的方式以及补救措施等五个方面达成共识。他还提出，运用文化的力量是容易的，但改变文化则是非常困难的。

二、职业锚

沙因曾经领导一支专门的研究小组，对斯隆商学院的 44 名 MBA 毕业生进行了长达 12 年的职业生涯研究，期间运用了面谈、跟踪调查、公司调查、人才测评、问卷等多种方法，最终分析总结出了职业锚理论。沙因认为，职业生涯规划实际上是一个持续不断的探索过程。在此过程中，每个人都会根据自己的天资、能力、动机、态度和价值观等逐渐形成一个较为明晰的、与职业有关的自我概念，进而对自身作出一个职业定位。所谓职业锚,就是当一个人不得不作出某些职业选择时,他也不会放弃的那种职业定位,因为这才是人们选择和发展自己的职业时所真正围绕的中心。在工作中,一个人的职业锚是在不断发展变化的,是经由不断探索而产生的动态的结果。在对不同的人群进行总结后,沙因提出了五种职业锚:

(1) 职能型职业锚。具有职能型职业锚的人,追求在技能方面不断提高的水平,以及应用自身技术或职能的机会。他们对自己的认可来自他们的专业水平,喜欢面对来自专业领域的挑战,不喜欢从事一般的管理工作。

(2) 管理型职业锚。具有管理型职业锚的人追求并致力于工作晋升,倾心于全面管理,可以跨部门来整合其他人的努力成果。他们想去承担全部责任,并将公司的成功与否看做自己的工作成果。尽管许多有着管理型职业锚的人也会从事具体的技术或职能工作,但这仅仅被他们看做通向管理层的必经之路。

(3) 独立型职业锚。具有独立型职业锚的人希望随心所欲地安排自己的工作方式、工作习惯和生活方式,追求可以充分施展个人能力的工作环境,并最大限度地摆脱组织的限制和制约。他们宁愿放弃提升或工作扩展机会,也不愿意放弃自由与独立。

(4) 稳定型职业锚。具有稳定型职业锚的人追求工作中的安全感与稳定感,会认真地完成领导交代的工作,关心自身的财务安全,喜欢从现在的努力中预测到将来的成功。而且,在晋升时他们通常只关心级别的高低,而不关心具体的职位和具体的工作内容。

(5) 创造型职业锚。具有创造型职业锚的人希望利用自己的能力去创建属于自己的公司及产品,而且愿意冒险、克服面临的障碍。他们总是在不断学习,并且关注社会中的机会,想向人们证明他们自身的能力与努力。

在以上五种职业锚的基础上,沙因后期又补充了服务型、挑战型和生活型三种职业锚。他认为,在个人的职业生命周期中,或在组织的事业发展过程中,职业锚对于所有的人都发挥着重要的作用。首先,职业锚是个人经过搜索所确定的长期职业定位,它可以清楚地反映出个人的职业追求与抱负,由于不同员工对职业成功有不同的解释,职业锚则为企业判断员工的职业成功提供了标准。其次,组织可以透过职业锚获得对于员工个人信息的反馈,从而可以有针对性地对员工的未来发展设置可行、有效、通畅的职业通道;而个人则会因为组织有效的职业通道的满足,深化对组织的情感认同。这样双方可以相互深化了解,为彼此作出贡献。最后,由于职业锚是个人职业工作地长期贡献区,相对稳定地长期从事某项职业必然增长工作经验与增强个人技能,因此职业锚可以直接提高工作效率、产生工作效益。

思想评论

沙因以一种前所未有的方式清楚地描述了企业文化的整个领域,认为文化是组织生活中一个持续变化的力量,只有不同寻常的人或事才能影响文化的变迁。正如哈默尔所言:"在理解其组织文化以前,不可能改变一个大型组织。沙因使我们能够更深刻地了解是什么造就了组织,也就为我们尝试'改造'或'改变'提供了坚实的基础。《组织文化与领导力》对于所有志存高远的改革代言人来说,都是一本有价值的读物。"此外,沙因提出的八种职业锚现在已经得到全球企业的广泛认同,许多世界500强企业的员工都接受过他的培训和指导。

53 特伦斯·迪尔、阿伦·肯尼迪

特伦斯·迪尔（Terrence E. Deal），哈佛大学教育研究院教授，国际知名企业文化和领导力大师。1965年获得斯坦福大学的教育管理和社会学博士学位，当过警察、中学校长和政府管理人员，曾先后在哈佛大学与斯坦福大学执教，现为南加利福尼亚大学罗西尔教育学院教授，撰写过多部关于管理、企业文化、领导力、组织变革的著作与论文，代表作为1982年与阿伦·肯尼迪合著的《企业文化——企业生活中的礼仪与仪式》（Corporate Cultures: The Rites and Rituals of Corporate Life）和1999年与肯特·彼得森（Kent Peterson）合著的《学校文化塑造》（Shaping School Culture）。

阿伦·肯尼迪（Allan A. Kennedy），美国麦肯锡咨询公司高级顾问，国际知名管理学家，其与迪尔合著的《企业文化——企业生活中的礼仪与仪式》一书是企业文化研究方面的经典著作。2000年，他又与迪尔根据现实变化的需要与对过去研究的总结出版了关于企业文化的第二本著作——《新企业文化》（The New Corporate Cultures）。

关键词▶ 企业文化（corporate culture）

1981年,迪尔和肯尼迪创作的《企业文化——企业生活中的礼仪与仪式》以生动的文笔和大量具体的典型案例,极具说服力地分析了企业文化的核心、要素、类型等,并总结了一套识别、管理、塑造和革新企业文化的经验,使得这本书成为企业文化理论的经典之作。

1. 企业文化的五因素

迪尔和肯尼迪指出,企业文化是由企业环境、价值观、英雄人物、习俗和仪式、文化网络五个因素组成的,而这五个因素各自的作用是不同的:

(1) 企业环境。企业环境是指公司根据产品、顾客、竞争对手、工艺技术、政府形象等因素在市场中面临的现实环境,包括企业性质、经营方向、外部环境、社会形象等,是企业文化形成和发展中起关键作用的影响因素。

(2) 价值观。价值观是指组织的基本思想和理念,是企业文化的核心和基石,也是决定一个企业的基本特征区别于其他企业的主要依据,它为全体员工提供了对共同方向的意识和他们日常行为的准则。公司以价值观凝视员工,产生价值共享效应。具有强有力文化的公司都有一个为员工共同信奉的价值观体系。譬如,"万能的服务"(美国电报电话公司);"通过化学为更美好的社会提供更美好的东西"(杜邦公司);"为人们创造最佳环境"(劳氏公司)等。这些措辞不仅仅是一个口号,而且是企业核心价值观的哲理精髓。

(3) 英雄人物。英雄人物可以使企业文化的价值观人格化,并集中体现了组织的力量所在,是公司内部实现价值共享的文化导演者和中枢,为企业员工树立了效仿的楷模。迪尔和肯尼迪认为,美国公司的董事会比好莱坞的票房更需要英雄人物。这种企业中的英雄人物分为两种:一种是天生的,如福特、洛克菲勒等个人能力超群的人;一种是公司造就的,即在公司中干出一番事业而获得奖章的人们。这两种英雄人物并非都具有非凡的魅力,他们所关心的是公司的整套信念和价值观,并尽力把这些信念和价值观传输给周围的人,其作用主要体现在以下六个方面:一是使成功成为人人渴望的信念;二是为员工提供样板角色;三是作为公司对外部世界的象征;四是保持公司的特色;五是设定工作标准;六是激励员工。

（4）习俗和仪式。习俗和仪式是指企业日常生活的管理和常规，意在向员工表明他们所期望的行为模式，是企业文化传播的通道，为展现英雄人物的画面提供了载体。仪式具体可以分为社会仪式、工作仪式、管理仪式与表彰仪式四种，内容包括企业的各种聚会、奖励活动、娱乐活动、书写格式、演讲方式、退休晚宴等。典礼及仪式对企业文化的发展是必要的，它能使价值观、信念和英雄人物在企业员工心中持续保持崇高地位，对企业文化的传递起着重要的作用，如果没有了这些形式，也就没有了文化的独特性。

（5）文化网络。文化网络包括组织内部的非正式联系方式和传递渠道，是企业价值观和英雄人物传奇的"运载工具"。它可以把公司中各个团体连接起来，而不考虑他们的职位和头衔。通过这种隐蔽的渠道，管理者可以传播、强化和修饰公司价值观，实现对组织的有效管理。

企业最大的资源就是人力资源，有效的企业管理方式应以文化对人进行微妙暗示。强有力的文化是指导人的行为的有力杠杆，它可以使员工更加喜爱自己所从事的工作并且在工作中更加努力。成功的企业领导人要根据企业的内外部环境，提出明确的价值观，并通过英雄人物的模范作用加以强化和宣传，为全体员工提供一种思想意识和日常行为的准则。

2. 企业文化的四种类型

迪尔和肯尼迪把企业文化分为四种类型：

（1）硬汉型文化。这种企业文化提倡冒险精神，通常形成于高风险、快反馈的组织，例如警察局、手术室等。在这种文化中，员工可能抓住机遇一夜成名，也有可能突然之间一败涂地，其着重速度而不是持久力，所以极受年轻人欢迎。

（2）努力工作/尽情玩乐型文化。这种文化提倡发现顾客的需要并且满足顾客的信念，通常形成于风险极小、反馈极快的企业，例如营销部门等。其要求员工保持高水平的积极性与创造性，看重工作数量，员工的工作风险很低，坚持不懈就能成功。

（3）赌注型文化。这种文化提倡未来投资的重要性，通常形成于风险大、反馈慢的企业，例如石油公司、建筑公司等。其特征是管理层需要充分运用技术能力、逻辑能力与条理性来作出深思熟虑的决策，而决策在若干年之后才能体现出其正确或错误性。

（4）过程型文化。这种文化提倡严格的等级观念，通常形成于风险小、反馈慢的企业，例如保险公司、大型政府机构等，其特征是崇尚过程和细节。

3. 企业文化的重塑

在分析归类的基础上，迪尔和肯尼迪总结和介绍了一套识别、管理、塑造和革新企业文化的经验：

（1）判断文化，即当企业出现集中注意内部问题和短期问题的现象时，管理者应该反思企业现有文化是否不适合当前发展的状况。另一方面，企业文化如果不够强有力，也会导致不同部门、不同职能工作的亚文化出现排他性，甚至凌驾于公司价值观之上的现象。

（2）管理文化，即管理者如何克服现实的障碍，有效管理企业文化，使企业文化适应于迅速变化的外部环境。对此，迪尔和肯尼迪提出了依靠"象征性经理"来进行管理的概念。象征性经理通常对于文化以及文化在取得成就方面所起的作用有着敏锐的直觉，对同事寄予更高的信任，并且依靠这些文化上的同路人来保证取得成就。他们有能力区分企业中的琐事与大事，并会利用每一个机会加强或运用文化的核心价值观和信念。

（3）重塑文化，即当周围环境发生了根本性变化，而企业行为却仍很强烈地受到价值观的驱使，或是当企业扩张迅速、规模壮大时，如何对企业文化进行变革。企业文化的重塑是一种未知的艺术，对管理者有着更高的要求。特伦斯和迪尔为管理者提出了有关变革的 5 条最为有效的提示：一是取得一致意见；二是相互信任；三是培养技巧；四是保持耐心；五是增强灵活性。而要使变革成功，重塑过程必须触动企业文化的根本特质，如英雄人物、价值观和礼仪等。

思想评论

迪尔和肯尼迪认为，强有力的文化是企业持续成功的推动力，它以不成文规章体系的方式规范了员工在绝大部分时间中的行事方式，同时又能激发员工对工作的热情。人是企业的最大资源，而强有力的企业文化是指导人们行为的有力杠杆，所以管理者要针对自身组织的特殊性质，来识别、管理以及塑造组织独特的文化，提高组织整体的效率。

54 吉尔特·霍夫斯泰德

吉尔特·霍夫斯泰德（Geert Hendrik Hofstede，1928— ），荷兰著名心理学家、管理学家、跨文化比较研究创始人，出生在荷兰的哈勒姆。1953年获得荷兰代夫特科技大学的机械工程学硕士学位，1967年获得荷兰格罗宁根大学的社会心理学博士学位。1965—1971年创建并管理了IBM公司欧洲分公司的人力资源研究部门，参与了IBM在西欧以及中东地区的所有人事调研项目。1971—1973年为瑞士洛桑国际管理学院的访问学者，1973—1979年就职于布鲁塞尔的欧洲工商管理学院。1993年退休后，霍夫斯泰德成为荷兰马斯赫特大学组织人类学与国际管理学专业的名誉退休教授，他还是美国管理学院院士，并兼任世界银行与欧洲联盟的顾问。其代表作为1980年在美国出版的学术专著《文化的效应》（Culture's Consequences）与2005年出版的《文化与组织：心理软件的力量》（Cultures and Organizations：Software of the Mind）。

关键词 ▶ 文化差异（cultural differences）
不确定性规避（uncertainty avoidance）
权力距离（power distance）

霍夫斯泰德提出了测量组织文化的六个维度，为企业管理者在创造文化与适应文化时提供了新的角度与新的思维方式。他还认为民族文化对员工与工作相关的价值观和态度有着很重要的影响，为此，他在广泛调查研究的基础上论述了衡量国家或民族文化差异的五维度模型及其在跨文化领域中的应用。

一、组织文化的六个维度

霍夫斯泰德认为，文化是一个群体的成员据以区别于另一个群体的成员的共同思维方式，而价值观则是文化形成的基石。为了让人们更好地理解文化，他把文化比喻成洋葱：最外面的一层称为象征物，如服装、语言、建筑物等，可以用肉眼直接观察到；第二层是英雄人物的性格，在一种文化里，人们所崇拜的英雄人物的性格代表了受此文化影响的大多数人的性格，所以对其的了解可以帮助我们了解英雄所在文化的民族性格；第三层是礼仪，礼仪是每种文化里对待人和自然的独特表示方式，我们可以在日常生活中体会到，如在中国文化中吃饭时的座位安排，又如日本人的逢人鞠躬和进门脱鞋等；而最里面的一层是价值观，是指人们相信什么是真、善、美的抽象观念，也是文化中最深邃、最难理解、最难以察觉的部分。对于一个组织而言，管理者要想影响组织，就要先了解组织文化。霍夫斯泰德在其1980年出版的著作《文化的效应》中，提出了测量组织文化的六个维度：

（1）观察组织注重结果还是过程。注重过程的组织通常是规避风险的，其成员对工作任务只会作出有限的努力；而注重结果的组织只要求达到目的，即使在不熟悉的环境中，其成员也能作出最大努力去应对工作。

（2）观察组织注重人员还是注重工作。注重人员的组织认为员工的个人问题应该受到重视，组织要对员工的福利负责，重要的决策应由群体或委员会作出，使员工积极参与到管理中；而注重工作的组织则通常有着较大的任务压力，其提倡关注人们所做的工作，而不是他们个人和家庭的事务，重要的决策应由管理者个人作出。

（3）观察组织注重自身还是注重行业。对于注重自身的组织来说，其员工对组织的认同更多的是来源于组织本身，而不是他们所从事的具体工作，例如军队与政府部门等；而对于注重行业的组织来说，其员工的认同主要来源于他们所从事的行业，例如能源公司、金融公司等。

（4）观察组织注重规范还是注重效率。注重规范的组织强调成员的一切行为都要正确遵从组织的程序，过程比结果更重要；而注重效率的组织则强调成员的一切行为都要迎合顾客的需要，结果比过程更重要。

（5）观察组织的沟通系统是开放还是封闭。在拥有开放系统的组织中，其成员对老员工、新员工和局外人的对待几乎是平等的，几乎任何人都能与组织实现适配，新员工的适应也会很快；而在拥有封闭系统的组织中，其成员则感觉即使同在内部，互相之间也好像被封闭和禁锢起来，彼此沟通很少。

（6）观察组织对员工的控制是松散还是严密。在松散式控制的组织中，其成员不会过多考虑自己工作以外的问题；而在严密式控制的组织中，其成员在工作时则会自觉意识到成本、时间、与其他部门的协调等问题。

理解这六个维度不仅对于管理者测量组织文化有着重要意义，同时也可以使不同组织的成员对所在组织及自身行为进行更深入的思考。

二、文化差异的五个维度

霍夫斯泰德曾对 IBM 在 53 个国家或地区的共 11.6 万名员工做了大量的调查，而后根据这些一手数据进行研究，试图找出能够解释导致大范围内文化行为差异的因素。他用五个维度衡量了各个国家或地区的文化差异与特征，并对多个国家或地区进行了指数排名（见表 54—1）。这五个维度分别为：

表 54—1　　　　　　一些国家在五个不同文化维度上的得分

	PD	ID	MA	UA	LT
美国	40L	91H	62H	46L	29L
德国	35L	67H	66H	65M	31M
日本	54M	45M	95H	92H	80H
法国	68H	71H	43M	86H	30L
荷兰	38L	80H	14L	53M	44M

续前表

	PD	ID	MA	UA	LT
印度尼西亚	78H	14L	46M	48L	25L
西非	77H	20L	46M	54M	16L
俄罗斯	95*H	50*M	40*L	90*H	10*L
中国	80*H	20*L	50*M	60*M	118*H

注：表中，PD表示权力距离；ID表示个人主义；MA表示男性化；UA表示不确定性规避；LT表示长期倾向。H：表明当前国家或地区在所有参与排名的国家或地区中位于前1/3。M：代表该国家或地区排名在中间的1/3。L：代表该国家或地区排名位于最后1/3。（前四个维度是根据53个国家或地区的排名得到的，第五个维度是根据23个国家或地区的排名得到的。）

* 为预测值。

(1) 权力距离。权力距离所关心的是一种文化如何处理层级性权力关系，尤其是权力分配的不平等问题。如果权力距离大，说明下属对上级极为尊敬，同时这类文化强调在与其他组织发生联系时需要同等级之间的沟通，其典型代表是菲律宾、委内瑞拉和印度等；而权力距离较小的国家强调减少等级差异，这类国家包括丹麦、瑞典等。

(2) 个人主义—集体主义。个人主义是指一种松散的社会结构，在这种结构中人们只关心自己和亲属的利益，每个人都有强烈的自我意识；而集体主义是一种紧密结合的社会结构，人们的归属感强，极其相信组织，甚至依赖组织。研究发现，发达国家如英国、美国等的个体倾向比较强烈，而经济相对落后的国家如哥伦比亚、巴基斯坦等则集体倾向较强。

(3) 男性化—女性化。男性化代表生活数量，即表现一个民族在自信、工作、绩效、成就、竞争、金钱、物质等方面占优势的价值观；而女性化代表生活质量，即表现一个民族在良好的人际关系、服务、团结等方面占优势的价值观。调查显示，日本和奥地利在生活数量维度上得分最高，而挪威、瑞典、丹麦和芬兰则在生活质量维度上得分最高。

(4) 不确定性规避。不确定性规避是指人们对一种模糊不清的情况和没有能力预测但将来有可能发生的事件的感受程度。霍夫斯泰德的研究指出，日本、葡萄牙以及希腊等国不确定性规避程度较强，而新加坡、瑞典和丹麦等国则较弱。

(5) 短期倾向—长期倾向。短期倾向与长期倾向表示一个民族是追求短期利益还是追求长远利益。例如日本的企业一般强调长远利益，甚至有可能牺牲当前利润来赢得市场占有率；而具有短期倾向的国家则注重眼前利益，美国就是典型代表。

霍夫斯泰德认为，在过去的近一个世纪，理论家和企业家忽视了文化与管理的关系，这是现代组织中的一大弱点。他还指出，许多管理理论都产生于美国，可是美国有其独特的文化，它的管理理论和经验对其他国家不完全适用。有些欧洲国家，尤其是第三世界国家不注意这一点，把引进管理与引进技术同样对待，结果造成了经济和人力的双重损失。相反，日本的管理虽然也主要源于美国，但却结合日本国情进行了本土化改造，取得了很大的成功，例如全面质量管理小组等。因此，管理者必须具有"文化敏感性"，才能在日后的国际竞争中使组织立于不败之地。

思想评论

在霍夫斯泰德之前，大量的组织文化研究都只是包括几个极其有限的国家，或是对不同国家的不同公司进行研究，而霍夫斯泰德则对50多个国家或地区中为同一家公司工作的11.6万名员工进行了调查，并把不同公司或地区之间的政策差异全部排除，确认了国家或地区之间的差异事实上只是民族文化的差异。他提出的测量组织文化的六个维度为管理者适应当地环境与提高管理效率提供了系统的参照标准；而其所运用的测量文化差异的五个维度则可以解释各个地区员工的行为差异，为企业管理层选派管理者或开拓当地市场归纳出了所需要考虑的重点事项。

55 威廉·奥奇

威廉·奥奇（William G. Ouchi，1943—　），日裔美国管理学家，Z理论创始人，出生在美国夏威夷的檀香山。1965年获得威廉姆斯学院的管理学学士学位，1967年获得斯坦福大学的工商管理硕士学位，1972年获得芝加哥大学的企业管理博士学位。从1972年起在斯坦福大学任教8年，1979年前往加利福尼亚大学洛杉矶分校安德森管理学院任教，承担管理过程和组织设计教学，并在1996—1999年兼任主管教学的副院长。除此之外，他还曾担任洛杉矶前市长理查德·赖尔登的顾问，并且为加利福尼亚州前州长阿诺德·施瓦辛格提供了完善的教育改革方案。其代表作有1981年出版的《Z理论：美国企业如何迎接日本的挑战》（Theory Z：How American Business Can Meet Japanese Challenge）与1984年出版的《M型社会：美国团队如何夺回竞争优势》（The M-Form Society：How American Teamwork Can Capture the Competitive Edge）。

关键词▶ Z理论（theory Z）
M型社会（the M-form society）

20世纪60年代以后，日本经济的迅速崛起令世界瞩目，不少美国的管理学者开始研究日本的管理模式。作为在日本企业研究方面极具影响力的学者，奥奇通过对日美两国企业进行比较分析，在麦格雷戈X—Y理论的基础上提出了 Z 理论。他认为，美日管理间的主要差异，可沿着七个维度去比较和剖析。在此之后，奥奇还将美国与日本的社会进行了比较，进而提出了 M 型社会的构想。

一、Z 理论

1981 年，奥奇在《Z 理论：美国企业如何迎接日本的挑战》一书中提出，由于日本的企业在管理模式上具有与众不同的特点，因此美国企业应该先分析出二者的不同，再将其优点与自身的优点相融合。奥奇将美国组织称为 A 型组织，而将日本组织称为 J 型组织，二者在七个维度上的差异如表 55—1 所示：

表 55—1　　　　　　　　日本和美国企业管理的比较

维度	日本企业（J 型组织）	美国企业（A 型组织）
基本的雇佣制度	终身雇佣制	短期雇佣制
考核的晋升制度	缓慢的评价和晋升	快速的评价和晋升
员工的培训及职业发展道路	非专业化的职业发展道路	专业化的职业发展道路
控制制度	含蓄的控制	明确的控制
决策制度	集体的决策过程	个人的决策过程
责任制度	集体负责	个人负责
整体和局部的关系	整体关系	局部关系

（1）基本的雇佣制度。A 型组织采用的是短期雇佣制，员工与企业之间的关系是一种交换关系，即员工向企业提供他们的劳动，企业向员工支付报酬作为回报，人力资源的流动性较强；而 J 型组织则多采用长期雇佣的方式，员工与企业的关系是一种共同体的关系，人员的流动性相对较弱。

（2）考核和晋升制度。A 型组织在考评方面的特点是迅速的评价和升级，即绩效考核期短，员工得到回报快。J 型组织在考评方面的特点是对员工实行长期考核和逐步提升制度，企业通常经过长时间的考察和缓慢的晋升来选择继任者。

（3）员工的培训及职业发展道路。A 型组织通常采取专才型培训方式及招聘方式，比如一位新员工可能选择的职业生涯是从出纳、会计、会计主管、一步步升任至总会计师、财务总监或主管财务的副总经理；而J型组织实行通才型培训，在招聘阶段也不太注重员工的专业和专长，经过对员工的培训和工作轮换，培养员工适应多个职位的能力和经验。

（4）控制制度。A型组织通常依靠严格系统的规章制度约束员工的行为，通过层层把关和频繁的考核来控制企业内部的绩效，考核指标明确；而J型组织的控制机制相对比较松散，企业负责人只是向下级传达一些关于企业的宗旨、目标等软性指标，下级可以根据这些指标自行决定和选择考核方式。

（5）决策制度。A型组织实行的是个人决策制，通常采取的是自上至下的沟通方式，各个部门之间职责明确，企业领导者掌握着决策大权，而且谨慎地进行权限的下放；而J型组织实行的是集体决策的方式，通常经过协商的方式进行沟通，强调表决前的工作，其正式表决只是走过场。

（6）责任制度。A型组织标榜个人主义，企业领导者既然受命挂帅，必须授以全权，并承担企业经营成败的主要责任；而J型组织则采取企业领导集体决策、集体负责的制度，一旦企业经营出了问题，企业的每位领导成员都要承担相应的责任。

（7）整体和局部关系。A型组织主张存在局部关系，而在J型组织中人们树立牢固的整体观念，员工之间平等相待，每个人对事物均可作出判断，并能独立工作，以自我指挥代替等级指挥。

奥奇认为，产生上述这些差异的原因可以归纳为地理、历史、人文等方面。首先，美国幅员辽阔、资源丰富、地广人稀，一家人可以圈大片土地，依靠自己的力量来维持生计，这就导致了美国推崇个人主义的文化；而日本地域狭窄、自然资源匮乏、灾害频发，加之种植的作物只能是集约经营的水稻，使得日本人必须依靠集体协作才能生存，由此形成了强烈的集体主义的文化习惯。其次，美国历史较短，没有经历封建时代，所以历史包袱较轻，这一点表现在管理模式上就是员工敢于冒险，并喜欢通过提高自身的能力和变换工作来实现自身的价值，获得相应的社会地位；而日本有着两千年的历史，资本主义只是在明治维新之后才出现，传统的封建式的家庭制度和封建意识对人们的影响较大，这一点在管理上就体现为严格的上下级关系、员工对上级和企业的忠诚和服从、按部就班的工作方式和追求整体的和谐气氛等。最后，美国是一个移民国家，人口好迁徙、以狩猎为生，所以美国人敢于冒险、崇尚英雄，在竞争性强、风险大的领域具有明显的优势；而日本是一个单一的农耕民族，农作物的生长受气候条件的影响较大，这就要求人们在播种和收割等农忙季节通力合作，克服来自大自然的制约。此外，日本人受佛教和中国儒家思想的影响，讲究"以和为贵"，主张人们平等和睦地相处，因此日本企业在那些风险不大而且要求相互协作的业务中具有优势。

奥奇的美日管理比较研究不仅提供了一种跨文化比较研究的方法与观点，还发现了文化对管理模式的决定性影响，给管理学与组织行为学引入了文化因素这一重要课题，因此在管理学和组织行为学中具有非常重要的地位，而《Z理论：美国企业如何迎接日本的挑战》一书也被看做美日人力资源管理模式比较的经典著作。

二、M型社会

1984年，奥奇对于企业、政府、社会之间三角关系研究的代表作《M型社会：美国团队如何夺回竞争优势》出版，此书通过对美国与日本社会中存在现象的比较，来探讨企业、政府、同业工会、银行、学校之间在社会发展中的合作问题，为美国未来社会的走向提出了建议。

这里的"M"代表着管理学中常见的事业部制，是一种适度的分权模式：各事业部之间有一定的自主性，但又相互依赖；虽然产品不同，却利用着共同的资源。其优点就是可以让各业务单位在不受牵制的自主努力下互相合作。但是，与日本相比，美国政府在把这种制度从企业推广到社会领域的过程中准备不足，并由此导致了诸多社会问题。奥奇认为，社会治理有三种方式：市场方式、官僚方式、经济氏族方式（即利益集团）。在美国，社会治理是这三种方式的混合。而这种混合会造成一种"政经栅栏"，使社会分化为不同的、有着冲突的利益集团。美国社会的这种现象从表面上来看状态良好，但从长远来说，如果不加以调整和改变，会出现大的问题。但在日本，由于历史的原因，社会治理以经济氏族方式为主，虽然也存在竞争，但总体来说还是一个和谐的整体。所以奥奇为美国提供的改革方向，就是变竞争为合作，像日本一样建设 M 型社会。在这种结构的社会里，政府与企业之间、企业与企业之间，都会有着良好的合作，进而可以使国家更加强大，人民生活更加富裕。

思想评论

奥奇对麦格雷戈的 X 理论与 Y 理论进行了补充与完善，将东方国度中的人文及感情因素揉入了 Z 理论，因此可以把该理论看做对 X 理论与 Y 理论的一种补充和完善。Z 理论对如何提高企业管理水平以及如何解决跨国公司文化冲突具有很好的指导作用。管理者应该根据企业的实际状况灵活掌握制度与人性、管制与自觉之间的关系，因地制宜地实施最符合企业利益和员工利益的管理方法。此外，奥奇的 M 型社会理论对于政府应该选择什么样的经济政策、采用什么样的社会政策也有重要的理论参考价值。

56 威廉·爱德华兹·戴明

威廉·爱德华兹·戴明（William Edwards Deming，1900—1993），美国著名统计学家和质量管理学家，被誉为"现代质量管理之父"，出生在艾奥瓦州苏城。1921年获得怀俄明大学的电气工程学学士学位，1925年获得科罗拉多大学的数学及物理学硕士学位，1928年获得耶鲁大学的物理学博士学位。毕业后先后在美国农业部与人口统计局工作。1946年，离开政府机构到纽约大学任教。1950年起，戴明由道格拉斯·麦克阿瑟将军推荐，通过日本科学家与工程师协会（Union of Japanese Scientists and Engineers）向日本工商业界讲述其统计方法与质量管理的思想，奠定了日本企业界良好的质量管理基础。1992年，他还创立了非营利机构——戴明学院，希望门徒们继续完成他的事业。其代表作有1982年出版的《质量、生产力与竞争地位》（Quality, Productivity and Competitive Position）与1993年出版的《工业、政府和教育的新经济》（The New Economics for Industry, Government, Education）。

关键词▶ 质量管理（quality management）
戴明环（Deming cycle）
戴明"14要点"（Deming 14 points）

戴明总结了在许多组织中普遍存在的七项缺点，并提出了 14 条质量管理要点来对缺点加以解决。此外，他还提出了包含计划、执行、检查、处理等四个过程在内的 PDCA 循环，即著名的戴明环。这一循环的内容包括质量管理的四个阶段、八个步骤和七种工具，被很多企业奉为圭臬。

一、现代管理的七项缺点与质量管理"14 要点"

1. 现代管理的七项缺点

戴明在美国政府工作期间，曾开发出了新的抽样方法来进行质量统计与控制。他从大量统计中发现，现代管理有着许多缺点，只有对其充分了解之后，人们才可以认识到如何进行下一步改进。经过总结，他认为现代管理共有七项缺点：

（1）缺乏长远的目标。市场上的绝大多数公司只会考虑下一季度或者下一财年的股利，而不会有一套在业界永久立足的长期规划，导致其最终迷失方向，走向衰落。

（2）目光短浅，只重短期利润。许多公司为了使本季营业成绩被看好，在季末运出所有库存产品时，不注意品质如何，只求出厂即可，然后将其列为应收账款。

（3）缺乏有效的考绩制度。戴明认为，许多考绩制度并没有分清目标与手段的区别，本末倒置，导致员工不愿承担风险，恐惧感日益增强，团队合作关系受损，并彼此对抗以争取奖励。

（4）缺乏稳定的管理层。戴明曾说：美国企业不能成功的原因是管理阶层流动过于频繁。他认为，经常跳槽的经理人，永远无法真正了解他所服务的公司，而且也无法全程参与公司对于改善产品品质与生产所需的长远变革。

（5）缺乏对数字的正确认识。在企业实行数字化，是为了追求对企业信息的全方位了解，可许多公司对数字化目标的偏执追求反而导致管理者有时只是依赖数字来经营公司，被数字所体现的价值取向引导。如果数字体现出的价值取向是有效的，管理者会将组织整体业绩提高；但在大多数情况下，数字不可能完全代表整个企业的价值取向，而且大公司中异常庞大的数字常常会使企业茫然不知所措,最终迷失价值方向。

(6) 缺乏简便的保险制度。对许多企业而言,员工巨额的医疗开支是它们最大的一笔开支。医疗费用的急剧上升与保险制度的复杂性使得企业即使为员工购买了相关的健康医疗保险,相关的支出还是使其不堪重负。

(7) 巨额的法务费用。由于现代企业在经营范围内的各个领域都需要遵守相关法律,因此聘请律师的费用占到支出的很大一部分。

戴明认为,在这些缺点中,除了保险制度有着复杂的社会成因而无法改变,其他的都可以进行改进,所以他又进一步提出了质量管理"14要点"。

2. 质量管理"14要点"

(1) 企业要挖掘与投入各种资源,来使自己有一个坚定不移地提高产品质量和服务的长期目标,而不是只顾眼前的短期利益。

(2) 要建立一个新的质量管理制度,原则上不允许出现交货延迟、交货差错,以及交出有缺陷的产品。

(3) 要有从一开始就把质量寓于产品中的办法,而不要依靠后期的检验去保证产品质量。

(4) 要以质量为核心来全面考虑成本,即在原材料、标准件和零部件的采购上不要关注其价格高低,而要看其性价比。

(5) 要制定可以识别体系和非体系原因的方法,统计数据表明,85%的质量问题是由于体系的原因,而剩下的15%是由于岗位的原因,查明原因后才能采取措施。

(6) 要建立全面、有效的岗位培训制度,不仅教授员工如何做,还要告诉他们为什么要这样做。

(7) 要根据不同的情境选择不同的领导风格,领导者不应只是管员工,更重要的是帮员工。

(8) 要在组织内形成和谐的工作氛围,消除员工不敢提问题、提建议的恐惧心理,促使他们积极地对工作中的问题提出自己的看法。

(9) 要鼓励部门之间相互协作的精神,使来自不同部门的人理解其他部门的特点,把本部门的工作做好以方便其他部门的工作。

(10) 要想出可以激励、教导员工提高质量和生产率的好办法,不能只是喊口号、下指标。

（11）要有一个随时检查工时定额和工作标准有效性的程序，并且要检查它们是真正帮助员工做好工作，还是妨碍员工提高劳动生产率。

（12）要把重大的责任从数量上转到质量上，使认真、用心的员工能感到他们的技艺和本领受到了尊重。

（13）要实施一个强而有效的教育更新计划，以使员工的知识储备能够跟上原材料、产品设计、加工工艺和机器设备的变化。

（14）要在领导层内建立参与式结构，推动全体员工都不同程度地参加经营管理的改革。

"14要点"管理方法提出后，最早在日本引起重视，并改变了日本企业的历史命运，所以以戴明的名字命名的"戴明管理奖"至今仍是日本质量管理的最高荣誉。

二、戴明环

戴明环又称 PDCA 循环、PDSA 循环，是戴明在沃特·休哈特（Walter A. Shewhart）的 PDS（plan-do-see）基础上提出的一个质量持续改进模型，整个过程包括四个循环反复的阶段，即计划（plan）、执行（do）、检查（check/study）与处理（act）（见图56—1）。戴明认为每一项工作都是一个循环，都需要计划、执行、检查、处理这四个步骤，在每一次循环后，才能进入下一个循环，而只有在日积月累的不断改善中，质量才会出现质的飞跃，才可能完善每一项工作的成效。

这四个阶段的具体含义为：

（1）计划，即对于总体方针和目标的确定，以及具体活动计划的制定。

（2）执行，即进行具体运作，实现计划中的内容。

（3）检查，即总结执行计划的结果，分清哪些过程做得对，哪些做得不对，明确各环节的效果，找出存在的问题。

（4）处理，即对总结检查的结果进行处理，对成功的经验加以肯定，将其予以标准化，制定作业指导书，以便于以后工作时遵循；对于失败的

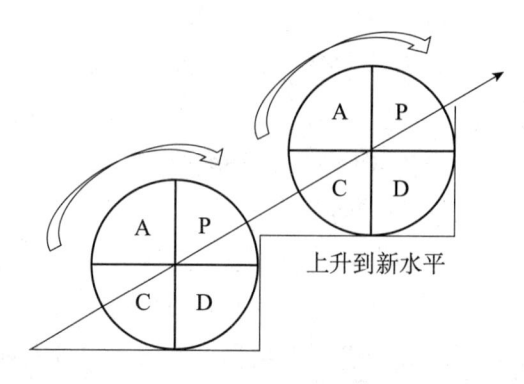

图 56—1　PDCA 循环

教训加以重视，避免重犯。而对于没有解决的问题，应留在下一个 PDCA 循环中去解决。

具体来说，上述四个阶段又可细分为八个步骤：一是分析产品现状，发现质量问题；二是分析质量问题中的各种影响因素；三是分析影响质量问题的主要原因；四是针对主要原因提出具体的解决措施，而且要考虑到为什么要制定这个措施、措施要达到什么目标、措施在何处执行、由谁负责完成、什么时间完成、怎样执行等问题；五是执行，即按措施的要求去做；六是检查，把执行结果与要求达到的目标进行对比；七是标准化，即把成功的经验总结出来，制定相应的标准；八是把没有解决或新出现的问题转入下一个 PDCA 循环中去解决。在这些步骤中，通常会使用到七种工具，包括在质量管理中广泛应用的直方图、控制图、因果图、排列图、相关图、分层法和统计分析表。

总的来说，戴明环具有四个明显的特点：一是其四个阶段不是运行一次就完结，而是周而复始地进行。当一个循环结束了，对于没有解决的问题或新出现的问题，再进行下一个循环。二是大环中带着小环，如果把整个企业的工作视为一个大的戴明环，那么各个部门、小组还有各自的小戴明环，就像一个行星轮系一样，每一级的循环都带动着下一级的循环，有机地构成一个运转的体系。三是阶梯式上升，戴明环不是在同一水平上循环，而是每循环一次就解决一部分问题，下一次循环又有新的目标和内容，不断进步、不断发展。四是对科学管理方法的综合应用，戴明环主要应用统计处理方法以及工业工程中工作研究的方法，作为发现问题与解决问题的工具。

思想评论

戴明强调全面质量管理的重要性,他反复提醒人们质量管理与改善并不是个别部门的事,必须由最高管理层推动才能奏效。戴明的创新之处在于,他的管理哲学不是从管理世界,而是从数学当中得来的,而且将其与人际关系方法联系在一起。作为质量管理的大师,戴明给美国带来了尊重人性的管理革命和体制创新,为美国持续的技术创新和经济增长奠定了基础。

57 约瑟夫·摩西·朱兰

约瑟夫·摩西·朱兰（Joseph Moses Juran，1904—2008），世界著名质量管理大师，出生在罗马尼亚的布勒伊拉。1912年随家人移民美国，定居于明尼苏达州。1924年获得明尼苏达大学的电气工程学学士学位，1935年获得芝加哥洛约拉大学的法学博士学位，并在一年后通过了伊利诺伊州的律师从业资格考试。1937年，朱兰被任命为西屋电气公司总部工业工程方面的主席。第二次世界大战期间，他在华盛顿的租借管理协会与对外经济管理协会工作，来通过质量管理降低产品残次率并保障盟军的后勤补给。1945年，朱兰任纽约大学工业工程系教授、系主任。1979年，创立朱兰学院，担任校董事会名誉主席；1982年访问中国，并资助了中国古代质量管理研究小组；1992年获得乔治·布什总统颁发的国家技术奖章；1993年获得欧洲质量组织奖章。其代表作有1951年出版的《质量控制手册》(Quality Control Handbook)、1964年出版的《管理突破》(Management Breakthrough) 与1988年出版的《朱兰论质量计划》(Juran on Planning for Qualities)。

关键词▶ 朱兰三部曲 (Juran trilogy)
突破历程 (breakthrough process)

20 世纪 80 年代管理思想

第二次世界大战后日本的重建为朱兰思想的实践提供了绝佳的舞台，他所提出的质量管理模式，即质量计划、质量控制和质量改进，被后人尊称为"朱兰三部曲"。他还提出了质量成本与质量环等概念，并最早把帕累托原理引入质量管理领域，解决了质量责任的权重比例问题。除此之外，朱兰还总结了企业实现质量突破的七个环节，即突破历程。

一、朱兰三部曲

1986 年，朱兰发表了《质量三部曲——一种普遍适用的质量管理方法》一文，提出了被世界各国广为推崇的"朱兰三部曲"。这三部曲包括质量计划、质量控制和质量改进三个步骤（见图 57—1），在日后成为质量管理的经典模式。

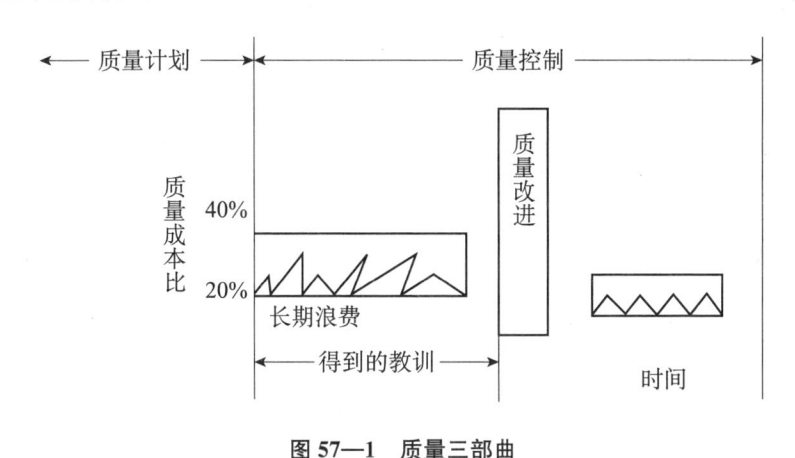

图 57—1　质量三部曲

1. 质量计划

质量计划即对于整个产品生产制度环节的设计，朱兰非常强调质量计划的重要性，并将其放在质量管理模式的首要位置上。质量计划的制定要从认识质量差距开始，看不到差距，就无法确定目标。而对这种差距的寻找，要从顾客的满意度入手，追溯到生产设计和制造源头，才能使存在的问题清晰化。现实中存在的质量差距主要包括理解差距、设计差距、过程差距和运作差距。为了消除上述各种类型的质量差距，并确保最终的总质量差距最小，朱兰列出了设计计划时的六个步骤：一是确定要讨论的项目；二是确定该项目的目标客户；三是通过调查了解客户的实际需要；四是根据客户的要求与反馈来开发项目中的产品；五是设计该产品的生产流程；六是根据工作运行情况制定控制计划以及其中的调控过程。

2. 质量控制

质量控制即制定和运用一定的操作方法，以确保各项工作过程按原设计方案进行并达到目标的过程。在开始设计好计划后，管理者还需要知道什么时候需要采取什么样的措施，来纠正质量问题。朱兰强调，质量控制并不是优化一个过程，而是对计划的执行过程，如果在质量控制中发现了需要优化的地方，就必须回过头去调整计划，或者将其转入下一步的质量改进过程。对于质量控制，他同样列出了七个步骤：一是要先选定需要控制的对象；二是要配置好各种测量设备；三是对于不同的阶段确定出不同的测量方法；四是建立起可供参照的作业标准；五是科学判断操作的正确性；六是分析实际情况与标准的差距；七是针对找出的差距采取行动。

3. 质量改进

质量改进是指管理者通过打破旧的平稳状态而达到新的管理水平的过程。具体分为七个步骤：一是证实某个环节确实有改进的必要；二是确立专门的改进项目，并设立项目组；三是让领导者参与对项目组织的指导；四是进行组织诊断，确认质量问题的产生原因，并要求关联部门注意；五是积极地、迅速地采取补救措施；六是在可控制与可操作的条件下，验证补救措施的普遍适用性；七是在新的水平上进行控制，保证已经取得的质量成果。

质量改进同质量控制性质完全不一样。质量控制是要严格实施计划，而质量改进是要突破计划。通过质量改进，产品可以达到前所未有的质量性能水平，而且在不断进行质量改进的同时，质量计划也在发生变化。

在上述三个环节中，质量计划类似于规划预算，质量控制类似于成本控制和费用控制，而质量改进类似于减少成本和提高利润。其中，质量计划是质量管理的基础，质量控制是实现计划的需要，而质量改进则是质量计划的一种飞跃。朱兰认为，美国存在质量危机的根源之一，就是忽视了质量改进而一味强调质量控制，这样就会使公司的质量目标固定在原有的水平上。而日本在重视质量控制的同时更加重视质量改进。在经过日复一日、年复一年的不断改进后，日本人就凭借着与美国人相同的设备、材料和生产过程，生产出了更多、更好的产品。

二、突破历程

朱兰认为，产品质量是在市场调查、开发、设计、计划、采购、生产、控制、检验、销售、服务、反馈等全过程中形成的，这个过程被称为质量环。而在质量环的基础上，朱兰又对自己的三部曲进行了深化与展开，详细阐述了质量提高的过程，这一过程又被称作突破历程，其更加强调质量管理的操作性和有效性。他认为，实现质量突破的历程有七个环节：

（1）高层的重视。朱兰认为，质量上的任何突破，首先是在管理层的态度上有所突破，才能继续往下进行。因为在管理层了解突破的急切性以后，他们才会创造各种条件使这个突破得以实现。

（2）突出关键的少数项目。因为任何组织的资源都是有限的，而在大多数情况下，需要突破的项目数量则是很多的，所以一定要把有用的项目和关键的项目分开，突出关键的少数项目，再集中力量优先处理。

（3）组织结构的配合。对于关键项目的突破，朱兰提倡在组织中成立两个不同的组织来共同协作。一个可以称之为指导委员会，由来自不同部门的高层人员组成，负责制定变革计划、为部门授权作试点改革、互相协助克服各方面的阻力以及贯彻执行解决方法等工作；另一个可以称为诊断小组，由质量管理专业人士及部门经理组成，这一小组负责从专业的角度科学地分析问题及成因，为指导委员会的活动作出知识上的保障。

（4）确定责任方。在质量突破的历程中，朱兰特别强调诊断小组的重要性。因为诊断小组不仅要通过研究来找出质量问题的真正原因，还有一个重要任务是确定质量问题到底由谁造成，由谁负责。只有找出了责任方，在日后的工作中才会保证质量水平的稳定。

（5）克服变革阻力。朱兰指出，在变革中，还有一项重要的任务是要使各级员工也明白变革的重要性，而这单靠逻辑性的论据是绝对不够的，因为所涉及的各部门的利益往往是阻力的源头。所以，管理层可以要求各部门的相关人员都参与到决策中，制定变革的内容，形成多赢局面。

（6）控制变革过程。在变革中，所有与变革有关的部门必须通力合作，每一个部门都要清楚地知道问题的严重性，了解不同解决方案的利弊，而且要及时反馈出各个环节变革成本的多少以及预期的效果，使管理层拥有充分的决策信息。

（7）建立监督系统。在变革推行过程中，必须有适当的监督系统来定期反映进度及突发情况。这种监督一是为了保证工作的顺利进行，二是进行过程控制的必要手段。

突破历程不仅是一个系统的行动过程，也是朱兰对自己学说的一个总结。他还最早将帕累托原理引入这一体系来确定关键项目，影响了日后的全面质量管理与六西格玛质量管理。

思想评论

朱兰致力于质量体系的计划和实施，在提出质量计划、质量控制与质量改进的三部曲之后，他还对其进行了深化与展开，详细阐述了质量提高的各个环节与整个过程，提高了质量管理的有效性，也使得质量管理更具有操作性。在质量管理发展史上，朱兰三部曲与戴明的PDCA循环和费根鲍姆的全面质量控制一起，成为具有里程碑意义的战略思想和管理实践的有力武器。朱兰关于质量管理的思想也对日后出现的六西格玛质量管理等思想产生了深远影响。

58 约翰·哈里·邓宁

约翰·哈里·邓宁（John Harry Dunning，1927—2009），英国著名经济学家，国际生产折中理论创始人，被誉为"国际商业之父"，出生在英国的贝尔福德郡。第二次世界大战时邓宁加入英国皇家海军赴斯里兰卡作战，并在战后取得了伦敦大学学院的经济学学士学位。1952 年，他进入南安普敦大学经济系担任助理讲师，一年后开始研究美国公司在英国的对外直接投资对英国经济的影响，1964 年进入雷丁大学担任经济系主任，1973—1974 年作为联合国名人小组成员之一从事"跨国公司在世界经济发展中的作用"等课题的研究，2002 年荣获"国际管理杰出学者"称号，2008 年被国家授予 OBE 勋章。邓宁曾担任英国雷丁大学与美国罗格斯大学的名誉教授，并在欧洲、亚洲、北美的诸多高校里担任访问教授。代表作有《美国在英国的产业》（American Investment in British Manufacturing Industry，1958）、《经济分析与跨国企业》（Economic Analysis and the Multinational Enterprise，1974）、《贸易、经济活动的区位和跨国企业：折中理论方法探索》（Trade, Location of Economic Activities, and the MNE: A Search for an Eclectic Approach，1977）以及《跨国企业、经济结构和国际竞争力》（Multinational Enterprises, Economic Structure, and International Competitiveness，1986）。

关键词▶ 国际生产折中理论（the eclectic theory of international production）
　　　　所有权优势（ownership advantages）
　　　　内部化优势（internal advantages）
　　　　区位优势（location advantages）
　　　　投资发展周期理论（investment development path theory）

　　邓宁在吸收传统国际贸易和投资理论精髓的基础上提出了国际生产折中理论，给出了所有权优势、内部化优势与区位优势三组基本变量来分析国际投资行为。在对国际生产折中理论进行静态分析的基础上，邓宁还对其进行了动态化的研究和进一步的阐述，从而建立了投资发展周期理论。

一、国际生产折中理论

　　1977年，邓宁在《贸易、经济活动的区位和跨国企业：折中理论方法探索》中提出了国际生产折中理论；1981年，他又在《国际生产和跨国企业》一书中对其进行了更深的阐述。邓宁认为，以往的理论只能对国际直接投资做出部分解释，并且它们无法将投资理论与贸易理论结合起来，客观上需要一种将二者折中起来的理论。所以，他将西方经济理论中的厂商理论、区位理论、产业组织理论等进行了兼容，并吸收了国际经济学中的各派思潮，创立了一个集国际贸易、对外直接投资和非股权转让三者于一体的综合理论模型。

　　在这一理论模型中，邓宁给出了导致境外直接投资行为的三组基本变量：第一，企业资产所有权优势（O）；第二，企业内部化优势（I）；第三，区位优势（L）。一个企业必须同时具有O，I，L三个条件，才能从事境外直接投资。

　　(1) 所有权优势。邓宁认为，一个国家的海外经济活动可能有两种形式：一种是出口或进口制成品；另一种是直接在国外从事生产活动。一个国家的企业之所以能克服种种风险和附加成本而进行海外投资，是因为海外经济活动具有更多的所有权优势。这里的所有权是指一国企业拥有的，其他国家的企业所没有或无法获得的资产及其所有权,具体包括技术优势、企业规模优势、组织管理优势、金融与货币优势以及市场销售优势等。一个国家的企业要进行海外直接投资和国际生产,具备这些所有权优势是首要的条件。

(2)内部化优势。内部化优势是指跨国公司通过对外直接投资将其资产或所有权内部化过程中所产生的优势,也就是企业将拥有的资产通过内部化转移给国外子公司,可以比通过交易转移给其他企业获得更多的利益,企业选择资产内部化还是资产外部化取决于获得利益多少的比较。内部化的根源在于外部市场失灵,而这种市场失灵又可分为结构性市场失灵和交易性市场失灵两类。其中,结构性市场失灵是指由于东道国贸易壁垒所引起的市场失灵,而交易性市场失灵是指由于交易渠道不畅或有关信息不易获得而导致的市场失灵。

(3)区位优势。区位优势是东道国拥有的优势,也是跨国公司需要利用的优势。这种优势包括两个方面:一个是东道国不可移动的要素禀赋所产生的优势,如自然资源丰富、地理位置方便等;另一个是由于东道国的政治经济制度、政策法规灵活等形成的有利条件和良好的基础设施等。如果企业所有权优势与内部化优势皆有,那么对该企业而言,把这些优势与当地的区位因素结合起来必然使得企业有利可图。

由此可见,如果企业具备了内部化优势和区位优势而无所有权优势,则意味着企业缺乏对外直接投资的基本前提,海外扩张无法成功;如果企业只拥有所有权优势和区位优势而无内部化优势,则说明企业拥有的所有权优势难以在内部加以利用,只能将其转让给外国企业;如果企业仅有所有权优势和内部化优势而不具备区位优势,这就意味着缺乏有利的海外投资场所,因此企业只能将有关优势在国内加以利用,而后依靠产品出口来供应当地市场。所以,企业必须同时兼备所有权优势、内部化优势和区位优势才能从事有利的海外直接投资活动。这也说明,在外国进行直接投资就意味着将投资企业的所有权优势、内部化优势和区位优势三者最佳结合的实现。

二、投资发展周期理论

邓宁分析了 67 个国家 1967—1978 年间直接投资和经济发展阶段之间的联系，认为一国的国际投资规模与其经济发展水平有密切的关系，人均国民生产总值越高，其对外直接投资净额就越大。而且，一国对外投资的发展可以划分为四个阶段：

（1）在第一阶段，本国几乎没有所有权优势，也没有内部化优势，更没有能力利用国外的区位优势。与此同时，由于国内市场不够大、商业渠道不畅通、法律机构不健全、政治环境不稳定以及运输和通信设备不完善等原因，本国的区位优势对外国投资者的吸引力也比较小。结果导致没有资本流出，资本流入也很少。

（2）在第二阶段，随着国内市场的扩大、购买力的提高以及市场服务的成本下降，直接投资的流入开始增加。这时资本流入有两类：一类是"进口替代制造业的投资"，其目的是替代和补充消费品和资本品的进口；另一类是"带动出口型的投资"，即用资本的流入来开拓本国的资源，从而增加出口。在经济发展的这一阶段，吸引外资的流入是很关键的，所以国家要在这一时期积极地改善投资环境、健全法律制度、疏通商业渠道等。

（3）在第三阶段，国内的经济发展水平有了新的提高，人均资本流入的速度开始下降，而对外直接投资发展很快，这可能是因为研究与开发使所有权优势不断发展，而原来国外投资者的优势相对消失，或者国外市场区位优势有较大的吸引力。经济发展的这个阶段标志着国际投资专业化的开始，即在那些比较区位优势较强、所有权优势较弱的地区和部门试图吸引直接投资的流入，而在那些所有权优势较强、比较区位优势较弱的地区或部门发展对外投资。

（4）在第四阶段，国家对外直接投资的流出超过了直接投资的流入，反映了这类国家拥有较强的所有权优势和在国外内部化开拓这些优势的能力和倾向，并且试图利用其他区位的比较优势。这也进一步反映了在当代的国际竞争中，存在一种将各种比较优势结合起来的趋势。

通过对不同阶段的划分，邓宁用他动态化的国际生产折中理论解释了投资的发展周期，进而证明了一个国家的投资总量和经济发展水平有着密切的关系，这也为企业及国家提供了一种全面分析的方法。

思想评论

邓宁的国际生产折中理论克服了传统的对外投资理论只注重对资本流动方面研究的缺陷，将直接投资、国际贸易、区位选择等综合考虑，既肯定了绝对优势对国际直接投资的作用，也强调了诱发国际直接投资的相对优势，在一定程度上弥补了发展中国家对外直接投资理论上的不足，使国际投资研究朝比较全面和综合的方向发展。而投资周期理论在某种程度上反映了国际投资活动中带有规律性的发展趋势，即经济实力最雄厚、生产力最发达的国家，往往是资本输出最多、对外直接投资最活跃的国家。

59 迈克尔·尤金·波特

迈克尔·尤金·波特（Michael Eugene Porter，1947—　），美国著名管理学家和经济学家，竞争战略、国民经济发展、竞争力方面的权威，被誉为"竞争战略之父"，出生在密歇根州安娜堡。1969年获得普林斯顿大学的机械和航空工程学士学位，后又于1971年与1973年分别获得哈佛大学的工商管理硕士与企业经济学博士学位，1982年成为哈佛大学终身教授。波特是美国摩立特咨询公司的创始人之一，开创了企业竞争战略理论，曾在1983年被里根总统任命为美国产业竞争委员会主席，并6次获得麦肯锡奖。他也是当今世界上竞争战略和竞争力方面公认的第一权威，其代表作为"竞争三部曲"，即1980年出版的《竞争战略：分析行业和竞争者的技术》（Competitive Strategy：Techniques for Analyzing Industries and Competitors）、1985年出版的《竞争优势：创造和保持优良表现》（Competitive Advantage：Creating and Sustaining Superior Performance）与1990年出版的《国家竞争优势》（The Competitive Advantage of Nations）。

关键词▶ 五力模型（five force model）
价值链（value chain）
钻石模型（diamond chain）
产业集群（industrial cluster）

波特的理论成果主要体现在三个方面：第一，对企业、产业和国家层次的竞争优势进行分析，建立了极具说服力的五力模型，阐释了三种基本竞争战略思想：成本领先战略、差异化战略和聚焦战略，并对这三种通用战略实施的要求进行了详细的阐述与分析；第二，形成了用于分析一个国家的某种产业为什么会在国际上有较强竞争力的钻石理论；第三，使用价值链分析手段，教导企业如何赢得竞争优势。

一、五力模型

1980年，波特的著作《竞争战略：分析行业和竞争者的技术》出版，他在书中提到，一个产业内部的竞争状态取决于五种主要的竞争力量，而这五种竞争力量共同决定了产业的竞争强度和盈利性（见图59—1），其分别是：

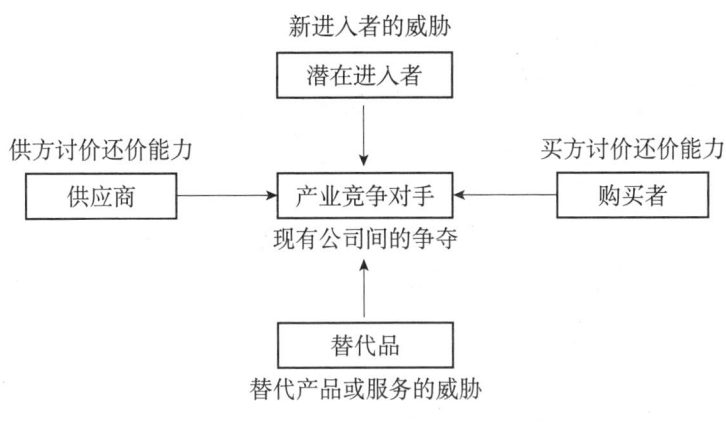

图59—1 五力模型

（1）新进入者的威胁。每当一个行业出现新的进入者时，这一行业的竞争状态就会发生改变。对于新的进入者来说，其面临的主要问题是这一产业的进入壁垒与原有竞争者的打压，所以在进入之前一定要具备充分的条件与竞争力；而对于行业内已有的竞争者来说，他们必须针对新进入者作出竞争性的反应，以保持自己的行业地位。通常来说，新进入者越多，这一行业的竞争强度就越高，盈利率也会下降。

（2）替代产品或服务的威胁。广义地看，一个产业的所有公司都在与生产其替代产品的产业竞争。替代品设置了产业中可谋取利润的定价上限，从而限制了一个产业的潜在收益。如果行业的产品或服务在市场上可行的替代品越多，那么产业的竞争强度就越高，盈利性就越低。

（3）买方讨价还价能力。对于一个产业内的所有竞争者来说，他们在市场上都是卖方，而其主要面对的服务对象是市场上存在的各个买方。根据不同时期的市场特征与供需状况，买方会有着不同的议价能力。如果买方的议价能力高，他们就会要求卖方提供较高的产品质量、较多的服务项目和较低的出售价格，进而提高行业的竞争强度，降低盈利率。

（4）供方讨价还价能力。对于产业的竞争者来说，除了购买其产品或服务买方，他们还需要面对为自己提供原材料的供应商的威胁。如果在原材料方面供不应求的话，供应商会提高原材料价格或降低原材料质量，迫使产业中的竞争者降低自身的利润率。在极端情况下，供应商的压力可以使一个产业因无法使价格跟上成本的增长而消失。

（5）现有公司间的争夺。如果行业内现有竞争者间的竞争激烈，他们会采取各种手段来争夺市场地位，例如增加顾客服务、加大广告宣传、开发新的产品等。在这些手段中，有一些会导致行业的恶性竞争，例如不断地打折促销等，还有一些会导致市场整体需求的扩大，例如广告宣传、产品升级等。

在《竞争战略：分析行业和竞争者的技术》一书中，波特提出了三种基本的竞争战略：成本领先战略、差异化战略与聚焦战略。其中，成本领先战略就是指企业通过在内部实施有效的成本控制手段，把自身的成本降到最低，将利润提高到最大的战略；差异化战略是指企业可以提供大多数竞争者无法提供的产品或服务，满足顾客特殊需求的战略；聚焦战略是指企业将自身的经营重点放在一个特定的目标市场上，为一个特定的地区或特定的顾客群体提供产品与服务的战略。在工作中，一个企业的管理者需要做的是对上述五种竞争力量进行评估，结合对其他环境因素（如工会、政府、法律等）的分析，确定本企业的威胁和机会，并以此为基础选择一种适合的竞争战略（见表59—1）。

表 59—1　　　　　　　波特五力模型与竞争战略的关系

五种力量	竞争战略		
	成本领先战略	差异化战略	聚焦战略
新进入者的威胁	具备讨价还价能力以阻止潜在对手的进入	培育顾客忠诚度以挫伤潜在进入者的信心	通过聚焦战略建立核心能力以阻止潜在对手的进入
替代产品或服务的威胁	能够利用低价格抵御替代品	顾客习惯于一种独特的产品或服务，降低了替代品的威胁	特殊的产品和核心能力能够防止替代品的威胁
买方讨价还价能力	具备向买家提供更低价格的能力	因为选择范围小而削弱了大买家的谈判能力	因为没有选择范围而使大买家丧失谈判能力
供方讨价还价能力	降低供应商提高成本的影响	更好地将供方的涨价部分转嫁给顾客	因为进货量低，受供方的议价能力影响大，只能转嫁给顾客
现有公司间的争夺	能更好地进行价格竞争	品牌忠诚度能使顾客不理睬竞争对手	竞争对手无法满足相关顾客的需求

二、钻石模型

1990 年，波特在其"竞争三部曲"的最后一部《国家竞争优势》中构建了钻石模型（见图 59—2）。如果说五力模型是分析企业所属产业环境的中观分析工具，那么钻石模型就是分析国家和地区竞争力的宏观分析工具。这一模型由生产要素，需求条件，相关与支持性产业，企业战略、企业结构和同业竞争四个基本要素与机会和政府这两个变量组成，而其命名则来自于这六个部分所构成的菱形关系。

（1）生产要素。波特把生产要素分为初级生产要素和高级生产要素，初级生产要素是指企业所处国家和地区的地理位置、天然资源、人口、气候以及非技术的人工与融资等要素，可以通过被动继承或者简单的投资来获得；而高级生产要素包括高级人才、科研院所、交通和通信的基础设施等，需要在人力和资本上先期进行大量投资才能获得。波特认为，在现代

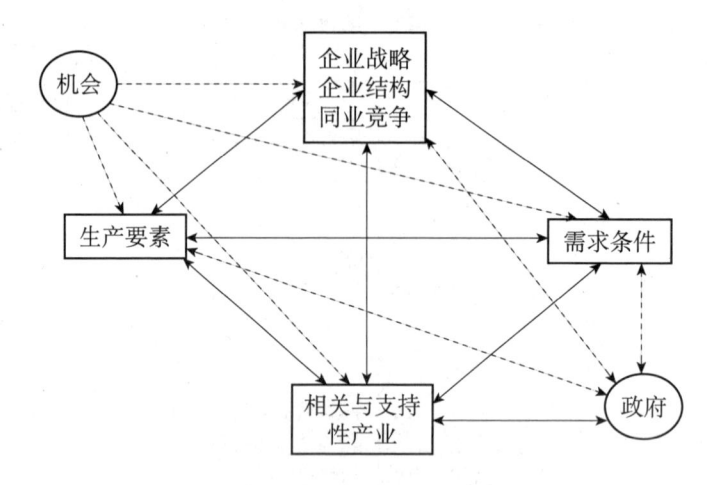

图 59—2　钻石模型

社会，初级生产要素的重要性已经变得越来越小，而高级生产要素则扮演着日益重要的角色。

（2）需求条件。在钻石模型中，需求条件主要是指本国市场对该项产业所提供的产品或服务的需求数量和成熟度。例如，日本地狭人稠，所以日本的家电都朝小型、可携带的方向发展。而正是因为日本国内市场拥有一群最挑剔的消费者，才使得日本可以生产出全球最精致的家电。

（3）相关与支持性产业。波特认为，单独的一个企业或单独的一个产业，都很难保持竞争优势，只有形成有效的"产业集群"，并使上下游产业之间形成良性互动，才能使产业竞争的优势持久发展。例如，意大利之所以具有领导世界的金银首饰业，就是因为意大利的珠宝生产机械与金属回收机械制造水平非常高，而且占据了全球60%的市场。

（4）企业战略、企业结构和同业竞争。这是波特提出的企业治理三角问题，是指企业家如何创立、组织和管理公司，以及如何应对同业的竞争对手等问题。波特认为，企业的战略、组织结构和管理者对待竞争的态度，往往同国家环境相关，同产业差异相关。一个企业要想获得成功，必须善用本国的历史文化资源，形成适应本国特殊环境的企业战略和结构，融入当地社会，并符合所处产业的特殊情况。

钻石模型是一个动态的体系，它内部每个因素的变化都会相互拉动与影响其他因素的变化。同时，政府政策、文化因素与领导魅力等抽象因素也都会对各项因素产生很大的影响。

三、价值链

价值链是企业在一个特定产业内的各种活动的组合，竞争者在价值链之间的差异是竞争优势的关键来源。事实上，竞争优势产生于企业为客户所能创造的价值。所以，企业要想建立竞争优势，就必须清楚自己在价值链中处于什么位置，自己能为顾客做出什么。在《竞争优势：创造和保持优良表现》一书中，波特对价值链进行了详细阐述（见图59—3），它由两个方面构成：

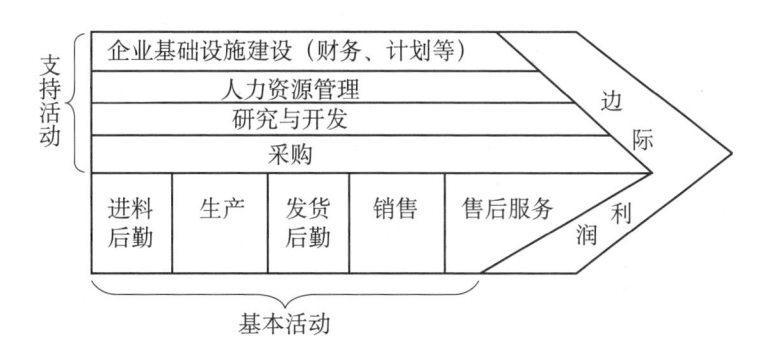

图 59—3　价值链分析框架

1. 基本活动

基本活动包括五种，第一是进料后勤，包括与接收、储存和分配相关联的各种活动，如原材料搬运、仓储、车辆调度等；第二是生产，包括与将投入转化成最终产品相关的各种活动，如机械加工、包装、组装、检测等；第三是发货后勤，包括与集中、储存和将产品发送给买方有关的各种活动，如成品订单处理、实物分配等；第四是销售，包括给买方提供产品的方式和引导他们进行购买有关的活动，如广告、促销、渠道选择和定价等；第五是售后服务，包括与提供服务以增加或保持产品价值有关的各种活动，如安装、维修、使用培训等。

2. 支持活动

支持活动主要包括采购、研究与开发、人力资源管理、企业基础设施建设等。

波特认为，在经济活动中，价值链是无处不在的，上下游关联的企业与企业之间存在行业价值链，企业内部各业务单元的联系构成了企业的价值链，企业内部各业务单元之间也存在价值链联结。

思想评论

波特的竞争战略研究开创了企业经营战略的崭新领域，实现了研究视角从公司战略到竞争战略的重要转变。他为企业界提供了实用的战略基础架构，让每一家企业都可以据此发展自己的战略，而价值链与钻石模型更是为宏观的产业集群与国家整体竞争力提供了新的分析工具。虽然这些模型建立在对发达国家的经济学分析基础之上，但是对于发展中国家，尤其是经济正在腾飞的国家而言，仍然具有极大的借鉴意义。

60 大前研一

大前研一（Kenichi Ohmae，1943— ），日本著名管理学家、经济评论家，被誉为"战略先生""日本战略之父"，出生在日本北九州市。1966年获得早稻田大学的化学专业学士学位，1968年获得东京工业大学的核能物理硕士学位，1970获得麻省理工学院的原子能工程学博士学位，毕业后任职于日立集团的核能开发部。1972年，大前研一进入麦肯锡公司，并成为麦肯锡咨询费最高的王牌顾问，日收费150万日元；1979年升任麦肯锡日本分公司总经理，1981年担任麦肯锡公司董事。1997年他被任命为加利福尼亚大学洛杉矶分校公共政策学院院长，1998年任斯坦福大学商学院客座教授。其代表作有1982年出版的《战略家的思想》（The Mind of the Strategist）、1996年出版的《民族国家的尽头》（The End of the Nation State）与2003年出版的《看不见的新大陆》（The Invisible Continent: Four Strategic Imperatives of the New Economy）。

关键词▶ 全球战略 (global strategy)
竞争战略 (competitive strategy)
战略3C (strategic 3C)
M型社会 (M-shape society)

大前研一总结了日本式竞争战略的四种竞争特点，提出了四种新的战略方法，并提出了战略发展的四个面向。此外，他还首创了"战略三角"（战略3C）的概念，从日本国内与国际两个角度对战略三角进行了研究，并提出了企业在任何情况下都必须重视公司自身、顾客和竞争者的论断。

一、日本式战略

1. 四种竞争特点

大前研一提出，对于企业来说，如果没有竞争对手，就没有必要制定战略，所以经营战略就是使得企业在市场中实现竞争力的战略，其唯一目的就是使公司尽可能有效地比竞争对手占有持久的优势与地位。基于这一理念，他总结了日本式竞争战略的四个显著特点：

（1）强化企业经营的职能性差异。一家企业如果在人力、物力方面与竞争对手相差无几，这时企业可以集中稀有的宝贵资源，将其用于某一关键的职能或产品上，并用这一占有优势的产品来迅速提高市场占有率及盈利能力，在获得更多资本后再将资源进行重新调配。大前研一将这种具有优势的要素称为成功要素，其产生取决于竞争者如何发挥最关键的经营职能。

（2）利用对手的弱点。如果在同一产业领域中，所有竞争者都懂得分析成功要素，并且努力强化经营的职能性差异，那么绝大多数竞争者将很难取得相对优势。因为同等的活动会互相抵消，使各个竞争者无法凸显其独特优胜之处。在这种情况下，企业应该掌握对手的弱点，针对对方的弱势产品或弱势职能来制造产品，并将这方面的差异不断拉大，来提高自身的竞争优势。

（3）不断地问为什么。在现代市场中，竞争状况瞬息万变，企业不能希望依靠一时的成功要素而取得经久不衰的竞争优势，因为从长远来看，没有一个成功要素是稳定和无限制性的。如果可以在竞争中不断地提出问题，发现问题，就一定可以发掘出许多打破常规、价值非凡的理念，而将这些理念运用到生产制造、市场营销与工程设计上的话，其必然会为企业带来进一步的竞争优势。

(4)为使用者寻求最大利益。所有企业都知道,产品只有顾及使用者的需要才能吸引用户购买,而要满足用户的需要,进而提高销售量的话,企业在产品设计时应尽可能地考虑到用户各方面的利益;但是由于客观条件与资源的限制,企业无法在每一个细节上都帮助用户达到其最大利益。所以,企业应在市场竞争中,充分对市场情况与客户使用效果进行调查,并根据反馈回来的结果选择若干个具有战略性的关键变量作为产品要考虑的目标,来最大限度地满足用户的需要。

2. 四种战略方法

有效的商业战略能使企业在自己接受的成本限度内,从竞争对手的手中夺得大量的市场。为避免和竞争对手在同样的战场做同样的事情,大前研一提出了四种战略方法:(1)将精力集中在关键成功要素上。每个行业都有一些职能或操作较之其他方面对于成功更为关键的要素,因此抓住这些要素更容易取胜。(2)建立相对优越性。当所有的竞争者都在关键成功要素上展开竞争时,一个企业应在竞争条件下挖掘可能的差异,避免与对手直接对抗。(3)"敢为天下先"。想战胜一个身强力壮、严阵以待的竞争对手,通常唯一可行的办法就是降低当前关键成功要素的价值,改变竞争环境,即引进新的关键成功要素,改变游戏规则。(4)运用战略自由度。将精力集中在某些"竞争对手尚未碰过"的领域以求创新。

3. 四个面向

2003年,大前研一在《看不见的新大陆》一书中指出,一些新型的跨国公司如思科、戴尔、甲骨文能够以比正常公司快十倍的速度发展,是因为其享用了新经济杠杆原理的果实。他进而提出了战略发展的四个面向:第一是有形面向,就是使企业继续面向传统的实体经济方向发展;第二是无疆界面向,就是使企业利用现代资讯、个人、资金可以在各国自由进出的便利来面向虚拟经济方向发展;第三是数字科技面向,就是使企业充分运用自身的创新性,面向高科技领域发展;第四是高倍数面向,就是运用经济全球化的杠杆,面向金融业发展。大前研一认为,这四个面向代表四种不同的支配经济的规则、四种不同的成功秘诀以及四种不同的经营态度,这种看不见的面向就是未来的新大陆。而未来最成功的企业,会是那些在这四个面向上熟练操作的企业,所以人们必须留意这块看不见的新大陆上的新特征,及时找到自己的制高点。

二、战略三角

大前研一注意到,顾客是日本学者进行战略研究的核心以及公司价值的关键所在。在此基础上,他提出了战略三角的概念,即在任何企业战略的构架过程中,都必须考虑到三个主要参与者:公司自身、顾客和竞争者的作用。他发现,由于文化的特殊性,日本企业倾向于被一个智慧的、经验丰富的领袖领导,这种类型的领袖拥有一套独特的思维模式,而该模式可以充分考虑到公司、顾客和竞争对手三者相互之间的动态作用,并根据这种作用准确制定出指导行动的一系列全面的目标和计划。通过这些领袖,战略三角才能结合成一个有活力的行动目标和相互作用的体系。在对战略三角的研究过程中,领袖需要从国际与国内两个角度进行分析。

1. 国际角度

作为全球化的极端代表人以及第一批宣称全球经济到来的管理大师,大前研一在《无国界的世界》一书中,具有前瞻性地预言了资金、企业、消费者和信息这四大因素将会跨越国界而流动,所以对战略三角中的公司、顾客和竞争者的看待也应该跳出日本本国内部,放眼全世界。在此基础上,他将企业的全球化战略分为五个阶段:

(1)在第一阶段,一个企业既需要强有力的产品概念,又需要把出口作为销售的主要手段。

(2)在第二阶段,企业需要在目标国家建立分支机构,来针对当地市场进行充分的营销分析。

(3)在第三阶段,企业应该在目标国家的主要市场上复制国内成熟的生产作业系统,降低从国内运输过去的成本。

(4)在第四阶段,企业应该在当地进行"内化",目的是要在那些地区把母公司完全加以克隆,配齐研发、工程、财务、人事和其他总部所具有的所有职能。

(5)在第五阶段,企业已经成为完整的全球公司,可以非常方便地转移自身的某些职能，例如品牌管理、产品设计、工业研发等，这些职能可以根据公司的实际需要与地区的优势，既可以向老的中心转移，也可以向新的中心转移，以在该活动领域取得卓越的地位。

2. 国内角度

在2006年出版的《M型社会》一书中大前研一提出，日本的社会阶层已经开始两极化。所谓M型社会，是指在全球化影响下，富者的财富快速攀升，而在日本人口中占大多数的中产阶级将会沦落到中下阶层，造成社会财富的分配在中间出现了缺口，像M的形状一样。在这样的状况下，大型企业必须摆脱从前那种"全民中产"的思维定式，而要重新审视顾客的需要与购买力；而未来社会成为M型结构后，也给小型的创业期企业提供了一个很好的发展方向，它们可以将目标放在M的两个尖角上，即以高价赚取右边尖角上富人的钱，或者以低位、高品质的商品或服务来赚取左边尖角上穷人的钱。

总而言之，在经济全球化与日本向M型社会发展的大趋势下，战略三角中的三大要素与其相互作用的方式都会发生巨大的变化，企业想要在未来的竞争中取胜，一定要根据自身的情况定位出主要的消费群体，并制定出有效的方案来保证战略的实施。

思想评论

大前研一总结出的四种竞争特点使得人们对日本企业的运营方式与运营习惯有了更为清晰的了解，他提出的四种战略方法和在经济全球化背景下企业应该具有的四个面向不仅为日本，也为世界上其他国家的企业提供了制定战略时的考虑因素。与威廉·奥奇不同的是，大前研一站在整个国民经济的角度为日本各个层面提出建议，他所提出的M型社会是指一种社会发展架构，而不是类似于事业部制的社会分权治理方式。此外，战略三角概念的提出也为人们分析企业战略架构的过程提供了简要的模型。

61 约翰·保罗·科特

约翰·保罗·科特（John Paul Kotter），世界著名组织行为学家，领导与变革领域的权威。1947年出生在加利福尼亚州圣迭戈，1968年在麻省理工学院获得电力工程学士学位；1970年获得麻省理工学院的管理学硕士学位；1972年获得哈佛商学院的组织行为学博士学位，师从著名的组织理论学家保罗·劳伦斯，同年开始在哈佛商学院任教。1980年，33岁的科特被哈佛商学院聘为终身教授，成为哈佛大学历史上获此殊荣的最年轻的学者之一。

科特在管理学方面的研究使他获得众多奖项，也让他拥有了极高的声誉。他在1996年出版的《领导变革》(Leading Change)被《综合管理》(*Management General*)杂志评为当年管理类书籍第一名。1997年，科特通过对松下集团多年的研究写出《松下领导艺术》(Matsushita Leadership)一书，并在次年获得《金融时报》评选的全球商务书籍奖，名列传记类书籍第一名。2006年，因在管理学方面杰出的贡献，科特获得管理学界享有盛誉的麦克菲利奖（McFeely Award）。2012年，他撰写的论文《加速》(Accelerate!)被评为《哈佛商业评论》最佳文章，进而获得麦肯锡奖。《商业周刊》杂志曾对504位企业领导人进行了问卷调查，科特被评选为"领导大师第一人"，并被称为"20世纪对世界经济最有影响的50位大师"之一。

关键词▶ 领导变革（leadership change）

在扎莱兹尼克之后，科特将领导与管理进行了进一步的对比，指出了两者在具体行为上的不同。他提出的企业变革的八个步骤，也对企业进行有效的变革起到了积极的指导作用。科特还认为在进行大规模变革的时候，企业所面临的最核心问题在于如何影响组织中人们的行为，而且这种影响力足以帮助人们克服大规模组织变革中通常存在的很多障碍。

一、关于领导

科特认为，对于组织内的领袖们来说，权力是他们身上最明显的特征。因为权力可以减少混乱，为组织带来秩序，任何一个组织都是以权力的存在作为支撑而正常运转的。但权力的获得要以职位的获得为前提，这就导致在许多组织中，人们会为了争夺有限的职位而去进行无止境的权力斗争。有时，这种斗争会导致部门或员工之间的良性竞赛，是对组织发展有一定好处的；但大多数情况下，这种斗争会影响组织的团结，降低组织的效率。所以，科特在对领导进行研究时，他的最终目的是要找出一种方法来为组织中的员工与管理者创造一种和谐的工作氛围以避免权力斗争，进而提高组织绩效。

1. 领导与管理的区别

科特将领导定义为通过一些不易察觉的方法，鼓动一个群体或多个群体朝着某个方向或目标努力的过程，其行为有创新性、前瞻性与概括性等特征，例如规划组织愿景，确定宏观战略，与内外部相关人员结盟以及鼓舞与激励员工等；而管理则是在日常的工作中控制各种活动，避免风险因素，来使组织顺利达到目标的过程，其行为有具体性、重复性、现实性等特征，例如计划成本预算，确立组织结构，协调并分配部门与人力资源，监测任务进度以及控制风险等。总体来讲，管理行为与领导行为的侧重点不同，管理行为侧重于维持现有体系的运行，而领导行为侧重于排除外在的障碍（见图61—1）。

科特在研究中发现，并非所有的人既擅长领导又精通管理。一方面，有些人只要得到组织提供给他们的权力，就可以成为卓越的管理者，但不能保证实施有效的领导；另一方面，有些人具有杰出的领导才能去影响别

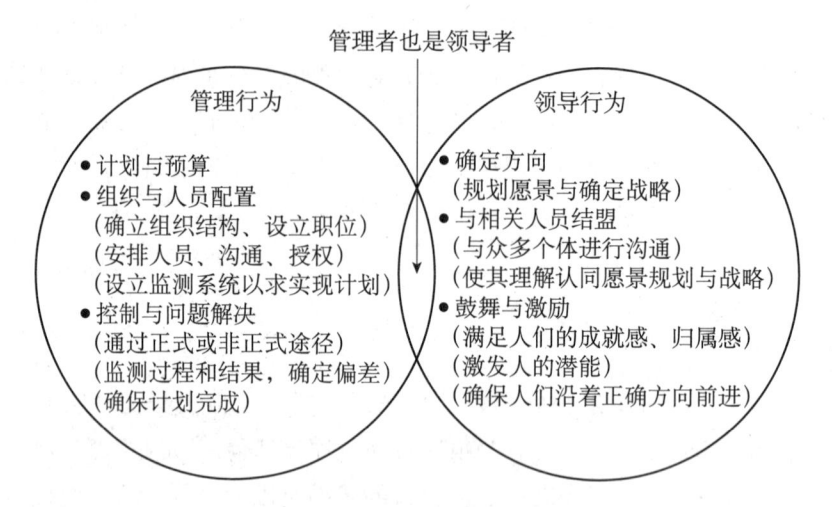

```
                    管理者也是领导者
        管理行为           领导行为
     • 计划与预算         • 确定方向
     • 组织与人员配置        (规划愿景与确定战略)
       (确立组织结构、设立职位)  • 与相关人员结盟
       (安排人员、沟通、授权)     (与众多个体进行沟通)
       (设立监测系统以求实现计划)  (使其理解认同愿景规划与战略)
     • 控制与问题解决        • 鼓舞与激励
       (通过正式或非正式途径)    (满足人们的成就感、归属感)
       (监测过程和结果，确定偏差)  (激发人的潜能)
       (确保计划完成)         (确保人们沿着正确方向前进)
```

图 61—1 管理行为和领导行为的不同

人，但并不具备完成其他管理职能的潜能来对组织进行组织与控制等。二者互相补充，但不可互相替代。而且在实际工作中，过强的领导与过弱的管理或过弱的领导与过强的管理结合起来都达不到最佳效果。因此，成熟的组织应该同时重视优秀的领导者与优秀的管理者，并将二者纳入统一团队，使其相互结合又相互制衡。

2. 领导者的新特征

科特在其1985年出版的《权力与影响力》（Power and Influence）一书中，着重介绍了影响力的概念。在工作过程中，权力是一种强制性的力量，有时会让下属不愿意服从，从而影响工作效果。而影响力是一种自身的人格魅力，尽管它是非强制性的，但会让下属发自内心去接受。所以，这就是领导者身上最重要的特征之一，可以填充权力到达不了的空隙。除此之外，领导者还具有六大基本特征，包括：（1）广泛了解行业知识与组织情况；（2）在行业中与组织内稳固且广泛的人际关系；（3）出色的工作履历及良好声誉；（4）敏捷的思维、高超的判断力以及从全局考虑问题的能力；（5）正直公平的价值观；（6）充沛的精力与进取精神。

3. 领导的激励过程

科特认为，可以从以下四方面来对员工进行激励：第一，向相关人员明确阐述远期目标时，要极力强调目标的价值（使他们感到目标的实现对自己至关重要）；第二，让员工积极参与到决策中来，共同决定如何实现与他们密切相关的远期目标或其一部分（给他们一种操纵感）；第三，积极支持员工为实现远期目标而作出努力，及时反馈他们的工作业绩，必要时需对员工的不足之处予以指导，并发挥领导的模范带头作用（有助于提高他们的业务水平，增强他们的自尊心）；第四，对员工的成功给予公开的认可和奖励（使他们有一种归属感）。

二、关于组织变革

科特研究的另外一个重要领域是如何领导组织变革，他曾用10年的时间，留心观察了100多家试图把自己改造得更具有竞争力的公司，然后从中总结出了组织变革中的八个步骤与两条重要经验。这八个步骤是：

（1）制造紧迫感。紧迫感是进行变革活动的必要前提，让组织中有足够的人在工作中保持一定的紧迫感是组织开始变革的基础。在变革开始前，组织可以通过考察市场和竞争现状，识别、讨论危机与机遇，甚至故意制造公司的危机来使员工产生紧迫感，进而意识到进行变革的必要性和重要性。

（2）组建强有力的领导联盟。组织一旦获得了紧迫感，变革就势在必行。这时，有远见的领导者应该立即着手组建强有力的领导联盟，鼓励群体成员协同作战，而不是将变革的任务或重心放在某一个人身上，使其对变革进行推进。

（3）构建清晰的愿景及规划。在变革之初构建清晰的愿景与规划有助于指导变革，并激发组织成员的干劲，而设计实现这一愿景规划的战略可以让组织成员明确努力方向。

（4）充分与变革小组成员进行沟通。利用各种可能的媒介手段，与成员们针对新制定出的愿景、规划以及战略进行宣传与沟通，并且通过已建立起的领导联盟来示范传授新的行为。

（5）给予小组成员充分的授权去实施行动计划。授权并不是简单地进行权力给予或权力转移，而是鼓励非传统的活动、观点与行为，以改变严重损害愿景规划的体制和结构，扫除变革过程中的障碍。

（6）计划并适时夺取短期胜利。变革的领导者需要适时夺取短期胜利，帮助肯定变革成果，为变革的正确性提供证明，以不断鼓舞人心。

（7）巩固已有成果，深化变革。在变革的末期，领导者要晋升那些能够执行变革计划的员工，改变与愿景规划不相适应的体制、结构和政策。如果需要，利用新问题、新项目或新论点使变革推动者再次激活变革过程。

（8）使新的工作办法制度化。变革结束后，组织需要建立一定的企业文化来适应变革成果，阐明新的工作行为或工作办法与组织成功的关系，培养员工与管理者共同的价值观，推进变革成果的深入。

在《变革之心》（The Heart of Change）一书中，科特对这八个步骤进行了进一步的解释。在他看来，这些步骤的核心就是改变组织成员的行为，这也是一个组织想要取得变革成功的基础与关键。要想使人们的行为发生改变，与其用理性分析来改变其想法，不如用目睹来改变其感受。基于这一点，科特主张用"目睹→感受→变革"的变革方式来代替传统的"分析→思考→变革"的变革方式。具体来说，这种新的方式就是指通过一些戏剧性的、令人难忘的场景让成员发现并意识到组织内存在的问题，进而激发其紧迫感，使其采取行动来支持变革。

但在变革的过程中，有两条非常重要的经验需要得到重视：第一条是变革的过程需要经历一系列阶段，而这些阶段常常需要相当长的一段时间来完成，跳过其中一些阶段，只会在速度上造成一种假象，最后绝不会出现令人满意的结果；第二条是在变革的任何阶段中出现的关键错误，都会造成毁灭性的影响，继而阻碍变革，否定之前通过艰苦努力而取得的成果。

思想评论

在扎莱兹尼克之后，科特进一步明确地阐述了管理者与领导者在具体行为上的差异，使人们更加清晰地认识到了领导者和管理者的区别，从而有效地扮演各自的角色。在变革与转型成为常态的社会大背景下，企业不仅需要对旧的思维模式和行为模式进行改变，还需要按照组织变革的八个步骤来对变革过程进行指导。科特务实的理论可以提高管理工作的有效性，其对于处在激烈国际竞争中的美国企业或其他国家的企业来说，具有极强的指导意义。

62 斯蒂芬·罗宾斯

斯蒂芬·罗宾斯（Stephen P. Robbins，1943— ），美国著名管理学家，组织行为学权威，管理过程学派代表人物。他学识渊博、实践经验丰富，在亚利桑那大学获得博士学位，先后就职于壳牌石油公司和雷诺金属公司，曾在内布拉斯加大学、巴尔的摩大学、南伊利诺伊大学和圣迭戈大学任教，并在许多跨国公司担任咨询顾问。他研究兴趣广泛，在组织冲突、权力和政治、开发有效的人际关系技能等方面撰写了多部非常有影响力的教材，其中包括1979年出版的《组织行为学》（Organization Behavior）与1994年出版的《管理学》（Management）。这些教材都曾多次再版，并在美国的上千所大学，以及加拿大、拉丁美洲、澳大利亚、新西兰、亚洲、欧洲等地的数百所大学中使用。

关键词▶ 管理学（management）
组织行为学（organization behavior）

罗宾斯以管理过程为研究主线，详尽地阐述了管理的计划、组织、领导和控制职能。此外，他还通过大量的研究材料和案例客观地展现了自己在管理者角色和作用、企业的社会责任、组织结构设计、管理变革、作业管理等方面的观点，为管理实践者领悟管理的真谛作出了有益的贡献。

一、关于管理学

1. 管理的四大职能

罗宾斯将管理的职能分成计划、组织、领导和控制四个方面。其中，计划职能是指规定组织的目标并制定整体战略和具体的细节方案；组织职能是指决定组织要完成的任务是什么，谁去完成，这些任务如何分类组合，以及谁是决定者等；领导职能是指如何激励下属和指导员工的活动，并进行有效的沟通和解决冲突；控制职能是指监控目标的执行，并将实际的表现与预先设定目标进行比较，以纠正出现的偏差和失误。

2. 对管理者的约束

对于理论界对管理者作用的争辩，罗宾斯有着自己的见解：管理者既不是软弱无能的，也不是全能的。他们通常受到两种约束：一种来自组织内部的组织文化，另一种来自外部的组织环境。组织文化是指组织成员共有的价值和信念体系，一个组织的文化来自创始人的倾向性、愿景和第一批成员从组织管理实践中领悟到的东西；而组织环境是指对组织绩效起着潜在影响的外部机构和力量，分为一般环境（经济条件、政治条件、社会条件和技术条件等）和具体环境（供应商、顾客、竞争者、政府和公司集团等）两种。

3. 决策制定

罗宾斯强调，管理者工作的实质是决策，因为决策贯穿于管理过程的始终，其具体制定过程包含八个步骤：（1）识别问题；（2）确定决策标准；（3）为决策标准分配权重；（4）拟定方案；（5）分析方案；（6）选择方案；（7）实施方案；（8）评价决策效果。

4. 战略管理与企业家精神

罗宾斯认为，在日益变革的现代环境中，战略管理的重要性日益突出，其具体可以分为三个层次：公司层战略、事业层战略与职能层战略。其中，公司层战略决定每一种事业在组织中的地位，而职能层战略要与事业层战略保持一致。在企业运营中，预先制定的战略计划使得组织与个人的目标相一致,给予员工与管理者共同奋斗的方向,所以战略管理的过程实际上就是战略计划实施和评估的过程,这一过程包括以下九个步骤:(1)确定组织当前的宗旨、目标和战略;(2)分析环境;(3)发现机会和威胁;(4)分析组织的资源;(5)识别优势和劣势;(6)重新评价组织的宗旨和目标;(7)制定战略;(8)实施战略;(9)评价结果。

企业家精神是战略计划的一个特殊方面。罗宾斯将企业家定义为追求机会,通过创新满足需要而不顾手中现有资源的人。企业家的特征表现为:他们趋向于独自解决问题,设定目标,依靠自己的努力实现目标;他们崇尚独立,特别不喜欢被别人控制;他们不怕承担风险,但绝不盲目地冒险,而是更愿意冒那种自认为能够控制结局的风险;他们的战略重点由对机会的感觉驱动,而不是由现有的资源驱动;他们的倾向是密切监视环境的变化以从中发现机会;他们不惜冒财务风险,不惜承受心理压力,也要将企业办起来,然后去克服资源的约束,将组织结构、人员、营销计划和其他要素结合起来以实现整体战略。

5. 工作设计与人力资源管理过程

罗宾斯认为,工作设计是指将任务组合起来构成一项完整职务的方式,在设计的过程中有多种方法,包括工作专业化、工作轮换、工作扩大化、工作丰富化、工作团队、弹性工作时间等。他进而指出了人力资源管理过程的九个方面:一是人力资源规划;二是招聘与解聘;三是筛选;四是确定和选聘有能力的员工;五是定向,即将某项职务的候选人安排到工作岗位上去;六是培训;七是绩效考评;八是职业发展;九是劳资关系。

6. 作业管理

罗宾斯认为,作业管理是指从劳动力、原材料等资源到最终产品和服务的转换过程中的设计、作业和控制。制造业和服务业的作业管理所面临的挑战就是不断提高生产率。在作业计划中,能力、位置、过程和布局这四种要素决定了长期战略方向,而进度、物料和需求这三种短期要素决定了短期目标的实现。

7. 企业社会责任与管理道德

罗宾斯不同意古典理论按照股东利益来经营业务的观点,由于公众期望、长期利润、更好的氛围、政府调节和社会弊端等因素的影响，他认为现代企业必须注意社会责任和管理道德问题。其中，社会责任是指一种工商企业追求有利于社会长远目标的义务，而不是仅仅局限于法律和经济所要求的义务。而道德是指规定行为是非的惯例或原则，其标准有四种：第一种是功利观，目标是为绝大多数人提供最大的利益；第二种是权利观，目标是尊重和保护个人的自由；第三种是公正观，要求管理者公平和公正地加强和贯彻规则；第四种是社会契约整合理论，要求管理者根据实证因素和规范因素制定道德决策。一个管理者的行为是否合乎道德，是管理者道德发展阶段与个人特征、组织结构、组织文化相互作用的结果。

二、关于组织行为学

1. 组织行为学的研究领域

罗宾斯提出，每一个组织都具有三个共同的特征：第一，组织有一个明确的目的，这个目的一般是以一个或一组目标来表示的；第二，组织都是由人组成的；第三，组织会发展出一种系统性的结构，用以规范和限制成员的行为。组织行为学更关注人在工作中的活动，研究领域包括个体行为和群体行为，其目的在于解释与预测行为。针对个体，他提出了四个核心概念：态度、个性、知觉和学习；而针对群体而言，他认为群体行为并不等同于单个个体行为的简单相加，因为工作团队是由为了实现某个特定目标而相互协作的个体组成的正式群体，这种团队形式有利于创造集体精神，使管理层有时间进行战略性思考，提高决策速度，促进员工队伍多元化，并提高工作绩效。

2. 组织结构

罗宾斯认为组织的框架体系可由组织结构来描述。组织结构可以分解成三种成分：复杂性、正规化和集权化。复杂性是指组织分化的程度，体现为劳动分工、纵向等级层次和组织单位的地理分布等；正规化是指组织依靠规则和程序引导员工行为的程度；集权化是指决策制定权力的分布。

组织结构的设立和变革称为组织设计，它应该遵循的原则有劳动分工、统一指挥、职权与职责相匹配等。

组织结构可分为机械式和有机式两种。其中，机械式的组织结构又可以分为职能型结构与分部式结构两种，职能型结构是指管理当局可以选择相似或相关职业的专家们一起组建结构；分部式结构是指管理当局建立自我包容的单位，每个单位或事业部都有充分的战略和运营决策权。而有机式的组织结构则分为简单结构、矩阵结构和网络结构三种：简单结构是指组织具有低复杂性、低正规化和职权集中在一个人手中的特点的一种结构；矩阵结构是指将产品部门化和职能部门化的优势结合起来的一种结构；而网络结构是指依靠一个很小的中心组织，以合同为基础进行制造、分销或其他关键业务的经营活动结构。

3. 管理变革

罗宾斯认为，变革在于环境的不确定性，组织的变革需要一种催化剂，而管理者应充当变革推动者的角色。管理变革的方法有组织结构变革、技术变革、人的变革、组织文化变革等。他强调，必须激发创新，才能保持竞争力。在日常工作中，最常见的三种可以激发组织创新力的因素是组织结构因素、文化因素和人力资源因素。

4. 沟通的作用

要想成为一个好的管理者，善于沟通是成功的因素之一。沟通是意义的传递与理解，其方法有口头方式、书面方式、非语言方式、体态语言、语调和电子媒介等。沟通过程中存在很多会使信息失真的障碍，管理者可以通过反馈、简化语言、积极倾听、控制情绪和注意非语言所要表达的意义等方式来克服这些沟通障碍。

思想评论

罗宾斯的著作视野宽阔、材料丰富、点评精辟。罗宾斯认为，管理就是指同别人一起或通过别人使活动完成得更有效的过程。无论世界怎么变化，管理的基本职能（计划、组织、领导和控制）不会发生改变，真正变化的是管理方式和手段。他在《组织行为学》一书中紧紧抓住管理固有的两难问题和管理实践面临的新问题，不是用说教的方式阐述管理理论，而是以大量的研究材料和案例客观地展现各种流派的观点以及各种实践的探索，让读者自己从中领悟管理的真谛。

63 汤姆·彼得斯、罗伯特·沃特曼

汤姆·彼得斯（Tom Peters），1942年出生在美国马里兰州巴尔的摩，全球著名管理学大师，被称为"商界教皇"。于1965年与1966年先后在康奈尔大学获得土木工程学士与硕士学位，后于斯坦福大学获得工商管理硕士及组织行为学博士学位。1966年加入美国海军，在越南服役两年后回到五角大楼工作。1973年在白宫担任尼克松政府高级禁毒顾问。1974年加盟麦肯锡公司，1981年建立汤姆·彼得斯公司，并任董事长。1982年与麦肯锡公司的同事罗伯特·沃特曼出版《追求卓越》一书，开辟了商业书籍荣登畅销书榜首的先河。1997与1998连续两年被美国企业家协会评为"对商界最有影响的人"；《财富》杂志将其评为"管理领袖中的领袖"；《经济学人》杂志称他为"超级领袖"。成名后除到世界各地演讲，大部分时光在其位于佛蒙特州的农场中度过。

罗伯特·沃特曼（Robert H. Waterman），1936年出生在美国科罗拉多州，先后在科罗拉多矿业大学与斯坦福大学获得工程学学士与企业管理硕士学位。毕业后在麦肯锡公司任职20多年，在与汤姆·彼得斯合著《追求卓越》两年后离开麦肯锡。后成立自己的咨询公司，并在斯坦福大学企业管理学院担任兼职教授。

关键词▶《追求卓越》(In Search of Excellence: Lessons from America's Best Run Companies)
走动式管理 (management by walking around)

20世纪80年代,许多美国的企业与学者都在认真研究日本企业的特点。而彼得斯和沃特曼认为,不是只有日本企业才具备卓越的管理经验,美国也有许多卓越的企业值得效仿。他们进而研究了包括IBM、3M、惠普、宝洁、麦当劳、通用电气在内的43家在信息、制造、服务、食品等行业中领先同领域其他企业20年以上的公司,在《追求卓越》中总结出了卓越企业的八大特质。此外,他们还提出了著名的7S模型(即对企业经营进行七个方面的分析,包括战略、结构、体制、技能、人员、管理风格以及共享价值观)以及走动式管理等。

一、卓越公司的八大特质与7S模型

1. 八大特质

在麦肯锡公司,彼得斯与沃特曼负责主持一项名为"卓越公司"的计划,即通过对一些最优秀公司的观察来寻找它们在经营与管理中所拥有的优秀特点。随后,他们以股票收益、销售净利、投资收益、财产增长额、股票价值增长额以及市场价值与账面价值的比率等六个指数为参考标准,找出了包括43家在不同行业中领先同领域其他企业20年以上的公司,分析并总结出了这些"卓越"公司所共有的八大特质:

(1)贵在行动(a bias for action)。彼得斯与沃特曼发现,卓越公司的第一个重要特点就是在计划决定后能迅速采取行动。而沟通、组织以及创新等三个特质是保障行动快而有效的关键:良好的沟通有助于信息的交换,灵活的组织形式有助于资源的整合,企业所鼓励的创新精神更是可以让员工不断尝试,不断学习。

(2)接近顾客(close to the customer)。在大多数企业以市场为导向时,卓越企业就已经直接以顾客为导向了。这些企业不仅只是对产品质量作出保证,而且都建立了高效的售后服务体系,在售后服务中心收集到各种各样的反馈意见后,企业就可以更容易地了解顾客的需求,进而在研发新产品时满足顾客的需要,提高自身的获利水平。

(3)自主创新(autonomy and entrepreneurship)。创新是企业在市场中打败竞争对手的重要条件,也是自身不断进取的一个重要标志。卓越企业无一例外都有着一整套成熟的创新体系，包括具有实权的创新推动人、完善的创新推进体系以及合理的创新保障机制。这套体系可以使优秀的创新想法很快得到实施，并保证创新过程中的失败不会影响到组织整体利益。

（4）以人为本（productivity through people）。对企业内部而言，以人为本即强调员工在组织中的重要性，第一体现为对员工的信赖，第二体现为对员工的尊重。在信赖方面，组织应该相信员工，告诉员工去做什么，而不是禁止做什么；在尊重方面，组织应该多方面关心员工的利益，包括精神上的与物质上的，而不是仅仅关心总体绩效。

（5）亲身实践，价值驱动（hands-on, value-driven）。卓越的企业往往会为公司创造出自身特有的价值体系来宣扬公司理念，形成独特的企业文化。尽管其内容不同，但在形式上都有以下几个特点：价值观表达要以"质"为主而不是"量"为主；要能激发所有员工的斗志与热情；能够营造出和谐、向上的工作气氛。需要注意的是，在完成价值观塑造后，组织领导者一定要亲自从多方面着手，将其落实到具体的工作与员工的言行上。

（6）固守本业（stick to the knitting）。巨型企业往往会实行多元化经营战略，有些取得了巨大的成功，也有些导致了不可挽回的失败。而卓越企业常常都会固守本业，即使有需要，实行的也是有限多元化战略，即不会进入完全不熟悉或超出自身控制能力的领域。这样的好处就是企业可以不断加强自身在本行业的优势与地位，并同时降低进入新领域内的经营风险。

（7）组织单纯，人事精简（simple form, lean staff）。组织结构的形式与灵活程度是其取得成功的重要因素，卓越公司的组织形式有三大特点：一是组织结构清晰灵活，每一个人都知道自己该干什么，每一件事都有具体落实的部门，而且可以随时根据需要的不同进行临时组合；二是组织内对员工普遍授权，许多事情在基层就可以被拥有权限的一线员工解决，而不用层层传达，等待指示，降低效率；三是管理层级少，最大化地提高管理与监控效果。

（8）宽严并济（simultaneous loose-tight properties）。组织常常会根

据自身需要来平衡集权制与分权制的关系。在卓越的公司中，这二者并不冲突，通过深入人心的价值观与企业文化，组织在对员工行为严格控制的同时也能为其赋予一定程度的自主权，使其在保持现有工作效率的同时还能进行创新，进而促进公司整体健康发展。

2. 7S 模型

在对卓越公司的研究中，安东尼·G·阿索斯与理查德·坦纳·帕斯卡尔也陆续加入了研究团队。他们一起共同提出了著名的 7S 模型，即分析企业经营时需要考虑的七个方面，包括战略（strategy）、结构（structure）、体制（system）、技能（skills）、人员（staff）、管理风格（style）以及共享价值观（shared value）。他们认为，在企业战略制定和推进的过程中，仅仅具有明确的战略和行动计划是远远不够的，因为七大因素相互依赖、相互影响，缺少任何一项因素都可能会导致失败。他们还提道，日本企业的成功主要是因为它们重视软性的"S"——技能、人员、管理风格和共享价值观；西方则将注意力集中在硬性的"S"——战略、结构和体制上。

二、走动式管理

走动式管理是彼得斯提出的一种以通过学习来掌握的领导艺术。他认为管理者不应该只是在办公室里审议报告或检阅数据，而是应该多走到员工中间、客户中间以及供应商中间去观察他们的日常行为，倾听他们所遇到的问题，并积极地给出解决方案。在对卓越公司进行研究时，彼得斯与沃特曼发现，在管理者传递价值观与企业文化给员工的过程中，走动式管理起到了很大的作用，因为这是一种经常的、随时可以进行的管理活动，而不是定期或定时的形式主义活动。通过走动式管理不仅可以使管理者及时获得第一手信息，还可以在面对面的交流中解答客户与供应商的疑惑。需要注意的是，管理者在员工之间走动时，其角色是参谋而并非指挥者，对于了解到的困难或问题之处应该予以承诺解决或纠正，但除了极特殊情况，不应该直接向一线员工发号施令，破坏正常工作程序。

思想评论

　　彼得斯与沃特曼合著的《追求卓越》一书为许多美国企业找回了失去的信心。他们的研究证明了美国企业在制度方面的建设，尤其是企业文化的建设方面，是跟日本企业一样强大的。他们总结出的卓越公司的八大特质与7S模型不仅为人们展现了美国优秀企业中的可取之处，也为许多成长中的企业提供了指导方向。除此之外，走动式管理的提出也帮助了领导者进一步提高其领导艺术，进而在硬性制度的规范之下改善工作氛围，以提高管理效率与员工士气。

64 伊查克·卡德隆·爱迪斯

伊查克·卡德隆·爱迪斯（Ichak Kalderon Adizes，1937— ），美国最有影响力的管理学家之一，企业生命周期理论创立者，组织变革和组织治疗领域公认的大师级人物，出生于马其顿首都斯科普里。1948年全家搬迁至以色列，1963年获得以色列希伯来大学的经济学与政治学学士学位，后于1965年和1968年分别获得哥伦比亚大学的工商管理硕士与博士学位。爱迪斯是加利福尼亚大学洛杉矶分校的终身教授，并在斯坦福大学、特拉维夫大学与希伯来大学任客座教授。他还在加利福尼亚州的圣塔芭芭拉创立了爱迪斯研究所，为公司及政府组织提供咨询服务。该研究所目前是美国排名前十的咨询机构。其代表作有1975年出版的《自我管理》（Self-management）、1988年出版的《企业生命周期》（Corporate Lifecycles）与2004年出版的《完美管理者》（The Ideal Executive）。

关键词▶ 企业生命周期（corporate lifecycles）
PAEI四大管理风格（PAEI four management style）

爱迪斯花了20多年时间来研究企业发展、进步、变化以及衰亡的过程，他首创了企业生命周期理论，分析了企业发展将会经历的两大阶段和十个时期，并对组织体系在演变过程中所展现的行为模式以及管理者应扮演的角色进行了阐述，为企业战略管理提供了一个崭新的视角。爱迪斯认为，企业都必须在生命周期的每一个阶段不断评估自己的当期需求与未来需求，并总结出 PAEI 四大管理风格来应对企业的不同发展阶段。

一、企业生命周期理论

爱迪斯认为，企业组织和生命有机体一样，具有一定的生命周期，具有出生、成长、老化、死亡等过程。在不同周期过渡时，企业组织会面临许多问题，如果在这个时候组织可以通过程序的制定以及有效的决策来促成成功转型，则可以成功过渡到新的阶段；而如果组织只是一味地凭借以往的经验继续下去，就会有更多的异常问题随之而来，妨碍组织的发展。爱迪斯提出，规模和时间都不是引起企业成长和老化的原因，处理问题的效率才是其决定因素：成长意味着具备了处理更大、更复杂问题的能力，而老化则意味着不再具备及时处理问题的能力（见图 64—1）。成功管理的关键不是排除所有的问题，而是应把注意力集中到企业目前的生命阶段，这样企业才能成长并成熟起来，去面对下一个生命阶段的问题。在此基础上，爱迪斯将企业生命周期分为十个时期（见图 64—2）。

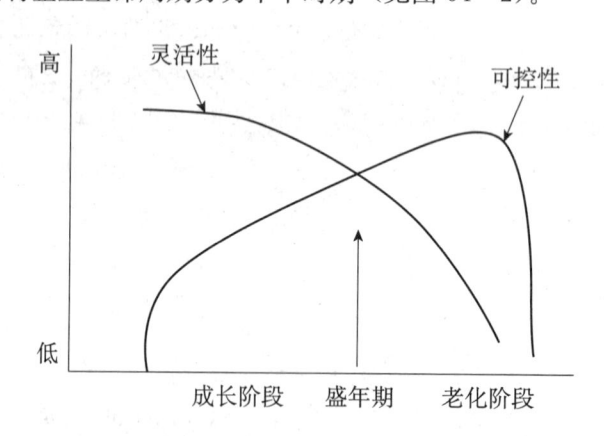

图 64—1 成长和老化的实质

（1）孕育期。这个阶段属于企业的梦想期，创办人应该以满足市场需求、创造价值与意义作为自我追求的目标。

（2）婴儿期。这个时期的公司就像襁褓中的婴儿，能否存活关键在于是否摄取了足够的营养（营运资本的投入）、得到了父母的照顾（创办人

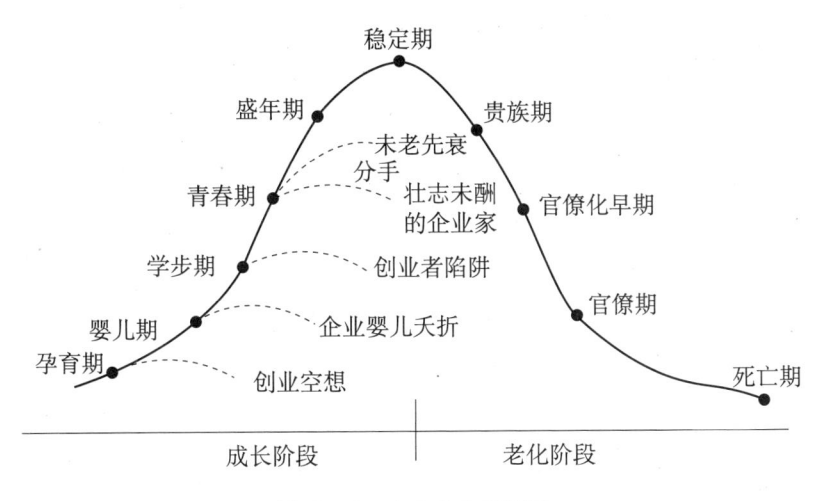

图 64—2　企业生命周期图

的重视)。处于婴儿期的组织，为了保证效率，应该由创办人进行所有的决策，来帮助组织尽快发展出自己的制度。一旦创办人失去控制权，或者失去资金的支持，婴儿期组织将难逃夭折的命运。

(3) 学步期。这个时期的公司充满活力，产品与服务开始被市场接受。但是，也正因为这种觉得自己无所不能的心理，某些企业会作出一些不明智的决策与承诺，甚至进入与公司主营业务毫不相关的领域而导致失败。所以，处于学步期的企业必须学会区分事情的轻重缓急，判断哪些事情是可以做的，哪些是不能做的，并为组织下一步发展制定出政策与规则。

(4) 青春期。组织进入青春期后，已经发展出完整的结构，这时的组织成员必须根据组织需求准确找到自己的定位，而管理者也要开始思考下一步的发展方向。

(5) 盛年期。当制度、规则、管理方式等确定后，组织便能进入生命周期曲线中最精彩的巅峰期。此时的组织已经在纪律与弹性之间找到了有效的平衡点，同时拥有完整的愿景、核心价值观、战略、对业务与员工的监控能力，收入与利润开始持续增长。然而，巅峰也意味着衰败的开始，如果企业的管理者不能积极主动地杜绝各种可能的弊端，整个组织将不可避免地走向衰败与解体。

（6）稳定期。此时的企业已经成为一个完全成熟的组织，会体现出以下特征：想要继续成长的欲望不强；对变革产生了疑惑；对人际关系的兴趣超过了对创新的兴趣；开始沉醉于昔日的辉煌。

（7）贵族期。处于贵族期的企业拥有非常充裕的资金，其工作也会变得越来越拘泥于形式，管理层开始实行中庸之道，部门内部缺乏创新。

（8）官僚化早期。官僚化早期的企业常常只是强调谁造成了问题，而不去关注该采取怎样的补救措施；人与人之间的冲突与内讧开始增多，对于市场与顾客的关注开始降低。

（9）官僚期。处于官僚期的企业制度繁多，行之无效，并且彻底丧失了变革的意识与能力。

（10）死亡期。一个企业即使在官僚期无药可救，也可能要经过很长的时间后才会真正进入死亡期。到了死亡期，没有管理者会再为组织承担义务，也没有顾客会购买其服务或产品，其已经彻底被市场淘汰。

二、四大管理风格

爱迪斯认为，不论企业处在生命周期的哪一个阶段，都必须不断地评估自己的当期需求与未来需求。例如从婴儿期过渡到青春期时，组织的当期目标应该从存活转为盈利；已经进入巅峰期的公司则应培养未来新兴事业的基础与领导者，为其下属的、处于不同生命周期的子部门提供管理支持。而在这些过程中，最重要的是管理者要针对不同的阶段采用不同的管理风格，以持续保持有效的管理能力。爱迪斯通过进一步分析，定义了以下四种管理风格：

（1）P型。这里的"P"代表实现（perform）企业目标，这一类型的管理者通常采取独往独来的工作方式，每天最早上班，最晚下班，既没有时间去开会与训练员工，也不对下属充分授权，对于公司的未来缺乏长远规划，只追求自身工作的完成。

（2）A型。这里的"A"代表执行（administrate）企业的各项活动，这一类型的管理者只追求形式，忽略了工作的实质内容和意义。

（3）E型。这里的"E"代表创新精神（enterprising）。这一类型的管理者心思无法捉摸，他们随时有新的想法，并会很积极地进行创新，但很少将创新真正落实到位。

（4）I型。这里的"I"代表整合（integrating），这一类型的管理者善于倾听别人的意见，具有强烈的政治嗅觉，能够观察各种事物的发展过程，然后找出重点。

爱迪斯提出，上述四种管理者只是一种理想化假设，在现实生活中根本不存在。人们在工作中常见的管理者，其管理风格往往是接近于上述P，A，E，I四型中的一种，只是程度不同而已。在一个组织中，没有人可以独立完成所有事情，企业需要的也不是单一型的全知全能天才管理者，而是能够在制度上促成互补的管理团队。只有适当的权力平衡，才能创造出健康的企业文化，保持组织的团结性。

在工作中，管理者需要一定的能量来进行决策，这种能量的来源有三个：一是决定权（authority）；二是奖惩权（power）；三是个人影响力（influence）。决定权是个人的工作岗位所固有的正式权力，管理者可以用此项权力来决定哪些决策可以执行，哪些不可以执行；奖惩权取决于管理者被组织需要的程度，管理者可以用此项权利来影响员工的行为；而影响力来自自身气质与行为方式，管理者可以用其来影响他人为自己做事。将这三种能量来源相组合以后，就是人们常说的权威。

如果将上边提到的管理方式结合起来，这三种能量就可以进行结合，即拥有充分的权威（见图64—3）。其中，AP是授予的权力，即伴有奖惩权的制定决策的法定权力；IP是间接的权力，行使这种指挥权的人认为自己在施加影响，而被影响的人感觉到的却是权力；IA是有影响力的职权，

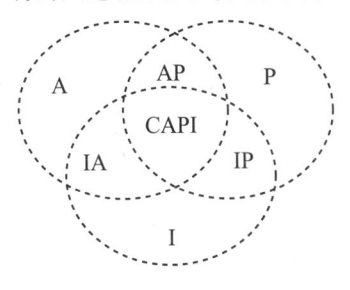

图64—3 权威力量组合

在专业的管理学著作中称为被接受的权威或者职业权威；CAPI 是三种权力的结合。尽管单独的个体不可能具有超过责任范围的所有 CAPI，但一群人加起来就具备了所要求的 CAPI。为了能把 CAPI 组合起来，管理者必须为组成 CAPI 的各种利益团体创造出一种"大家都是赢家"的环境。爱迪斯认为，有效的管理即制定正确的决策并加以实施，决策质量和实施效率共同决定了管理过程的质量。

思想评论

爱迪斯的企业生命周期理论准确而生动地概括了企业在十个不同阶段的特征，分析了企业成长和老化的原因并提出了相应的对策，为我们揭示了企业生命周期的基本规律和企业生存过程中发展与制约的关系。这种将企业看做一个有机体，从把握全程到注重阶段的动态管理的思想，为管理者如何辨别公司生命周期各阶段相应的危险信号和不正常问题提供了常识性的判断方法和可操作的建议。同时，爱迪斯提出的 PAEI 四大管理风格使得管理者可以在企业成长的不同周期使用不同的风格，进而对组织进行有效的决策与控制。

65 查尔斯·汉迪

查尔斯·汉迪（Charles Handy，1932— ），英国当代最有名的管理大师，被称为"管理哲学之父"，出生在爱尔兰基尔代尔。1956年毕业于牛津大学奥里尔学院，之后在壳牌石油公司马来西亚分公司工作。1967年，汉迪回到英国，参与创办了伦敦商学院。1972年，汉迪成为伦敦商学院管理心理学教授，1994年出任学院董事会主席。他还曾担任英国皇家艺术协会主席，并获得西英格兰大学、东英吉利亚大学、埃塞克斯大学等13所大学的荣誉博士学位。其代表作有1989年出版的《非理性的年代》(The Age of Unreason)、1994年出版的《空雨衣》(The Empty Raincoat)与2002年出版的《大象与跳蚤》(The Elephant and the Flea)。

关键词 ▶ 三叶草组织（shamrock organization）
　　　　　S曲线（sigmoid curve）
　　　　　甜甜圈理论（the inside-out doughnut）
　　　　　中国式契约（the Chinese contract）

汉迪对组织变革的研究主要集中在组织理论和工作结构方面，他认为，组织不是机器，而是由个人组成的、有生命力的团体，所以就要用团体的、形象的语言来描述它们，他进而提出了三叶草组织、联邦组织以及3I组织等多种新型组织形式。此外，汉迪还对社会中所存在的九大悖论进行了总结，并提出了解决这些悖论的三种平衡方法。

一、三种组织形式

汉迪认为，人类正处于一个不连贯的时代，各种变化可能都是意想不到的，而这种不连续的变化则要求我们敢于怀疑、打破陈规、以非正常的方式来考虑问题。在未来，人们的工作环境将发生巨大的改变，主要有以下几个趋势：第一，工业不再偏重于劳动密集型生产；第二，多数企业会向知识型企业转变；第三，社会整体会以服务业为主。这种工作环境的变化也将进一步带来组织结构的变化，以下是三种可能会出现的组织结构类型。

1. 三叶草组织

三叶草是一种小小的、苜蓿般的植物，每一叶柄上长有三片叶子。这种植物是爱尔兰国家的象征，被爱尔兰的守护神圣帕特里克用来象征上帝的三种面貌，即三位一体。而在汉迪的描述中，三片叶子代表了三种不同的人，而这三种迥然不同的人各怀不同的期望，接受三种不同的管理，领不同的工资，并且被以不同的方式组织起来。其中，第一片叶子代表核心工作人员，汉迪称之为专业核心，他们由资深专家、技术人员和管理人员组成。这部分人对组织来讲是至关重要的，不能随便更换，他们使本组织区别于其他组织，失去了这些人也就相当于失去了组织。第二片叶子代表与企业存在合同关系的外包人员。因为在社会分工日趋细化时，企业要把那些不重要的、可以让别人代劳的工作以订约的方式外包给那些以此工作为专长的人，或者那些可以付出较少的代价就可以使工作做得更好的人去做，这一类人是按业绩而不是按工作时间获取报酬。最后一片叶子是指时间与工作地点上具有很大弹性的专家或者自雇工作者，例如兼职工与顾问等。通常来说，第一种人的收入完全来自组织，而第二种与第三种人的收入依赖于某一单一来源。

2. 联邦组织

联邦是指不同的个别团体聚合在一面共同的旗帜下，使用某种共同的身份所组成的组织。它保持了个别团体的小规模与团体各自的独立性，是一种自治和合作的结合。在市场竞争中，个别团体可以直接使用大团体所具有的影响力，无须自己去耗费时间来扩张规模；而较小的规模又可以使它们具备自己所必需的伸缩性与灵活性。

3. 3I 组织

3I 组织即非常注重知识的组织。汉迪给出了一个引领组织成功的新公式：3I＝AV。其中，AV 表示增加的价值（added valued），3 个"I"分别代表智慧（intelligence）、信息（information）和思想（ideas）。因为在竞争激烈的信息社会，人们想从知识中获取价值，仅靠自己的智慧是不够的，还需要处理有用的信息和依靠有价值的思想。

二、悖论的平衡方法

1994 年，汉迪的著作《空雨衣》出版。该书总结了当代社会所面临的九大悖论：智慧悖论、工作悖论、生产力悖论、时间悖论、财富悖论、组织悖论、时代悖论、个人悖论以及正义悖论。他认为，这些悖论过去与未来都会存在，会使人们感到困惑并影响组织的发展，由于人们总是在变化与矛盾中尽力获得平衡，因此组织商业活动并没有万全之策，不论用何种方法，都必须将管理与灵活性充分结合。为此，他提出了解决悖论的三种平衡方法。

1. S 曲线

汉迪认为，每个人在其一生中都会有得意和失意，每个组织在其生命周期间内都会有繁荣和衰败，每个国家也有着自己的兴盛与危机，所以生命常常是一条 S 形的曲线（见图 65—1）。如果我们能在第一条曲线上升时着手培养第二条曲线，一旦第一条曲线走向衰落，就可以转向上升中的第二条曲线，从而步步登高，而不至于一蹶不振。然而，在现实中很难做到这一点，因为当第一条曲线将要向下而未向下时，恰是人最为春风得意的时刻，这时人们不仅不容易看清未来，而且在内心会误以为未来的成功仍然依赖已有的模式，这种简单的经验主义的思维必然会在迅猛变革的时代遭受严重挫折。对于个人来说，理解 S 曲线的关键是变化，由于主客观条件的变化，未来不会像过去一样，因此在过去曾经创造辉煌的方式不一定能在未来获得成功。对于组织来说，理解 S 曲线的关键则在于创新。即使事实上没有创新，也要不断地寻求创新的方式，以便在需要的时候做好充分的准备。第二条曲线的规则可以使一个人或一个组织保持怀疑、好奇和创造性，这在一个变化的时代是应有的基本态度，也是处理矛盾的最好方式。

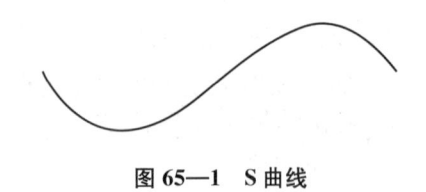

图 65—1　S 曲线

2. 甜甜圈理论

汉迪这里所说的"甜甜圈"是一种存在于想象世界的、概念式的、里外颠倒的圆环图：中间是实的，周围是空的（见图 65—2），只能用来思考，不能拿来吃。汉迪认为，如果用普通的甜甜圈来比喻的话，人们为了追求事业进步而从事的活动就是外围的"实"，而自身的想象力与创造性就是被禁锢在中间的空的部分。在工作中，大多数人总是做指定的工作，自主的空间很小，没有很多自由决定的权利，更无法展示个性。这对于组织来说或许是高效的，但对于个人来说有时毫无意义。理想的工作应是以甜甜圈的中心为重心，外围为自由发挥的空间。对于组织来说，工作和员工是组织的核心，与组织相关的外部世界是甜甜圈的外延。个人、工作与组织的甜甜圈是相互关联的，它们各自自成体系的同时又是相互开放的系统，每个人要做的就是找到合适的平衡点。

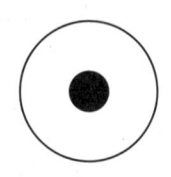

图 65—2　"甜甜圈"图

3. 中国式契约

这里的中国式契约指在签订契约时应该学习中国的"以和为贵"精神，为了日后长远的合作而牺牲部分的眼前利益。汉迪指出，在目前这个以悖论、不确定性和非理性为特征的时代，仅通过签字画押就想获得一个确定性的、一劳永逸的契约，已经越来越没有可能性。中国式契约的真正意义，不仅在于告诉我们如何建立长久的生意关系，更在于阐明了一个原则，即妥协是进步的先决条件。唯有双方各让一步，才能创造双赢的局面；而彼此间必须相互信任才能对共同的未来拥有信心。他认为，对企业来说，真正有效的契约是通过为各利益相关方持续不断地创造价值，来维护长久关系与长远利益的契约，是一种在看似不确定的状态中寻求的长期的、稳定的契约。

思想评论

汉迪能跳出管理的圈子看管理，并对其未来发展做出精准的预测。吉姆·柯林斯曾说："汉迪对于探究组织、社会与人三者关系的思考，为当今社会的个人提供了应对严酷组织的强大压力时的精神依据。"汉迪管理思想的一大特色就是注重不同文化之间的有机融合，他提倡文化带动管理，以管理发展文化，组织与个人并重，利润与道义共存。这种以人为本、文化共融的指导思想，对当今世界无疑有着非常现实的指导意义。

66 松下幸之助

松下幸之助（Konosuke Matsushita，1894—1989），日本松下公司创始人，被誉为"经营之神"，出生于日本和歌山县海草郡。1904年因家庭贫困辍学，后离开父母只身来到大阪，在宫田火盆店开始其学徒生涯；1910年进入大阪电灯公司，并在之后被提拔为项目检查员。1918年，松下幸之助在大阪建立了松下电气器具制作所，1935年将其改组为公司，1961年辞去社长职务，改任董事长，1973年辞任董事长，改任松下公司顾问。1965年获得早稻田大学的荣誉博士学位，1986年获得马里兰大学的荣誉博士学位。从松下公司建立后到辞世，松下幸之助的收入有十年为全日本第一，先后五次获得日本天皇的授勋。

关键词▶ 客户服务（customer service）
自来水哲学（tap water philosophy）
水坝式经营（dam operation）
玻璃式经营（glass-like operation）

在日本实业界被称为"经营四圣"（松下幸之助、本田宗一郎、盛田昭夫、稻盛和夫）之一的松下幸之助认为，企业是社会的公众事业，只有在社会不断繁荣的前提下，企业才可能取得长期的繁荣；而企业繁荣之后，要及时回馈社会，进而加强这种互利共赢的关系。所以，他要求管理者与员工在工作之前都要明白，一个公司究竟为什么而生存，其经营的目的是什么，要用什么方法维持经营。在对这几个问题充分重视的基础上，松下幸之助在长期的企业经营中，形成了自己独特的三种经营理念，包括自来水哲学、水坝式经营以及玻璃式经营。

1. 自来水哲学

松下幸之助在创业初期，有一次到大阪的天王寺附近寻找一个朋友。当时，他在路上遇见了一个正在打开公用自来水饮水的拉木板车的工人。松下想到，自来水也算是商品的一种，人们在使用的过程中是需要付费的，可是这些拉木板车的工人能够在免费享用了这种低成本但有价值的东西后，为社会带来更大的贡献。于是，他又进一步联想到了企业的社会责任：企业应当使人们享受到像自来水一样的产品与服务，这种产品与服务处处可取，人人可用，在为他人创造便利的同时，可以使自身得到更大的好处。在这之后，松下幸之助确定了公司的经营理念——自来水哲学：通过工业生产手段，制造像自来水一样的电器用具，使物品的价格降低到最便宜的水准，把原来只能供少数人享受的奢侈品变成普通大众都能享受的普及品，进而使企业持续地获利。

2. 水坝式经营

松下幸之助的另外一项经营理念是水坝式经营。他指出人们修筑水坝的主要目的是防洪。但是在使用蓄水这一手段来进行防洪的同时，它还可以为人们提供水源，甚至可以发电来提供能源，所以这种看似是"收"的行为其实是为"放"在做准备。他进一步提出，企业也需要这种调节和启动的机制，如此才能遇险不惊。如果公司的各部门能像水坝一样，在平时准备好一定的设备、资金、人员、库存与技术等机动资源，即使外界形势有所变化，企业也能保持宽裕的运营弹性，保持稳定的发展。

对于公司运营的不同方面，松下幸之助设立了不同的水坝，包括：

（1）设备水坝。虽然设备有着百分之百的利用率是最理想的效果，但松下指出，即使设备的利用率达到80%或90%，也应该是正常获利的。如果设备利用率到了100%的营运才能盈利，那是相当危险的，容易产生两种不良后果。第一是疲劳，因为设备在长时间运转下很容易发生故障而不能运行，即使没有故障，持续运行也会降低其寿命。第二是机会的错失。一旦市场需求增加，企业根本无法提高产量，会错过获取利润的良机。所以，公司在平时一定要留有10%～20%的设备剩余能力，以备不时之需。

（2）资金水坝。对于企业来说，资金链断裂是非常危险的事情，所以还必须设立资金水坝。举例来说，投资10亿元资金的项目，公司至少需要11亿元或12亿元资金的准备，因为一旦发生了新的情况，需要进一步增加资金时，公司必须能随时满足这一条件，否则项目不仅不能运转，而且连前边的10亿元资金也可能白白浪费掉。

（3）库存水坝。库存水坝是指产品要保持适量的库存，这样就可以在生产出现停滞或产出量大幅减少时先用来救急，并且在新的设备与资金还没有到位时，可以对市场需求的激增作出及时的反应。

（4）新产品水坝。对于电器之类的行业，在已经推出新产品的同时，一定开始研制更新的产品，在松下这样的市场领头公司中，企业研制的产品甚至已经领先于市场好几代，这样才能保证产品在更新换代时不会出现前后无法衔接的问题。

上述水坝思想贯穿于松下公司的每一个经营环节，而在这些有形的水坝之外，松下幸之助更倡导建立无形的水坝，即心理水坝。这种心理水坝是一种类似于忧患意识的无形意识，是用来指导和制约其他水坝的。事实上，水坝经营的道理就是要将刚性的制度与思维变为弹性，为环境变化留出一定的余地。值得注意的是，建立水坝在实际工作中非常困难，但是护理水坝则更加不易：首先，管理者要考虑如何运用水坝，因为建立水坝后要根据水量的变化进行适时调节；其次，管理者要明确水坝的用途，要明白水坝是为消费者服务的，而不是为企业自身服务的；最后，管理者要有适应性的水坝意识，使自身企业经营规模的大小、门类的多少，与公司的综合实力相称，更一定要与自身的才能、精力相称。如果贪大求多，其效果反而会下降。

3. 玻璃式经营

玻璃式经营，是松下公司关于内部管理的一种透明的经营方式。在工厂还只有五六个人时，松下幸之助每月都和公司的会计作公开的结算，并把结算的结果及时向大家公布。这种方法可以不断地激发员工的进取热情，所以在日后设立分公司时，他依然采取这种方式，让每一个分公司与事业部也公开各自的情况。经过长期的发展后，公开账目等做法已经成为玻璃式经营的一小部分,而这种经营方式的核心已经变成明确企业与个人的目标,即按月与按年向员工如实地发布公司各项业务的完成情况。他认为,有许多经营者喜欢把经营实况掩盖起来,以保持神秘感,但也造成了员工与管理者的距离感。事实上,在经营状况良好的时候,把喜讯带给员工可以使大家分享成功的欢乐;在经营状况变差的时候,管理者也应该如实地把公司情况讲出来,依靠大家的力量共渡难关。而且,松下幸之助认为管理者不可以让部下存有依赖上级的心理而盲目服从,而是要发扬民主作风,使每个人都以自主的精神,在负责的前提下独立工作,所以企业家更有义务让公司员工了解经营上的所有状况。

除了上述三项经营理念,松下幸之助还认为"造人要先于造物",因为企业是由人组成的,所以必须充分发挥人的主动性。他总结了四条培养人才的手段:一是灌输企业经营的基本方针,使员工对企业总体有一个大致的了解;二是提高专门的业务能力,使员工在基本工作中不会犯错;三是培养其经营管理能力,为员工日后成为管理者打好基础;四是扩宽各方面的视野,使员工形成一个健康、积极、理性的人格。这种对人的关注一直贯穿于松下幸之助的整个经营生涯,他曾说:人才是企业发展的关键,唯有顺其自然,不凭自己的好恶用人,容忍与自己个性不合的人,并尽量发挥其优点,才能造就人才。正是这种海纳百川的精神与气魄,使得松下公司在全球共开设230家公司,并吸纳了超过30万名优秀员工。

思想评论

松下幸之助提出的自来水哲学不仅可以提高产品销量,增加企业利润,其深层价值在于,他把企业的使命最终定位到社会责任上,使企业在赚取利润的同时为人们带来更好的产品及更优质的服务,为社会作出更大的贡献。松下公司实施的水坝式经营也很好地将企业管理中的刚性变为弹性,为未来可能会出现的变化预留下足够的空间。此外,松下提出的玻璃式经营可以让员工清楚地了解企业的经营状况,进而怀着对管理者的充分信任去工作,这也会在很大程度上提高组织的整体士气。

20 世纪 90 年代以来的管理思想

管理百年
The Management Century

20世纪90年代以来

1
- 彼得·圣吉 Peter M. Senge
- 鲍勃·特里克 Bob Tricker
- 梅雷迪思·贝尔宾 Meredith Belbin
- 戴夫·尤里奇 Dave Ulrich
- 吉姆·科林斯 Jim Collins

4
- 约翰·科特 John P. Kotter
- 马文·鲍尔 Marvin Bower

领导理论

5
经验主义学派
- 彼得·德鲁克 Peter F. Drucker

7
- 普拉哈拉德 C. K. Prahalad
- 亨利·明茨伯格 Henry Mintzberg
- 勒妮·莫博涅 Renee Mauborgne
- 戴维·诺顿 David P. Norton

战略管理学派

8
- 加里·哈默尔 Gary Hamel
- 尼尔·雷克汉姆 Neil Rackham
- 金伟灿 W. Chan Kim
- 罗伯特·卡普兰 Robert S. Kaplan
- 杰克·特劳特 Jack Trout

营销管理学派

10
- 冯斯·琼潘纳斯 Fons Trompenaars
- 查尔斯·汉普顿-特纳 Charles Hampden-Turner

组织文化学派／艺术文化研究

11
寿星企业研究
- 苏曼特拉·戈沙尔 Sumantra Ghoshal
- 克里斯托弗·巴特利特 Christopher A. Bartlett
- 安妮·布鲁金 Annie Brooking
- 劳伦斯·普鲁萨克 Laurence Prusak
- 贝思·罗杰斯 Beth Rogers
- 詹姆斯·钱皮 James Champy
- 野中郁次郎 Ikujiro Nonaka
- 托马斯·达文波特 Thomas H. Davenport
- 克莱顿·克里斯滕森 Clayton M. Christensen
- 迈克尔·哈默 Michael Hammer

知识管理 Knowledge Management Perspective

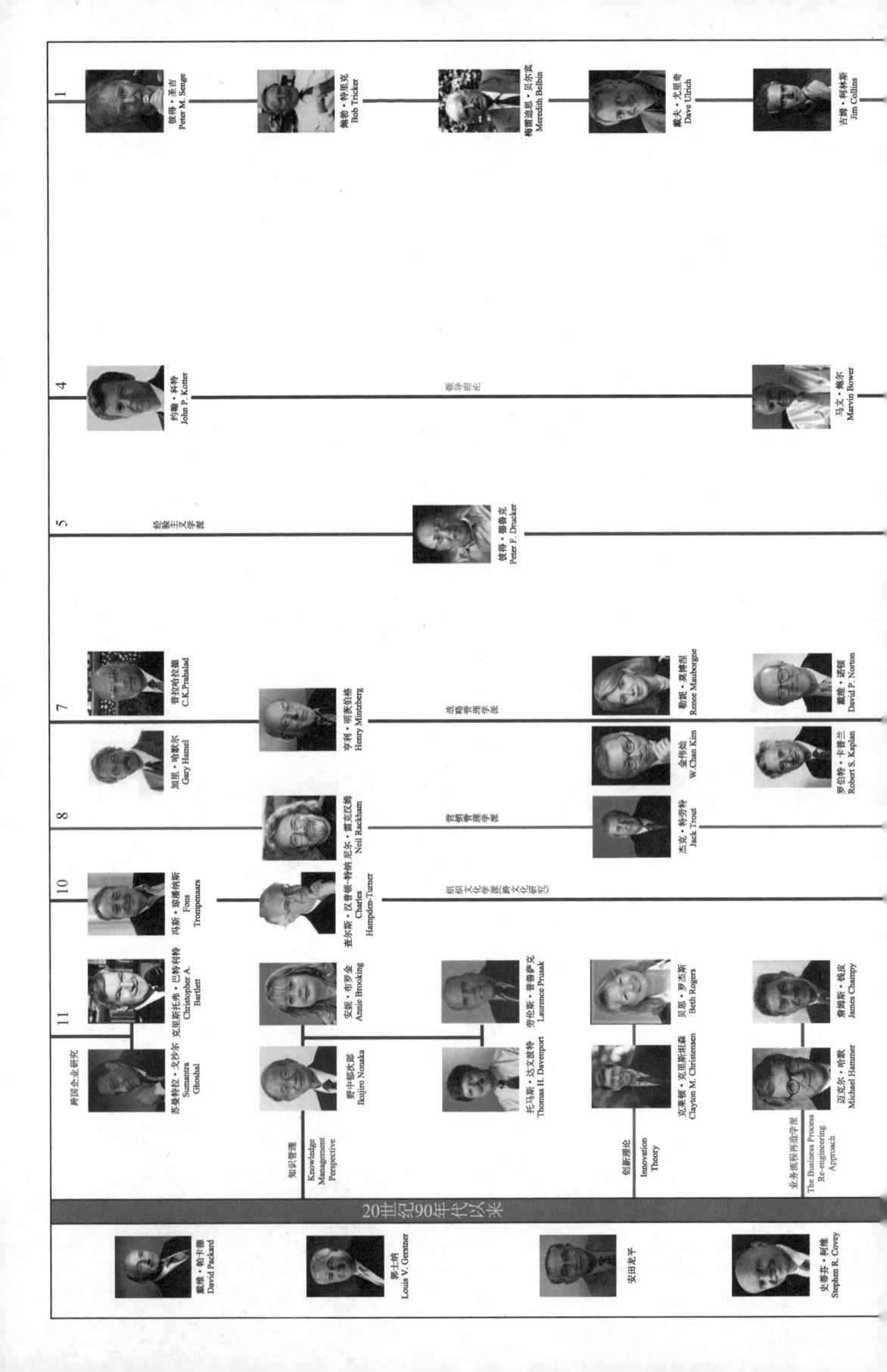

创新理论 Innovation Theory

业务流程再造学派 The Business Process Re-engineering Approach

- 戴维·帕卡德 David Packard
- 郭士纳 Louis V. Gerstner
- 安田龙平
- 史蒂芬·柯维 Stephen R. Covey

20世纪90年代以来的管理思想

自20世纪90年代起,人类进入了信息社会和知识经济时代。世界经济一体化的进程明显加快,科学技术的创新和推广速度大幅提升,组织结构日益呈现出扁平化、虚拟化、网络化趋势。新的时代特征和商业环境催生了大量的管理思想和技术,从而在管理学界形成了一股巨大的变革与创新潮流。知识管理、创新理论和业务流程再造学派等新兴力量相继产生;营销管理、战略管理、领导理论、组织理论等既有理论得到进一步的发展和完善;平衡计分卡理论作为一种集大成的战略管理和绩效评价工具横空出世。管理思想发展到20世纪90年代已经完全呈现出百花齐放、百家争鸣的繁荣景象。

自这一时期起,知识成为企业最重要的稀缺资源,知识管理也由此走进了人们的视野。20世纪90年代初,德鲁克率先提出"知识经济"与"知识型员工"的概念。他指出,当今社会是一个以知识为核心的社会,"智力资本"已成为企业最重要的资源,知识工作者的生产率将日益成为一个国家、一个行业、一家公司竞争胜负的决定性因素。野中郁次郎提出了知识创新的螺旋观点、伞形管理理念和"场"(ba)理论,准确解释了知识生产的终点和起点,明确划分了知识生产模式的常规类别。安妮·布罗金将智力资本定义为使公司得以运行的所有无形资产的总称。她将智力资本分为市场资产、知识产权、人才资产和基础结构资产,并要求对它们进行评估和管理,从而搭建起一套知识管理系统。托马斯·达文波特和劳伦斯·普鲁萨克将管理知识、运营知识的概念引入到工商管理中,进一步丰富了知识管理理论。创新也在这一时期成为管理学界的一个热门话题。克莱顿·克里斯坦森主要是从行业历史和技术发展的角度分析了渐进性创新导致行业中已定型企业遭到失败的过程,并提出了应对突破性技术变革风暴的五项原则。贝思·罗杰斯以满足消费者对新产品的需求为立足点,提出了企业产品创新战略。她认为企业不仅要引入新产品,还必须富有想象力地改进已有产品以满足日益复杂并不断变化的消费者需求。这不仅为创新问题的研究提供了新视角,同时为企业致力于突破性创新提供了一套思路。

业务流程再造学派在20世纪90年代异军突起,为管理理论注入了新的活力。业务流程再造理论涵盖了当时流行的众多管理思想,包括全面质量管理、准时制（JIT）生产技术、顾客服务、建立在时间基础上的竞争和精益生产等概念。该学派的创始人迈克尔·哈默和詹姆斯·钱皮强调组织必须明确自己的关键生产流程，并使之尽量简单有效。之后，钱皮进一步提出了企业 X 再造理论，把业务流程再造的思想应用于组织之间的关系处理上，并总结出 X 再造进程中存在的十大错误，亦即"十戒"；哈默则列举了企业的九大行动纲领，为企业变革指明了方向。尽管业务流程再造思想在实践中遭遇不少挫折，但是它鼓励管理人员重新思考如何最佳地组织企业运营以及提倡企业应按照流程而非职能进行组织的理念，具有重要的实践意义。

20 世纪 90 年代的全球经济一体化趋势使跨国企业管理成为一个世界性的话题。苏曼特拉·戈沙尔和克里斯托弗·巴特利特研究了全球竞争中的战略、组织和管理问题，分析了跨国公司的四种类型和个性化公司的三种组织特征，并就如何组建和管理个性化公司提出了一系列建议，以帮助跨国企业在新经济条件下建构具有独特竞争优势的组织模式。在这一时期的跨文化研究领域，冯斯·琼潘纳斯和查尔斯·汉普顿-特纳两人继吉尔特·霍夫斯泰德之后进一步研究了文化差异、文化冲突和自然的文化交叉管理，精辟地阐释了文化如何影响我们的行为以及不同文化之间的相互影响。

营销管理学派在沉寂多时之后又获得了新的发展，从战略与合作的角度展开了理论创新。杰克·特劳特重视战略定位的作用，强调战略可以使顾客以及潜在顾客了解企业的独特之处，并通过阐述一系列战略原则来支撑他的理论观点。尼尔·雷克汉姆、劳伦斯·弗德曼与索察·鲁夫则代表了这一时期另一派的营销观点，即强调企业间分工合作的重要性，认为企业伙伴关系是企业核心竞争力的来源，并从贡献、亲密、愿景的角度论述了如何建立成功的企业伙伴关系。

20 世纪 90 年代以来，企业经营环境的变化使得传统的战略管理模式面临重大挑战。战略管理的重点开始由传统的经营宗旨制定转向愿景驱动型管理，由适应环境变化为主的竞争定位转向以创造未来为主的核心竞争力。战略管理研究具有强调理论的动态性、从实践中学习、进一步整合各学派观点等特点。亨利·明茨伯格系统研究了战略理论的演变过程，将战略理论分为三大类十大流派，并对每个学派的贡献与不足进行了深入分析。加里·哈默尔与普拉哈拉德两人对如何界定核心竞争力，如何在核心竞争力的基础上开发核心产品和终端产品，以及如何搭建一个能有效利用核心竞争力的战略架构等作了详细的阐述。金伟灿与勒妮·莫博涅提出了蓝海战略，不仅轰动了学术界与企业界，甚至引起了许多国家和地区的政治领导人的高度重视。罗伯特·塞缪尔·卡普兰和戴维·诺顿创造性地整合了创新理论、知识管理、业务流程再造、战略管理等众多学术流派的理论精华，构建了平衡计分卡理论，不仅为企业的组织绩效评价提供了良好的实用工具，还系统解决了战略的描述、衡量和管理等一系列管理难题，为提升企业的战略执行力作出了杰出贡献。该理论现已成为当今企业界的热门话题，并逐渐被引入政府组织和非营利组织的管理实践中。

20世纪90年代的领导理论仍在进一步丰富自身的理论体系，所取得的学术成果以约翰·科特的领导变革理论和马文·鲍尔的领导特质理论最为卓著。科特阐述了实施组织变革的八个步骤以及领导者在组织变革过程中应该注意的十个问题，为企业进行有效变革提供了明确指导。鲍尔所提出的领导特质理论详细分析了领导者必须养成的14种品质，对领导理论的发展也作出了有益的贡献。组织理论在这一时期继续快速发展，相继出现了学习型组织理论、公司董事理论、团队角色理论、人力资源角色理论等。彼得·迈克尔·圣吉提出了学习型组织的五项修炼技能，为经理人提供了工具和概念性原型；鲍勃·特里克研究了董事会、经理革命及企业制度，他所著的《董事》一书为经理层和管理学界提供了很好的参照物；梅雷迪思·贝尔宾提出了贝尔宾团队角色理论，解释了群体中的不同个体如何进行分工合作；戴夫·尤里奇重新定义和发展了人力资源的九种角色，帮助人力资源管理者转变已经过时的观念；吉姆·柯林斯与杰里·波拉斯从实证的角度研究企业管理方略，回答了是什么使那些高瞻远瞩的公司基业长青的问题，并深入挖掘了企业从优秀到卓越的原因。

在实践领域，惠普创始人戴维·帕卡德创立了巡回管理、开放式管理、内部晋升等独特的管理方式，他所倡导的"以人为本，客户为先"的惠普之道至今依然影响着众多企业；IBM前总裁郭士纳在其回忆录《谁说大象不能跳舞》一书中总结了他在IBM九年的总裁生涯，其有关原则性领导、营销管理等方面的经验使领导者受益无穷；安田龙平根据自身经验全方位地研究了日本泡沫经济崩溃以来企业倒闭的原因和相应的对策，为其他企业提供了前车之鉴；史蒂芬·柯维在领导理论、家庭与人际关系、个人管理等领域久负盛名，他所著的《高效能人士的七个习惯》在 2002 年被《福布斯》评为有史以来最具影响力的十大管理类书籍之一。总之，进入 20 世纪 90 年代以后，人类社会迈进了一个以信息经济、客户经济、知识经济为鲜明特色的崭新时代，呈现出了管理文化全球化、管理形态知识化、管理组织虚拟化、管理手段网络化、管理理论综合化等特点，为管理学者与企业家带来了更多新的研究方向与挑战。管理思想发展与演变的历史进程正处于一个学派林立、群星璀璨、成果丰硕的繁荣时期。

67 苏曼特拉·戈沙尔、克里斯托弗·巴特利特

苏曼特拉·戈沙尔（Sumantra Ghoshal，1948—2004），印度著名管理学家，巴特利特的学生，1948出生于印度加尔各答。在德里大学取得物理学学士学位后，戈沙尔进入印度石油公司工作，并在1981年同时获得富布莱特奖学金（Fulbright Fellowship）与汉弗莱奖学金。之后进入麻省理工学院，分别于1983与1985年获得理学硕士学位与博士学位，并在1986年获得哈佛大学的工商管理博士学位。1985年，他进入欧洲工商管理学院工作，1994年加入伦敦商学院，成为罗伯特·鲍曼战略领导讲座教授。戈沙尔还曾是设立于英国的高级管理研究院会员、哈佛商学院监委会成员、印度商学院第一任院长。代表作为与巴特利特合作的三本著作：1989年出版的《跨越边界的管理》（Managing Across Borders）、1992年出版的《跨国管理：教程、案例和阅读材料》（Transnational Management：Text，Cases and Readings）以及1997年出版的《个性化公司》（The Individualized Corporation）。

克里斯托弗·巴特利特（Christopher A. Bartlett），美国著名管理学家。1964年获得澳大利亚昆士兰大学的经济学学士学位，后又于1971年与1979年分别获得哈佛大学的工商管理硕士与博士学位。曾任职于美国铝业公司、麦肯锡咨询公司、百特国际公司等。现为哈佛商学院工商管理专业教授，也是哈佛商学院全球领导者项目主席、美国管理科学院和国际企业科学院院士。1997年因与戈沙尔合著的《个性化公司》一书获得伊戈尔·安索夫奖，2000年获得美国德里管理协会荣誉奖，2012年获得欧洲案例交流中心经济、政治和商业环境类特别奖等。

关键词 ▶ 跨国管理（transnational management）
跨国公司（transnational corporation）
个性化公司（the individualized corporation）

戈沙尔与巴特利特合作研究了全球竞争中的战略、组织和管理问题，提出了跨国公司管理的三种手段：平衡多元性，促进合法化；管理复杂性，培育灵活性；树立信念，转变思维模式。此外，他们还提出了"个性化公司"的概念与其组织特征，并给出了建立与管理个性化公司的措施与手段。

一、跨国公司的管理

为有效应对跨国公司在全球化背景下所面临的挑战，戈沙尔与巴特利特进行了长达5年的研究，通过对在全球经营的9家跨国公司、236位管理者的访谈，得出了自己的研究结论。在此基础上，两人于1989年首次合作出版了《跨越边界的管理》一书。该书发展了跨国公司的概念，并指出一种新的国际商业战略和机构模式正在崛起。戈沙尔与巴特利特认为，跨国公司需要强大的地区管理来感知和响应不同国家所存在的机遇，具体手段有以下几种：

（1）平衡多元性，促进合法化。在不同地区的分公司中，管理人员需要建立新型的管理理念，消除组织偏差与组织中存在的战略壁垒、文化壁垒等，实现经营、地区以及职能管理能力三者之间的平衡。对于高层管理者来说，可以运用更为巧妙的管理手段，如晋升员工、扩展职责、建立新的信息渠道、创建短期决策论坛以及控制关键资源等，来促进多元性的规范与合法化。

（2）管理复杂性，培育灵活性。跨国公司必须了解与综合运用集权制、正规化和社会化等多种协调模式，以实现组织的协同效应，而非只沿袭传统的某种模式。只有这样它们才能敏锐地决定公司未来的发展方向以及创造新的协调模式和手段。

（3）树立信念，转变思维模式。除了对不同地区的不同环境进行了解，跨国公司的管理者还需要对公司的未来发展蓝图有明确的认识，理解和接受组织目标的逻辑性和重要性，并促使员工个体树立起对公司目标的坚定信念，进而将宏伟的蓝图转换成实际的行动。

二、个性化公司的特征与管理

20世纪90年代中期，戈沙尔与巴特利特又合作出版了《个性化公司》一书，对商业的变革作了更深入的探究。他们指出，像ABB和通用电气这样的先驱公司已经不再强迫员工遵循严格的规章制度，而是对机构本身进行调整，使其适应员工的才干和能力，这种公司就是"个性化公司"。

1. 个性化公司的组织特征

戈沙尔与巴特利特认为，个性化公司管理具有三种区别于其他管理模式的组织特征。

（1）激发员工的能动性。为了达成这一目的，管理者要做好三件工作：第一，激发员工的主人翁意识，使员工有自我表现的动力；第二，使基层员工的能动性与公司的总体发展方向保持一致，并且防止分散化的企业创新精神产生混乱无序的状态；第三，管理层需要一种开放型的企业文化以体现对员工的尊重，这种文化不但能接纳来自基层的质疑，还要能容忍他们的失败和挫折。

（2）创造和传播知识。个性化公司通常会使用三个手段来达到这项特征：第一，尽最大努力聘用最优秀的新员工，然后创造新的管理框架和机制，投入庞大的资金来培养员工的专长，使员工持续不断地增强身心素质，提高和拓宽自身的各种能力；第二，利用各种现代通信工具和建立关系网络来支持全球各企业间信息的横向交流、联结和传播员工的个人知识，并最终将个人专长融入分享信息的集体实践中；第三，通过支持知识的横向交流来培养员工强烈的信任意识。这三个手段的总体效应使公司建立的组织框架看起来更像一个统一的网络，而不是典型的等级结构。

（3）保持持续变革。个性化的公司不只是要通过掀起学习浪潮来确保持续的自我完善，而且要通过培育掀起新学习浪潮的能力来创造彻底新生感。有几种要素对培养这种自我更新能力至关重要：一是树立企业内部的自强意识；二是提高组织的灵活性，消除企业更新过程中所造成的过度紧张；三是提高协作能力，通过确保战略挑战和组织变化来弥补传统的维持战略完整和组织一致性职能的不足。

2. 建立和管理个性化公司的措施

（1）重新塑造员工的行为。为了能够重新塑造员工的行为，管理者必须改变他们的行为背景，使原有的行为背景从服从、控制、契约和限制的模式转为纪律、支持、信任和拓展的模式。

（2）构建组织能力。新的组织不能实行工作任务的等级管理，而应是一套管理程序的组合，包括创业过程、整合过程与自我更新过程。在这三个过程中，基层管理者、中层管理者和高层管理者要根据所处位置发挥不同的作用。

（3）开发个人能力。为了更好地发挥各级管理者的作用，各级管理者需要对他们担当新角色所需要的管理能力有清楚的认识，如表67—1所示。

表67—1　　　　　　　不同管理者角色所需的管理能力

	态度/性格	知识/经验	技能/能力
基层管理者	创造性、直觉、有说服力、有吸引力	具有行业技术方面、竞争方面及顾客特征方面的知识	有识别潜力及作出承诺的能力
中层管理者	耐心、支持、整体性、灵活性	了解员工并懂得如何对其施加影响，了解分散的部门中内在的个人动力	有能力委托、培养并授权下属，有能力发展组织联系、建立团队
高层管理者	挑战性、扩展性	对公司、行业及其管理有深刻的理解	能创建一个激动人心的、符合需求的工作环境

（4）管理变革过程。管理变革分为三个阶段：第一阶段是合理化调整，给企业注入创新动力；第二阶段是赋予企业活力，发展整体合作精神；第三阶段是企业再生，实现持续的自我更新。管理者要把控好变革的程度，使其稳步从传统公司变为个性化公司。

3. 重塑道德契约

戈沙尔与巴特利特并不接受一些经济学家提出的把公司看做一个经济实体的观点，也不认为企业的经营目标就是从社会中获取最大限度的利润。他们认为公司作为现代社会最重要的机构之一，必须不断为其赖以生存的环境创造新价值，成为社会进步的主要源泉。在这种观点之下，公司与员工、公司与社会之间形成了与以往完全不同的新的道德契约关系（见图67—1）。

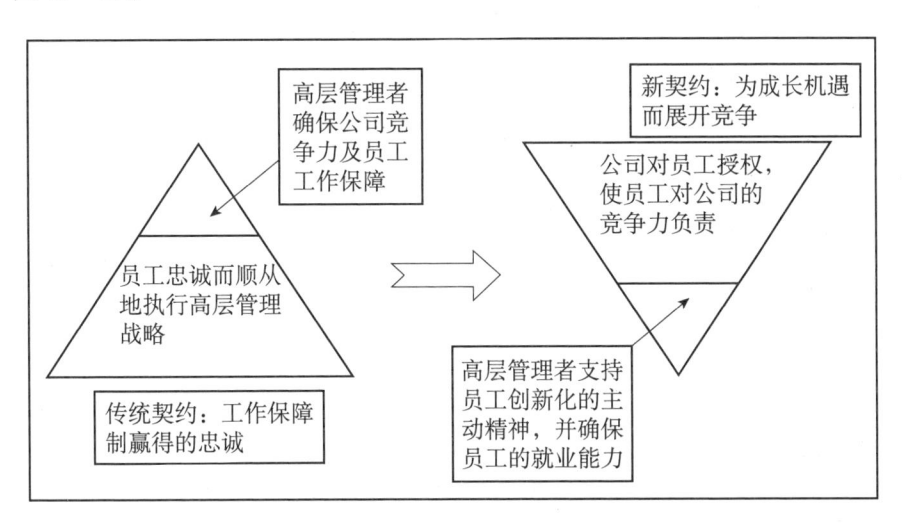

图67—1　新的道德契约：职位和责任的颠倒

他们认为，在新的道德契约中，员工不再被看成是被攫取价值的公司资产，而是代表了一种职责，并成为增加价值的来源。采用这种理念，意味着公司需要拒绝以前那种家长式的作风和傲慢的态度，因为公司绩效并不是来自最高领导层那种至高无上的权威，而是来自员工的主动性、创造性和技能。与此同时，公司还应对员工的长期就业保障和福利承担责任，使其全心全意为公司作出卓越的贡献。

思想评论

戈沙尔和巴特利特提出的三种管理手段为跨国公司的管理活动与发展方向提供了清晰的指导；他们所提出的在个性化公司中不再强迫员工遵循严格的规章制度，而是对机构本身进行调整，使其适应员工的才干和能力这一理论，也为传统公司向个性化公司的转型提供了理论支撑。与松下幸之助一样，戈沙尔与巴特利特也认为公司不应只是从社会中攫取最大限度的利润，还应该为社会进步作出贡献，成为社会发展的推动者。

| 20世纪90年代以来的管理思想 |

68 野中郁次郎

野中郁次郎（Ikujiro Nonaka，1935—   ），日本管理学家，著名知识管理大师，被誉为"知识管理理论之父"和"知识管理的拓荒者"，1935年出生于日本东京。1958年获得早稻田大学的政治经济学学士学位，1968年与1972年先后获得加利福尼亚大学伯克利分校的工商管理硕士与企业管理博士学位。毕业后留校任教5年，然后回到日本一桥大学工作。他是首位获得美国克莱蒙特大学德鲁克学院"德鲁克杰出学者"称号的教授，还在日本北陆先端科学技术大学创办了知识科学研究所。2002年，获得日本政府授予的紫绶勋章；2007年，荣获美国管理科学院国际管理学奖。其代表作有1995年出版的《创造知识的企业：日本企业持续创新的动力》（The Knowledge-Creating Company：How Japanese Companies Create the Dynamics of Innovation）、2000年出版的《知识创新：价值的源泉》（Knowledge Creation：A Source of Value）与2004年出版的《创新的本质》（The Essence of Innovation）。

关键词▶ 隐性知识（tacit knowledge）
显性知识（explicit knowledge）
SECI 模型（SECI model）
知识螺旋（knowledge spiral）

野中郁次郎将知识分为显性知识与隐性知识两类,并阐述了知识的创造过程与创造基地。在他之前,许多学者只是关注"日式管理"中人际关系、雇佣制度等特色,野中郁次郎却指出,日本企业的过人之处在于其组织中的知识创造能力。在市场的变化日新月异、各类技术层出不穷、竞争对手与日俱增的情况下,野中郁次郎认为只有那些能够坚持不懈地创造新知识、将新知识在组织内部进行广泛传播,并迅速将新知识体现在技术和产品上面的企业才可能获得成功。

1. 知识的分类

野中郁次郎首先对我们日常所知的知识进行了分类,将其分为隐性知识与显性知识两种。其中,隐性知识是指主观认知的、未经正式化的知识,包括管理者与员工的经验、技术、文化、习惯等,是属于个人经验与直觉的知识,不易以言语来沟通和表达,是难以形式化、具体化的技能;而显性知识是指客观的、理性的、可以形式化的知识,包括一切以文件、手册、报告、地图、程序、图片、声音、影像等方式来呈现的知识。隐性知识和显性知识有很大的区别:前者是无形的,很难用语言表述和交流;后者则通常是有形的,易于学习掌握。野中郁次郎认为,对于企业来说,隐性知识比显性知识更为重要,因为最有价值的知识应该是由自己创造的,而不是从教育或培训中获得的。

2. 知识的创造过程

企业进行创新活动的过程,事实上就是隐性知识和显性知识二者之间互相作用、互相转化的过程,而这一转化的过程也是知识创造的过程。野中郁次郎提出,知识有四种基本的转化模式,包括社会化(socialization)、外化(externalization)、联结化(combination)和内化(internalization),这就是著名的 SECI 模型(见图 68—1)。

(1)社会化。社会化是组织成员之间进行隐性知识转移的过程,主要通过经验分享的方式来达成。在此基础上,新员工还可以不通过语言,而通过观察、模仿老员工的行为、精神风貌等方面获得隐性知识。

(2)外化。外化是组织成员将隐性知识转换为显性知识的过程,即用语言或图片等直观方式将自身的想法与诀窍表达出来。在团队中,领导者经常使用对话讨论的形式让员工通过隐喻、模拟等方式分享自己的经验、感受与观点，并促使员工在这种互动中产生新的观念，当大家对隐性知识达成一个共识后，领导者就可以将其模式化，形成观念性的显性知识。

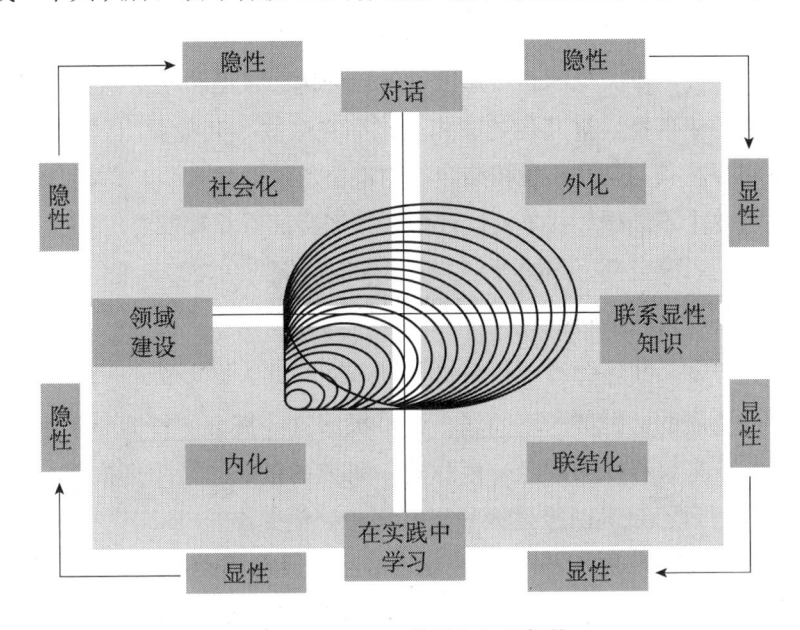

图 68—1　SECI 模型和知识螺旋

（3）联结化。联结化是显性知识在组织间转移的过程，在合资企业中尤为常见。通过对不同领域的显性知识的联结，企业的知识可以不断增值。在大型跨国公司中，各地的知识可以通过内部网络分享到全球各个分公司，并与当地员工的隐性知识相结合，形成新的、更具创意的联结，而此时的知识就变为系统化知识，是公司的无形资产。

（4）内化。内化是将显性知识转化为隐性知识的过程，例如 IT 部门可以将计算机的操作经验制作成文件手册或训练教材，在公司内部的公共网络里分享与沟通，帮助其他部门的员工将其转化为个人的隐性知识。

从主体上看，组织知识的创造不仅发生在个人之间，而且发生在群体与组织、组织与组织之间。在不同的层次上，都存在隐性知识和显性知识间的相互作用。从时间的逻辑顺序来看，组织知识创造过程分为五个阶段，即共享隐性知识、创造概念、检验概念、建造模型和知识转移。从模型中我们可以看出，组织自身不可能创造知识，个体的隐性知识才是组织知识创造的基础。组织在调动出个体创造及积累的隐性知识后，通过知识转换，在组织层次上不断将其放大，并且在较高层次上继续升华，这一过程可以用一种螺旋式上升并不断扩大的图形来表示，野中郁次郎将这一知识创造的过程称为"知识螺旋"。总体来说，SECI的动态螺旋过程可以概括为：员工高度个人化的隐性知识通过社会化、外化和联结化的过程在整个组织体系中传播，被其他员工内化；而在吸收了其他员工的知识之后，员工又可以将其与自身经验相结合，创造出新的隐性知识，并将其进一步外化。在这个不断循环往复的过程中，知识会随着互动社群的扩大，超越科室、部门、事业部、集团等，实现不断的增值与结构的转变。

3. 知识的创造基地

在对人类的认知研究与行为研究中，场的意义非常重要，在不同的领域，存在物质的、虚拟的不同场。最早提出这一概念的行为科学家勒温，使用拓扑论来解释社会现象，堪称这一研究的范式。野中郁次郎的贡献，是把场运用到了知识创造过程的研究之中。他提出，SECI模型离不开许多人的共同合作，更离不开这些人的相互沟通和活动空间，而场就是分享、创造及运用知识的动态的共有情境，是为知识转换过程及知识螺旋运动提供能量的场所，场的参与者在与他人及环境进行互动时，其本身、其他参与者与环境都在不断地变化。野中郁次郎指出，在知识创造的过程中，大体上会历经下列四种不同的场。每个场可以被分别比喻为一个基地，以利于进行某一特定阶段的知识转化程序，并使知识的创造加速进展。如果将四个场的四个知识转化程序前后加以连贯，就可以构成一系列不断自我超越的程序，同时也会随之显现知识转化的螺旋式演进情况。

（1）原始场。原始场是知识创造过程中的起点，是个人之间面对面地进行接触的过程，属于社会化阶段。在原始场中，个人之间会基于同情或爱慕，排除掉自我与他人之间的障碍，彼此交互，表露其真实的感觉、情绪、经验与心态。这一过程对隐性知识的转移与转化十分重要，所以组织要强调开放式设计，使员工能充分接触顾客，以促进个人之间情感的直接交流与沟通。

（2）互动场。互动场是知识创造的第二阶段，是多人进行互动交流的过程，属于外化阶段。管理者可以使拥有特殊知识与能力的一些人跨越业务单位，组成计划小组，让小组成员们以一个开放的态度交换彼此想法的同时，也对他们自身的想法加以反省及分析。因此，这一过程是将隐性知识转变为显性知识的过程，可以创造出新的知识与新的价值。

（3）电脑场。电脑场是知识创造的第三阶段，是利用虚拟世界来进行互动的过程，属于联结化阶段。管理者与员工可以在组织内部将新得到的显性知识与现有的资讯与知识组合，以便继续产生更新的显性知识，并利用网络与数据库等方式来加强转化效果，使之系统化。

（4）练习场。练习场是知识创造的终点阶段，是人们在自己或他人的指导下把从外部得到的知识不断加以练习与运用，将显性知识转化为隐性知识的过程，属于内化阶段。

了解上述四种场各自的不同特征将有助于新知识的创造，在每个场之内产生的知识也终将成为组织的知识基础，归企业与员工共同享有。

思想评论

野中郁次郎的 SECI 模型和知识螺旋，准确地揭示了知识生产的起点和终点，清晰地辨识了知识生产模式的常规类别。这一理论的价值表现在以下三点：一是厘清了显性知识和隐性知识的界限，用知识创造模式构建一个知识演进的螺旋，为混沌的组织内部知识转化过程梳理出了一个清晰的线索，使管理者能够方便地观察到组织内部的知识演化和增量过程；二是引入了场的概念，提出了联结时间与空间的知识创造场所，为知识管理提供了一个可供分析的、具有抽象意义的具体平台；三是以 SECI 的四个阶段为依据，提供了一个评估知识管理绩效的有效工具。在他看来，在知识转化的不同阶段，管理者可以运用不同的策略来加速知识转化的进程，进而可以提高组织的经营绩效，达成组织目标。

69 托马斯·海耶斯·达文波特、劳伦斯·普鲁萨克

　　托马斯·海耶斯·达文波特（Thomas Hayes Davenport, 1954— ），美国著名企业流程创新与知识管理专家，埃森哲战略变革研究院常务董事，得克萨斯州立大学巴布森学院信息与管理专业教授。1976年获得三一大学的社会学学士学位，1979年获得哈佛大学的社会学硕士学位，1980年获得哈佛大学的社会学博士学位。曾先后任教于哈佛大学、芝加哥大学与波士顿大学，担任过麦肯锡咨询公司信息技术部主任。1983年开始介入商业研究领域。

　　劳伦斯·普鲁萨克（Laurence Prusak），美国IBM知识管理研究院创始人和执行主管。曾获得长岛大学历史学专业的文学学士与荣誉博士学位，纽约大学经济和社会历史专业的硕士学位，西蒙斯大学信息科学专业的硕士学位。他还是西蒙斯大学图书馆和情报科学研究生院的访问学者，并曾担任安永公司工商创新中心主任。

　　二者合著有《营运知识：工商企业的知识管理》（Working Knowledge: How Organizations Manage What They Know）、《信息经济：掌握信息和知识环境》（Information Ecology: Mastering the Information and Knowledge Environment）。

关键词▶ 知识管理（knowledge management）
　　　　 知识员工（knowledge worker）
　　　　 知识市场（knowledge market）

达文波特和普鲁萨克是新兴知识管理运动的缔造者，二者从知识的含义、知识市场、知识的产生与传递等诸多方面论述了知识管理的系统性内容。他们还将管理知识与营运知识的概念引入到工商管理中，向管理者说明了知识管理的职位应该如何设置，以及如何制定成功的知识管理计划。

1. 知识的含义

达文波特和普鲁萨克对知识下的定义为：知识是结构性经验、价值观念、关联信息以及专业知识的流动组合，产生于人的大脑。在实践中，人们常常把知识与数据、信息等概念混淆。事实上，数据是有关实践中一些离散的、互不关联的客观事实，本身并没有内在意义；信息是产生变化的数据，具有实际意义；而知识则由经验、真理、判断、直觉、价值观与信仰等组成，比前两者更加复杂。在组织机构里，知识不仅存在于文件或数据库中，也根植于组织机构的日常生活、程序、惯例以及规范中，可以通过计算机和网络进行存储和传播。

随着经济全球化的不断加深，制造业、咨询业与服务业的传统界限正在瓦解，知识已经成为公司最大的、可持续的竞争优势。虽然在寻求利润最大化的过程中，许多跨国公司已经将劳动力密集型的生产制造部门转移到劳动力成本仍然相对较低的国家，但开发新品和工艺设计这样的知识密集型活动才是产品销量的基础，才是企业盈利的主要来源。而且，知识及其相关无形资产不仅可以推动企业运行，其价值更是可以随着使用的频率而增长。

2. 知识市场

与个人知识不同的是，组织知识需要不断地交换、购买、开发以及更新，以保证可以充分创造价值。而在买卖知识这一过程中，最重要的一点就是知识市场的运行机制。在知识市场里，有提供知识的卖家，有需要知识的买家，还有将买卖双方撮合在一起的中介等，所有参与者在市场里进行交易都是希望自己能以某种方式获利。因此，在对知识市场具有积极影响的因素中，信任因素尤为重要，如果没有信任，知识的运营就会归于失败。达文波特和普鲁萨克指出，要在组织机构中运作知识市场，必须从以下三个方面建立起信任制度：第一，信任必须是有形的，组织成员必须能看到人们因为分享知识而获得荣誉或奖励，以激励其进一步创造出新的知识；第二，信任必须是全面而彻底的，如果部分知识市场中没有信任，那整个知识市场都会受到影响；第三，信任必须从领导层做起，如果领导者不给员工提供奖励，只是一味地盘剥员工的知识，必将打击员工的积极性，影响知识创造。

在许多市场中，知识交易的效率十分低下，其原因主要有三个：一是知识市场的宣传不够，信息非常不完善；二是人为进行知识垄断，造成知识稀缺，使得信息分布不对称；三是建立交易壁垒，造成知识的地域性。这三种原因会不断影响与阻碍知识的流动，使市场出现病态化特征。事实上，对于绝大多数公司来说，积极地进行知识交流有助于同行业之间形成统一的策略，促进整个市场健康发展。而且，一个有效的知识市场所创造的效益可以帮助公司及时进行革新，加速实现经营目标。

3. 知识的产生、编码和传递

（1）对于一个组织而言，知识的产生通常包括两种途径：一是从外部获取；二是从内部创造。从外部获取知识最直接、最有效的办法就是购买，组织可以购买拥有知识的整个机构，雇用掌握知识的个人，或者向科研机构或其他公司租用。而从内部创造知识的常规途径是成立专门的团队或小组，其目标就是产生新知识。除此之外，竞争者的新产品和新技术、社会和经济的总体变化都会促进知识的产生，企业可以定期组织员工与管理者进行跨部门、跨层级的知识交流，以对外界的变化及时作出反馈。

（2）知识的编码是将知识转化成易于理解和可运用的形式，包含四个基本步骤：一是在对知识进行编码之前，管理者必须决定这样的编码应该达到什么样的商业目的；二是管理者必须能够鉴别达到这些目的的相关知识，以防运用中出现错误；三是编码者需要与管理者充分交流，识别用于编码的分类手段；四是在编码完成后，管理者要对编码的效果进行评估，观察其是否适用。

（3）知识在传递过程中常常会受到多种因素的制约，包括：缺乏传递的时间与地点；缺乏信任；缺乏共同的基准框架体系；缺乏公平的奖励条件；受教人缺乏接受能力等。对于这些制约因素，组织可以采取以下几种办法：一是提供面对面的交流条件，建立信任关系；二是通过培训、讨论、出版物、合作和工作轮换来建立共同的思考基础；三是对知识分享的质量进行评估，给优秀者予以奖励；四是鼓励非等级的知识观念，忽略知识拥有者地位的影响。

4. 知识管理的职位

达文波特和普鲁萨克认为，知识管理要在组织的不同层级成为一种普遍的现象。对于基层员工来说，管理者要使每一个人都具备成为知识管理人员的技术技能和内在技能；其中，技术技能包括结构性的知识、技术能力和专业经验；内在技能包括道德品性、政治修养和文化素质等。对于中层管理人员来说，他们应该具有重视知识的思想与判断知识质量的能力。如充分明确客户的需求，为基层员工制定知识管理的项目目标，以及监管知识项目的预算和执行现状等。对于高层管理人员来说，应该设立单独的知识总管，其职责包括：设计、实施并监督公司的知识基础设施；处理好与外部信息和知识提供者之间的关系；为知识创造过程提供重大投入；设计本公司内部统一的知识编码方法；通过高级的金融分析工具来客观地衡量知识的价值；管理和培养知识项目经理；组织制定宏观的知识策略；将公司的资源集中在最需要管理的知识类型上。

尽管知识管理是一个相对较新的研究领域，但通过技术来获取和利用知识的尝试已有很长的历史。需要注意的是，知识管理技术是一个范围很广的概念，它所包含的不只是从网络中分享信息等简单的手段，还包括人工智能、实时知识系统和长期分析系统等。

5. 成功的知识管理计划

由于源于知识的经济回报始终难以量化，知识管理就必须更多地依据有关成功的更普遍的指标。主要指标包括：与项目相联系的资源的增加；知识的内容和使用的大量增加；有两个及以上的人从事该项目，意即该项目属于机构的创新行动，而不是个人项目；全体人员对知识和知识管理感到满意；用于知识管理活动本身或者是更大的组织的财政盈利的实现。研究表明，所有成功的知识管理项目都存在以下九个因素：以知识为导向的文化；技术的和机构的基础结构；高级管理支持；与经济学或产业价值的联系；适度的流程导向；明确的观点和语言；并非次要的刺激性措施；一定层面的知识结构；知识传递的多种渠道。

思想评论

达文波特与普鲁萨克对知识的含义、产生、交换与传递等环节进行的全方位的、系统的描述使得组织的管理者对知识有了更加深刻、清晰的理解。对于组织来说，设置知识管理的职位与制定知识管理的计划使得管理者在衡量和管理组织的智力资产时变得更加有效，从而可以进一步把集体的智慧转化为市场价值，提高组织的竞争力与管理效率。

70 克莱顿·克里斯坦森

克莱顿·克里斯坦森（Clayton M. Christensen，1952— ），美国创新管理大师，创新管理学科创始人，出生在犹他州盐湖城。1975 年获得杨百翰大学的经济学学士学位，1977 年获得牛津大学的经济学硕士学位，并荣获"罗德学者"称号，1979 年获得哈佛大学的工商管理硕士学位，同年到波士顿咨询公司担任顾问与项目经理，1982—1983 年在美国交通运输部担任秘书助理，1984 年与麻省理工学院的教授们成立了陶瓷处理系统公司，并任董事长。1992 年获得哈佛大学博士学位后，留校任教于哈佛商学院，研究与教学领域集中在新产品开发及技术管理，并在 1995 年获得麦肯锡奖。2000 年创立创新视野咨询公司（Innosight LLC），2005 年创立了创新视野合资公司（Innosight Ventures）。其代表作有 1997 年出版的《创新者的窘境》(The Innovator's Dilemma：When New Technologies Cause Great Firm to Fail) 与 2003 年出版的《创新者的解答》(The Innovator's Solution：Creating and Sustaining Successful Growth)。

关键词▶ 创新管理（innovation management）
颠覆性技术（disruptive technology）
颠覆性创新（disruptive innovation）
持续性创新（sustaining innovation）

1997年，克里斯坦森在《创新者的窘境》一书中正式提出了颠覆性创新的概念，并提出了进行颠覆性创新的五项原则。他认为，创新有两种不同的路径：第一种是维持性创新，即在已知的路径中提高和改善现有的能力和流程，使市场上已存在的产品或服务变得更好、更快、更便宜；第二种创新路径称为颠覆性创新，即通过不连续的变化，来对传统的产品或服务进行完全的改变，例如以计算机为基础的文字处理的发展完全排除了机械打字创新的需要。

与维持性创新相比，颠覆性创新起初立足的市场并不是现有的主流市场，而是一些低端市场或新市场。随着技术的进步与产品性能的提高，新产品会逐渐侵蚀现有的市场，直到取代现有产品，改变产业规则。与颠覆性创新相对应，克里斯坦森还提出了"颠覆性技术"这一概念。颠覆性技术的本质在于以新兴、更便宜、更简便的技术取代目前的主流技术，这可能是对现有的技术进行重新组合，也可能是针对不同的市场对技术进行大规模、专门性的提高。事实上，颠覆性技术的出现和发展是有一定规律可循的，如果经理人员能够懂得并掌握这些技术，就可以在面对颠覆性创新时取得辉煌的成功。以下是克里斯坦森为企业进行颠覆性创新提出的五项原则：

1. 组建新的独立事业部门，融入需要颠覆性技术产品的客户之中

我们可以看到，有许多具有一定市场地位的企业在延续性技术的不断发展上始终处于领先位置，但是最后却被更为简单的颠覆性技术击败。例如，诺基亚在苹果手机出现的短短几年后，就从世界排名第一的手机企业变为一家面临破产、最后被收购的企业。所以克里斯坦森建议，企业需要围绕颠覆性的新技术，由管理者成立一家独立的事业部门，这一部门可以不受主流企业客户的左右，自由地调动人力与物力对小型的新兴市场进行研究，充分将自己融入那些需要颠覆性技术的客户之中，观察这一技术未来的利润前景与市场规模。这样一来，企业就可以在不失去现有市场与盈利能力的情况下对可能在未来出现的颠覆性创新进行最快速的反应与转型。

2. 下放颠覆性技术商业化的责任，设立针对小型市场的单独公司

颠覆性技术一定会产生新兴市场。通常来说，率先进入这些新兴市

场的企业，比后进入者具有明显的先行优势。但是随着这些公司在新兴市场的成功和壮大，它们内部正式与非正式的资源配置程序会使得整个组织变得眼界狭窄，从而导致其难以进入更新的市场。所以，企业可以针对新兴的小型市场设立单独运营的子公司，使其将这种颠覆性的技术商业化，在为母公司挣得利润的同时，也避免了组织冗余会出现的问题。

3. 突破既定的思维模式和已有的知识，有计划地学习所需要了解的新知识

在许多情况下，有关延续性创新的信息是已知的，相关的计划也可以随之制定。在这一过程中，企业的领先地位就市场竞争来说并不是十分重要，因为技术的跟进者可以和技术的领先者做得一样好。而在颠覆性创新方面，正因为所有人都对市场了解甚少，所以才存在先行的优势。有些企业在进入新市场前进行投资决策时，还希望像传统那样，必须先对市场规模和财务收益进行量化分析，然后再进行决策。事实上，在新兴市场中，所要分析的市场数据根本就不存在，所以企业一定要突破现有的管理模式、决策模式以及营销模式。由于既定的思维模式和已有的知识不足以支持人们对颠覆性变化进行判断，因此管理者需要有计划地学习所需要了解的新知识，在新市场出现之前对其进行基本的常识性预测。

4. 分析组织现有的潜能和缺陷

对于一个组织来说，其潜能存在于两个方面：一是组织的运行程序，这种程序可以帮助组织将人力资源、原材料、信息、技术以及资金转化为生产力，创造出实际的经济价值；二是组织的价值观，这种无形的观念对管理者与雇员在决策时具有重要的影响作用。通常来说，管理者在处理一个创新问题时，总是本能地试图派遣一些有能力的专业人员来完成这项任务；而一旦他们找到了合适的人选，绝大多数经理人员都会设想，这些人所服务的组织也一定能够成功完成任务。但事实上，组织所具有的潜能与其中成员的能力是完全不同的，如果组织没有运用充分的资源对成员进行支持，成员的能力不仅不会增长，还会在遭到长期压制后逐渐降低。所以，管理者一定要制定出可以充分提高组织效率的运行程序与可以激励组织成员的正确价值观,充分发挥组织的潜能。

5. 密切关注市场趋势,了解主流客户如何使用产品

每一项颠覆性的创新技术在出现时,几乎都只能用于远离主流的小型市场,在消费人群对其不断建立口碑后,才可能对主流市场的既有产品产生威胁。这种情况的发生是因为它们在产品开发方面的进步速度过快,所以制造出的产品性能可能会暂时超过主流消费者所需。还有一些产品虽然在设计上使用了颠覆性的新技术,但由于无法满足消费者在使用上的诸多习惯,因此最后被市场淘汰。一名成功的管理者会密切关注市场趋势,充分了解主流消费者使用产品的习惯,最后确定哪些习惯方式可以改变,哪些无法改变,为企业日后的新产品提供成熟的设计框架。

每一项颠覆性创新出现后,都带来一些威胁与机遇,进而创造出一些成功者和失败者。对于大型企业而言,威胁常常大于机遇,即使是最优秀的经理人员,在自己的市场被颠覆性技术的创新者入侵时,也会手足无措,因为他们并不知道自己的企业是不是那些颠覆性技术创新者的长期攻击目标,这些技术可以造成多大的影响,以及如何采取措施来防范这样的攻击。这类企业的管理者要尽早利用自身的条件,运用上述五项原则来提前做好多项准备。而对于小型企业或创业者来说,颠覆性创新带给他们的机会要大于威胁,因为他们可以迅速对组织进行改变,快速进入或打造新的市场。

两难性是企业在进行产品与技术创新时永远都躲不开的问题,一方面,每一家企业都需要不断地进行创新,来满足市场与客户不断提高的需求;另一方面,每一家企业都不能完全保证自身的创新肯定会成功。所以创新者的任务是确保创新本身在宏观上既能得到企业高层的重视,又能在不影响企业现有利润的情况下,收集多方信息,对未来的市场做出相对正确的判断,决定创新的方向。

思想评论

颠覆性创新理论认为,过去辉煌的业绩与良好的管理模式常常会成为企业进行创新的绊脚石,有时甚至会造成灾难性的后果。这不仅

解答了为什么许多在行业内处于领先地位的公司在很短的时间内就能被其他公司打败，同时也提醒管理者，许多行之有效的管理原则与方法必须因时而异。克里斯坦森为管理者提出的五项创新原则也为他们提供了系统的预防方案，以应对未来的各种可能。

71 迈克尔·马丁·哈默、詹姆斯·钱皮

迈克尔·马丁·哈默（Michael Martin Hammer, 1948—2008），美国著名管理学家，企业再造和业务流程理念的创始人，被誉为"企业再造之父"。1968年获得麻省理工学院的数学学士学位，1970年与1973年先后在该校获得电气工程硕士学位与计算机科学博士学位。毕业后留校任教，担任麻省理工学院计算机科学系教授与斯隆商学院讲师。哈默是将学术理论与实践紧密结合的学者之一，曾担任IBM公司软件工程师与指数咨询公司PRISM项目负责人，并创办了哈默公司，自任总裁。2008年度假时因突发脑溢血去世。

詹姆斯·钱皮（James Champy, 1942— ），业务重组、企业再造和组织变革等管理领域的权威学者，指数咨询公司的创始人和董事长。1963年与1965年先后获得麻省理工学院的学士与硕士学位，1968年获得波士顿学院的法律博士学位。他还是麻省理工学院董事会成员、波士顿学院法律系督导委员会成员等。

1993年，哈默与钱皮合著的《企业再造》（Re-engineering the Corporation: A Manifesto for Business Revolution）一书出版，引起企业界重大变革，钱皮随后于1995年出版的《再造管理》（Re-engineering Management: The Mandate for New Leadership）荣获当年最佳管理书籍。

关键词 ▶ 业务流程再造（business process re-engineering，BPR）
　　　　　行动纲领（action rules）
　　　　　企业 X 再造（X-engineering the corporation）

哈默与钱皮提出了业务流程再造理论，即以工作流程为中心，重新设计企业的经营、管理以及运作方式的过程，并阐述了再造的动力、再造的关键词、再造的特征、再造的实施者与再造的变化等。此外，钱皮还提出了企业 X 再造的概念，即在信息技术的影响下企业如何规划组织的业务流程，以达到效率的提高。

一、业务流程再造

亚当·斯密曾经提出，劳动生产力最大的增进，以及劳动时所表现的熟练、技巧和判断力，似乎都是分工的结果。在"分工理论"出现的 200 多年来，企业的业务流程几乎都是以分工为基础设计与运行的。但随着社会进入"客户经济"时代，分工理论已经无法满足企业多方面的需要。1993 年，哈默与钱皮针对这一现象提出了企业再造理论。而企业要想在流程再造上取得突破，就必须明白再造的动力、关键词、特征与实施者等要素。

1. 再造的动力

（1）顾客。顾客是企业流程再造的第一动力，因为企业再造最基本的目的就是满足顾客价值的最大化。在现代市场中，顾客的利益是营销活动的中心环节，为顾客提供服务、为顾客创造价值应是企业经营的出发点和归宿。

（2）竞争。竞争是企业自诞生以来就要面临的生存环境，而这种环境随着经济的发展会变得更加残酷。不论在什么样的竞争中，优胜劣汰一定是永远的真理，所以竞争者如果在自身流程上出现了问题，必定会在市场上缺少竞争优势。

（3）变化。企业再造的最后一个动力就是变化，这种变化不仅指顾客的变化、竞争的变化，而且指变化本身性质的变化。开展根本性、彻底性的企业再造，就是要满足企业应对内外部不断变化的生存环境的需求，以获得优势地位。

2. 再造的四个关键词

（1）根本。再造的第一个关键词就是根本，企业人员在着手改革前，必须先就自己所属的公司及其如何运作提出根本性的问题，包括为什么我们要做这项工作，为什么我们要用这种方式去做等。只有在提出这些根本性问题时，人们才会去注意他们在从事业务工作时所沿袭的那些错误的、过时的规则和前提。

（2）彻底。彻底意味着流程的重新设计要从深层次着手，而不是仅仅做表面上的改动。哈默和钱皮反对那些对既定的、已经不适用的流程与制度的持续改良、提高或修补，他们认为如果发现了问题，一定要彻底地进行一场内部革命，用最快的速度解决问题。

（3）显著。进行流程再造的公司通常有三种情况：一是公司深陷困境，除了再造别无选择；二是管理层已经预见到了将要遇见的困难，认为应该尽早再造；三是企业处于鼎盛时期，管理层想要通过再造来获取更大的成绩。不管属于哪一种，再造的结果都不是为了在业绩上取得点滴的改善，而是要有显著的提高。

（4）流程。最后一个要注意的关键词就是流程，因为企业再造是以流程为中心的再造。绝大多数企业的人员在实际工作中常会偏离轨道，忙于具体的任务，忙于人事，或忙于组织结构，但唯独不忙于流程，这会使企业在付出大量成本后依然无法进步。

3. 再造的共同特征

哈默和钱皮认为，经过再造之后，工作经常会出现以下共同特征：

（1）原先的若干职位组合成一种职位。对于许多公司来说，以往分工明确的流水线将不复存在，经过流程整合后，不同的职位可以合并为一种职位，显著降低行政管理的费用。

（2）工作人员有了决定权。公司实施再造后，在横向上与纵向上都会压缩业务流程，工作人员由过去的向上级管理层请示汇报转变为现在自己有权作出决定。这样的转变给了一线人员更大的权力，使他们可以减少程序性延误，降低管理费用，并对客户的反馈作出更快的回复。

（3）业务流程中的各个步骤按照自然顺序进行。实施再造之后，自然顺序可以代替人为顺序，多种工作可以同时进行，同一种流程中上下步骤之间的时间也会相应减少。

（4）业务流程多种多样。在经过再造后，传统那种追求整齐划一的标准化生产线会减少。在一家企业中，同一流程可以根据需要具有多种不同的形式，以满足当今环境下的不同需求。

（5）减少检查和控制。再造后的业务流程只是在具有经济意义的范围内才应运用控制手段，那些传统的、非增值的检查和控制工作将会极少出现。

（6）哪里最合适，就在哪里工作。组织结构的界限被打破后，员工的工作可以被重新安排，进一步改进总体业务流程。

（7）企业同顾客只有唯一的联系人。在传统方式中，向顾客提供服务的员工代表信息不足，权力不够，无法及时、有效地解决顾客的问题；而在流程再造之后，顾客通常会有着唯一的、得到企业授权的项目经理，他们了解整个的工作流程，了解顾客的所有信息，可以将服务效果最大化。

（8）最大限度地减少调整工作。再造后的流程由于减少了原有流程的对外接触点，从而减少了因数据不一致而需要调整的机会。

（9）普遍实行集中运作和分散运作相结合。信息技术能够使企业在同一流程中把集中的优点和分散的优点结合起来，进而产生规模经济。

4. 再造的实施者

如何挑选和组织真正实施再造的人是再造取得成功的关键。再造的实施者主要包括以下团队及人员：（1）领导人，即有权批准和发动整个再造的高级主管人员；（2）流程主持人，即负责一个特定流程及其再造工作的管理人员；（3）再造小组，即由若干名致力于某个特定流程再造的个人组成的小组，负责调查研究现行流程存在的问题并监督流程的重新设计及贯彻实施；（4）指导委员会，即一个由若干名高级经理组成的决策机构，策划本公司的总的再造策略并监督再造进度；（5）再造总管，即公司内负责制定再造方式和方法的人，同时负责公司内各个分散的再造项目的协调工作。上述团队及人员的关系应该是这样的：领导人任命流程主持人，流程主持人在再造总管的帮助和指导委员会的支持下召集流程再造小组进行流程的再造。

5. 再造的变化

在工作出现了新的特征之后，企业也会发生相应的变化，主要有以下几个：(1) 工作单位发生变化——从职能部门变为流程执行小组；(2) 工作发生变换——从简单的任务变为多方面的工作；(3) 人的作用发生变化——从受控制变为授权；(4) 职业准备发生变化——从职业培训变为学校教育；(5) 衡量业绩和报酬的重点发生变化——从按照活动变为按照结果；(6) 晋升标准发生变化——从看工作成绩变为看工作能力；(7) 价值观发生变化——从维护型变为开拓型；(8) 管理人员发生变化——从监工变为教练；(9) 组织结构发生变化——从等级制变为减少层级；(10) 主管人员发生变化——从记分员变为领导人。

二、企业 X 再造

2001 年，钱皮的著作《企业 X 再造》(X-engineering the Corporation: Re-inventing Your Business in the Digital Age) 出版。他在书中指出，企业 X 再造就是通过信息技术的广泛应用，重新规划跨越组织界限的业务流程，以实现营运绩效的突破性提升。其涉及范畴相当广泛，几乎涵盖了企业营运战略及战术的方方面面。而在这一过程中，管理者最需要关注的有以下三点。

1. 流程

流程分为三组：一是企业可以自己完成的流程，这些业务流程是企业可以用来获取竞争优势的唯一途径；二是企业可以与其他组织协同完成的业务流程，这些业务流程涉及企业、供应商、合作伙伴以及客户之间的信息、货物、资金的流转和交换，对于企业来说十分重要；三是企业依靠其他组织来完成的业务流程，这些业务流程并非企业的营运核心。

2. 策略

根据客户的不同确定不同的营商策略对于企业而言是至关重要的，无论企业的营商策略是什么，决定成败的唯一因素是能否为客户创造出新的价值。钱皮认为，以下七个方面的策略对于企业是非常有价值的，包括定制、革新、定价、质量、服务、速度以及多样性。

3. 参与

企业在审视自身业务流程并最终确定采用何种营商策略时，还应当考虑在实施 X 再造时，哪些组织将真正参与进来，它们的参与程度如何。钱皮认为，参与的程度主要有四种：第一种是初级，即独自对业务流程进行重新规划；第二种是中级，即与其他类型的组织（如客户和供应商）协同工作；第三种是高级，即与两种不同的组织协同工作；第四种是顶级，即与所有其他类型的组织协同实施 X 再造。

钱皮还指出，实施 X 再造进程的动机有两种：一是降低成本；二是为客户创造更多的价值。寻求实施 X 再造的最佳机遇时，应当紧紧抓住以上两个关键因素，并同时认清成本与价值的实现并不是相互排斥的。而且，在实施过程中还应当牢记以下几条准则：一是要审视资金的流转；二是要拓宽再造的思路；三是要预见客户的行为；四是要勾勒出故障的轮廓；五是要瞄准上游企业的业务流程。

此外，实施 X 再造还需避免十个常见的陷阱与错误：（1）没有经历再造就实施 X 再造；（2）承诺实施 X 再造进程却不参与其中；（3）将 X 再造进程与数字化市场混为一谈；（4）建立一个孤立的电子商务网站；（5）行动过于超前或滞后；（6）从不易接受变革的部门开始；（7）只对业务流程的前端实施 X 再造；（8）立即对所有业务流程实施 X 再造；（9）把电子商务等同于电子化；（10）高估人们对事物的接受能力。

思想评论

业务流程再造理论为许多止步不前的企业敲响了警钟，提醒着它们对当前业务流程的根本性问题进行反思，并对其彻底重新设计，以便让企业可以在产品或服务的成本、质量、生产速度等方面取得显著的进展。而钱皮的企业 X 再造这一理念则将管理者的思维触角从企业的员工、管理者等人伸向了企业的股东、供应商、合作伙伴，以及客户等人，突破了长期以来横亘在各个利益相关方之间的壁垒，为所有合作伙伴形成崭新的、强大的利益共同体提供了理论支持与实践框架。

72 冯斯·琼潘纳斯、查尔斯·汉普顿-特纳

冯斯·琼潘纳斯（Fons Trompenaars，1953— ），荷兰著名管理学者和顾问，跨文化管理的开创者和倡导者之一。1979年获得荷兰自由大学的经济学学士学位，1983年在美国宾夕法尼亚大学沃顿商学院获得博士学位。1981年进入皇家壳牌石油公司人事部工作，曾先后在18个国家和地区开设了1 000多次跨文化管理培训课程。1991年，琼潘纳斯被美国培训与发展协会授予国际专业领域实践研究奖；1999年，美国《商业》杂志将其与波特等人一起列为世界五大管理咨询师；2011年，他被《人力资源》杂志选为排名前20位的国际最具影响力的思想家之一。

查尔斯·汉普顿-特纳（Charles Hampden-Turner，1934— ），英国管理学家，出生于伦敦。早年在剑桥大学三一学院学习社会历史学，之后在哈佛大学取得工商管理硕士和博士学位。1966年获得麦格雷戈奖章，1989年与琼潘纳斯一起创办了国际商业研究中心，致力于国际管理咨询与培训服务，服务客户囊括摩托罗拉、壳牌、庞巴迪、喜力等世界一流企业；1998年，该中心被毕马威收购，并更名为琼潘纳斯—汉普顿-特纳咨询。

二者合著有1993年出版的《七个资本主义国家文化》（The Seven Cultures of Capitalism）、《跨文化浪潮》（Riding the Waves of Culture），2000年出版的《构建跨文化竞争力：如何在矛盾的价值观中创造财富》（Building Cross-Cultural Competence：How to Create Wealth from Conflicting Values）以及2004年出版的《管理跨文化的人》（Managing People across Cultures）。

关键词▶ 跨文化管理（cross-cultural management）
　　　　　普遍主义—特殊主义（universalism-particularism）
　　　　　个人主义—集体主义（individualism-communitarianism）
　　　　　专一型—扩散型（specificity-diffusion）
　　　　　情感中立型—情感型（neutral-emotional）
　　　　　分析—整合（analyzing-integrating）
　　　　　平等—阶层（equality-hierarchy）

琼潘纳斯和汉普顿-特纳归结了五种较为常见的文化冲突与四种不同的企业文化，详细探讨了管理者在经济全球化的大背景下将会遇到的各种文化差异以及它们对人们行为的影响，并对文化冲突管理做了大量的研究。他们认为，两个不同文化的群体在进行商业往来时，要针对对方的文化特征采取相应的行动。国际化的经理人需要的不只是对文化差异的理解，更应该尊重差异，调和文化交叉难题，并对因此形成的多样性善加利用。

1. 五种文化冲突

（1）普遍主义和特殊主义。崇尚普遍主义的管理者喜欢"唯一的"最佳方式，他们认为好的、正确的东西都可以被界定，所以在任何情况下都可以用一套规则来管理。这种文化类型多存在于瑞士、德国等原则性极强的国家中。而偏爱特殊主义的管理者则关注于任何给定情况的独特事实，针对不同的情况采取不同的行动，强调不同情境的特殊性。在他们眼前，一个人并不单单是一位公民，还是朋友、兄弟、丈夫、孩子或是对自己极为重要的人，需要给予不一般的关爱或憎恶，这种文化类型多存在于中国、韩国、马来西亚等亚洲国家中。

（2）个人主义和集体主义。个人主义强调个人价值的实现，认为个人的利益高于组织，公司组织只是服务于老板、员工和客户个人的工具，所以每个人都寻求在群体中突出自己。崇尚个人主义的人喜欢按劳付酬、按业绩升职等做法，例如美国人。而崇尚集体主义的人则强调集体的利益至高无上，认为自己只是集体的一部分，组织是成员们寻找生活意义的一个很重要的环境，例如埃及人、中国人等。在进行跨国管理，尤其是在谈判、决策的过程中与制定激励手段时，管理者务必要了解当地受哪一种偏好的影响。

(3) 情感型文化和情感中立型文化。表露情感的多少是这两种文化的重要区别。情感型的人（如意大利人）很容易用大笑、微笑、做鬼脸、皱眉头或做手势等方式来表达自己的感受，他们更愿意即时宣泄自己的情绪。例如你在交通事故中如果碰到法国人出言不逊，会以为他这时十分恼怒，其实那不过是他对这件事情看法的流露。相反，情感中立型文化（如日本人）一般不会轻易表达自己的感受，会小心翼翼地克制自己的情绪。在工作中，情感型的一方常常被视为无法自控、变化无常，而情感中立型的人则会被指责为面孔冰冷的冷血动物。与这两种文化类型的员工打交道时，要理智地找出双方的差异，不要凭感情作判断。

(4) 专一型文化和扩散型文化。在专一型文化中，管理者把自己与下属的工作关系和其他事情相区分。如果在酒吧、高尔夫球场或自选商店遇见下属销售代表，上级不会在这里表现他的权威。他甚至会把销售代表尊为购物行家或者向他请教打高尔夫球的技巧。而在扩散型文化中，员工不论在哪儿碰见董事长先生，都认为他是至高权威。在扩散型文化中，事事都相互关联。你的生意伙伴也许想知道你在哪里念的书，有些什么样的朋友，你对生活、政治、艺术、音乐有些什么高见，因为这些倾向可以表露一个人的性格，并促进友谊的深化。

(5) 成就型文化与因袭型文化。在成就型文化中，社会根据个人成就给予其地位，地位与行为相关。例如，对演员的评价是看他对所饰演的角色扮演得怎么样，如果演技好、能卖座，那么这个人就会获得相应的尊重。而在因袭型文化中，社会根据年龄、阶层、性别、所受教育来给予他人地位，地位与状态相关，和其所承担的任务或具体职能无关。

2. 四种企业文化

(1) 家庭型文化。典型的家庭型文化多存在于法国、意大利、日本和印度等国的企业中，表现为一种权力导向文化。在这种文化中，领导者好比是一家之长，他最清楚应该做什么，以及什么有益于下属，而企业成员的关系被比作长幼关系，要在领导者的带领下对决策问题进行讨论并达成共识。

（2）埃菲尔铁塔型文化。埃菲尔铁塔型文化常见于德国的企业。在这种企业中，权威源于职位，职务说明书会明确界定企业中各个员工执行工作的框架，每个职位均按严格的等级规定而享有不同程度的决策制定权和责任。所以，下属对上级的服从并不是因为他们从感情上把上级视为家庭中的长辈，而是由于接受直接上级的领导是他们负有的职责。这种对等级结构中不同层次的控制可以充分维持企业管理大厦的坚固和稳定。

（3）导弹型文化。导弹型文化的企业把组织视为瞄向战略目标的导弹，众多的英国、美国及瑞典企业就是这类组织的典型。在这些企业中，文化是以任务和目标为导向的，通常体现在工作小组或项目组的身上。这种文化和前面两种文化的区别在于，员工的职责不是固定的，而是可以随时根据变化调整。一旦企业确定了自己的目标，就会调动起全部资源保障任务的完成。

（4）孵化器型文化。孵化器型文化多存在于类似于硅谷中企业的新兴企业里，例如早期的苹果公司与谷歌公司等。这类企业的与众不同之处在于，其企业结构是围绕着如何实现个人需要和抱负的目标而设置的。组成孵化器型文化的企业员工大多是知识工作者，他们通常要求在决策制定上享有高度的自主权，所以管理的目的是要消除常规任务对员工的束缚，保护和激发员工的创造力和积极性，以使他们能够全身心地投入创造性活动。

思想评论

琼潘纳斯和汉普顿-特纳总结出的五种跨文化冲突不仅讨论了文化差异的重点维度，还更多地关注了对不同文化潜在价值观的理解，进而帮助人们了解文化对组织成员行为方式的影响。他们对于四种企业文化的划分说明了不存在最好的组织方式，在不同的文化背景中某种特定的组织方式或许比别的组织方式更适宜、更有效。此外，不同国家间的文化存在很大差异，跨国公司的管理者应尊重这种差异，并对由此形成的多样性加以利用。

73 尼尔·雷克汉姆

尼尔·雷克汉姆（Neil Rackham，1942— ），全球著名销售大师，SPIN销售法创始人，研究提高销售效率和成功率的先驱。雷克汉姆幼时在印度尼西亚婆罗洲生活，1966年在英国谢菲尔德大学取得心理学学士学位。1970—1974年在绩效提升有限公司担任管理总监。1974年创立了全球权威的销售咨询、培训和研究机构——荷士卫公司，并兼任首任总裁。其代表作有1988年出版的《SPIN销售》（SPIN Selling）、1989年出版的《大客户销售战略》（Major Account Sales Strategy）、1996年与劳伦斯·弗里德曼（Lawrence Friedman）及理查德·鲁夫（Richard Ruff）合著的《合作竞争大未来》（Getting Partnering Right）以及1999年出版的《销售的革命》（Rethinking the Sales Force）。

关键词▶ SPIN销售法（SPIN selling）
合作竞争（cooperation-competition）
伙伴关系（partner relationship）

雷克汉姆开发了SPIN销售法，从谈话提问技巧和谈话条理性角度为企业提供了一种全新的营销方法。此外，雷克汉姆认为在当下的社会中，最大的、尚未被运用的竞争优势蕴藏在组织之间而非组织内部。为此，他提出了伙伴关系的概念，指出这种关系是一种重要的核心竞争力的来源，并为企业选择合作伙伴提供了标准与方法。

一、SPIN 销售法

SPIN 销售法是情景性（situation）、探究性（problem）、暗示性（implication）和解决性（need-payoff）四个词的首字母合成词，是一种推销高价产品或大规模销售的方法，具体是指在营销过程中职业地运用实情探询、问题诊断、启发引导和需求认同四大类提问技巧来发掘、明确和引导客户的需求与期望，从而不断地推进营销过程，为营销成功创造基础的方法。

由于大订单销售具有时间跨度大、顾客心理变化大、参与人员复杂等特点，因此雷克汉姆以在大宗交易过程中顾客意识和行为不断变化的过程为线索，在 IBM 和施乐等公司的赞助下带领一个研究小组分析了 35 000 多个销售实例，观察 10 000 多名销售人员在会谈中的实际行为，研究了 116 个可以对销售行为产生影响的因素和 27 个销售效率很高的国家和地区，耗资 100 万美元，历时 12 年，于 1988 年正式对外公布了 SPIN 模式。在此期间，雷克汉姆测量了接受 SPIN 销售法培训的第一批销售人员生产率的变化，结果表明，被培训过的人在销售额上比同一公司参照组的销售员提高了 17%。

SPIN 销售法的使用程序大致包含四步：第一，利用情况性问题（比如询问"先生从事什么职业"）来了解客户的现有状况，以建立背景资料库（比如收入、职业、年龄、家庭状况等）。通过资料的收集，销售人员才能进一步导入正确的需求分析。此外，为避免客户产生厌烦与反感，情况性问题必须适可而止。第二，销售人员会以难题性问题（比如询问"你的保障够吗"）来探索客户隐藏的需求，使客户透露出所面临的问题、困难与不满足，由技巧性的接触来引起准客户的兴趣，进而营造主导权使客户发现明确的需求。第三，销售人员会转问隐喻性问题使客户感受到隐藏性需求的重要与急迫性，由销售人员列出各种线索以维持准客户的兴趣，并刺激其购买欲望。第四，一旦客户认同需求的严重性与急迫性，且必须立即采取行动，销售人员便会提出需求—代价的问题，让客户产生明确的需求，以鼓励客户将重点放在解决方案上，并了解解决问题的好处与购买利益。

不过，并不是所有销售情况都要按上述顺序发问。例如，当客户开始便表达了明确的需求时，销售人员可以立即问需求—代价的问题，而有时销售人员在询问隐喻性问题以探索隐藏性需求的同时，需辅以情况性问题来获取客户更多的背景资料。

二、合作竞争大未来

1. 伙伴关系

雷克汉姆认为，真正的企业变革指的是组织之间以团结合作、合理创造价值的方法来产生变化，公司开发出新的合作经营方法，协助企业取得前所未有的获利能力与竞争力。即使还在建立关系的初期阶段，许多公司从这种新关系所获得的成效就已远超过从组织缩编或组织重建所获得的效益，这种新的关系称为伙伴关系。

伙伴关系是一种组织间的新关系。在此种关系下，旧的规则与定义不再适用，类似供应商与客户、买方与卖方之类的名称已失去意义。伙伴关系之间有大额交易进行，但对于这场交易中谁属于哪个公司或哪个职位等却很难得知。伙伴关系已给许多大企业的交易模式带来根本性的变革，包括重新定义采购的意义、对重要客户销售方式的转变等。

带来这场伙伴关系变革的潜在驱动力在于：（1）企业正快速地放弃传统意义上以交易为基础的买卖关系，并且大幅削减供应商的数目，企图以少量但能维持长久关系的供应商取代原先庞大的结构。（2）企业生产力的焦点正在由过去从公司内部降低费用与削减劳动力成本转移为向组织外部寻求更有效率的合作伙伴。伙伴关系使得供应商与客户都能在各自的市场中具备长期的竞争优势，他们也会渐渐地固定于这种更具效率与效益的商业关系中，并且一步一步地将竞争者排挤出去。

2. 造就成功伙伴关系的基本要素

雷克汉姆通过对积极参与伙伴关系建立与运作的人员的大量调查发现，有三个共同因素屡见于每个成功的伙伴关系中，即贡献、亲密、愿景。这三个因素是促使伙伴关系成功不可或缺的，如图73—1所示。

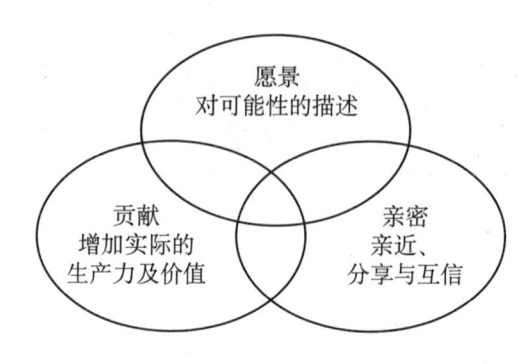

```
         愿景
       对可能性的描述

  贡献                    亲密
增加实际的              亲近、
生产力及价值          分享与互信
```

图 73—1　伙伴关系的重要因素

（1）贡献。对消费者的贡献是促成伙伴关系成功的最根本因素。消费者位于生产力价值链的终端，也是最终的受益者，伙伴关系在为厂商节省生产成本的同时，也相应地降低了消费者支付的价格。除此之外，伙伴关系会使得厂商的物流与配送系统更有效率，使消费者可以更快买到产品。

（2）亲密。伙伴关系不同于交易关系，它超越了组织之间单纯的交易关系，加入了亲密元素。随着产品越来越相似，亲密的伙伴关系与其带来的贡献逐渐成为重要的竞争优势和差异化的来源。只有建立亲密的客户关系，伙伴关系才能维系长远。

（3）愿景。愿景是伙伴之间所拥有的共享理念，是所有成功伙伴关系的基石，也是伙伴关系的导向系统。它明确描述了伙伴关系潜在的价值，提供了为什么要建立伙伴关系的答案，为伙伴关系提供了方向指引，也为这个过程中的风险与花费提供了合理化的理由。

3. 伙伴的选择标准

虽然不同组织间对于伙伴选择标准的应用会有所差异，但对于成功的伙伴企业来说，有一些共同的选择准则：一是判断相互创造贡献的潜能，考虑二者是否能在伙伴关系中创造出真正、独特的价值；二是判断二者共有的价值，了解供应商与客户在价值观上是否有足够的共通性使得伙伴关系真实可行；三是判断是否存在有利于伙伴关系的环境，即客户的购买模式或态度是否适合二者建立伙伴关系；四是判断企业本身与供应商是否在市场策略上相一致。这四个条件与成功的伙伴关系之间都有极强的关联。如果能够全部满足这些条件，伙伴关系会有极大的成功机会。相反，如果其中有任何一个条件无法符合，对于伙伴关系的起步都不是一个好的预兆。

就像与客户之间的伙伴关系一样，与其他供应商之间的伙伴关系转变了企业间彼此合作的方式。目前，供应商之间的伙伴关系正在不断地侵吞更多传统、单打独斗式的企业所占有的市场，合作已经成为企业间互助模式的核心技术，而那些拥有技术、经验、工具，并建立起有效、持续合作关系的供应商将会获得最后的胜利。

思想评论

雷克汉姆开发的 SPIN 销售法这一提问模式为销售人员开发客户的需求指明了方向，使销售人员可以在很短的时间内发现客户现有的背景，引导客户说出隐藏的需求，并放大客户需求的迫切程度。而且，雷克汉姆指出了企业的伙伴关系是企业核心竞争力的来源，只有结合彼此的核心资源企业才能拥有发展的能力。他还从贡献、亲密、愿景三个衡量角度对伙伴关系进行分析，告诉了人们如何才能建立获益良多、双赢共存的伙伴关系。

74 加里·哈默尔、C. K. 普拉哈拉德

加里·哈默尔（Gary Hamel，1954— ），美国战略管理大师，核心竞争力理论的创始人之一，出生在美国密歇根州。1975年获得圣安德鲁斯大学的学士学位，1990年获得密歇根大学罗斯商学院的博士学位，读博期间师从C. K. 普拉哈拉德。1993年，哈默尔创建策士公司并担任董事长。他不仅是哈佛商学院的杰出研究员，还担任伦敦商学院战略与国际管理专业客座教授，曾4次获得麦肯锡奖。

C. K. 普拉哈拉德（C. K. Prahalad，1942—2010），印度裔管理学家，公司战略和跨国公司管理领域的大师，核心竞争力理论的创始人之一，出生在印度南部泰米尔纳德邦哥印拜陀镇。1960年获得马德拉斯大学洛约拉学院的物理学专业学士学位，1966年获得印度管理学院的工商管理硕士学位，1975年获得哈佛大学的工商管理博士学位。1976—1977年在印度管理学院担任教授，1978年开始一直在密歇根大学教授战略和国际商务，曾两度获得麦肯锡奖。

普拉哈拉德是哈默尔的老师，二者1990年在《哈佛商业评论》上发表了《企业的核心竞争力》（The Core Competence of the Corporation）一文，从此核心竞争力开始为大众所接受。1994年，二者又合作出版了《竞争大未来》（Competing for the Future）一书，被认为是20世纪90年代最有影响力的管理学著作之一，并被《商业周刊》评为年度商业类书籍第一名。二者还著有

《战略弹性》(Strategic Flexibility：Managing in a Turbulent Environment) 与《领导革命》(Leading the Revolution) 等书。

关键词▶ 核心竞争力（core competence）
　　　　　战略意图（strategic intent）

普拉哈拉德与哈默尔的研究阐明了工商管理如何从陈旧的控制与指挥模式转变为现在的新型模式，为经理人提供了新的办法来寻找机遇，并提倡企业积极建立并发挥自身的核心竞争力，使其在市场中创造竞争优势。他们还提出了战略意图这一概念，引起了人们对战略观念思考上的突破。

一、核心竞争力

20世纪后期，日本企业崛起，美国和欧洲的大型跨国公司相继在多个过去占有优势的经营领域中败给日本公司。哈默尔和普拉哈拉德在对日本的大型企业进行实地调查以后，将其与美国与欧洲的大型同类跨国企业相对比，对日本的战略作出了细致的解读，并试图找出日本在20世纪80年代全面超过美国的原因。研究表明，由于全球经济一体化的发展，取得全球领导地位的基础正在变化，竞争优势的真正根源从以往那种及时把握客户需求创造产品的能力变为管理层整合整个公司的技术与生产技能的能力，因为只有这种整合的能力才可以使公司在新的市场背景中迅速捕获不断变化的机会。普拉哈拉德将现代社会中这种多元化的大公司比作一棵大树，其中，树干是公司的品牌形象；较小的枝杈是不同的业务单元；树叶、花朵和果实是终端产品；而为所有这一切提供滋润、营养和稳定的根系，则是上述提到的整合资源、创造优势的能力，即我们现在所说的核心竞争力。

普拉哈拉德和哈默尔认为，公司的核心竞争力不仅是我们表面上理解的这种协调不同的生产技能和整合多种技术的能力，而且从深层次上代表着公司进行内部学习的能力。与物质资本不同的是，公司的核心竞争力不仅不会在使用和共享中丧失，而且会在这一过程中不断成长、不断增强。在他们看来，核心竞争力的基本特征主要体现在三个方面：首先，核心竞争力应反映出客户最看重的价值，要从长期来讲对客户的核心利益有关键的贡献；其次，核心竞争力必须具有独树一帜的能力，否则极其容易被竞争对手模仿和替代；最后，核心竞争力一定要可以被应用，是新业务开发的引擎，而且应该具有延展到更广泛的、不同领域市场的能力。举例来说，佳能公司原名精机光学研究所，其掌握的核心竞争力是在光学技术、成像技术与微处理器控制技术等方面的历史优势，这些优势在不同领域的运用使得佳能在复印机、激光打印机、相机和扫描仪等看起来不相关的市场上都占据着重要地位；而在不同领域运用的过程中，佳能的工程师又可以根据生产经验、产品反馈以及材料更新等条件进一步加强自身的核心竞争力，使它在这些技术方面具有更加难以超越的竞争优势。

总体来说，企业的核心能力各有不同，是企业获取超额收益和保持企业竞争优势的关键，但这种竞争能力一定要通过制造程序物化到企业的最终产品中。核心竞争力理论不仅将企业竞争战略提高到新的层次（即为未来而竞争），还涉及管理者对技术体系的协调与整合、核心价值观的传递以及对跨组织边界工作的运用等其他能力。

二、战略意图

普拉哈拉德和哈默尔认为，战略意图就是一个雄心勃勃的宏伟梦想，它是企业的动力之源，能够为企业带来情感和智能上的双重能量，企业借此才能迈进未来的成功之旅。如果把企业的战略体系架构（即功能配置、竞争力获取、资源重组等具体措施）比喻为企业的大脑，那么战略意图则是企业的心脏。在很多情况下，企业当前的资源与能力不足以完成现在所面临的任务和挑战，但战略意图一定要表现出一种迎接未来挑战的气魄。例如，第二次世界大战后的日本百废待兴，许多日本公司提出要重振力量，逐渐占领全球市场。在当时的西方社会看来，不管从国家所拥有的资源上看，还是从公司的竞争能力上看，这些日本公司的战略意图都是极不现实的。但这种想要在经济领域获取领袖地位的战略意图影响了日本社会的各个阶层，使其在短短的十几年后就可以与西方公司在国际上竞争，进而在80年代成为全球市场的领袖。普拉哈拉德与哈默尔进一步指出，公司的竞争不仅要着眼于现在，更重要的是要放眼未来，争取在未来的竞争中获得优势，从而赢得公司的长远发展。但未来的竞争是一个多阶段的竞争，所以公司必须从三个层次全面入手：第一是寻找新的商机领域，并预测这一领域未来会出现的竞争；第二是调动资源，使这一领域的产业朝着有利于自己的方向发展；第三是在新领域出现后，尽快占据市场地位和市场份额。其中的关键，不是赶上对手，而是超越对手，成为产业的主导者，并且尽量成为规则的制定者，而不仅仅是执行者。

他们还指出，战略意图具有以下三个方面的属性：第一是方向感，即战略意图要为企业提供构建今后十年左右的市场和竞争地位的观点；二是发现感，即战略意图要能够在各种资源与能力中区分出可以着眼于未来的独特竞争能力；三是使命感，即战略意图要有一定的情感成分，能够让员工感知到其内在价值，并从内心深处为这一目标而努力。所以，对战略意图的使用要包括以下三个必要步骤：一是要在制定时充分考虑到方向感、发现感与使命感，使最终的意图全面包含这三个方面的属性；二是寻找和认定企业所要面临的适当挑战，并与全体员工对此展开沟通交流，使他们相信已制定的战略意图可以随时迎接挑战，把挑战转变成实现企业战略意图的手段和动力；三是要注重员工参与，管理者要在战略意图的执行过程中变传统的下行单向沟通方式为相互双向沟通方式，从企业内部不断获取新的思想和创意。

思想评论

哈默尔与普拉哈拉德的主要战略思想在于积极建立并发挥企业的核心竞争力。由于核心竞争力具有稀缺性和不易模仿性，因此研究核心竞争力实际上是将企业竞争优势的生成问题转化为维系竞争优势的问题，进而赋予企业可持续发展的基础。这也就是认清、维护和加强自身的核心竞争力是关系到企业未来存亡的原因所在。在具体的战略选择上，哈默尔与普拉哈拉德更是认为，概念上的创新要优先于技术上的创新，所以管理者应首先将创新的精神带入企业，帮助员工开拓思维，创造新的规则，确定新的发展方向，从而引导企业的未来进程。

75 金伟灿、勒妮·莫博涅

金伟灿（W. Chan Kim, 1952—　），韩国著名企业理论家，蓝海战略创始人之一，毕业于密歇根大学罗斯商学院。1992年移居法国，并任欧洲工商管理学院波士顿咨询公司布鲁斯·亨德森战略与国际管理教授。他还是位于枫丹白露的欧洲工商管理学院蓝海战略研究所主任、达沃斯世界经济论坛会员，获得过诺贝尔座谈会奖与埃尔德里奇·海恩斯奖。

勒妮·莫博涅（Renee Mauborgne），蓝海战略创始人之一，欧洲工商管理学院策略和管理学教授、杰出研究员。她是美国总统奥巴马在高教方面的顾问会委员，达沃斯世界经济论坛会员，并与金伟灿一起获得诺贝尔座谈会奖与埃尔德里奇·海恩斯奖。2012年，她入选世界最佳商学院教授50强。

二者于2005年合著的《蓝海战略》（Blue Ocean Strategy: How to Create Uncontested Market Space and Make the Competition Irrelevant）一书在世界范围内引起巨大反响，迄今为止已经被译为30多种文字，打破了哈佛商学院出版社有史以来出售国际版权的纪录。

关键词▶ 蓝海战略（blue ocean strategy）
价值创新（value innovation）
战略行动（strategic move）

金伟灿与莫博涅提出了蓝海战略。他们认为,企业不能总是靠与对手竞争来获得发展,而是要开创蓝海,即蕴含庞大需求的新市场空间,以走上增长之路。这种被称为"价值创新"的战略行动能够为企业和买方都创造价值的飞跃,使企业彻底甩脱竞争对手,并将市场中新的需求释放出来。

1. 蓝海战略的含义

通过对1880—2000年间的30多个产业、150次战略行动的研究,金伟灿和莫博涅提出了蓝海战略。他们认为,市场可已被分为红海和蓝海(见表75—1):红海代表已知的市场空间,蓝海代表未知的市场空间。企业如果要在未来的竞争中取得胜利,不能仅仅依靠在现在的市场上打败对手,还要开创具有庞大需求的新市场空间,从而走上获利性增长之路。所谓蓝海战略,就是要求企业从传统的市场竞争里跳出来,挖掘市场需求,重建市场和产业边界,开启新市场的战略。随着时间的推移和产业的发展,蓝海会不断地向红海转化。通常来说,蓝海是通过扩展已经存在的产业边界而形成的,但也有一些是在现有的红海领域之外创造出来的。

表75—1　　　　　　　　红海战略和蓝海战略的比较

红海战略	蓝海战略
在已经存在的市场内竞争	拓展非竞争性市场空间
参与竞争	规避竞争
争夺现有需求	创造并攫取新需求
遵循价值与成本互替定律	打破价值与成本互替定律
根据差异化或低成本的战略选择,把企业行为整合为一个体系	同时追求差异化和低成本,把企业行为整合为一个体系

2. 蓝海战略的主要内容

(1)理论基础。蓝海战略的理论基础是价值创新,在传统的红海中,企业必须有超过竞争对手的人力、资本等资源和合理的发展战略等软实力,才能攫取已知需求下的更大市场份额;而随着竞争日益激烈,市场空间会变得越来越拥挤,利润增长的前景也变得越来越困难。此时企业就需要进行价值创新,通过对顾客的差异化与细分之后得到新的市场,凭借创新能力获得更快的增长和更高的利润。

(2) 管理方法。蓝海战略承袭了前人的思路,提供了一套结构化的分析框架:首先,企业应通过一系列的规定动作完成对客户价值的排列组合,形成全新的业务战略;其次,企业要根据金伟灿与莫博涅提供的战略布局图、四步操作框架与四象限战略视觉图三个工具构成一个完整的战略制定与实施系统;最后,由于蓝海战略体系具有内在统一的以客户价值为核心的思维逻辑,企业需要对一线的员工进行培训,使其充分理解所要执行的战略,照顾好客户的利益,提高实施的效率和效果。

(3) 战略布局。构思蓝海的战略布局需要回答四个问题:第一,哪些被产业认定为理所当然的元素需要剔除?这一问题可以剔除在产品中已经不具有价值的元素。第二,哪些元素的含量可以被减少到产业标准之下?这个问题可以剔除现有产品或服务在功能上设计过头的元素。第三,哪些元素的含量应该被增加到产业标准之上?这个问题可以提高产品质量,赢得新的消费群体。第四,哪些产业从未有过的元素需要创造?这个问题可以帮助企业发现全新的价值源泉,进而使其创造新的需求,改变产业标准。

3. 蓝海战略的基本原则

金伟灿和莫博涅为蓝海战略制定了六项基本原则,包括四项战略制定原则和两项战略执行原则:

(1) 重建市场边界。重建市场边界包括六个步骤:第一,想要创建蓝海的企业需要先关注自身所在产业的边界在哪里,技术发展到了哪一步;第二,企业需要通过产业边界中不同的战略集团观察市场,找出用户哪些需求还没有被满足;第三,蓝海战略要求企业重新界定买方群体,这里的群体不仅包括买方,还包括产品最终的使用者与可能对产品销售施加影响的利益集团;第四,企业不能像在红海那样使用与他人雷同的服务方式,而应该发现顾客在使用产品之前、之中与之后的不同需要,扩宽服务范围,提高顾客满意度;第六,企业在对现有市场进行反馈调查后,需要将未来的产品或服务的质量提高到感情层面,从内心深处打动顾客;第六,企业在重建市场边界时,需要关注外部环境与潮流,尽可能顺着社会大趋势达到自身的目的。

(2) 注重全局结构。企业在制定蓝海战略时,要有客观、充分的数据分析报告，还要更加注重宏观上的结构。在这一过程中，管理者可以通过战略布局图的形式，将自身企业在市场中现有的战略定位以视觉形式表现出来，开发组织中各类人员的创造性，听取多方意见，避免被数字误导，也避免战略的片面化。

（3）超越现有需求。金伟灿与莫博涅定义了一个新的客户群体——"非顾客"，这种顾客可以分为三类：第一类是徘徊在企业边界的边缘顾客，他们只是在最低限度地使用现有的产品和服务，如果有了新的选择就会马上离开；第二类是有意回避市场的咀嚼性顾客，他们认为市场上现有的产品或服务已经完全超出了自身的承受能力，所以不去关注，也不去使用；第三类是远离市场的未知型顾客，他们完全与现有的市场没有交集，也没有对此市场的需求。在红海中，企业为了增加自己的市场份额，只需要努力保留和拓展现有顾客；然而，要想使创建的蓝海规模最大化，企业不应只把视线集中于顾客，还需要着重关注上述三类"非顾客"，寻找买方的共同点，将共同点置于差异点之前，创造出尽可能多的消费群体。

（4）遵循战略顺序。对于消费者而言，产品或服务的效用是排在第一位的，其次才是价格。所以，企业也要遵循这样的顺序进行思考，以确保蓝海战略的合理性与执行时的适用性。

（5）克服关键障碍。在实施蓝海战略前，管理者通常会面临四项障碍：一是认知障碍，例如有些组织沉迷于现状，不思进取；二是资源障碍，每一个企业的资源都是有限的，而这种有限性会阻碍战略的执行；三是动力障碍，即在组织中缺乏有干劲的员工；四是政治障碍，因为任何形式的变革都会引起强大的既得利益者的反对。金伟灿与莫博涅建议管理者使用引爆点领导法，即在任何组织中，当愿意行动的员工达到临界规模的人数时，组织就会发生根本性的变化。当组织产生根本性的变化时，障碍就会被清除。

（6）提倡战略执行。在执行蓝海战略时，企业需要创造一种充满信任和忠诚的文化来鼓舞人们认同战略，使员工从根本上转变自身的态度与行为。但是通常来说，当人们被要求走出习惯范围，改变原本的工作方式时，他们会产生恐慌的情绪，并猜测这种变化背后的真正原因是什么，所以将新战略硬塞给基层的执行员工必定会引起其反感。所以，管理者要将战略执行变为战略本身的一个部分,在宣传战略时就使员工充分了解到日后的执行方式,这样才能给员工以安全感与公平感,从基层建立起员工对组织的信任度与忠诚度。

值得注意的是,蓝海战略并非适用于所有企业,企业必须先对自身情况加以分析,再进行战略选择。事实上,最高明的竞争策略是将红海与蓝海相结合,一方面引领行业发展,充分获得利润,另一方面凭借蓝海战略加强竞争优势,维护自身的利益和地位。

思想评论

在过度拥挤的产业市场中,企业之间硬碰硬的竞争常常使其陷入血腥的红海,而这种在竞争激烈的已知市场空间中与对手争抢的做法并不会使企业获得巨额的利润。金伟灿与莫博涅的蓝海理论为企业摆脱竞争提供了一套系统性的方法,供企业成功地开创和夺取全新的市场。这一颠覆性思想在很大程度上反映了在当今的商业现实和竞争态势下,全球企业界对寻求新的战略手段以实现获利性增长的强烈渴望,也为企业的生存发展指出了新的方向。

76 罗伯特·塞缪尔·卡普兰、戴维·诺顿

罗伯特·塞缪尔·卡普兰（Robert Samuel Kaplan, 1940— ），哈佛商学院领导力发展荣誉教授，平衡计分卡创始人之一。获得麻省理工学院的电子工程学士和硕士学位，康奈尔大学的运营研究博士学位。毕业后在卡内基梅隆大学任教，1977—1983年任卡内基梅隆大学商学院院长。1984年，卡普兰进入哈佛大学，并先后于1994年、2006年与2008年获得斯图加特大学、罗兹大学与滑铁卢大学的荣誉博士学位。他还是美国平衡计分卡协会主席与复兴全球战略集团董事。

戴维·诺顿（David Norton, 1941— ），平衡计分卡创始人之一，复兴全球战略集团创始人之一，诺兰诺顿公司董事长。先后在伍斯特理工学院、佛罗里达科技大学、佛罗里达州立大学与哈佛大学获得电子工程学学士学位、运筹学硕士学位、工商管理硕士学位与企业管理博士学位。现任平衡计分卡协会主席兼首席执行官。

1992年，二者合著的《平衡计分卡：驱动业绩的衡量体系》(The Balanced Scorecard: Measures that Drive Performance) 出版，第一次详细介绍了平衡计分卡的概念，迄今为止世界500强中已经有70%使用了平衡计分卡系统。

关键词▶ 平衡计分卡 (balanced scorecard, BSC)
战略地图 (strategy maps)

绩效管理（performance management）
战略中心型组织（strategy-focused organization）

20世纪90年代以来，信息技术的出现和全球市场的开放改变了现代企业经营的基本前提，价值创造模式已经从依靠有形资产转变为依靠无形资产，知识作为一种新型资本的重要地位日益凸显。而这种关注无形资产价值创造机制的新环境要求企业建立新的绩效评价系统，以辨认、描述、监控和反馈那些驱动企业组织成功的各种无形资产的能力。在此背景下，卡普兰与诺顿在1990年带领一个研究小组对12家公司进行了为期一年的研究，创造出了一种新的绩效评价工具——平衡计分卡。平衡计分卡是一套完整的理论体系，其本质是通过以战略为管理核心实现组织整体协同，从而提升战略执行力的管理体系，包括战略地图和狭义的平衡计分卡（与战略地图相并列的一种管理表格）。

一、战略地图

战略地图包括组织的使命、核心价值观、愿景和战略，以及财务层面、客户层面、内部业务流程层面以及学习与成长层面四个层面组成的逻辑体系。其中，使命是组织存在的核心目的，反映了组织存在的理由，能够指导和激励员工；核心价值观是指导组织决策和行动的永恒原则，反映了企业组织深层的信仰，并在全体员工的工作与行动中表现出来；愿景是人们对组织未来的期望、发展蓝图和预期目标，描绘了组织在未来五年、十年甚至更长时间里想达到的状态；战略是组织在认识其经营环境和实现使命的过程中，为了达到愿景而接受的优先发展方向，是平衡计分卡的核心。有效的战略制定过程可以帮助企业找到不同于竞争对手的、为客户创造价值的方法，为企业获取大量利润打下基础。

在使命、核心价值观、愿景以及战略的下方，是战略地图的四个具体层面（见图76—1）。

1. 财务层面

财务层面的最终目标是提高长期股东价值。通常来说，企业的财务业

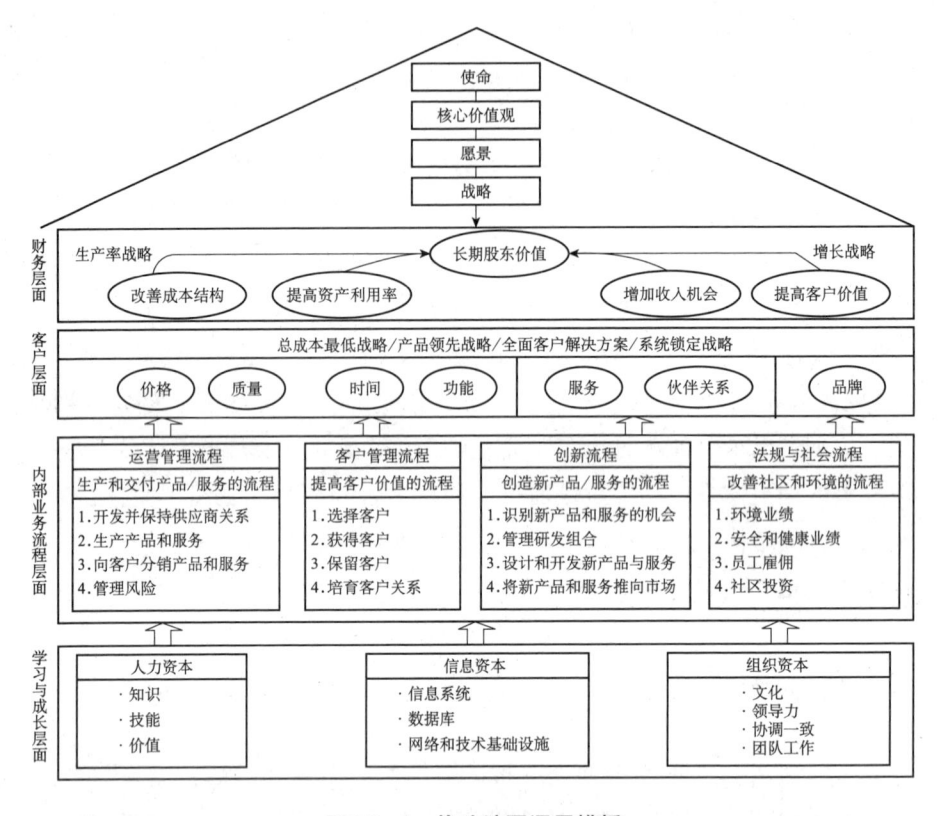

图76—1 战略地图通用模板

绩可以根据收入的增长与生产率的改进来提高，而二者都有两种实现途径。对于收入增长来说，一是提高客户价值，即加深与现有客户的关系，对其销售更多的产品和服务；二是增加收入机会，即企业进入新的市场或发展新的客户。对于生产率改进来说，一是改善成本结构；二是提高资产利用率。出于向股东显示财务成果的压力，企业倾向于支持短期行动而非长期行动，但平衡计分卡的财务层面包括收入增长这一长期目标与提高生产率这一短期目标，可以使企业在具体的财务指标制定上保持平衡。

2. 客户层面

客户层面包括衡量客户成功的滞后指标，如客户满意度、客户保持率、客户获得率、客户获利率、市场份额、客户份额等。但是只是使客户满意并保留客户几乎不可能成为战略，因为收入增长需要特殊的客户价值主张。所以，企业应当关注的是目标客户而不是所有客户的满意度和保持率。在明确目标客户之后，企业应当明确如何为目标客户创造差异化、可持续的价值，即通过确定目标和指标来反映它想要提供的价值主张。卡普兰和诺顿共总结了四种通用的价值主张，即四种不同的竞争战略。

（1）总成本最低战略。实行总成本最低战略的企业，如西南航空、丰田、戴尔、沃尔玛等，为客户提供高竞争性价格、稳定的质量、快速购买和良好的产品选择。竞争性价格是总成本最低战略的显著特征，同时其产品质量也要保证可靠，最后还要努力缩短购买和收到产品及服务的时间。虽然总成本最低战略可以为客户提供的选择存在局限，但却能满足大部分目标客户的需要。

（2）产品领先战略。实行产品领先战略的企业，如索尼、奔驰和英特尔，强调产品创新和产品领先。产品领先战略的价值主张强调为客户所看重并愿意支付更高价格的特征和功能。这个价值主张的战略目标包括突出的表现以及比竞争对手产品优越的速度、准确性、尺寸或能耗等。产品领先公司强调首先进入市场，这样企业就可以对那些重视该产品独特功能的早期使用者定出高价。

（3）全面客户解决方案。全面客户解决方案的价值主张强调建立与客户的长期关系，为客户提供最好的全面解决方案，提供客户化的、满足他们需要的产品和服务。在这种价值主张下，客户感觉企业会理解他们的业务或个人事务，相信企业会开发适合于他们的客户化解决方案。坚持全面客户解决方案战略的企业，其目标涉及解决方案的全面性（销售多个捆绑在一起的产品和服务）、额外服务（售前和售后）和客户关系质量。企业一旦获得新客户，就必须通过诸如加深客户关系、围绕多种相关产品和服务的销售来拓宽客户关系等方法来留住客户。实施这一战略最突出的例子是20世纪60年代到80年代的IBM公司，其没有提供最低的价格，也没有及时推出新产品，并且产品也不具有最优的技术、最大的功用和最快的特征。但是IBM为客户提供了最好的信息技术服务，以及人性化的全面解决方案（包括硬件、软件、安装、现场服务、培训、教育和咨询等）。

（4）系统锁定战略。20世纪90年代，以信息技术为基础的"新经济"的发展使锁定战略得以流行。实行锁定战略的企业为客户创造较高的转换成本，从而产生长期的可持续性价值。例如，选择通过 eBay 以外的拍卖服务购买或销售产品的客户，会丧失大批仅通过 eBay 拍卖服务的买主和卖主；试图把微软 Windows 兼容计算机换为苹果麦金托什机的客户，就无法使用许多仅能在 Windows 操作系统下运行的程序。系统锁定战略要求竞争者不能模仿核心产品，因为该核心产品拥有合法保护和复杂结构及持续升级的秘密。

特定价值主张的目标和指标定义了企业的战略。通过开发特定价值主张的目标和指标，企业可以将战略转化为使所有员工都能理解，并通过努力工作来改善的有形指标。

3. 内部业务流程层面

当企业对财务和客户的目标有了清晰的战略判断后，就要通过内部业务流程层面来实施与贯彻，具体可以分为四个部分：一是运营管理流程，即开发与保持供应商关系、控制生产风险等关于生产的具体活动；二是客户管理流程，即选择客户、获得客户、保留客户、培育客户关系等关于客户的活动；三是创新流程，即识别新市场、设计新产品、管理研发小组等关于开发的活动；四是法规与社会流程，即遵纪守法、满足社会期望、建立公众形象等提高企业声望的活动。

4. 学习与成长层面

最后一个学习与成长层面描述了组织的无形资产及其在战略中的作用。无形资产分为人力资本、信息资本与组织资本三类，包括专利、版权、员工知识、领导力、信息系统和工艺流程等不同的项目，其价值来自帮助企业实施战略的能力，而不是源于它们的开发成本，所以不可能独立地衡量。

二、平衡计分卡

狭义的平衡计分卡是一个有效的管理工具，主要功能是将战略地图财务、客户、内部业务流程以及学习与成长四个层面的目标转化为衡量指标和目标值，并制定行动方案和预算计划。需要特别注意的是，战略地图所制定的目标与平衡计分卡中的目标需要完全保持一致，这是平衡计分卡体系化战略为行动的重要体现。

平衡计分卡的表现形式是一张二维的表格，纵向是财务、客户、内部业务流程、学习与成长四个层面，横向是目标、指标、目标值、行动方案和预算。在纵向上，四个层面及其目标之间的因果关系与战略地图是一致的；在横向上，目标、指标、目标值、行动方案和预算之间则形成推导关系。具体来说，目标是战略与绩效指标之间的桥梁，它说明了战略期望达成什么，即要想实现战略在各层面中要做好哪些事情；指标则紧随目标，用以衡量该目标的实现程度；目标值是针对指标而言的，说明了该目标在特定指标上的期望绩效水平；行动方案说明了怎么做才能实现预定的战略目标，制定行动方案要综合考虑目标、指标和目标值；预算则说明了实施行动方案所需的人、财、物等资源。由于指标是由目标推导出来的，而目标之间具有因果关系，因此指标之间也形成了一定的关联关系。从整体上看，平衡计分卡的逻辑关系呈现为一个由纵向因果关系、横向推导关系以及指标关联关系构成的网状结构（见图76—2）。

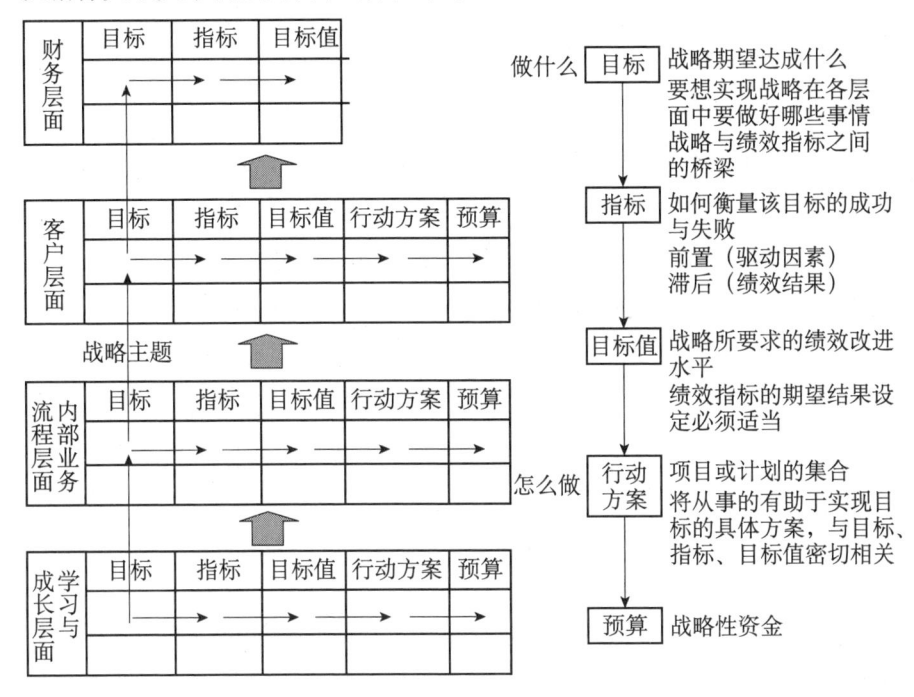

图76—2 平衡计分卡的基本框架及逻辑关系

三、基于平衡计分卡的战略管理流程

在平衡计分卡的基础上,卡普兰与诺顿进一步开发出分为六个阶段的战略管理流程(见图76—3):

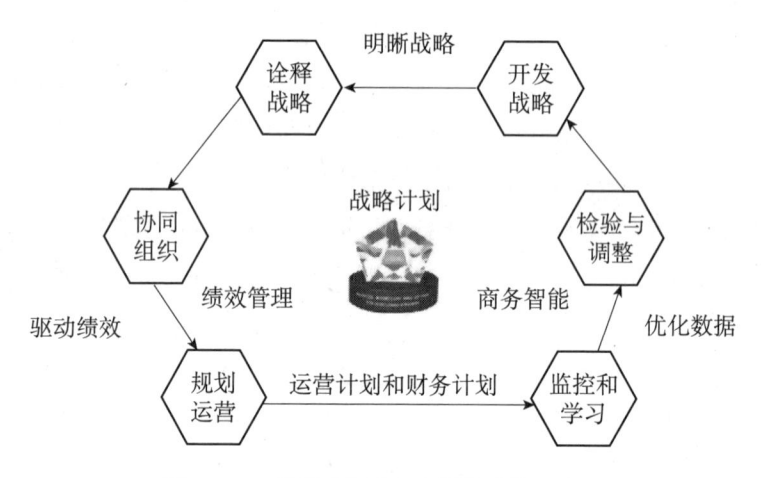

图76—3　基于平衡计分卡的战略管理流程

(1) 开发战略。在开发战略阶段,组织应该解决三个问题:一是明确使命、价值观和愿景;二是开展战略分析,以审视内外部环境,了解对组织的竞争和运营将会产生影响的各种因素;三是制定战略。

(2) 诠释战略。在诠释战略阶段,组织应该解决五个方面的问题:一是开发战略地图;二是确定和选择指标;三是确定目标值和行动方案;四是提供预算和建立责任机制;五是建立主题团队。

(3) 协同组织。在协同过程中,组织要解决三个问题:一是明确协同的顺序和查验点;二是协同组织总部与业务单元;三是协同业务单元与支持单元。

(4) 规划运营。在规划运营过程中,组织要解决两个问题:一是改进关键流程;二是制定运营计划。

(5) 监控和学习。组织应该通过召开运营回顾会议审视部门和职能单元的绩效情况并找出存在的问题;同时,召开战略回顾会议,讨论各单元平衡计分卡上的指标和行动方案,评估战略执行的进程和障碍。

（6）检验与调整。除了经常性的运营和战略回顾会议，组织还需要单独召开战略检验与调整会议，以检测基本战略假设是否依然有效，进而适时进行调整。

思想评论

平衡计分卡自其诞生之日起就显现出了强大的生命力，被《哈佛商业评论》誉为"75年来最具影响力的战略管理工具之一"。它既弥补了传统财务评价系统的不足，又为组织发展提供了新的管理平台。平衡计分卡始终强调以战略为中心，重视协调一致和保持有效平衡，为组织化战略为行动提供了全面、系统的可操作工具。鉴于平衡计分卡在理念和工具上的先进性，很多公共部门也尝试将其引入各自的战略性绩效管理体系中，并取得了不同程度的成功。

77 彼得·迈克尔·圣吉

彼得·迈克尔·圣吉（Peter Michael Senge, 1947—　），麻省理工学院斯隆商学院资深教授，国际组织学习协会创始人及主席，出生于加利福尼亚州斯坦福。1970年获得斯坦福大学的航空工程学学士学位，1972年获得麻省理工学院的社会系统模型塑造硕士学位，1978年获得麻省理工学院的管理学博士学位。拿到博士学位后，圣吉留在斯隆商学院任教。1991年，与沙因、戴明等大师级教授和一些著名企业家共同发起成立了麻省理工学院组织化学习中心，将系统动力学、组织学习、创造原理、认知科学与模拟演练游戏相结合，发展出一种成熟的学习型组织的蓝图。

1990年，圣吉的代表作《第五项修炼：学习型组织的艺术与实务》（The Fifth Discipline: The Art and Practice of the Learning Organization）出版，连续三年荣登全美畅销书榜首，并荣获世界企业学会最高荣誉的开拓者奖。此外，他还著有《第五项修炼实用手册：建立学习型组织的战略和工具》（The Fifth Discipline Field Book: Strategy and Tools for Building a Learning Organization）与《变革之舞》（The Dance for Change）。

关键词▶ 学习型组织（the learning organization）
第五项修炼（the fifth discipline）
自我超越（personal mastery）
心智模式（mental models）

共同愿景（shared vision）

团队学习（team learning）

系统思考（system thinking）

圣吉提出了"学习型组织"的概念，列举了局限思考、归罪于外、缺乏主动、不务正业等四项降低组织学习效率和阻碍组织发展的"学习障碍"。同时，他还提出了不断自我超越、改善心智模式、建立共同愿景、进行系统思考、加强团队学习等五项修炼技能，为管理者提供了解决学习障碍的工具。

一、学习型组织

圣吉认为，学习是人的一种天性，因为一个人的绝大多数行为、知识和能力，并非其天生的本能，而是后天学习得来的。在社会还处于贫困落后的情况下，人们追求的主要是物质财富，而工作是获得财富的手段，所以工作观是工具性的。随着社会的发展，人们开始变得富裕起来，这时就要开始追求精神层面的满足，实现自身的价值，而这就要通过不断的学习来获取知识和动力。对于一个组织来说，如果可以保持不断的进步与学习，这一组织便可以称为学习型组织，其组织目标也会得到最大限度的实现。但成为学习型组织并不是一件容易的事情：圣吉发现，1970年在《财富》杂志中名列500强的大公司到了20世纪80年代已经有1/3销声匿迹了。而阻碍这些组织学习与成长的原因，就是组织中存在的四项学习障碍：

（1）局限思考。在绝大多数组织中，员工们只是了解自己天天在做什么工作，了解各部门的职能，但很少有人能从宏观的视角真正理解企业的目标，这就导致了组织成员在视野上的狭隘性与思考上的局限性。而现代组织中有着专业化分工的要求，迫使管理者将组织功能进行切割，更加深了这种局限思考的程度。

（2）归罪于外。从某种程度上说，同局限思考一样，归罪于外也是部门专业化的结果。我们经常可以看到这样的情况，销售部门认为产品销量低是因为产品品质差,所以应该责怪制造部门;制造部门认为产品品质差是因为设计上出了问题,所以应该责怪设计部门;而设计部门认为产品设计的问题是由于销售部门的干扰,所以又回头责怪销售部门……这种职业化的互相推诿就是归罪于外的表现,会严重降低组织学习的兴趣。

(3)缺乏主动。许多管理者在面对困难时,经常担起责任,积极处理。但在圣吉看来,这些管理者还需要在工作中具备富有前瞻性的主动态度,即在问题出现之前就对其加以发现与解决。许多公司的最终失败,都是源于对缓缓而来的致命威胁视而不见,而在问题真正出现后,已经无法找到有效的解决办法。所以,组织成员要主动关注组织变化中缓慢、渐进的过程,有时甚至要放慢认知变化的步调,以此来加强主动性的培养。

(4)不务正业。有许多企业中的管理人员经常把时间花在争权夺利、拉帮结派等事情上面,而分散了对工作的注意力。在圣吉眼中,这就是学习障碍中的最后一项——不务正业。长此以往,组织的团结程度会不断降低,进而影响工作效率与学习状态。

为了使得组织早日变为学习型组织,早日实现自身目标,管理者要带头发现组织中存在的障碍类型,并采取手段来改变它们。

二、五项修炼

在1990年出版的《第五项修炼:学习型组织的艺术与实务》一书中,圣吉提出了被称为"五项修炼"的五种方法,从宏观上帮助组织解决学习障碍:

(1)不断自我超越。自我超越就是要不断认清客观现实,根据已有的条件提高自身的各项素质。圣吉认为,只有不断地进行学习与观察,人们才能清醒地认识到自身与客观现实的差距,而这种差距反过来又会激励人们进一步学习。这里所提到的学习是人们为了得到想要的结果或做成重要的事情而改变自身的过程,是一种真正的终身学习。由于组织整体对学习的意愿与能力根植于各成员对于学习的意愿与能力,因此在招募人员时要尽量选出可以不断进行自我超越的员工。

(2)改善心智模式。心智模式是根深蒂固的,影响我们了解世界的方式，以及采取行动的各种假设与思维等。人们通常不易察觉自己的心智模式，以及它对行为的影响，所以在管理活动中，如果一个人无法掌握市场的契机和推行组织中的变革，很可能是因为这些变革与他心中隐藏的、强而有力的心智模式相抵触。所以，管理者一定要充分宣传组织中起推动作用的价值观和原则，以此来从根本上指导员工的行为。

（3）建立共同愿景。共同愿景是组织中人们所共同持有的意愿，常常由组织中的伟大领袖创造，或由一些共同危机激发。在创造共同愿景的过程中，管理者一定要使个人愿景与之相吻合，以此来保障共同愿景的实现基础。

（4）加强团队学习。团队学习是发展团队成员整体搭配与实现共同目标能力的过程。由于团队拥有整体搭配与协调的能力，因此团体在学习时，不仅可以使组织整体产生出色的成果，个别成员成长的速度也会比其他学习方式更快。圣吉提出了两种加强团队学习的方法：深度会谈和讨论。在进行深度会谈或讨论时，团队的所有成员都说出自己的建议，让想法自由交流，以发现个人内心深处的见解。

（5）进行系统思考。系统思考是抛开部门成见，从组织整体上对未来发展思考的过程。圣吉认为，只有全面地考虑组织中存在的问题后，才能系统地抓住问题的本质，从而从根本上解决问题。在五项修炼中，系统思考的地位要远远高于前四项修炼，因为要使组织行为有效、完整且长远，就必须站在整体的角度上纵观全局，才能看见内外部环境的发展和关联。

圣吉的五项修炼，突破了传统对于组织学习的静态思考状态，批评了以往只在表面起推动作用的方法，而是真正地从改善心智模式和内因驱动出发，真正地把团队和个人的愿景充分结合起来，实现终身学习。如果说前四项修炼只是升华前的积累，那么只有通过第五项修炼，组织才能厚积薄发，变为真正的学习型组织。

思想评论

在圣吉之前，许多管理学者都是用西方传统的片段思考方式看待企业，将企业管理切割成各种功能模块来加以分析。而圣吉突破了原有的模式，以系统思考代替机械思考，以整体思考代替片段思考，以动态思考代替静态思考，使管理者可以了解与分辨影响组织学习与成长的障碍，并用五项修炼的方法帮助管理者解决存在的障碍，进而提高组织的"群体智力"，使组织实现长远的发展。

78 梅雷迪思·贝尔宾

梅雷迪思·贝尔宾（Meredith Belbin, 1926—　），英国著名管理学者，团队工作理论的先驱，被誉为"团队角色理论之父"。1945年进入剑桥大学卡莱尔学院就读，学习古典文学，后又转为心理学，并取得博士学位。毕业后担任剑桥大学产业培训组组长、就业发展所主任、管理研究协会资深会员，并在克兰菲尔德管理学院担任荣誉院士，研究年长者在工业企业中的工作状况。他还为经济合作与发展组织、美国劳工部、欧洲联盟以及多家大型企业及公共组织提供决策咨询。1988年，创立贝尔宾协会，研究组织互联空间——一种以计算机为基础的人力资源管理系统。其代表作有1981年出版的《团队管理：他们为什么成功或失败》(Management Teams: Why They Succeed or Fail)、1993年出版的《团队的工作作用》(Teams Role at Work)与2000年出版的《超越团队》(Beyond the Team)。

关键词▶ 团队角色（team roles）
超个体（superorganism）

贝尔宾提出了团队角色理论与超个体的工作组织形式。在团队角色理论中，贝尔宾分析了一支结构合理的团队所应具有的九种不同角色，为组织中的团队建设提供了明确的指导。他提出的超个体的工作组织形式则帮助组织实现了如何在一个广阔范围内的不同水平上和谐地运作。

一、团队角色理论

1981年,贝尔宾提出了著名的团队角色理论,他认为一支结构合理的团队应该由八种角色组成;1988年他又在这八种角色的基础上增加了"技术专家"的角色定位,由此形成了"贝尔宾团队九角色模型",并按照行为、思考与人事三种分类方法对这九种角色进行了阐述。

1. 以行为分类

(1) 推进者(shaper)。推进者是指那些具有大量精力和迫切追求功名的人。通常来说,他们是具有强烈进取心的性格外向者,喜欢挑战其他人,喜欢领导和驱动其他人行动,如果遇到障碍则会主动找到出路,倾向于对任何形式的失望和挫折表达强烈的情绪反应,是团队中最具有竞争力的群体。由于推进者注重行动并能在压力下不断进取,因此他们通常会是非常胜任的管理者,可以给团队注入活力,并且在发生复杂情况时发挥重要作用。

(2) 执行者(implementer)。执行者是指那些对团队与组织忠诚,对个人追求不太关心的人。他们常常具有实践的常识、良好的自我控制能力和严格的纪律观念,喜欢刻苦工作并且以系统的方式解决问题。由于可靠和拥有执行力,执行者对一个团队来说非常重要,好的执行者常常会在解决必要任务时不断地学习到新的组织能力,从而晋升到高级管理者的职位。但是,许多执行者缺乏工作的主动性,而且人际关系恶劣。

(3) 完美主义者(completer finisher)。完美主义者是指那些具有很强的坚持能力和注重细节的人。在工作中,他们表面上不会流露出激动或紧张的情绪,但实际上常常被内心的焦虑驱动,倾向于自己完成所有的任务,对作出草率部署的人无法容忍。在组织中,完美主义者适合去做需要精力高度集中和精确性的任务。

2. 以思考分类

(1) 智多星(plant)。智多星是指那些在改革和发明方面具有天赋的人,他们具有高度的创造性,提供组织重大发展时所需要的创意和观点,喜欢运用想象力且以非传统的方式来工作，对批评和赞扬反应强烈。通常来说，在一个项目处于初始阶段或进展失败时，组织需要智多星来提出方案，解决问题。但是，虽然这一类人聪明、独立，却不善于与他人交流不同的观点，当一个团队内有太多的智多星时，很可能出现负面效应。

（2）技术专家（specialist）。技术专家是指那些具有技术技巧和专业知识的个人。他们坚持专业的标准，推进自身所擅长领域的发展。在发展中，技术专家有可能走向管理道路，为需要技术支持的部门或项目提供条件，并在重大决定上依据自身经验与技能作出决策。在许多团队中，技术专家是不可或缺的；但如果其只关注自身领域的话，就难以成为组织内一流的专家。

（3）监控者（monitor evaluator）。监控者是指那些常常进行严肃思考、不受过度兴奋影响、比较谨慎的个人。他们通常具有非常完善的逻辑推理能力，具有将所有因素考虑周全的判断能力，不会在问题没有完全思考清楚之前作出结论。在组织中，监控者最适合分析问题、评估他人的观点和建议。在许多旁观者看来，监控者令人厌烦，过分苛刻，缺乏领导能力；然而，好的监控者几乎不会出错，并且占据着大多数组织中的高级职位。

3. 以人事分类

（1）协调者（coordinator）。协调者是指那些具有使其他人朝着共同目标努力工作的能力的人。在与他人打交道的过程中，他们能迅速发现他人的才能，并可以运用他人的这种才能来完成组织的目标。所以，当组织需要管理具有各种不同技能或个性特征的团队时，协调者可以发挥很大的作用；在处理相近或相等阶层的同事关系上，他们会比直接的上下级关系处理得更好。由于协调者倾向于温和地处理问题，并具有全局性的视野，因此他们虽然不一定是团队里最聪明的成员，但通常都会受到各级成员的尊敬。

（2）凝聚者（team worker）。凝聚者是指那些为团队中其他成员提供支持的成员。他们温和、友善地对待他人，具有对不同环境和不同人员的适应与调整能力。通常来说，凝聚者可以成为紧靠一线的中层管理者，因为他们乐于倾听，受人欢迎，对人没有威胁，可以防止团队内出现个人之间的矛盾，对组织可以起到润滑的作用。

（3）信息者（resource investigator）。信息者是指那些热心的、机灵的性格外向者。他们善于与团队内和团队外的人沟通交流，是天然的调查者，善于发掘新的机会和发展新的联系。由于天生的外向型性格，信息者非常善于社交活动，善于收集和报告团队外的观点和资源，是组织内建立和维持对外联络与对外协商的最佳人选。

二、超个体组织

在提出"贝尔宾团队九角色模型"后，贝尔宾又在2000年出版的《超越团队》一书中，根据对昆虫的研究提出了一种典型的工作组织——超个体组织。他指出，当人们作为个体或在小团体中工作的时候，他们所承担的角色可以通过讨论或交易表现出来，所以依靠在系统内的适当调整，就可以使工作得到处理；而当工作被置于更大的人口密度和编队中时，便会产生另一个问题，即各个角色之间为了争夺尊卑次序，其角色特征必然会受到很大的影响。因此，传统的静态组织结构在现代社会中越来越难以适应，如果要想实现更远大的目标，并进一步提高系统中工作角色的生产效率和个人回报，那么就一定要对组织结构加以改变。

贝尔宾认为，像蚂蚁、蜜蜂之类的昆虫在地球上已经存在了至少几千万年，按照优胜劣汰的自然法则，其谋求生存的集体运作机制经过了历史与自然的重重检验，必然有着可取之处。他发现，大多数昆虫整体组织的稳定性，都要通过一种使其组成部分既可以自治又可以合作制约的机制来维持。以蚂蚁为例，为了使组织整体得以维持与生存，蚁群不仅要具有非常有效的沟通通信系统和机制，还要有严格的个体角色分配管理体制。与人类不同的是，蚂蚁并没有等级划分，而是采用一种互惠的利他主义（reciprocal altruism）模式，使各个个体在一个广阔范围内的不同水平上和谐运作，这就是一种超个体的组织。事实上，不论是人类还是动植物，组织的意义就在于集中每个个体的资源，发挥各个个体的优势，从而创造出更大的价值。蚂蚁这种互惠的利他主义的逻辑在于：如果每一个个体都是以有利于其他成员的方式行动，群体组织最终将会获得巨大的利益；而有了组织的保护，每个个体也能分到远大于自身单独可获得的利益。与蚂蚁群体相类似的是，在现代社会中，传统的多层级制度已经在许多领域变得僵化，效率低下，如果我们也可以在这些领域充分运用超个体组织的原理，必然会带来行业与社会的整体进步。

思想评论

贝尔宾团队角色理论充分解释了群体中的个体与其他个体是如何分工合作的。个体在群体中扮演一定的角色，并且按照角色的规范行动；而在不同规模的群体中，个体的角色功能需求又很不相同。在一个团队中，角色种类越多，团队的人事结构就越平衡，组织就越容易取得成功。此外，贝尔宾提出的超个体组织，更是为我们在信息革命到来的情况下，如何进行组织结构设计提供了良好的理论支撑。

79 戴夫·尤里奇

戴夫·尤里奇（Dave Ulrich, 1953— ），美国人力资源管理领域大师，美国国家人力资源学院院士，密歇根人力资源联盟创始人之一，出生在内华达州伊利市，在杨百翰大学获得学士学位与硕士学位，在加利福尼亚大学洛杉矶分校获得博士学位。尤里奇从1982年开始在密歇根大学罗斯商学院任教，与其他专家共同主持该校"人力资源高级经理培训"课程。从1990年以来，该课程一直被《商业周刊》、《华尔街日报》和《财富》杂志评为行业内排名第一的课程。他还曾任《人力资源管理》杂志主编，并供职于四个其他专业期刊的编辑委员会。

由于在人力资源管理领域贡献卓著，尤里奇获得过诸多荣誉。例如，1997年获得国际人事管理协会颁发的 Warner W. Stockberger 成就奖；1998年获得人力资源管理协会颁发的专业知识领导力终身成就卓越奖；2010年获得诺贝尔座谈会奖。代表作有1996出版的《人力资源教程》（Human Resource Champions）、1997年出版的《人力资源管理的未来》（Tomorrow's HR Management：48 Thought Leaders Call for Change）与1998年出版的《人力资源管理新政》（Delivering Results：A New Mandate for Human Resource Professionals）。

关键词▶ 人力资源管理角色 (the role of human resource management)
人力资本开发者 (human capital developer)
战略伙伴 (strategic partner)

尤里奇认为，传统的人力资源角色在社会变革的大背景下急需改变。他重新定义了人力资源管理的四种角色，推动了人力资源管理者观念的转变，使人力资源管理人员认识到了自身的更大价值，并促使其朝更加专业化的方向发展。

1. 人力资源管理的转变

尤里奇认为，21世纪企业将面临"非连贯性"的新竞争环境，包括锐不可当的经济全球化趋势、飞速发展的技术变革和创新以及迅速变化的差异化顾客需求等。在这种"非连贯性"的新竞争环境中，企业传统上所具备的任何竞争优势，如资金优势、规模经济、地方政府垄断等都只能是一时的、短暂的优势。当前，企业之间的竞争已转向知识和科技的竞争，而这种竞争从根本上讲是人才的竞争。竞争对手可以模仿企业的资金渠道、战略和技术，却不能模仿企业中的人，因此管理者需要将人力资源管理提升到战略高度，快速构筑自身的人力资源竞争力，对人力资源的职责、作用、角色、技能进行动态的思考，以实现其价值的创造功能，并建立企业的持续竞争优势。为了迎接这样的挑战，企业人力资源管理者不再只是从事传统的企业人力资源管理工作，其角色也逐渐处于转变之中，具体如表79—1所示。

表79—1　　　　　　　　　人力资源管理者的角色转变

传统人力资源管理者角色	当代人力资源管理者角色
职能型	战略型
质	量
管制	协助
短期	长期
行政	咨询
以运作为重点	以经营为重点
面向内部	面向外部和顾客
被动反应	主动出击
行为型	解决问题型

2. 人力资源管理的基本角色

在1996年出版的《人力资源教程》一书中，尤里奇指出，作为企业获取竞争力的帮手，人力资源管理应更注重工作的产出，而不是致力于所从事的工作和行为。根据人力资源管理者工作的方向和行为（方向是从长期到短期，从战略性到操作性；行为是从管理流程到管理人），他归纳了人力资源管理的四个基本角色，分别是管理战略性人力资源、管理组织的机制机构、管理员工的贡献度、管理转型和变化（见图79—1）。在此基础上，尤里奇根据每个角色的结果对应的有效产出、形象化比喻和行为定义了人力资源业务伙伴（HR business partner，HRBP）的角色（见表79—2）。

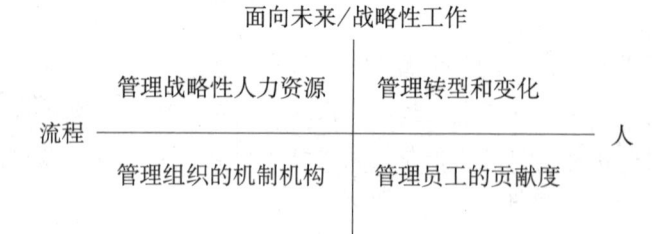

```
                   面向未来/战略性工作

        管理战略性人力资源    管理转型和变化
流程 ─────────────────────────────────── 人
        管理组织的机制机构    管理员工的贡献度

                   面向日常/操作性工作
```

图79—1　人力资源管理的多重角色模型

表79—2　　　　　　　　　人力资源业务伙伴的角色

角色/区分	有效的产出/结果	形象化比喻	行为
管理战略性人力资源	实施战略	战略伙伴	把人力资源和经营战略结合起来
管理组织的机制机构	建立有效的机制机构	行政专家	组织流程的再造：共享的服务项目
管理员工的贡献度	提高员工的能力和参与度	员工激励者	倾听并对员工的意见作出反应：为员工提供所需资源
管理转型和变化	创建一个崭新的组织	变革推动者	管理转型和变化：保证应变的能力

在上述四个角色中：战略伙伴会把人力资源的战略、行为与经营战略结合起来。人力资源管理部门在参与企业战略规划、传播人力管理技术、推动员工群体沟通时，要充分参考首席执行官的意见，并在战略执行的过程中通过人力资源管理政策和制度的制定以及对人力资源管理实践的调整，帮助企业获得并保持竞争优势。

行政专家角色是人力资源的传统角色。它要求人力资源管理者把组织所需的人力资源吸引到组织中来,将他们保留在组织中,调动他们的工作积极性,并开发他们的潜能,以取得人力资源的最大使用价值,在实现组织目标的同时培养全面发展的人。通常来说,有两种方法可以提升行政效率:(1)保证人力资源的有效性;(2)通过招聘、培训和奖励管理者来提高生产率、减少浪费。

员工激励者角色意味着人力资源管理者需要帮助维持员工和企业之间的心理契约,把精力投入到员工日常关心的问题和需求上,倾听并作出反应,向员工提供满足他们不断变化的要求所需的资源,创造一个良好的学习氛围和环境。

变革推动者角色要求人力资源管理者在尊重和欣赏企业的传统和历史的同时,具备为未来竞争的观念和行动。当人力资源经理行使变革的职责时,他们已经在组织中建立了高度的信誉,能够对关键的决策者、直线管理者及员工产生巨大的影响。变革推动者的工作也会对组织系统产生直接影响,这些影响包括对组织文化、工作氛围、使命、战略、结构、政策、流程、管理实践及领导模式的再造等。尤里奇指出,作为变化的助推剂,人力资源管理者经常犯的一个错误是相信自己必须全力采取行动来推动变化,其实他们应该指导或协助那些负责改革的人选择明智的行动,不必所有事都亲力亲为。

3. 人力资源管理者角色的发展

2005年,尤里奇和他的合作者在《人力资源价值新主张》一书中指出,人力资源管理者的角色是发展的。在21世纪,人力资源管理者的角色可概括为以下五种:一是员工激励者,负责确定雇主与雇员的关系是一种具有互惠价值的关系;二是人力资本开发者,负责建设未来的员工队伍;三是职能专家,负责设计和开展能够保证个人能力和创造组织能力的人力资源管理活动;四是战略伙伴,帮助各层级的直线经理达成其各自的目标;五是领导者,在得到人力资源管理部门内外部人员的信任后,将各个部门的人团结在一起,为实现组织目标作出贡献。2015年12月,尤里奇在第二届中欧人力资源高峰论坛上发布了新版的人力资源胜任力模型,该模型包括九项内容,分别是人力资本管理者、薪酬福利大管家、可信赖行动派、技术与媒体整合者、数据与设计解读者、合规监控者、战略定位者、文化与变革倡导者和矛盾疏导者，如表79—3所示。其中，矛盾疏导者为核心。尤里奇还表示，对于中国而言，人力资源最重要的胜任力是文化与变革倡导者。面对中国经济和文化环境的巨大变化，中国的人力资源从业者既需要适应中国的传统思想，又需要与世界接轨，不断提高人力资源的胜任力。

表79—3　　　　　　　　全球人力资源胜任力模型

角色	内涵
人力资本管理者	人力资源从业者在保障员工的薪酬福利有竞争力的同时，还要为员工提供无形的价值，包括创造和展示组织发展前景和工作的价值。
薪酬福利大管家	人力资源从业者要识别并发展适合组织目前及未来业务需求的人才，把对人才的把握与对工作职能的了解相结合，真正为每一个员工找到最能够发挥其效能的职位。
可信赖行动派	强调人力资源从业者的信誉以及行动力。无论是日常事务的执行，还是组织改革的推动，人力资源从业者需要建立自身的信誉，积极高效，以充足的正能量来影响他人。
技术与媒体整合者	人力资源从业者必须能够运用技术、技术工具和社交媒体来辅助创造出高绩效组织和团队。
数据与设计解读者	人力资源从业者需要提升数据的运用和理解能力，包括识别人力资源有关的数据，管理、处理数据以及为决策解读和运用数据。
合规监控者	人力资源从业者需要对合规有更深刻的理解，肩负起合规管控的职能，来保障组织运营的稳定性和可持续性。
战略定位者	人力资源从业者不仅要有商业远见，更要能结合组织实际，将远见转化为洞识，切实帮助组织完成战略的布局和决策的制定。
文化与变革倡导者	创造一个积极应对变化的组织，需要人力资源从业者做文化变革的先锋和旗帜，从组织结构上确保变革的可行性，以应对多变的商业需求。
矛盾疏导者	人力资源从业者必须能够处理组织中的各种矛盾，疏导相悖的观点，以最大化地满足各方的需求。

思想评论

在很长一段时间内，人们对人力资源的思考与研究几乎都集中在"人力资源做什么"这一领域，包括人事管理、人才开发、奖惩制度、福利、沟通、组织设计、高绩效团队等。而尤里奇改变了这种观念，他把注意力放在"人力资源提供的是什么"，关注与探讨公司的人力资源管理如何为股东、客户、员工和经理创造更多价值，看重产出，保证人力资源的结果。他所提出的全球人力资源胜任力模型更是说明，在当前的竞争环境下，人力资源在帮助企业取得业务成功所扮演的角色方面日趋多元和重要。

80 吉姆·柯林斯、杰里·波拉斯

吉姆·柯林斯（Jim Collins，1958— ），美国管理学专家及商业畅销书作家，出生于科罗拉多州博尔德。曾先后获得斯坦福大学的数学学士学位与工商管理硕士学位。毕业后先后任职于麦肯锡公司与惠普公司，1988年起任教于斯坦福大学商学院，并于1992年荣获杰出教学奖。1995年，他回到家乡博尔德创办自己的管理实验室，其后获得科罗拉多大学与克莱蒙特大学的荣誉博士学位。2012—2013年，柯林斯被任命为西点军校领导力研究室主任。

杰里·波拉斯（Jerry Porras，1938— ），斯坦福大学商学院组织行为与变革荣誉教授，"变革领导与管理"高级经理人主任。1960年获得西得克萨斯大学的电子工程学士学位，1968年获得康奈尔大学的工商管理硕士学位，1974年获得加利福尼亚大学的博士学位。曾任职于通用电气公司和洛克希德公司。1972年起任教于斯坦福大学至今。

二者著有《基业长青》（Build to Last），该书在全球重印近百次，被译为20多种文字发行。柯林斯独著的《从优秀到卓越》（Good to Great）、《再造卓越》（How the Mighty Fall：And Why Some Companies Never Give in）与波拉斯独著的《流向分析：诊断、管理组织变革的有效新法》（Stream Analysis：A Powerful New Way to Diagnose and Manage Organizational Change）也在全球范围内广受好评。

关键词▶ 高瞻远瞩公司（visionary company）
　　　　第五级经理人（level 5 leadership）
　　　　刺猬理念（the hedgehog concept）
　　　　飞轮效应（the flywheel effect）

柯林斯与波拉斯为优秀公司如何走向卓越公司提供了引导，对卓越公司如何保持自身优势进行了分析，为其在失败后如何重新取得成功提出了建议。他们回答了什么是使那些高瞻远瞩的公司基业长青的问题，找出了高瞻远瞩公司所拥有、使它们有别于其他公司的基本特质和动力，并把这些发现转化为指导性的观念架构。

一、从优秀到卓越

柯林斯认为，许多优秀的公司在取得一些进步后会满足于现状，但事实上会很快地被更加卓越的公司淘汰或吞并。为了探索从优秀公司成长为卓越公司的内在机制，柯林斯和他的研究团队历时5年，收集了关于28家公司过去50年里的所有文章，最终确定出了11家实现了从优秀到卓越跨越的公司，11家没有实现跨越的优秀公司（直接对照公司）和6家未能保持卓越的公司（间接对照公司）。

通过对这些公司的比较研究，柯林斯得出了以下7条可以使公司从优秀到卓越的条件。

1. 第五级经理人

第五级经理人是指在工作中具有双重人格的高级经理人（见图80—1）。一方面，他们具有令人折服的谦逊，从不谈论自己，而且人们从他们身上看不出那些才能超凡的领导者所表现出的个人魅力；但另一方面，他们具有职业化的坚定意志，将自己的雄心壮志都倾注于公司，永远把公司利益放在第一位。

2. 先人后事

按照常理，企业要先有战略，然后再找做事的人，而柯林斯研究团队

第5级：第五级经理人
将个人的谦逊品质和职业化的坚定意志相结合，建立持续的卓越业绩；保持低调

第4级：坚强有力的领导者
全身心投入、执著追求清晰可见、催人奋发的愿景，向更高的业绩标准努力

第3级：富有实力的经理人
组织人力和资源，高效地朝规定目标前进

第2级：乐于奉献的团队成员
为实现集体目标贡献个人力量，与团队成员通力合作

第1级：能力突出的个人
用自己的智慧、知识、技能和良好的工作作风作出巨大贡献

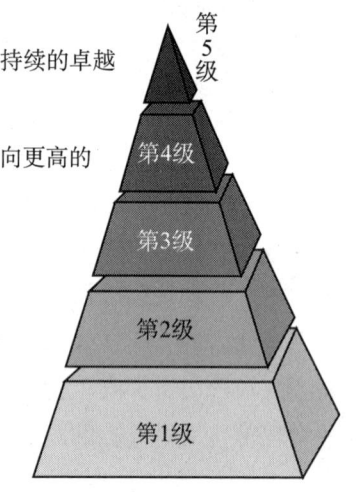

图80—1　第五级经理人

的研究结果正好相反。他们发现，实现跨越的公司遵循"让合适的人上车""组建卓越的管理团队"的原则，即先找对人，再决定要做什么。他们还发现，公司的报酬与公司的发展并不存在系统的关联性，合适的员工才是公司最重要的财富。而且，在卓越的公司中很少有针对天才员工的、"众星捧月"式的现象；相反，员工之间会形成非常默契的经营团队，并相互尊重与赏识。

3. 面对残酷的现实（但绝不失去信念）

对于那些实现了跨越的公司来说，领导不是始于远见卓识，而是始于让员工在面对残酷现实的状况下采取积极的行动。它们会积极营造一个让大家说真话、多争论的工作氛围，使公司在与更强大对手的竞争中成长壮大，同时保持必胜的信念。

4. 刺猬理念与三环理论

在西方童话中，狡猾的狐狸总是会想出各种办法来对付刺猬，然而刺猬每次都蜷缩成一团、依靠身上的尖刺来打退狐狸。柯林斯认为，刺猬制胜的一个重要原则就是简单，即把复杂的世界简化成单个原则。由此而延伸出的刺猬理念来自对以下三环的深刻理解：第一环，你能够在什么方面成为世界第一；第二环，是什么驱动了你的经济引擎；第三环，你对什么

充满激情。一个发展成熟的刺猬理论,需要全部的三环,即三环中的交叉部分。对于优秀的公司来说,能推动其迈向卓越的领导者或多或少都属于刺猬型。他们可以运用刺猬的天性来发现公司独特的优势,并且坚持不懈地将其做到最好。而未能实现跨越的对照公司则更像狐狸:从来没有掌握核心优势,知道的事情很多,但却缺乏一致性。

5. 训练有素的文化

对于新兴组织而言,创业精神通常都会很强,但组织文化水平却会很低。柯林斯认为,训练有素的文化是使优秀组织跨越到卓越的关键,而其具有双重性:一方面,它要求人们遵守一贯的制度;另一方面,它给予人们在制度框架下的自由和责任。如果组织缺少创业精神,同时训练有素的文化也没有养成,那它就会变成官僚组织,进而降低整体绩效。

6. 以科技为加速器

在社会环境不断的变动中,唯有适者才能生存。真正卓越的企业多半都曾历经好几代的技术变化,包括电力、电视或互联网等的出现,但这些企业并没有在新技术的冲击下走向衰亡。柯林斯认为,科技本身并不是公司发展或衰退的主要原因,它只有在服从于刺猬理念时,才能成为组织加速发展的根本推动力。

7. 飞轮和厄运之轮

当所有上述要素组合在一起时,就能产生飞轮效应(见图80—2),即每一个组成部分都对飞轮产生助推力。在训练有素的人、训练有素的思想和训练有素的行为的综合作用下,经过力量的积蓄,飞轮开始转动,并实现跨越和持续卓越。

在转变的过程中,变化是一点一滴积累起来的,这一点对于那些急于实现跨越的公司尤其值得重视。

柯林斯认为,不想通过飞轮逐圈旋转来积累动能,而是设法直接跨越,如企图通过大量收购来实现突破的行为,将直接导致厄运的来临。

二、基业长青

1988—1994 年,柯林斯与波拉斯采用严格的标准,从《财富》杂志选

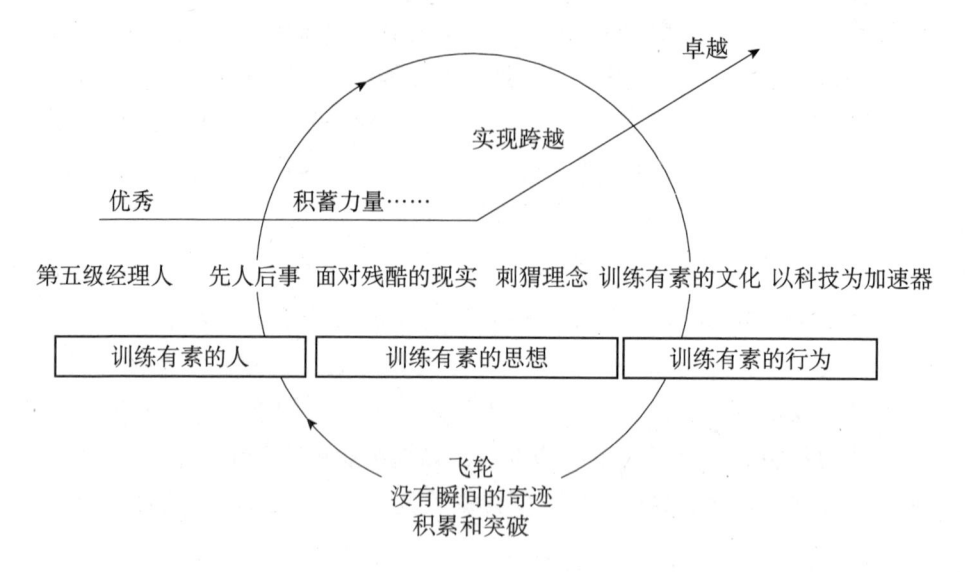

图 80—2　从优秀到卓越的框架

出的500强工业公司和500强服务公司两大排行榜中选出了18家极其优秀的公司（他们称之为"高瞻远瞩公司"），并系统地为每一家公司精心选择了一家对照公司进行追根究底的研究，以发现高瞻远瞩公司保持自身长期优势的秘诀。1994年，他们将成果汇集成《基业长青》一书，书中系统地阐述了高瞻远瞩公司有别于其他公司的基本特征与组织运作机制，并对管理者提出了以下建议。

1. 做造钟者，不做报时者

柯林斯指出，伟大公司的创始人通常都是制造时钟的人，他们并非致力于培养高瞻远瞩领袖的人格特质，而是致力于构建高瞻远瞩公司的组织特质。"造钟"这一过程就是建立一种机制，使得公司能够依靠组织的力量在市场中生存与发展，而不必依靠某个个人、某种产品或某个机会等偶然的东西来取得利润。随着市场的进一步完善与规范，企业必须依靠一个良好的机制来取得竞争优势，包括组织结构、评价考核体系、战略管理方法等。

2. 拥护兼收并蓄的融合法，反对二分法

高瞻远瞩公司不受非黑即白二分法的限制，而是用兼收并蓄的方法让自己跳出这种困境，使自己能够同时拥有若干层面的两个极端。

3. 保存核心，刺激进步

高瞻远瞩公司能够应对环境不断变化的挑战，很重要的一个保障就是"保存核心，刺激进步"（见图80—3）。如何才能保存核心，刺激进步？柯林斯提出了以下一系列机制：

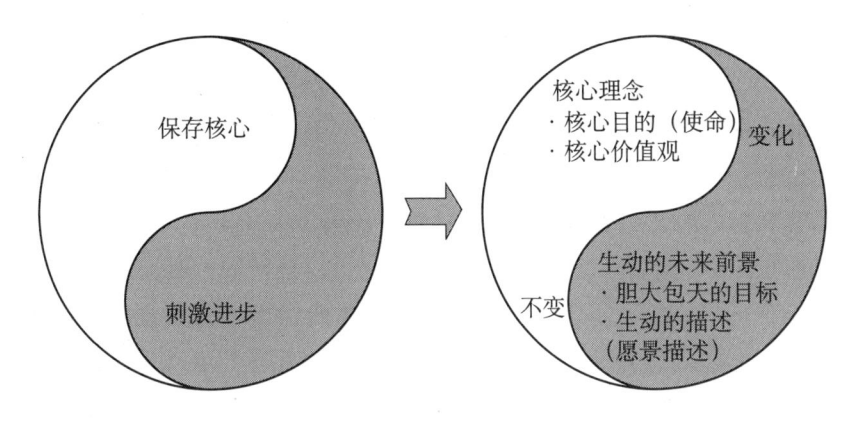

图80—3　高瞻远瞩公司的永远不变和应时而变

第一，胆大包天的目标。胆大包天的目标可以促使大家团结，能够激发所有人的力量，简单明了，只需略加解释就能使大家立刻了解，而其发生作用主要依靠机制而不是魅力型领袖。

第二，"教派般的文化"。柯林斯指出，利润并不是高瞻远瞩公司的目的，它只是生存的必要条件，是达成更重要目的的手段。高瞻远瞩公司通常有着在利润之上的更高追求，并将这种类似于"教派般的文化"具体、明确地灌输给员工，使员工与公司拥有同样的视野与目标。

第三，"自家长成"的经理人。柯林斯与波拉斯发现，18家高瞻远瞩公司在总共长达1 700年的历史中，只有四位首席执行官来自外部。因为由内部培养并选拔的经理人非常熟悉和了解本公司的文化，更易带领本公司进行变革。保持优秀领袖的一贯性，也就是保持核心的一贯性。

第四，择强汰弱的进化。高瞻远瞩公司会尝试许多次实验，保留作用良好又符合核心理念的部分，修正或放弃作用不好的部分，并建立各种机制来酝酿这种进化的出现。

第五，永远不够好。高瞻远瞩公司设定了强有力的机制来保持自己永不满足的心态,从而在外部世界提出要求之前,就率先刺激和引领变革。

4. 追求持续的协调一致

高瞻远瞩公司成功的根本在于对核心理念的转化,使之融入组织结构的所有层面,化为愿景、战略、政策、程序、文化、工作设计、会计制度等,即公司的一切作为。所以,柯林斯与波拉斯认为,要想保持基业长青,还需要使公司的所有因素都协调一致,并在核心理念的指导下运作。

三、再造卓越

2009年,柯林斯出版了《再造卓越》一书。他在书中提出,强者恒强并非世间法则,但衰落是可以避免的,也是可以逆转的。通过分析11家在历史上经历从辉煌到衰落过程的企业,柯林斯指出:公司衰落有五个阶段:狂妄自大、盲目扩张、漠视危机、寻找救命稻草以及遭人遗忘或濒临灭亡。但即使企业已经陷入了衰退,它们仍然可以采取不同的方法扭转乾坤,使自身再创辉煌。

思想评论

柯林斯与波拉斯从实证角度研究企业管理方略,回答了是什么使那些高瞻远瞩的公司基业长青的问题,并深入挖掘了企业从优秀到卓越的原因。与其他类似的管理理论书籍不同的是,柯林斯与波拉斯的著作没有陷入简单的数据、案例的类比之中,而是运用大量生动、有趣的企业决策与运营实际案例进行横向比较,为那些有志于建立卓越公司的领导者提供了实际指导。

参考文献

1. 方振邦，鲍春雷. 管理思想史. 北京：中国人民大学出版社，2014.
2. 方振邦，徐华东. 管理学基础（第二版）. 北京：中国人民大学出版社，2014.
3. 方振邦，徐华东. 管理思想百年脉络（第三版）. 北京：中国人民大学出版社，2012.
4. 方振邦等. 管理学基础（第三版）. 北京：中国人民大学出版社，2016.
5. 郭咸纲. 西方管理思想史（第三版）. 北京：经济管理出版社，2004.
6. 孙耀君. 西方管理学名著提要. 南昌：江西人民出版社，1995.
7. 丹尼尔·雷恩. 管理思想史（第五版）. 北京：中国人民大学出版社，2009.
8. ［美］吉姆·柯林斯，杰里·波拉斯. 基业长青. 北京：中信出版社，2009.
9. ［美］道格拉斯·麦格雷戈. 企业的人性面. 北京：中国人民大学出版社，2008.
10. ［美］沃伦·本尼斯等. 领导力实践. 北京：中国人民大学出版社，2008.
11. ［美］亚伯拉罕·马斯洛. 动机与人格（第三版）. 北京：中国人民大学出版社，2007.
12. ［美］汤姆·彼得斯，罗伯特·沃特曼. 追求卓越. 北京：中信出版社，2007.
13. ［美］迈克尔·哈默，詹姆斯·钱皮. 企业再造. 上海：上海译文出版社，2007.
14. ［美］彼得·德鲁克. 管理的实践. 北京：机械工业出版社，2006.
15. ［美］迈克尔·波特. 竞争战略. 北京：华夏出版社，2005.
16. ［美］罗伯特·S·卡普兰，戴维·P·诺顿. 战略地图——化无形资产为有形成果. 广州：广东经济出版社，2005.
17. ［美］罗伯特·S·卡普兰，戴维·P·诺顿. 平衡计分卡——化战略为行动. 广州：广东经济出版社，2004.
18. ［美］斯图尔特·克雷纳. 管理百年. 海口：海南出版社，2003.
19. ［美］哈罗德·孔茨，海因茨·韦里克. 管理学（第十版）. 北京：经济科学出版社，2003.

20.〔美〕彼得·圣吉. 第五项修炼——学习型组织的艺术与实务. 上海：上海三联书店，2003.

21.〔美〕吉姆·柯林斯. 从优秀到卓越. 北京：中信出版社，2002.

22.〔美〕迈克尔·哈默. 企业行动纲领. 北京：中信出版社，2002.

23.〔美〕詹姆斯·钱匹. 企业X再造. 北京：中信出版社，2002.

24.〔美〕林德尔·厄威克. 管理备要. 北京：中国社会科学出版社，1994.

25.〔美〕克劳德·小乔治. 管理思想史. 北京：商务印书馆，1985.

26.〔英〕马尔科姆·沃纳. 管理思想全书. 北京：人民邮电出版社，2009.

27.〔英〕蒂姆·欣德尔. 管理大师及其思想精髓. 大连：东北财经大学出版社，2009.

28.〔英〕查尔斯·汉迪. 空雨衣——变革时代的商务哲学. 北京：华夏出版社，2000.

29. 明茨伯格等. 领导（《哈佛商业评论》精粹译丛）. 北京：中国人民大学出版社，2004.

30.〔法〕亨利·法约尔. 工业管理与一般管理. 北京：机械工业出版社，2007.

31.〔德〕马克斯·韦伯. 新教伦理与资本主义精神. 西安：陕西师范大学出版社，2002.

32. Taylor, F. W., The principles of scientific management, Harper, 1914.

33. Taylor, F. W., "A piece rate system," Economic Studies, 1896, 1 (2): 89.

34. Gantt, H. L., Work, wages, and profits, Engineering Magazine Co., 1913.

35. Gantt, H. L., Organizing for work, Harcourt, Brace and Howe, 1919.

36. Gilbreth, F. B., Motion study: A method for increasing the efficiency of the workman, D. Van Nostrand Company, 1911.

37. Emerson, H., The twelve principles of efficiency, Engineering Magazine Co., 1912.

38. Emerson, H., Efficiency as a basis for operation and wages, Engineering Magazine Co., 1912.

39. Fayol, H. & Coubrough, J. A., Industrial and general administration, London, England: Pitman, 1930.

40. Weber, M., The Protestant ethic and the spirit of capitalism, 1930.

41. Ford, H. & Crowther, S., My life and work, Cosimo, Inc., 2005.

42. Münsterberg, H. & Griffith, R., The film: A psychological study, Courier Corporation, 2004.

43. Münsterberg, H. , On the witness stand: Essays on psychology and crime, Doubleday, Page, 1908.

44. Follett, M. P. , The new state: Group organization the solution of popular government, Penn State Press, 1918.

45. Mayo, E. , The social problems of an industrial civilization, 1945.

46. Barnard, C. I. , The functions of the executive, Harvard University Press, 1968.

47. Mooney, J. D. , The principles of organization, New York, Harper, 1947.

48. Urwick, L. F. , ed. , The golden book of management, Newman Neame Limited, 1956.

49. Gulick, L. H. , Administrative reflections from World War II, 1948.

50. Gulick, L. H. & Urwick, L. F. , Papers on the science of administration, 1937.

51. Lewin, K. , Dynamic theory of personality: Selected papers, McGraw-Hill Publications in Psychology, 1935.

52. Maslow, A. H. , "A theory of human motivation," Psychological Review, 1943, 50 (4): 370.

53. Herzberg, F. , Mausner. B. & Snyderman. B. , The motivation to work, 1959.

54. McClelland, D. C. , "Achievement-motivation can be developed," Harvard Business Review, 1965, 43 (6): 6-7.

55. McGregor, D. , "The human side of enterprise," Classics of Organization Theory, 1966: 179-183.

56. Skinner, B. F. , Science and human behavior, Simon and Schuster, 1953.

57. Tannenbaum, R. & Schmidt, W. H. , How to choose a leadership pattern, USA: Institute of Industrial Relations, 1958.

58. Drucker, P. F. , Post-capitalist society, Routledge, 1994.

59. Drucker, P. F. , The age of discontinuity: Guidelines to our changing society, Transaction Publishers, 2011.

60. Drucker, P. F. , Concept of the corporation, Transaction Publishers, 1993.

61. March, J. G. & Simon, H. A. , Organizations, 1958.

62. Koontz, H. & O'donnell, C. , Principles of management: An analysis of managerial functions, 1968.

63. Koontz, H. , "The management theory jungle," Academy of Management Journal, 1961, 4 (3): 174-188.

64. Koontz, H. , "The management theory jungle revisited," Academy of Manage-

ment Review, 1980, 5 (2): 175-188.

65. Argyris, C., Putnam, R. &. Smith, D. M. L., Action science, Jossey-Bass Inc. Pub., 1985.

66. Argyris, C., Teaching smart people how to learn, 1991.

67. Ansoff, H. I., Corporate strategy: An analytic approach to business policy for growth and expansion, McGraw-Hill Companies, 1965.

68. Ansoff, H. I., "Strategies for diversification," Harvard Business Review, 1957, 35 (5): 113-124.

69. Andrews, K., R., "Corporate strategy: The essential intangibles," McKinsey Quarterly, 1984 (4): 43-49.

70. Chandler, A. D., Strategy and structure: Chapters in the history of the industrial enterprise, MIT Press, 1990.

71. Kotler, P. &. Armstrong, G., Principles of marketing, Pearson Education, 2010.

72. Morse, J. J. &. Lorsch, J. W., "Beyond theory Y," Harvard Business Review, 1970.

73. Lawrence, P. R., Barnes, L. B. &. Lorsch, J. W., Organizational behavior and administration: Cases and readings, Richard Irwin, 1976.

74. Buffa, E. S., Modern production management, Wiley, 1961.

75. Buffa, E. S., Operations management: Problems and models, 1972.

76. Likert, R., "A technique for the measurement of attitudes," Archives of Psychology, 1932.

77. Likert, R., New patterns of management, 1961.

78. Blake, R. R. &. Mouton, J. S., The new managerial grid: Strategic new insights into a proven system for increasing organization productivity and individual effectiveness, plus a revealing examination of how your managerial style can affect your mental and physical health, Gulf Pub, Co., 1964.

79. Fiedler, F. E., Chemers, M. M. &. Mahar, L., Improving leadership effectiveness: The leader match concept, John Wiley &. Sons, 1976.

80. Hersey, P. &. Blanchard, K. H., Management of organizational behavior: Utilizing human resources, Prentice-Hall, Inc., 1993.

81. Vroom, V. H., Work and motivation, Robert E. Krieger Publishing Company, 1982.

82. Vroom, V. H., Motivation in management, American Foundation for Manage-

ment Research, 1965.

83. Adams, J. S. , "Inequity in social exchange," Advances in Experimental Social Psychology, 1965, 2: 267-299.

84. Bennis, W. G. & Nanus, B. , Leaders, Harper Business Essentials, 2004.

85. Bennis, W. G. , "Changing organizations," Journal of Applied Behavioral Science, 1966, 2 (3): 247-263.

86. Sloan, A. P. , My years with general motors, Crown Business, 1964.

87. Seashore, S. E. , "Criteria of organizational-effectiveness," Operations Research Management Sciences, 1964, 12.

88. Dale, E. , The great organizers, McGraw-Hill, 1960.

89. Peter, L. J. & Hull, R. , The peter principle, London: Souvenir Press, 1969.

90. Peter, L. J. , Peter prescription, 1972.

91. Kelley, H. H. , Attribution theory in social psychology, Nebraska symposium on motivation, University of Nebraska Press, 1967.

92. Thibaut, J. W. , & Kelley, H. H. , The social psychology of groups, 1959.

93. Mintzberg, H. , The structuring of organizations: A Synthesis of the Research, Englewood Cliffs, N. J. , 1979.

94. Mintzberg, H. , The manager's job: Folklore and fact, 1975.

95. Trout, J. & Ries, A. , Positioning: The battle for your mind, Replay Radio, Radio New Zealand, 1982.

96. Henderson, B. D. , The logic of business strategy, Cambridge, Mass. : Ballinger Publishing Company, 1984.

97. Wren, D. A. & Bedeian, A. G. , The evolution of management thought, 1994.

98. House, R. J. , "A path goal theory of leader effectiveness," Administrative Science Quarterly, 1971: 321-339.

99. House, R. J. & Mitchell, T. R. , Path-goal theory of leadership, 1975.

100. Burns, J. M. G. , Transforming leadership: A new pursuit of happiness, Grove Press, 2003.

101. Zaleznik, A. , Managers and leaders: Are they different? 1977.

102. Bandura, A. , Social foundations of thought and action: A social cognitive theory, Prentice-Hall, Inc. , 1986.

103. Bandura, A., Self-efficacy, John Wiley & Sons, Inc., 1994.

104. Schein, E. H., Organizational culture and leadership, John Wiley & Sons, 2006.

105. Schein, E. H., Career anchors, Pfeiffer, 2006.

106. Deal, T. E. & Kennedy, A. A., Corporate cultures: The rites and rituals of corporate life, Da Capo Press, 2000.

107. Hofstede, G. H. & Spangenberg, J. F. A., Measuring individualism and collectivism at occupational and organizational levels, Rijksuniversiteit Limburg, Faculteit der Economische Wetenschappen, 1987.

108. Ouchi, W. G., Theory Z, Avon, 1982.

109. Deming, W. E. & Edwards, D. W., Quality, productivity, and competitive position, Cambridge, MA: Massachusetts Institute of Technology, Center for Advanced Engineering Study, 1982.

110. Juran, J. M., Juran on quality improvement, Management Frontiers Pty Limited, 1980.

111. Dunning, J. H. & Norman, G., "The location choice of offices of international companies," Environment and Planning A, 1987, 19 (5): 613–631.

112. Porter, M. E., Competitive strategy: Techniques for analyzing industries and competitors, Simon and Schuster, 2008.

113. Porter, M. E., Barragán, T. E. H., et al., Competitive advantage: Creating and sustaining superior performance, Universidad Autónoma Metropolitana, Azcapotzaco (México), Universidad Michoacana de San Nicolás de Hidalgo, Michoacán (México), 1998.

114. Ohmae, K., The borderless world: Power and strategy in the interlinked economy, Harper Collins, 1999.

115. Ohmae, K., "The global logic of strategic alliances," Harvard Business Review, 1989, 67 (2): 143–154.

116. Kotter, J. P. & Schlesinger L. A., "Choosing strategies for change," Harvard Business Review, 1979.

117. Robbins, S. P., Organization theory: Structures, designs, and applications, 3e., Pearson Education India, 1990.

118. Peters, T. J., Waterman, R. H. & Jones, I., In search of excellence: Lessons from America's best-run companies, 1982.

119. Adizes, I. K., Leading the leaders, Santa Monica, Calif.: The Adizes Institute, 2004: 23–25.

120. Handy, C., The empty raincoat: Making sense of the future, Random House, 2011.

121. Matsushita, K., Not for bread alone: A business ethos, a management ethic, PHP Institute, Incorporated, 1984.

122. Matsushita, K., As I see it, PHP Institute, Incorporated, 1989.

123. Bartlett, C. A. & Ghoshal, S., Managing across borders: The transnational solution, Harvard Business School Press, 1999.

124. Nonaka, I., The knowledge-creating company, Harvard Business School Press, 2008.

125. Nonaka, I., "A dynamic theory of organizational knowledge creation," Organization Science, 1994, 5 (1): 14 – 37.

126. Davenport, T. H. & Prusak, L., Working knowledge: How organizations manage what they know, Harvard Business Press, 1998.

127. Bower, J. L. & Christensen, C. M., "Disruptive technologies: Catching the wave," Harvard Business Review, 1995.

128. Christensen, C. M. & Overdorf, M., "Meeting the challenge of disruptive change," Harvard Business Review, 2000, 78 (2): 66 – 77.

129. Michael, B., Re-engineering the corporation: A manifesto for business revolution, 2003.

130. Champy, J., X-engineering the corporation: Reinventing your business in the digital age, New York, NY: Warner Books, 2002.

131. Trompenaars, F. & Hampden-Turner, C., Riding the waves of culture: Understanding diversity in global business, Nicholas Brealey Publishing, 2011.

132. Hampden-Turner, C. & Trompenaars, F., "The seven cultures of capitalism," International Affairs, 1993.

133. Rackham, N. & DeVincentis, J., Rethinking the sales force: Refining selling to create and capture customer value, New York: McGraw-Hill, 1998.

134. Rackham, N., Kalomeer, R. & Rapkin, D., SPIN selling, New York: McGraw-Hill, 1988.

135. Prahalad, C. K. & Hamel, G., The core competence of the corporation, Strategische unternehmungsplanung—strategische unternehmungsführung, Springer Berlin Heidelberg, 2006: 275-292.

136. Hamel, G. & Prahalad, C. K., Competing for the future, Harvard Business

Press, 2013.

137. Kim, W. C. & Mauborgne, R., "Blue ocean strategy: From theory to practice," California Management Review, 2005, 47 (3): 105 – 121.

138. Kaplan, R. S. & Norton, D. P., The balanced scorecard: Translating strategy into action, Harvard Business Press, 1996.

139. Kaplan, R. S. & Norton, D. P., Using the balanced scorecard as a strategic management system, 1996.

140. Kaplan, R. S. & Norton, D. P., Strategy maps: Converting intangible assets into tangible outcomes, Harvard Business Press, 2004.

141. Kaplan, R. S. & Norton, D. P., The strategy-focused organization: How balanced scorecard companies thrive in the new business environment, Harvard Business Press, 2001.

142. Senge, P. M., "The fifth discipline: The art and practice of the learning organization," Broadway Business, 2006.

143. Belbin, R. M., Team roles at work, Routledge, 2012.

144. Ulrich, D., "A new mandate for human resources," Harvard Business Review, 1998, 76: 124 – 135.

145. Ulrich, D., "Measuring human resources: An overview of practice and a prescription for results," Human Resource Management, 1997, 36 (3): 303 – 320.

146. Jim, C., Good to great: Why some companies make the leap...and others don't, 2001.

147. Collins, J. C. & Porras, J. I., Built to last: Successful habits of visionary companies, Random House, 2005.

148. Collins, J. C., How the mighty fall (And why some companies never give in), Random House, 2009.

图书在版编目（CIP）数据

管理百年/方振邦，韩宁著.—北京：中国人民大学出版社，2016.9
（管理者终身学习）
ISBN 978-7-300-23163-1

Ⅰ.①管… Ⅱ.①方… Ⅲ.①管理学—思想史—研究—世界 Ⅳ.①C93-091

中国版本图书馆CIP数据核字（2016）第168533号

管理者终身学习
管理百年
方振邦　韩　宁　著
Guanli Bainian

出版发行	中国人民大学出版社	
社　　址	北京中关村大街31号	邮政编码　100080
电　　话	010-62511242（总编室）	010-62511770（质管部）
	010-82501766（邮购部）	010-62514148（门市部）
	010-62515195（发行公司）	010-62515275（盗版举报）
网　　址	http://www.crup.com.cn	
经　　销	新华书店	
印　　刷	北京昌联印刷有限公司	
开　　本	720 mm×1000 mm　1/16	版　次　2016年9月第1版
印　　张	29.75　插页2	印　次　2025年4月第7次印刷
字　　数	448 000	定　价　68.00元

版权所有　侵权必究　印装差错　负责调换